KB137111

부산교육의 미래 2026

-현황과 대안 탐색

부산교육의 미래 2026

-현황과 대안 탐색

초판 1쇄 인쇄 2024년 6월 13일
초판 1쇄 발행 2024년 6월 20일

지은이 이상철 외
펴낸이 김승희
펴낸곳 도서출판 살림터

기획 정광일/ 부산교육연구소
편집 송승호
북디자인 이순민

인쇄 (주)신화프린팅
제본 강원제책
종이 (주)명동지류

주소 서울시 양천구 목동동로 293 22층 2215-1호
전화 02) 3141-6553
팩스 02) 3141-6555
출판등록 2008년 3월 18일 제313-1990-12호
이메일 gwang80@hanmail.net
블로그 https://blog.naver.com/dkffk1020
부산교육연구소 https://pusanedu.or.kr
한국교육연구네트워크 https://www.kednetwork.or.kr

ISBN 979-11-5930-285-5 93370

*가격은 뒤표지에 있습니다.
*잘못된 책은 바꾸어 드립니다.

부교연 연구총서 IV

부산교육의 미래 2026

-현황과 대안 탐색

이상철
조향미
정미화
박철호
류영규
김형성
강석봉
윤형식
홍동희
이일권

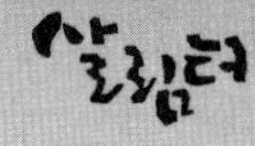

부산교육의 어제와 오늘 그리고 내일

김대현(부산대학교 명예교수, 국가교육위원회 국가교육과정전문위원회 위원장)

사람이든 사물이든 추천하는 글 쓰기란 부담스러운 일이다. 추천 대상을 정확하게 파악하고 다른 사람에게 진심을 담아서 권하는 책임 있는 행동을 해야 하기 때문이다. 더욱이 책을 추천하는 것은 그 속에 담긴 방대한 내용을 꼼꼼히 읽어야 하는 번거로움과 함께 과연 저자들의 주장을 올바로 이해했는지 확신하기 어렵다는 문제점이 있다.

하지만, 이러한 부담에도 불구하고 책을 추천하는 것은 즐거운 일이기도 하다. 출판에 앞서 누구보다 먼저 책을 읽어보는 기쁨이 있다. 게다가 내용이 학술적인 의미가 있고 사회적으로 가치가 있다는 생각이 들면 기쁨은 배가(倍加)된다.

이 책이 그렇다. 시중에는 교육을 주제로 한 책이 차고 넘친다. 최근에는 기후 변화, 사회 양극화, 민주주의 후퇴, 인구 수와 질의 변화라는 변혁의 시대에 교육의 길을 묻고 답하는 책들이 인기가 있다. 하지만 많고 많은 책

가운데 '지역'에서 일어난, 일어나고 있는 그리고 앞으로 나아가야 할 길을 제시하는 '지역 교육'을 주제로 한 책은 손가락을 꼽을 정도로 드물다.

이 책은 최근 십여 년 동안 부산 지역에서 진행된, 진행 중인 그리고 중점을 두어야 할 교육정책을 다룬다. 제1부 "부산 혁신교육의 여정"에서는 부산형 혁신학교인 다행복학교의 추진 배경, 과정, 성과를 사례를 통해 소개하고, 다행복교육지구와 마을교육공동체를 통한 교육개혁의 과정, 성과, 과제를 구체적으로 제시한다. 저자들이 개혁 과정에 참여하고 개혁을 수도한 당사자였기에 담긴 내용이 더욱 생생하고 울림이 있다.

제2부에서는 부산광역시교육청에서 추진하고 있는 주요 교육정책을 진단하고 개선 방안을 제시한다. 수포자 문제 해결, IB 교육과정과 인공지능 교육 체제의 도입, 교육격차 해소 등의 정책 형성 배경과 주요 내용을 제시할 뿐만 아니라 '한계'를 명확히 지적하고 개선점을 제시한다.

제3부에서는 부산교육이 처한 위기 상황과 시대적 요구에 기반을 두고 '미래의 창'이라는 이름으로 정책을 제안한다. 학령인구의 급격한 감소 및 심리와 정서 위기에 놓인 학생 증가에 대응한 정책의 형성, 광역과 기초자치단체장의 지원과 협력의 중요성을 강조하고, ESD 2030에 기반을 둔 부산교육 2030 혁신 정책을 과감하게 제시한다.

이 책은 부산교육을 견인해 온 정책과 성과, 현재 집행 중인 정책의 의의와 한계, 그리고 앞으로 추진해야 할 정책 대안을 제시했다는 점에서, 부산에서 교육정책을 입안하고 집행하는 분들은 반드시 읽어야 할 책이라고 생각한다. 부산광역시교육청, 시청, 시의회, 교육지원청, 기초자치단체, 구의

회 등에서 교육정책을 입안하고 집행하는 분들이 해당한다.

하지만 교육정책은 교사는 물론 학생, 학부모 그리고 일반 시민의 삶에 큰 영향을 미치므로 부산의 학교 관계자는 물론이고 일반 시민 또한 주요한 독자가 되었으면 한다. 나아가 부산교육의 문제는 부산이라는 지역의 특수성을 기반으로 하지만, 다른 시·도의 상황도 부산과 많이 다르지 않다는 점에서, 교육혁신을 더욱 깊이 있게 이해하고 합리적이고 실효성 있는 교육정책을 입안하는 데 관심 있는 분이라면 누구든 이 책을 권하고 싶다. 교육정책을 연구하는 학자는 물론 당연히 읽어야 한다고 생각한다.

추천사

시대정신과 부산교육의 이정표

심성보(부산교육대학교 명예교수, 한국교육연구네트워크이사장)

한국 근대사는 가히 학교교육의 혁명기라고 특징지을 수 있다. 우리 사회는 산업화를 거치면서 압축성장과 눈부신 경제발전을 이뤄냈으나, 지역사회는 한없이 쪼그라들었다. 개인이 출세하고 나라가 발전해도 마을은 쇠락하고 지역은 황폐해졌다. 특히 아이에서 어른까지 사람들은 모두 수도권으로, 대도시로 나가면서 지역공동체는 점차 쇠락했다. 이런 급격한 변화는 전국적으로 일어나는 사회적 현상이었으며 부산지역도 예외가 아니었다. 근대화 과정에서 학교교육의 제국화 현상은 지역사회의 식민화 현상으로 귀결되었다. 근대교육의 빛과 그림자가 함께 뒤따랐다.

이러한 근대교육/학교교육의 식민화 현상을 극복하기 위해 최근 '지역공동체운동' 또는 '마을교육공동체운동'이 활발히 전개되고 있다. 마을교육공동체운동은 정의롭고 행복한 사회를 만들기 위해 지역의 불평등과 양극화에 도전하는 새로운 사회변화를 추구한다. 혁신교육의 확산 현상이 '공교육 개혁의 르네상스'라고 호칭되고, 마을교육공동체운동의 출현은 '지역사회운동의 르네상스'라고 불리고 있다. 이러한 시대변화의 흐름과 코로나 펜데믹으로 말미암은 여러 문제에 근본적으로 대처하고 해결방안을 찾으려면, 산업사회 문명을 생태사회 문명으로 전환해야 한다는 지구적 경고를 겸허히 받아들이며 문제의 근본으로 돌아가서 천착해 가야 한다. 자연에 대한 인간의 무분별한 개발이 빚어낸 자승자박 현상과 교육의 제 문제도 결국 피해갈 수 없는 관계에 있기 때문이다.

이러한 시대적 흐름 속에서 출간된 이 책은 부산의 학령인구 감소와 학교의 변화 그리고 교육격차 실태와 개선 방안, 펜데믹 이후 부산지역 학생들의 정신건강 실태, 부산지역 '수포자'에 대한 해결방안, 부산 IB교육과 인공지능교육에 대한 미래교육적 대책 등을 논의한다. 획일적 지식교육을 극복하고자 하는 다행복학교의 공교육 모델학교 실험과 마을로 연결되는 학교의 지역연계교육과정은 공교육의 공동성과 공동체성 회복을 위해 특히 눈여겨보아야 할 주제다. 그리고 자치단체장의 교육공약 비교 분석과 유엔 및 유네스코 정신에 부응하는 정의롭고 지속가능한 부산교육 2030을 위한 교육운동은 세계교육사의 시대정신에 따르는 교육사의 한 페이지로 기록될 것이다. 필자 여러분의 노고에 감사드린다.

추천사

용기 있는 분들의 '말 걸기', 성찰의 계기로

김용일(한국해양대학교 교수, 사단법인 한국교육정책연구원 이사장)

선거에 의해 정권 교체가 가능한 시대다. '문민정부' 이래 윤석열 정부까지 모두 네 번의 정권 교체를 경험했다. 자신이 지지하는 정치세력이 집권하여 환호하던 기억이 생생하다. 새 정부의 정책에 대한 기대로 한껏 부풀러 올랐던 마음도 쉽게 잊히지 않는다. 그러나 조금은 나아질 것이란 변화에 대한 열망은 대개 실망으로 귀결되었다.

지방 교육의 정치-행정 권력 차원에서도 마찬가지다. 2006년 12월 교육감 주민직선제가 도입되었다. 2007년 2월 부산에서 처음 보궐선거 형태로 교육감 선거가 치러졌다. 2014년 마침내 부산에서도 '진보교육감'이 당선되고 재임에 성공했다. 그러나 "'진보교육감' 집권 8년 동안 무엇이 얼마만큼 변했는가?"라는 질문에 선뜻 답하기 어려운 게 사실이다. 아니, 그런 질문조차 어렵게 만드는 심상치 않은 공기가 우리를 압도하고 있다.

이런 상황에서 이 책의 필진으로 참여한 여러분이 용기를 냈다. 『부산교육의 미래 2026』은 당면한 부산교육의 상황을 외면하지 말자는 용기 있는 분들의 '말 걸기'다. 답을 제시하고, 한 곳으로 함께 가자고 권유하거나 설득하는 시대가 아니다. 담론 수준에서 방치되다시피 한 부산교육에 대해 조금씩 관심을 내자는 호소다. 그러려면 누군가가 먼저 소박하게나마 이야기를 시작해야 한다. '진보교육감' 8년이 만들어 놓은 굴레로 이런 일도 용기가 필요했다.

이 책은 '진보교육감' 8년의 여정을 돌아보는 데서 시작한다. 혁신교육과 마을공동체 교육이 이야기의 중심에 있다. 그런 다음 보수교육감 권력이 들어선 2022년 7월 이후 부산교육의 현황을 짚어본다. '학력 신장'을 화두로 IB 교육, AI 교육 등이 검토되고 있다. 이런 고찰을 바탕으로 부산교육의 미래에 대해 함께 생각해 보자고 얘기한다. 학령인구 감소에 따른 학교의 변화를 생각하면서 학생을 중심에 두는 교육, 정의롭고 지속 가능한 부산교육을 상상한다.

보수교육감으로의 권력 변동 2년을 목전에 둔 지금 부산교육이 또다시 요동치고 있다. 현직 교육감이 선거법 위반으로 항소심에서조차 당선 무효에 해당하는 벌금형을 선고받았기 때문이다. 이런 때일수록 차분히 자신을 돌아보면서 미래를 도모하는 자세가 필요하다. 모쪼록 이 책이 부산교육의 미래를 생각하는 분들에게 가까이 다가갔으면 한다. 다른 무엇보다 자기 성찰의 좋은 재료가 되었으면 하는 바람에서다.

열린 창으로 들여다보는 부산교육

흔히 코로나19를 전후한 우리 사회의 급격한 변화를 BC(Before Corona)와 AC(After Corona)로 구분하여 말한다. 2020년 연초부터 시작되어 3여 년간 지속되고 2024년 현재 사실상 종식되었지만, 우리 사회의 전 분야 즉 사회, 경제, 정치, 문화, 일상 등에 급격한 변화를 가져왔으며, 교육 분야 또한 예외는 아니다. 이러한 변화 속에서 학생들의 정신건강은 악화되고 있으며, 학생들의 성장과 삶의 터전이 되는 지역사회의 유대감은 약화되어 가고, 지역 간·학교 간 교육격차의 심화와 더불어 학령인구도 급격하게 감소하고 있다.

이러한 교육환경의 변화는 전국적인 현상이며 부산지역도 예외일 수 없다. 최근 2년여간 부산교육연구소는 외부자적 관점에서 부산교육의 현황과 쟁점을 들여다보고 이를 바탕으로 부산교육의 방향에 관한 담론 형성을 목적으로 하는 출판사업을 기획해왔다. 다행히 연구소에 적을 둔 현장

전문가뿐 아니라 부산교육 현장에서 활동하고 있는 관련 분야 전문가들로 집필진을 구성할 수 있었다. 집필진은 부산지역 초등학교·중학교·고등학교·대학교에서 학생들을 가르치고 있거나 가르친 경험이 있으며, 교육심리·교육과정·교육행정·교과교육 등 분야의 석·박사 학위 소지자이고, 부산시교육청 교육정책연구소 연구위원, 부산시교육청 파견교사·장학사, 부산시의회 교육의원 등 다양한 경력과 관련 분야의 전문성을 지니고 있다.

이 책은 3부 10장으로 되어 있는데, 1부는 부산 혁신교육의 여정 영역 2개 장, 2부는 부산교육의 진단 영역 4개 장, 3부는 부산교육 미래의 창 영역 4개 장 등이다.

1부 '부산 혁신교육의 여정' 영역에서는, 진보적 성향으로 구분되는 전임 김석준 교육감 8년의 대표적 정책에 해당하는 부산형 혁신학교인 다행복학교의 혁신교육과, 마을과 학교가 함께 학교 변화를 지향하는 마을교육공동체 및 다행복교육지구 정책을 중심으로 지난 과정을 성찰하고, 보수적 성향의 현임 교육감 시기에서의 현황과 앞으로의 과제를 모색해 본다.

2부 '부산교육 진단' 영역에서는, 2024년 현재 부산시교육청의 주요 정책에 해당하거나 정책의 이론적 토대가 되는 주제에 해당하는 일명 '수포자' 문제, IB(International Baccalaureate) 교육, AI(인공지능) 교육, 교육격차 등을 중심으로 현황을 분석하고 이를 바탕으로 주요 쟁점 사항은 비판적 시각에서의 문제 제기를 통해 정책 방향에 시사점을 제시한다.

3부 '부산교육 미래의 창' 영역에서는, 창(窓, window)이 의미하는 바와 같이 창문을 통해 부산교육을 들여다본다는 관점으로 접근하려 했다. 학령인구 감소, 학생들의 심리·정서, 부산교육 2030, 지방자치단체장의 교육공약 등의 주제와 관련된 부산교육의 현황을 짚어보고 중장기적 시각에서 부산교육의 변화와 관련된 담론을 나눈다.

이 책에서는 지면상 한계와 집필진 구성의 어려움으로 10개 주제만을 다루었다. 여기서 다룬 주제 외에도 2023년 7월 서울 서이초 교사 사망 사건과 관련된 교사·학생·학부모의 교육권, MZ세대 교사문화, 기초학력, 2022 개정교육과정, 인성교육, 학교폭력, 학교민주주의, 대입제도, 늘봄학교, 유보통합, 교원업무, 교육재정 등과 같은 중요한 교육 쟁점들은 여전히 상당하며, 이들 주제는 다음 연구총서의 예비 주제들로 남겨두고자 한다.

부산교육을 사랑하며 관심 있는 모든 교원과 직원, 학부모, 지역사회 활동가, 교육행정가, 연구자 등이 이 책을 접하기를 바라며, 글을 통해 제기하는 담론 형성과 대안을 모색하는 과정에 함께하기를 기대한다.

2024. 6. 20.

집필진 일동

| 차 례 |

1

부산 혁신교육의 여정

1장

행복한 삶을 위한 혁신교육

조향미

모두의 행복을 지향하는 다행복학교

오랜 세월 한국 교육은 행복하지 못했다. 소수의 성적우수자를 중심에 둔 경쟁교육의 틀 안에서 다수 학생은 배움의 주체가 되지 못하고 수동적 대상에 머물러 있었다. 지식 전달 중심 교육에서 학교 수업과 삶의 간격은 멀었다. 그리하여 공교육은 신뢰받지 못하고 교실 붕괴, 학교붕괴가 유행어가 되기도 했다. 혁신학교는 우리 교육의 이와 같은 고질병에서 비롯되었다. 공교육을 이대로 두어서는 안 되겠다는 절박함에서 교사들이 나섰다. 위에서 아래로 내려온 이전의 교육개혁 운동과 달리, 혁신학교는 교사들이 주체가 되어 수업을 혁신하고 권위적 시스템을 민주적 소통의 학교문화로 바꾸어 갔다. 진보 교육감이 대거 당선되던 시절 혁신학교는 전국으로 퍼져나갔고, '공교육 모델학교'로서 우리 교육의 변혁을 선도해 갈 책무성도 부여받았다.

한국 학생들의 낮은 행복도에 초점을 맞추어 전국의 혁신학교 명칭 중 제일 많은 단어가 '행복'이다. 본래 참된 배움은 행복한 것이니, 2015년 문을 연 부산의 '다행복'학교는 모두의 행복이라는 최고의 이상을 내세웠다.

> 혁신학교란 '교육과정과 수업, 평가를 총체적으로 바꾸어 학생의 삶에 긍정적인 영향을 미치고, 공교육 변혁의 모델을 제시함으로써 일반 학교의 변화를 추동하는 학교'다.
>
> 혁신학교는 공교육의 학교혁신 모델로 시작된 자율학교로, 2001년 남한산초에서 시작된 새로운 학교 만들기 운동이 2009년 경기도 혁신학교 정책으로 제도화되었다. 이후 전국적으로 확산하면서 혁신학교 정책은 다혼디배움학교(제주)·행복씨앗학교(충북)·행복나눔학교(충남)·행복학교(경남)·빛고을학교(광주)·행복더하기학교(강원)·다행복학교(부산)·창의인재학교(대전) 등 다양한 명칭으로 지역별로 운영되고 있다. 학교 명칭이 지역마다 다르더라도 혁신학교가 지향하는 가치와 추진 과제 등은 큰 차이가 없다.
>
> 공통적으로 공공성·민주성·창의성 등의 가치 등을 추구하고, 추진 과제로서 전문적 학습공동체 활성화·민주적 의사결정·배움중심수업·창의적인 교육과정 운영·윤리적 생활공동체·지역사회와의 협력 체제 등을 제시하고 있다. 그래서 이런 가치와 추진 과제를 잘 수행하는 학교를 혁신학교라고 평가한다.[1]

학교의 행복은 수업에 달려있다. 수업이 잘 안 풀리면 교사도 행복할 수 없고, 수업시간이 지루하고 배움이 힘들면 학생도 불행하다. 그동안 학생들이 수업에 집중하지 못하고 잘 배우지 못하는 것을 학생의 불성실이나 무관심 탓으로 돌려왔으나, 성실성과 관심을 키우는 것부터가 교육이다. 그러므로 바뀌어야 할 대상은 학생이기보다 교사이며 수업이라는 사실을 혁신학교의 주체들은 자각하게 되었다. 따라서 학생의 삶의 역량을 키우

1 김현섭 칼럼 "혁신학교와 미래학교"에서, 교육플러스(http://www.edpl.co.kr)

며 자발적 배움이 일어나는 배움 중심 수업이 확산하고, 사고력과 문제 해결력을 키우며 전인적 성장을 돕는 성장 중심 평가로의 변화가 뒤따랐다. 배움중심수업, 성장중심평가는 2015 개정 교육과정에 명시되어 있으나 교육 현장의 변화는 더뎠다. 혁신학교에서는 가장 중요한 수업과 평가의 변화에 발 벗고 나섰다. 수업과 평가의 혁신은 교육 패러다임이 바뀌는 거대한 변화이므로, 교사들의 배움과 성장이 동반되어야 했다. 그리하여 함께 공부하며 공유하는 전문적학습공동체와 수업나눔이 다행복학교 교사들의 주요한 과업으로 주목받았다.

그러나 이런 다행복학교의 시스템이 뿌리내리기는 쉽지 않다. 수업 공유는 여전히 어렵고 교실의 장벽은 높아서 수업나눔은 선뜻 이루어지지 않는다. 배당된 의무로서가 아니라 자발적인 동반 학습의 즐거움을 누리는 '전학공'으로의 진화는 더디다. 교직 사회라면 당연하고 자연스러워야 할 문화가 이토록 어려운 까닭은 교사들 역시 경쟁교육의 피교육자로서 그런 학습을 해 보지 못했던 탓이 컸다. 억압적인 시대에 관리자들이 교사의 수업에 부당하게 간섭하던 수업권 침해의 역사가 교사의 수업을 고립적인 것으로 만든 측면도 있다.

> 우리 교육은 오랫동안 교사를 국가가 정한 지식을 잘 전달하는 자로 규정하는 대신 교실 안에서 그 누구의 통제와 간섭도 받지 않는 권한을 보장해 주었다. 하지만 이런 '교사 1인 왕국'으로서의 닫혀진 교실은 교사를 고립시키고 성장을 막은 부메랑이 되어 돌아왔다. 자신의 교육에 대해 성찰하고 이를 동료 교사들과 함께 나누며 성장하는 문화가 형성될 수 없었다.[2]

2 김종훈, 『교사, 함께 할수록 더 빛나는』

교사들은 교과서 진도에 맞춰 수업하고, 정해진 비율에 따라 지필고사와 수행평가를 치르고, 생기부 기록으로 학기 말과 방학을 채우는 일만도 힘에 부친다. 게다가 고등학교는 고교학점제로 수업 부담이 커졌다. 2과목은 기본이고 3, 4과목을 담당하기도 한다. 이런 현실에서 다모임, 전학공, 수업 공개를 할 시간에 열심히 교재 연구해서 알뜰히 가르치는 것이 더 효율적이지 않은가? 많은 학교와 교사들은 이런 회의를 내세워, 그 고단한 혁신 공동체의 여정에 선뜻 동참하려 하지 않는다. 그래서 부산의 다행복학교의 확산도 더뎠다. 특히 입시의 자장 아래 있는 일반고에서는 더욱 그랬다.

게다가 2022년, 정부와 교육청이 기조가 바뀌면서 혁신학교는 위축되었다. 혁신학교의 자리에 미래학교, IB학교라는 용어가 등장했다. 코로나를 겪으며 학교 교육은 변화를 겪을 수밖에 없고, 인공지능 산업의 성장과 함께 수업방식의 변화도 필수적으로 따르게 마련이다. 그러나 2028 입시안 발표에 따르면 내신과 수능 중심의 입시는 현행과 큰 차이가 없다. 학생의 진로와 적성을 찾아가는 자기 주도적 교육을 실현하겠다는 고교학점제가 제대로 실현될지도 의문스러운 상황에서, 학교 현장은 변화를 크게 실감하지 못하고 있다. 구습을 바꾸자는 것이 혁신이라면 그것은 곧 현재와 다른 미래를 만들고자 하는 것이다. 혁신학교가 이룬 성과와 노력이 미래 교육의 방향과 다른 것일까? 아래로부터 교육 주체들의 요구로 만들어진 혁신학교와 달리, 미래 학교나 IB학교는 실체가 뚜렷하지 않고 우리의 현실에 맞을지도 미지수다.

다행복학교는 2024년으로 만 10년이 되었다. 예산과 인사의 특혜를 누리며 공정하지 않다는 지적도 받았던 다행복학교들이 이룬 성과와 한계를 중심으로 부산형 혁신학교의 현주소를 들여다보자.

이 글은 부산의 다행복학교 리더 교사들과의 면담과 각 학교의 다양한 자료를 근거로 썼다. 객관적인 통계와 분석 중심의 보고서 형식이기보다는, 직접적인 경험과 관찰을 바탕으로 하되 필자 한 사람의 의견이 아니라 여러 다행복 리더들의 목소리가 담기게 했다.

학교 민주주의

교사 자치—교육 수준은 교사들의 협력 수준

학교는 기본적으로 공동체다. 학생들이 함께 공부하고 밥 먹고 운동하며 노는 곳, 잠만 공식적으로 허용되지 않았을 뿐, 아침부터 저녁까지 생활하는 공간이다. 가정에 빗대면 부모를 대신하는 교사와 형제를 대신하는 선후배 친구들이 학교에 있다. 학교가 문을 닫고 가정에서 그 모두를 감당해야 했던 코로나 시대, 부모도 학생도 매우 힘들었다. 온라인에만 의존하는 학습도 어려웠고, 영양소를 고루 갖춘 급식을 먹지 못하고, 친구들과 놀지도 못한 채 집에 갇혀 지내면서 크게 내상을 입은 학생들도 적지 않았다. 그 후유증은 오래가서 정신건강에 적신호가 들어오는 학생들이 많아졌다. 학교를 성적 경쟁의 장으로만 간주하는 이들도 있지만, 교육과 보육과 사회활동 공간으로 학교의 위상을 재인식하게 되었다.

학생의 학습과 교우관계, 생활 습관까지 삶 전반에 관여하는 교사의 일이란 한계가 없다. 교과서에 나오는 지식을 전달하는 직업이라고만 생각하면 교직을 수행하기 힘들다. 교사마다 주어진 수업과 업무가 있지만 담당한 학생이 다수이므로 교직은 분리되어 있지 않다. 한 교사의 일도 전반적인 학교 교육활동과 연계되어 있으며 가정과 사회와 연결되어 있다. 그러므로 교사 상호 간은 물론 학생과 학부모와 소통하며 설득하고 결정하는 직업이 교직이다. 그래서 교사에게 진정 필요한 능력은 2022 개정 교육과정의 6가지 핵심역량 중 하나인 협업적 소통 역량이라고 볼 수 있다. 학생들을 위해 짜인 교육과정의 역량이 교사에게도 적용된다.

오랫동안 교사들은 위로부터 주어진 일을 수행하는 방식의 교육을 했다. 주체성을 인정받지 못하니 자발성이 중시되지 않았고, 전반적인 개별화의 문화 속에서 동료성도 약해졌다. 교직은 저마다 혼자 수업하고, 업무분장표에 적힌 대로의 업무만 하면 되는 것으로 인식되기도 했다.

하지만 한 아이가 올바르게 자라게 하기 위해 온 마을이 필요할진대, 적어도 온 학교가 연결되어 있음은 말할 필요가 없다. 수업하는 한 교사의 역량만으로는 학급이나 학년은 물론, 학생 한 명도 온전히 교육하기 힘들다. 학교 전체의 교육과정을 계획하고 실행하기 위해는 모든 교과수업과 부서 활동이 서로 엮이게 된다. 부서회의, 학년회의, 교과회의, 전학공 회의를 넘어 전체교사가 둘러앉아 머리를 맞대어 문제를 해결하고 좋은 교육 방안을 모색해야 한다. 교육청이나 관리자가 지시하고 전달하는 것으로는 교사의 마음을 움직일 수 없다. 교사들이 진심을 바칠 마음 없이는 교육은 기계적인 업무로 전락할 뿐이다. 교육은 근본적으로 마음의 영역에 관한 것이니, 먼저 교사의 마음을 움직이게 하는 것이 가장 중요하다.

혁신학교가 시작되면서 전체 교직원회의, 다모임이라는 것이 생겨났다. 학년이나 부서별로 나뉘는 경우도 있지만, 모든 교사가 한 자리에 모여 전체 회의나 연수를 하거나, 모둠별 토의와 공유의 방식으로 진행된다.

혁신학교 워크숍 또는 다모임 첫 주제는 학교의 비전 세우기다. 대부분 개교 때부터 전해 내려오는 교훈이나 관리자가 정한 비전에 별 관심도 없었다. 하지만 '우리 학교는 학생들을 어떤 시민-인재로 키울 것인가'라는 학교 비전을 정하는 과정은 교육의 본질을 진지하게 성찰하는 시간이 된다. 교과교육의 지식, 눈앞의 평가에만 매몰되면 교육의 본래 목표를 잊어버리기 쉽다. 학교 비전이 정해지면 학년 회의에선 학년 비전을 정한다. 학급 비전은 학생들과 함께 정할 수 있다. 비전 정하기는 생각보다 간단하지 않다. 삶에서 가장 중요한 덕목은 무엇이며, 미래가 어떻게 흘러갈 것이고,

해당 연령대 청소년들에게 어떤 것을 강조해야 할지 총체적인 사유와 성찰이 필요한 일이다.

전문적 학습공동체와 수업 공개를 어떤 방식으로 할지도 다모임의 주제다. 전체 교사들이 주체적으로 결정한 것이라면 잘 수용되지만 집단의 성격에 따라 교사 편의주의로 흐를 수도 있다. 이런 것을 방지하기 위해 학교에서 최소한의 원칙을 정하기도 한다. 물론 교사들의 동의 없이 밀어붙이는 것은 역효과를 불러온다. 제안은 하되 논의와 합의 과정은 필수다. 부산의 다행복학교들은 전학공이든 수업 나눔이든 본래의 취지와 목적을 중심에 놓고 학교마다 상황에 맞게 펼치고 있다. 교육은 자유와 강제의 균형을 잘 잡는 것이 중요한데, 이는 학생만이 아니라 교사 집단에도 해당한다.

다모임의 기본적인 주제는 신학년 워크숍, 학년교과협의회, 수업공개협의회, 학기말 교육과정평가회 등이며, 학기당 최소 3~4회는 전체 워크숍을 진행한다. 평가나 생기부 같은 필수적인 전달 연수를 제외하고 그렇다. 학년말 교육과정 평가회를 2, 3회에 걸쳐 하는 학교도 있다. 평가회는 바로 다음 해의 교육계획과도 연결되므로 신학년 워크숍만큼이나 중요하기 때문이다. 교사들이 모여서 관심 주제를 토의하고 그 결론과 제안이 학교 운영에 적극 반영되는 시스템은, 지시전달식 교무회의만 겪은 세대로선 상전벽해라 할 정도의 변화다. 교무회의가 의결 기구는 아니지만 다모임의 결정 사항은 관리자들도 존중하게 되어 있다.

하지만 교사들이 다모임을 썩 반기는 것은 아니다. "다모임은 너무 재밌어"라는 반응도 있지만, 업무에 지치고 관계가 매끄럽지 않은 학교에선 불편하고 귀찮게 여겨지기도 한다. 깊이 생각해 보지 않은 주제 토의도, 혼자 수업 잘하면 그만이지 수업을 공개하고 협의하라는 것도 편치 않다. 사실 누구나 모여서 머리 써가며 회의하는 것보다 한 시간 쉬는 것을 더 좋아한다. 그러나 모여서 토의하고 나아갈 방향을 정하는 과정 없이 민주주의는 불가능하다. 회의가 잦다 보면 '그냥 알아서 결정해서 통보해 주면 안 되나' 싶어지기도 하고, 관리자와 부장 몇이 결정하여 알리면 자기들 마음대로 한다는 불만이 생기기도 한다. 그래도 협의하고 제안한 것이 실행되는 것을 몇 번 경험하고 나면 회의의 필요성을 인정하게 된다. 모두가 학생들을 잘 키우자는 뜻에서 비롯한 일이고, 교사들이 함께 성장하며 행복해지고 싶다는 일임에 공감하는 구성원들이 많아진다. 학교문화가 일방적이고 강제적인가, 민주적이고 합리적인가에 대한 판단은 다모임의 분위기에서 잘 드러난다. 다모임이 잘 이루어지려면 준비 단계에서부터 세심한 배려가 필요하다. 그래서 리더 교사들을 중심으로 다모임 TF팀이 따로 꾸려져서 며칠을 고심하기도 한다. 어느 해 충렬고 학년말 교육과정 평가 다모임은 아래와 같이 두 개의 큰 주제로 나뉘어 진행되었다. 이듬해는 학습연구년 교사들의 도움으로 조직문화진단을 했다.

학년말 교육과정 평가회 주제 토의

〈수업〉

1) 수업 공개 및 협의회는 나의 수업에 어떠한 도움이 되는가?
(동교과&타교과 수업 나눔에서 도움이 된 점, 발전적인 수업 나눔 방법 제안)

2) 올해 나의 수업 중 가장 좋았던 점과 아쉬웠던 점은?

3) 학생의 수업 참여도 및 집중도를 가장 방해하는 요소는 무엇인가?
또한 그것을 없애기 위해 우리가, 학교가 함께 할 수 있는 것은?

4) 교과수업을 통해 학생들에게 핵심역량을 길러줄 방법은?

〈업무〉

1) 올해 업무추진 및 진행에서 보람 있었던 점과 힘들었던 점은?

2) 업무 효율성 향상을 위해 우리 학교에서 꼭 개선되었으면 하는 점은?

3) 교무실 부서, 학년부서 간 소통이 더 긴밀해지는 방안은?

4) 현장 체험학습/수학여행의 방향과 방식[3]

---

3 충렬고 2022.12월 교육과정 평가 다모임 자료.

다모임의 토의를 통해 교사들은 자유롭게 의견을 나누면서 서로의 생각이 얼마나 같고 다른지 확인한다. 변화를 강조하는 사람들과 변화를 부담스러워하는 사람들이 반반이라면 어떻게 조율해야 할까. 뭔가 새로운 전기가 없으면 구성원들은 익숙하고 편한 쪽을 선택하기 쉽다. 좋은 교육이라는 비전을 이루면서도 모두를 존중하고 배려하는 방법이 있을까. 공동 비전을 향해 달려가는 리더 교사들이 있고, 개인적인 여유와 안정성을 더 중시하는 구성원도 있다. 조직 운영에 강제성으로는 부작용만 날 뿐이지만, 어떤 규칙이나 규율 없이 개인에게만 맡겨두면 공동 비전보다는 개인의 편익을 좇게 되기 십상이다. 현실과 이상의 갈등, 개인과 공동체의 갈등은 분별의 세계에 사는 인간 존재의 숙명인지 모른다. 그러나 그런 한계와 특성을 이해하는 바탕 위에서, 다른 입장도 경청하고 수용하되 본래의 목적을 달성하려는 노력이 진정성을 갖는다면 갈등은 줄어든다.

학생 자치—알고, 할 수 있고, 원하도록 이끄는 교육

일반적으로 혁신학교에서 제일 먼저 학생 자치가 살아난다. 배움중심 학생참여 수업을 지속적으로 한 결과이기도 할 것이다. 초·중·고 할 것 없이 학생들은 교사의 가르침을 받기만 하는 수동적 자세에서 벗어나 스스로 의미를 느끼는 일들을 기획하여 실행하고 싶어 한다. 아무리 학생 참여 수업이라 하더라도 수업을 디자인하고 운영하는 주체는 교사이니, 학생은 상대적으로 수동적일 수밖에 없다. 그러나 학생들 스스로 운영하는 학생 자치회의 운전대는 학생들에게 있다. 학교의 대부분 시간을 피교육자 처지에서 보내는 학생들은 자치활동을 통해 자기주도성과 협력성, 공동체 능력을 기른다. 폭넓은 역량을 기른다는 점에서 학생 자치의 중요성은 말할 필요가 없다. 초등과 중등 모두 다행복학교의 학생 자치는 일반 학교와 차이가 크다.

전포초는 학생 자치와 교육과정의 연결이 잘 이루어지도록 학교 교육과정을 계획하고 운영했다. 아직 어린 학생들이니 교사들이 학생 자치의 기본 힘을 기르기 위한 기초학력 보장 및 관계맺기 역량을 키우기 위한 활동을 한다. 이런 교육활동은 교사들의 일상적인 수업 협의 문화와 전문적 학습공동체를 통한 동학년 수업협의회의 정착으로 가능했다. 다양한 활동들이 많지만, 학년을 넘어 진행되는 선후배 두레활동이 돋보인다. 이 활동은 1, 6학년/2, 5학년/3, 4학년을 짝학년으로 구성하고 선·후배들이 만나서 다양한 활동을 하는데, 이는 각 학년의 교육과정에 녹아 있다.

1-6학년, 6학년들이 1학년들과 학교 한 바퀴 돌며 소개하기, 디자인한 티셔츠 선물, 독도 책갈피, 편지 써주기, 얼굴 그려주기, 1학년은 송편 만들어 선물한다. 2-5학년, 2학년이 동화를 소개하는 편지 전하기. 5학년은 동화의 반전 그림과 목각인형을 만들어 선물한다. 3-4학년, 함께 공동체 놀이를 하고 편지와 선물을 주고받는다. 1-2학년도 함께 놀이를 하고, 처음 선배가 된 2학년이 후배에게 책을 읽어준다. 이런 짝학년 두레 활동은 즐거운 놀이와 따뜻한 소통을 통해 친밀한 관계를 형성한다. 이런 활동을 통해 선배들은 후배에 대한 관심과 배려의 자세가 길러지며, 후배들은 선배와의 활동을 즐거워하며 학교생활에 기대가 높아진다. 또 교육과정에 있는 교육활동이니 선후배 공통으로 학습에 대한 관심이 높아지며, 선배들은 후배에게 주는 작품활동에 최선을 다하면서 자신감이 향상된다. 보살피고 가르치는 활동이 어떤 공부법보다 효과가 높다는 것을 확인할 수 있다.[4]

다행복 중학교의 학생 자치도 일반 학교와는 급이 다르다. 양동여중은 업무분장에 '자치부'를 따로 둘 정도로, 주체적인 민주시민을 키우기 위한

4 전포초 교육계획서 참조

교직원들의 노력이 학생 자치를 무르익게 했다. 학년말 교사들의 교육과정 평가회에 학생들을 참여시키고, 전체 학생이 모여서 교육과정 평가회를 한다. 학생회가 잘 꾸려져도 학급 자치를 잘하기는 쉽지 않은데, 반장이 학급회를 진행하고 모든 학생이 포스트잇에 의견을 써내는 정도까지라도 진행하는 것은 그저 이루어지지 않았다. 학생 자치의 경험을 통해 민주시민으로 성장하기를 바라는 선생님들의 정성 덕분이다.

연산중학교의 학생 자치도 매우 돋보인다. 1학년 신입생들에게도 선거권을 보장하기 위해 3월 말에 학생회 선거를 하고 4월에 학생자치회 60명의 워크숍을 인근 유스호스텔에서 1박 2일 동안 진행한다. 많은 인원이지만 1박을 하며 공동체 놀이도 하고 부서별 연간 계획도 짜며, 선후배 서열문화 없이 평화로운 학교생활을 정착시키는 계기가 된다. 또 돋보이는 것이 탄탄한 학급회 운영이다. 수업과 생활면에서 꼭 필요한 주제들은 신뢰서클 형식으로 소통한다. 이와 같은 학생 자치활동을 통해 협업적 소통 능력과 공동체 정신을 함양한다. 좋은 수업, 교육활동이 이뤄지려면 교사들의 노력 못지않게 학생들의 태도가 중요한데, 학생 자치는 그런 태도와 역량을 기르는 토대가 되는 것이다. 학생회는 학급회에서 나온 의견을 발표하고 공유하며 규칙을 제정한다. 연산중학교의 우수한 학생자치활동은 동래교육지원청 관내 중학교 학생 자치활동 활성화를 위해 중심학교 간 학생회 임원들과 지도교사들의 정기적인 만남과 자치활동 교류를 통해, 확산 및 일반화에 기여하고 있다.

학급회 진행 및 주제

4월 새 학기 한 달 동안의 우리 학급 돌아보기(우리 반 이미지 떠올리기, 우리 반 존중의 약속 점검)

5월 학생회장단 공약에 대한 의견 수렴

6월 교사, 학생들이 미리 의논하여 학년 제안 및 학급 제안 주제를 정하여 진행.
1학년의 학년 제안 주제-1학기 수업시간의 우리 행동 돌아보기
2학년의 학년 제안 주제-다른 사람이 싫어하는 말과 행동을 왜 계속하는가?
3학년의 학년 제안 주제-수업 준비, 수업시간의 우리 행동 돌아보기

7월 1학기 돌아보기(가장 기억에 남는 일, 잘한 일 또는 후회되는 일 등), 여름방학 및 2학기 다짐

9월 학교 학예제 운영 방식 의견 수렴, 양심물품(양심공, 양심우산, 양심슬리퍼)

10월 학교 내 안전사고 및 체육 활동 돌아보기, 체육한마당 운영방식 및 종목에 대한 의견 수렴[5]

다행복고등학교의 학생 자치는 더욱 성숙하게 무르익었다. 부경고의 학생 자치 역량은 수준 높기로 정평이 나 있다. 2023년에 학생회에서 '부경고 백서'라는 100페이지 넘는 책자를 발간할 만큼 활동이 풍성하다. 상업고등학교에서 일반고로 전환한 부경고는 초기엔 학생도 교사도 꺼리는 학교였다. 그러다 다행복학교로 지정되면서 학생 자치를 활성화하며 학교문화를 바꾸어 갔다.

혁신학교가 시작된 2017년, 전교생이 참가한 원탁토론을 통해 생활협약(교칙)을 만들었다. 학급회의와 교사 회의를 통해 토론 안건을 마련하고 원탁 토론회에서 안건을 토론한 뒤 투표를 통해 생활협약(교칙)을 만들었다. 그리고 신입생들은 매년 4월 '학년 원탁토론'을 통해 생활 협약 개정 안건을 마련한다. 1학년 원탁토론에서는 생활협약 개정안건 마련과 함께 학년 슬로건도 논의와 투표를 거쳐 스스로 만든다. 2, 3학년은 학급회의를 통해 개정 안건을 마련하고, 이렇게 학년별로 마련된 개정 안건은 대의원회에 상정되어 투표를 통해 교칙에 반영된다. 그리고 학교에 문제가 발생하면 공청회를 연다. 학생들이 교복을 잘 안 입는 문제가 있을

5 연산중 교육계획서

땐 '교복 공청회'가, 수업시간에 공부하는 분위기가 흐트러졌을 땐 '수업 바로 세우기 공청회'가 열렸다.[6]

전교생 또는 학년 전체가 참여한 원탁 토론회는 직접민주주의를 제대로 배우는 교육이었다. 동시에 학급회에서 안건을 만들고 대의원회와 교사회를 거쳐 교칙을 정하는 경험을 한 학생들은, 사회에 나가서도 참여하고 행동하는 시민이 될 수 있다. 민주시민교육은 교과서와 시험만으로 이루어지지 않는다. 수업 분위기가 심각하게 안 좋을 때, 두 학급씩 묶어 진행한 공청회에서 학생과 교사들은 진심을 털어놓고 대화를 나누었다. 명퇴하고 싶을 만큼 힘들다는 학년부장 선생님, 방해하는 친구들 때문에 공부를 못하겠다는 급우들의 말을 들으며, 수업 분위기를 흐리는 당사자 학생들은 자신들의 행동 때문에 많은 사람이 힘들어하는 것을 생생히 알게 되었다. 그 학생들도 힘들었다. 도무지 따라갈 수 없는 수업에 꼼짝 않고 집중한다는 것은 아무래도 불가능하다. 본인들도 어찌하지 못하여 그런 행동을 하게 된 것이다. 학교는 대책을 마련했다. 인근 대학교와 MOU를 맺어 오후 수업은 바리스타, 요리 등 학생들의 적성을 살린 체험 중심 학습을 연결해주었다. 느린 학습자, 뒤처진 학생들을 위해 이렇게 정성과 예산을 들이는 다행복학교의 방식은, 학령인구가 급격하게 줄어드는 현실에서 '한 명의 아이도 배움에서 소외시키지 않는' 참된 미래 교육의 길을 제시하고 있다.

백양고의 학생 자치에서 두드러진 점은 학년총회에서 전체 구성원이 대화와 소통으로 문제 해결 방안을 모색하고, 학생 참여예산제를 운영하는 것이다. 자치회 임원이나 부원 중심을 넘어서 모든 학생이 주체가 되는 학생회를 꾸려가는 것이다. 정기적인 학년총회는 사전에 학년별 의견함을 설

6 이용, 민주적인 학교 만들기-학생자치사용설명서(강의 원고)

치하고 학급 대표 회의, 담임 회의를 한다. 그리고 강당에서 전교생이 둥글게 둘러앉아 관련 주제를 토의하고 해결 방안을 도출한다. 1학년의 경우 학년 초에 학교생활과 학습 등 궁금한 것들을 질문하고 교사들이 답하며 자유롭고 편안하게 소통하는 시간이 된다. 일부 대표 학생들만이 아니라 누구나 편하게 마이크를 잡고 이야기할 수 있는 이와 같은 대화의 자리는 어떤 지식교육보다 소중한 배움과 성장의 과정이다.

학생 참여예산제도 눈에 띄는 활동이다. 일반적으로 학생회는 부서별 부원 중심으로 학생 자치가 꾸려지는데, 학급 단위로 원하는 행사나 교육 프로그램을 개발하여 예산을 청구하고 집행한다. 이 활동의 목적은 학생 중심의 다양한 교육활동을 지원하고, 예산 사용을 위한 계획·실행·평가 과정을 학생이 경험하면서 한 단계 성장하는 기회를 체험하는 것이다. 그리고 학생의 다양한 꿈과 끼를 발휘하도록 지원함으로써 생동감 넘치는 학교문화를 형성한다.

만덕고는 매점을 사회적협동조합으로 만들었다. 학생, 학부모, 교사들이 조합원으로 참여할 수 있다. 협동조합을 매개로 학교 안팎에서 다양한 활동을 하며 삶의 현장에서 배운다. 학교 매점을 운영하는 분과 학생들은 판매할 메뉴와 운영 방식을 정하는 데 참여하여, 소비자 학생들의 요구를 반영하여 싸고 좋은 상품을 공급한다. 가재도구나 간식 등 물품을 만들어서 행정복지센터나 복지관에 전달한다. 마을 축제에 협동조합부스를 운영하며 댄스부, 밴드부가 축하 공연으로 흥을 돋운다. 마을활동가와 함께 지역을 살펴보고 장터에서 창업 부스를 운영하여 수익금을 기부하기도 한다. 지역 협동조합 방문, 협동조합이 있는 학교들과의 교류 등으로 외연을 넓혀가고 있다. 교실과 학교, 교과서와 문제집에 갇혀있는 학생들이 다수인 현실에서 직접 사업을 해 보기도 하고 지역을 탐구하고 참여하는 활동은 학생들에게 생의 감각을 키우고 삶을 위한 공부를 실감하게 할 수 있다.

충렬고 학생회는 이웃 학교와 연합하는 활동을 시도하더니, 2023년엔 연합축제를 기획했다. 여름방학 때 동래지역 6개 고교 연합 학교폭력예방 테마 축제를 열었다. 한 학교 담장을 넘어 여러 학교가 연합하여 온전히 학생들이 주축이 되어 대규모 행사를 열고, 학교와 교육청은 학생들을 돕는 역할을 한 것이다. 학생들의 주체성이 이 정도로 커졌다는 것을 확인할 수 있는 행사였다. 그날 풍경을 그린 글의 일부다.

연일 호우가 내리는 날씨가 이어졌고, 행사 당일 아침엔 장대비가 쏟아졌다. 행사가 어찌 되냐고 묻는 학부모들의 민원전화가 교육청으로 빗발쳤다. 학생들, 지도교사, 교육청과 학폭조정센터 담당자들의 회의 결과, 계획된 행사-강당 안의 본행사는 물론, 바깥 부스도 그대로 진행하기로 했다. 빗속에서도 행사장인 동래중학교로 학생들이 연이어 들어왔고, 각 부스와 강당은 청소년들의 싱그런 기운이 넘쳤다. 개회식을 하고 본 행사가 시작되니, 학생들이 더 몰려들어 바깥에 장사진을 치고 있었다.

개회식에서 학교폭력예방 선서를 하고, 학교폭력을 주제로 한 모의재판, 학폭 퀴즈, 그리고 학폭과 직접 관련이 없지만 학생들이 흥미 있어 할 프로그램들이 다양했다. 스포츠 경기, 다양한 체험 부스, 길거리 챌린저라는 수학 문제를 푸는 프로그램까지 있었다. 밴드, 댄스 공연은 여러 학교에서 지원한 40개 가까운 팀 가운데 9팀을 선정하여 3회 공연을 했다. 순수하게 학생들이 기획하고 진행한 행사라 참가자가 더 많았다. 행사 진행, 안전 요원들까지 백여 명 가까운 학생회 부원들의 역할이 컸다. 누구의 지시도 부탁도 없이 학생들 스스로 이렇게 큰 행사를 이끌어간 경험은, 진행자와 참가자 모두 기량을 뽐내고 역량을 키웠으며 관람자들에게도 내재적인 교육효과가 컸다.

행사의 주축이 고3 학생들이라 입시 공부를 등한시하는 것에 대한 우려와,

외부 활동에 치중하다 학교 내 학생 자치에 소홀했다는 비판이 있었다. 초반에 지도교사들은 행사를 축소하라고 거듭 말했지만, 꺾을 수 없는 학생들의 열정은 교사와 학부모의 응원과 지지를 끌어냈다. 비현실적이라는 비판 속에서도 새로운 일에 도전할 수 있는 용기, 무언가에 헌신하고 자신을 쏟아붓는 열정을 실행하는 사람으로 키우는 것. 이보다 중요한 교육은 없다. "공교육의 교사가 학생에게 가르치는 것은 개개의 내용이나 기술을 넘어선다. '무엇인가를 알고, 할 수 있고, 원하도록' 이끄는 일이다."[7]

학부모 자치—'학부모 시민'의 배움과 성장

학부모도 교육의 주체다. 학부모의 건전한 참여는 학교 교육을 더욱 풍성하게 한다. 그러나 최근 들어 봇물 터지듯 쏟아지는 비상식적인 학부모의 간섭과 교권 침해로 공교육이 몸살을 앓고 있다. 이런 행태는 오래되었으나 교사들이 꾹꾹 참고 있다가 임계점에 이르러 폭발하게 되었다. 그러면 학부모는 어떤 방식으로 학교 교육의 건전한 주체로 설 수 있을까. 혁신학교의 사례는 매우 고무적이다.

구포 다행복자치학교 학부모공동체는 학교의 교육활동을 지원하고 참여한다. 다양한 연수와 학습으로 학부모도 배움의 주체로 자기 성장을 꾀하고 있다. 다른 다행복학교들도 조금씩 다르면서 비슷한 형태로 진행되고 있어, 구포초의 활동을 대표적인 사례로 소개한다.

교육활동 지원으로 대표적인 것이 학습준비물지원센터 운영이다. 이 센터를 통해 학생들이 준비물 걱정 없이 학교에 오는 문화를 만들고, 학부모가 센터장을 맡아서 상주하며, 학부모 자율 봉사단을 모집해서 원하는 요일에 함께 봉사한다. 학부모자치회 기획 행사도 매년 한다. 크리스마스에

7 이혁규, 『한국의 교사와 교사 되기』

교문 앞에서 산타 복장을 하고 선물을 나누어 주고, 사랑의 동전 모으기 행사를 통해 모은 돈을 행정복지센터에 전달해서 불우이웃을 돕는다. 졸업하는 모든 학생에게 학부모들이 직접 만든 선물을 전달하고, 전출하는 교직원들에게 얼굴 사진을 넣어 제작한 쿠션을 선물한다. 신입생 학부모들에게 다행복학교에서 시작하는 1학년 생활에 대해 안내하고 환대하는 자리를 만들기도 한다. 이런 다양한 활동을 통해 최근에는 주변 학교 학부모 회장단 모임에 초대받아 '참여하는 학부모회'에 대해 교육하며 학부모자치 문화를 확산시키는 작업도 하고 있다.

학교와 학부모, 학부모와 학부모의 소통을 위해 학부모밴드를 운영 중이며 대부분 학부모가 가입해서 활동한다. 밴드는 학교에서 알릴 일을 학부모의 시선으로 학부모들에게 전하기도 하고 학부모들 사이에 일어나는 다양한 사안에 대해서도 소통하는 도구가 되고 있다. 또한 담임교사와 학부모의 소통을 위해 모든 학급이 학급 밴드를 만들고 매일매일의 교육활동을 학부모들과 나누며, 소통맘(학급 학부모 대표)을 선출해서 학급에서 일어나는 일에 대해 학부모 카톡으로 소통한다.

행사만 하는 학부모회는 소진된다. 꾸준한 학습을 통한 자기 연찬이 병행될 때 지속 가능한 자치회가 가능하다. 연수 참석인원과 연수 기획에 대한 부담이 큰 학부모들을 위해 1학기엔 교육청에서 주관하는 '학교로 찾아가는 학부모 연수'에 적극 활용하고, 2학기에는 학교 예산으로 필요한 연수를 기획해서 정기적으로 연수를 한다. 연수마다 30~50명의 학부모가 참석하여 학습의 즐거움을 만끽하고 있다. 학부모 자율 동아리가 구성되어 도서 도우미, 택견, 비즈공예, 염색, 기타 등 다양한 동호회의 활동으로 학교가 평생학습의 장이 되고 있다. 자녀를 키우는 학부모라는 공통점은 서로의 관계를 돈독히 하며 서로 소통하고 배우는 것이 훌륭한 자녀교육의 지름길이기도 하다는 점에서, 학부모들의 연대는 수준 높고 소중한 민주 시민의 교육장으로 이어진다.

중등학교는 초등만큼 학부모 모임이 활발하지는 않다. 그래도 다행복 중등학교는 대부분 교장, 교감과 학부모 임원들의 월례회가 있어서 학교 교육활동을 공유하고 학부모들의 건의 사항을 듣는다. 그리고 학부모 자율 동아리를 운영하는데, 교육청에서 교육공동체 참여예산을 지원해 주어 안정적으로 자리 잡고 있다. 여러 학교에서 실행하는 대표적인 동아리는 학부모 독서 모임이다. 교장이나 담당 교사가 함께 참여하기도 하는데, 소통과 공감의 친교와 학습을 함께할 수 있어 교육효과가 높다. 때론 학생, 교사, 학부모 독서동아리가 함께 참여하는 인문학 행사나 초청 강연회를 열어서 교육 3주체의 소통과 공감에 깊이와 넓이를 더한다.

부모들이 함께 책을 읽고 자녀교육과 다양한 삶의 이야기를 나눌 수 있는 독서 모임은 자발적 시민교육의 장이 되고 있다. 처음엔 대부분 자녀와의 소통에 도움이 되리라는 기대로 첫발을 내디뎠다가, 독서 모임의 매력에 점점 빠져들면서 훌륭한 학습 네트워크로 성장해가고 있다. 1년 동안의 활동으로 발간한 학부모 독서문집에 실린 소감을 소개한다.

책 편식을 하는 나에게 여러 가지 책을 읽을 수 있고, 그 책을 함께 읽고 사람들과 소통하면서 사람들의 다양한 생각을 들을 수 있을 것 같아 시작한 모임이었다. 처음 만나는 회원들과의 대화에서 수없이 많은 정보와 생각과 이야기에 빠져들게 되는 것. 바로 살아있는 책 읽기다. 이런 모임은 예전부터 갈망하던 것이었는지도 모르겠다. 가려운 곳을 긁어주는 효자손 같은 이 느낌, 뭐지? 너무 재밌고 모임 날짜가 다가올 때면 어떤 이야기들이 펼쳐질지 기다려지는 설렘을 오랜만에 느껴보았다. 직장 때문에 두어 번 빠질 수밖에 없을 땐 얼마나 아쉽고 속상했는지….

책 자체가 재미있는 날도 있었지만, 나와는 다른 생각을 들으며 아~ 저런 관점에서 볼 수도 있구나, 하며 다양한 각도에서 생각해 보는 것도 큰 즐거움이었고, 재치 있고 유머러스한 어머니들의 말에 많이 웃을 수 있어서 재미난 시간이었습니다. 그리고 사람들 앞에서 대본 없이 생각나는 대로 말해야 한다는 것 자체가 저에게는 큰 도전이었는데, 독서토론을 통해 이를 경험해 볼 수 있어 의미 있는 성취의 시간이기도 했습니다. 아이가 다니는 고등학교에서 이런 경험을 하게 되리라고는 생각지도 못했는데 말입니다.[8]

마을교육공동체나 사회적협동조합을 결성한 학교들은 학부모들이 좀 더 주체가 되어 학교 교육에 참여한다. 교육청 지원금이 있으므로 마을 축제 같은 행사를 열기도 하고, 진로 체험의 경우, 학부모들이 체험처를 알아보고 학생들의 참가 희망을 받고 프로그램을 진행하며 학생들에게 좋은 배움의 장을 펼쳐갔다. 학생 대상 행사를 진행하면서 학부모들은 자기 자녀에게만 갇혀있던 시야를 넓혀 전체 속에서 자녀 교육을 바라볼 수 있게 되어 긍정적인 효과가 있다.

2015년 4월부터 준비하여 2016년 10월 창립한 만덕고의 사회적협동조합은 학교 자치 역량을 더욱 업그레이드시켰다. 2017년 사회적협동조합 매점 '산드레' 개소식을 열게 되었다. 자립적인 조합활동으로 학교 구성원의 복리 증진과 지역경제 발전을 위해 매점 운영, 학생 경제교육, 학생복지, 통합교육 지원사업을 하고 있다. 사회적협동조합은 교사보다 학부모와 학생들이 주축이 되었다. 건강한 먹을거리로 매점이 운영되고, 그 이익금으로 장학금 및 교육활동을 지원할 수 있다. 경제·경영·창업 교육을 해 가는 협동조합은, 학교 교육이 책과 이론에서 벗어나 실제 삶의 기술을 배울 수

8 충렬고 2023학년도 학부모 독서모임 문집 《월요일 저녁 일곱 시—엄마들의 행복한 책 읽기》

있도록 소중한 배움터 역할을 하고 있다.

수업 혁신

가르침에서 배움으로

오랫동안 수업은 교사의 영역이었다. 교사가 학생들에게 지식을 가르치고 평가하는 것이 학교 교육의 뼈대였다. 교과서는 성전이었으니 입시에서도 '교과서대로 공부했다'는 게 수석 학생들이 으레 하는 말이었다. 하지만 교과서가 다양해지고, 교과서보다 중요한 것은 교육과정이며, 교육은 지식만이 아니라 역량을 키우는 것이라는 교육과정의 지침이 세워졌다. 학생이 역량을 키우기 위해선 교사가 전달하는 지식을 수동적으로 받아들이는 것만으로는 부족했다. 대화하고 토론하며 질문을 만들고 답을 찾아가는 수업으로 의사소통능력, 협업역량, 공동체 역량을 기르며 창의적이고 비판적인 사고력도 키울 수 있다. 교실에서 교사의 목소리보다 학생들의 대화와 탐구활동이 더 많아지는 수업디자인에 대한 요구는 벌써 전부터 있어왔다. 강의만 듣는 수업이라면 집에서 인터넷강의로도 대체할 수 있다. 학생들은 동료 학생들과 소통하고 협업하는 것을 배우기 위해 학교에 오기 때문이다. 교사의 가르침에서 학생의 배움으로 수업이 바뀌어야 한다는 것, 이것이 수업 혁신의 뼈대다.

하지만 변화는 쉽지 않았다. 학생 한명 한명을 살피면서 제대로 배우는지 확인하고 잘 배울 수 있도록 다양한 방법으로 수업을 이끄는 것보다 일제식 강의 수업이 익숙하고 손쉽기 때문이다. 이런 수업은 '배울 학생은 배우고, 못 배우는 학생은 어쩔 수 없다'는 학생관이 전제되어 있다. 그래도 혁신학교에서는 수업 공유가 활발하게 일어나 일반 학교보다 변화가 두드러졌다. 모든 혁신학교의 좌우명인 '한 명의 아이도 배움에서 소외시키지 않는다'를 실현하는 방법은 학습자 중심의 개별화 수업으로 가능하다. 배움은 학생의 몫이고 교사는 가르치기만 하면 된다는 식의 수업관은 더 이상 통용되지 않는다. 학생이 배우지 못했다면 교사는 제대로 가르치지 못한 것이다. 학생 개개인이 배울 수 있게 돕는 것. 그래서 교사의 역할이 티칭에서 코칭으로 바뀌고 있다. 학생은 교사에게 배우지만 급우들을 통해서도 더욱 잘 배울 수 있으므로, 수업에서 학생들이 서로 배울 수 있는 동료학습이 주목받았다. 교사들은 강의 역량 이상으로, 협력학습을 통해 우수한 학생들이 뒤처진 친구들을 돕도록 격려하며 이끌고, 뒤처진 아이도 포기하지 않고 노력하도록 용기를 일깨우는 역량이 절실해졌다. 원래도 그랬지만 교사는 지식을 전달하는 일을 넘어서 마음을 일깨우는 사람이 되어야 했다. 그래서 시인 예이츠는 말했다. "교육은 들통을 채우는 것이 아니라 불을 지피는 것이다."

수업전문가들은 수업시간 가운데 교사가 개념설명을 하고 시범을 보이는 데 전체의 30% 정도를 할애하고 나머지 70%는 학생의 시간이 되어야 한다고 말한다.[9] 그러나 대부분 수업에서 교사들은 한 시간 내내 혼자 에너지를 너무 많이 써서 바쁘고 힘들었고, 학생들은 에너지를 너무 적게 써서 지루하고 힘들었다. 교사의 시범을 최소한으로 줄이고 학생들 스스로 문제를 풀라고 했다면, 수업의 주인공이 되어 알차게 자기주도학습을 할 학생들이 적지 않다는 사실을 교사들은 너무 오래 외면해 왔다. 교사가 수업의 주인공이고 학생들은 관객일 뿐인 수업은 교사와 학생도, 학생과 학생도 상호작용이 일어나기 힘들다. 교사가 애쓴 가르침이 학생의 배움으로 스며들지 못하고 허공에서 사라지기 일쑤였다. '듣기' 중심 수업이 학습자의 두뇌에 남아있는 비율은 5%밖에 안 된다는 수업 이론은 오랜 학교생활이 증명한다.

9 마이크 앤더슨, 『교사의 말』

혁신학교의 알맹이는 수업 혁신이었다. 수업시간에 자고 떠드는 아이들, 낮의 학교 수업은 아무렇게나 하고 밤에 학원에서 공부하는 아이들. 교실 붕괴라는 세태에 대한 위기의식으로 혁신학교가 탄생한 것이다. 수업의 주인을 교사에서 학생으로 바꾸고, 학생의 역량을 키울 수 있는 수업의 변화가 절실했다. 그래서 교사들은 서로 수업을 공개하고 협의하며 수업을 바꾸어 갔다. 자는 학생이 줄어들고 교실엔 활기가 돌았다.

학생 중심 수업을 위해선 좌석 배치부터 바꿀 필요가 있다. 모둠형이나 ㄷ자형 좌석 배치는 협력학습을 쉽게 한다. 그래서 처음 시작하는 혁신학교들에선 새로운 형태의 좌석 배치를 강조했다. 만덕고의 경우, 처음엔 일부 교사만 배움중심수업을 하다가 3년 차가 되자 3개 학년 모든 교실이 기본적으로 모둠수업 형태로 배치되었고, 많은 교과에서 토의 토론 발표와 글쓰기 수업이 활발했다. 혁신학교 3년의 배움을 성찰하는 글쓰기에서는 "우리 학교는 내 능력을 키워주었다."라는 내용이 90% 이상이었다.[10] 1학년 땐 '도대체 학교에서 뭘 배울까' 싶었던 학생들이 이렇게 잘 배우고 성장했다고 썼다. 그들이 말한 '능력'은 두 가지였다. 첫째, 모든 교과에서 토의 토론수업을 많이 하여 사람들 앞에서 말하는 것이 부담스럽지 않다. 둘째, 교과와 비교과 활동에서 글쓰기 활동이 많았던 덕분에 글 쓰는 것이 두렵지 않다. 초·중등교육에서 말하고 듣고 읽고 쓰는 일을 자유자재로 할 수 있다면 이후 어떤 공부도 일도 자신 있게 해나갈 수 있다는 것을 학생들 스스로 느끼고 있었다.

혁신학교의 민주적 학교 운영, 교사들의 학습공동체를 통한 동반 학습으로 학교문화와 수업의 변화가 일어난 결과, 학생들의 배움과 성장이 달라졌다. 무관심하고 무기력했던 학생들의 변화와 성장을 확인하며, 인간의

10 2018년 만덕고 3학년 〈화법과 작문〉 수행평가 '3년의 배움' 500자 글쓰기

배움 능력에 대해 새로운 발견을 하는 교사들이 많아졌다. 또한 참된 수업 혁신은 교사 동료만이 아니라 학생과의 관계도 다른 관점으로 보게 한다. 교사와 학생이라는 규정을 넘어 서로 좋은 교육을 위한 동료, 행복한 배움을 주고받는 벗이 될 수도 있는 것이다. 서울형 혁신학교에서 근무했던 젊은 교사 4명이 공동으로 펴낸 책에 실린 글을 소개한다.

> 교사는 학생에게 '좋은 어른'이 아닌 '좋은 동료'가 되어야 한다, 학생을 성장하게 하는 의미 있는 교육은 교사와 학생이 함께 만들어 갈 때 가능하다. 교사가 일방적으로 전달하는 방식만으로는 교육이 실현될 수 없다. 비고츠키부터 사토 마나부까지 많은 교육학자들이 교육에서 협동을 강조해 왔다. 교실에서 협동이 가능하게 하려면 학생과 학생들뿐만 아니라 학생과 교사가 협동하는 과정도 있어야 한다. 결국 교사는 좋은 교육을 위해 학생과 협동해야 한다. 서로 협동하는 관계라면 충분히 '동료'라고 부를 수 있다.[11]

삶을 위한 교육—주제통합수업, 융합수업, 프로젝트 수업

학생들이 학습에 흥미를 느끼지 못하는 이유는 삶과의 연관성을 느끼지 못하기 때문이다. 이런 교육과 학습 풍토에 대한 반성으로, 책 속의 죽은 지식을 쌓는 것이 아니라 삶에서 확인하고 증명할 수 있는 지식 습득이 강조되었다. 삶의 능력을 키우는 것이 좋은 교육이라는 인식이 확대되고, 삶을 위한 배움을 실현하는 방안으로 교과 연계 또는 융합 수업이 활발히 일어나고 있다. 융합 수업으로 교과의 담장을 넘는 것은, 개념으로만 받아

---

11 유시경 외, 『굿바이 혁신학교』

들이던 지식을 삶 속에서 인식하게 하는 효과가 있다. 여러 교과의 주제 통합수업은 학생들에게 해당 주제에 대해 깊이 있는 이해와 성찰을 끌어내게 한다. 혁신 교육은 활동 중심으로 지식을 소홀히 한다고 폄하되기도 하지만, 지식을 무시하는 것이 아니라 책 속에 박제된 지식을 삶 속에서 살려 내려는 것이다. 개별교과수업이 대부분을 차지하는 중에 일정 시간을 융합 수업에 배당한다면 학생들도 신선한 자극을 받으며 학습 흥미도가 높아진다.

최근에는 '수업량 유연화 주간'이라는 교육과정의 유연성을 살려 많은 학교에서 융합 수업, 프로젝트 수업이 활발하게 일어나고 있다. 융합 수업은 교사들의 소통과 협의가 전제되지 않으면 진행되기 어렵다. 일반적인 주제 통합수업은 하나의 공통 주제나 키워드를 정해서 각 교과 담당 교사가 관련 내용을 각각 수업하는 방식이다. 주제는 보통 체험학습이나 학년 비전을 중심에 두고 관련 키워드를 정한다. 난민, 기억, 관계, 평화와 공존 등. 학생들은 개별 교과 수업만 받다가 여러 교과에서 접근하는 수업을 하고 나면 그 주제에 대해 좀 더 뚜렷하게 인식할 수 있고, 공부와 삶의 연관성에 대해서도 잘 인식하게 된다.

여기서 더 나아가 교과목 교사들 간 소통과 협력이 활발한 경우 융합 수업이 깊이 있게 일어난다. 이런 수업은 교사들에게도 신선한 경험이다. 초등은 좀 다르지만 대학은 물론 중등 교사들도 교과의 벽에 갇혀 다른 교과에 대해서는 대부분 문외한이다. 그런데 융합 수업을 기획하고 진행하며 다른 교과에서 무엇을 어떻게 가르치는지, 학생들의 통합적인 배움이 어떻게 일어나고 성장하는지 알게 되어 교사들도 폭넓게 배움을 교류하는 소중한 기회가 된다.

주제 통합, 융합, 프로젝트 수업은 학생활동이 무척 많다. 주제 강의를 듣고 학생들은 각각의 관심과 취향을 살릴 수 있는 행사에 참여하면서 홍미와 자존감을 높이는 계기가 된다. 그런 힘으로 교과 학습에 더 매진할 수 있고, 교과 학습 부진으로 인한 위축된 마음이 치유되기도 한다. 무언가 재미있는 일이 있는 학교에서는 학생의 만족도가 높다. 물론 지나친 행사로 교육력 소비가 일어나지 않도록 적절히 조절할 필요도 있다. 산발적인 행사보다 일련의 주제로 연결되는 교육과정으로 수렴하는 것이 바람직하다. 만덕고의 2023학년도 융합수업 사례를 소개한다.[12]

1학년 수업량 유연화 교육과정

(1) 배움성장 신문 만들기

- 1학년 학생들이 1학기 동안 배운 내용을 스스로 정리하고 전시하는 활동임.

(2) 독서퀴즈 대회

(3) 1학년 문화 행사

- 학년부에서 기획하고 진행함.
- 학생들의 재능과 끼를 펼치는 무대임.

(4) 교과 연계 주제 중심 탐구활동 및 발표(전시)

- 두 교과가 주제를 중심으로 연계하며 수업, 탐구, 발표. 구성은 참여 교과가 협의해서 정함.

〈역사+국어의 경우〉

* 역사과(1시간): 일제 강점기 가족 공동체 해체와 관련한 내용 수업
* 국어과(1시간): 일제 강점기 가족 공동체를 다룬 시를 수업
* 탐구활동(2시간): 도서관 시집, 검색 등으로 일제 강점기 가족 공동체를 다룬 문학 작품 선정 탐구
* 발표 및 전시(1시간): 탐구 내용을 발표(시낭송 등)

(5) 교과 심화 탐구활동 및 발표(전시)

- 교과별로 심화된 내용을 탐구하고 발표(전시)하는 형식임.

〈국어과의 경우〉

* 1차시-자신에게 힘이 되는 시를 고름(도서관 활용, 검색 등)
* 2~3차시-캘리그래프를 배우고, 고른 시를 직접 캘리그래프로 씀.(캘리 강사 지원)
* 4~5차시-시를 낭송하고, 시를 고른 이유, 힘이 되는 이유 등을 발표함. 전시

12 만덕고 교육계획서 및 수업량 유연화 교육활동 계획서

(6) 자유주제 탐구활동 및 발표

- 교과 심화 또는 연계 활동과 관련 없이 제시된 자유주제 가운데 하나를 골라 탐색하고 발표함.
- 발표 시간은 10분 내외. 탐구 주제는 학년부에서 제시함.

2학년 융합-심화수업

<table>
<tr><th>날짜/
교시</th><th colspan="2">7/10(월)</th><th>7/11(화)</th><th>7/12(수)</th><th>7/13(목)</th></tr>
<tr><td>1</td><td rowspan="2">융합수업①</td><td rowspan="4">심화수업</td><td colspan="2" rowspan="2">〈융합, 심화 프로젝트〉
①탐구주제 선정 ②조사, 토의·토론
③배움자료 제작</td><td rowspan="4">〈학업 계획서〉
① 생기부 분석
② 입시요강,
대교협
③ 합격 전략서
작성
④ 발표 및 공유</td></tr>
<tr><td>2</td></tr>
<tr><td>3</td><td rowspan="2">융합수업②</td><td rowspan="2">선거 토론회</td><td rowspan="2">선거(정견 발표 및 투표)</td></tr>
<tr><td>4</td></tr>
<tr><td>5</td><td colspan="2">정상수업</td><td rowspan="3">백온유 작가 초청
강연(희망자)
-나머지 정상수업</td><td>프로젝트 전시 및 관람</td><td>학급 서클</td></tr>
<tr><td>6</td><td colspan="2">정상수업</td><td>봉사활동</td><td rowspan="2">2학년 학생 자치
행사 (중강당)</td></tr>
<tr><td>7</td><td colspan="2">정상수업</td><td>♣</td></tr>
</table>

2학년 수업량 유연화 강좌 목록

순번	강좌명	지도교사	수업 내용	정원 (선착순)	장소	시간 및 운영
1	(융합) 영어+윤리와사상	조*영, 김*연	<테스> 속 윤리적 문제를 쟁점으로 토론 시나리오 작성하기	10	추후 공지	
2	(융합) 문학+정치와법	윤*진, 하*배	문학 작품 <알바생 자르기> 속 청소년 노동문제를 살펴보고 실생활에 활용할 수 있는 청소년 노동지침서 만들기	10	추후 공지	
3	(융합) 문학+화학	박*진, 이*호	단편소설 <돌담>에 드러난 화학첨가제	10		

4	(융합) 지리+영양	황*실, 김*현	햄버거 커넥션(글로벌 푸드의 사회, 생태적 문제를 파악하고, 채식의 필요성을 몸소 실천해 보기)	10	추후 공지	
5	(융합) 지구과학+지리	이*연, 황*실	방사성 오염수 방류로 살펴보는 해류와 주민 생활	10		
6	(융합) 사서+미술	이*희, 백*연	도서실 공간 디자인	10		
7	(융합) 문학+생명과학	윤*숙, 김*정	단편소설 <관내분실>의 저출산, 여성의 경력 단절의 문제와 생물 교과 생명의 연속성'을 바탕으로 사회, 과학 탐구 과제 발견 및 조서, 보고서 작성하기	10		
8	(심화)동아시아	김*호	동아시아 협의체와 여성 인물 탐구	10		
9	(심화)수학1	김*현, 김*정	점화식으로 보는 수열	10		
10	(심화)체육	김*광	필드형 경쟁 운동(티볼) 경기하기	10		
11	(심화)물리	김*주	물리학 관련 개별 연구과제를 선정, 탐구내용을 ppt로 제작, 자신의 연구과제 발표하기	10		
12	(심화) 사회문제탐구	박*현	사회문제 해결을 위한 대선공약 만들기	10		
13	(심화)교양(심리)	조*영	프로파일링(범죄심리) 조사 및 관련활동	10		
14	(특별)캘리그라피	외부전문강사	캘리그라피 시화액자 만들기(학교 홈베이스 및 산만디카페 소품 제작)	12		
15	(특별)목공예	외부전문강사	공간장식용 원목 수납 박스 스툴 만들기(학교 홈베이스 소품 제작)	12		
16	(특별)라탄 공예	외부전문강사	라탄 공예품 만들기 (학교 홈베이스 및 산만디카페 소품 제작)	12		
17	(특별)마크라메 공예	외부전문강사	마크라메 공예품 만들기(학교 홈베이스 및 산만디 카페 소품 제작)	12		

모두의 성장을 위한 평가

잘 배웠는지를 측정하는 것이 평가이고, 평가를 통해 학생들의 달성도를 파악하고 부족한 부분을 보강하는 것이 평가의 목적이다. 평가의 전제는 학습이다. 우리 교육은 학습보다 내신과 수능 등 시험이 더 중시된다.

깊이 있는 배움을 제대로 담을 수 없는 선다형 문항으로 배움이 축소되는 교육이 여전하다. 그러다 2020학년도부터 선행학습과 숙제가 금지되었다. 사교육 금지 차원이지만, 수행평가를 숙제로 내주던 오랜 관행 때문에 교사들은 처음에는 불편해했다. 학생들의 과제 수행 속도가 모두 다르고, 시간을 더 주면 수준 높은 결과물을 만들어 낼 수 있기 때문이다. 하지만 대부분이 학생활동 중심인 수행평가를 수업시간에 하면 학생이 주체가 되는 수업이 자연스레 이루어진다. 활동 중심 수행평가는 학생 참여수업을 이끈다. 수업이 바뀌면 평가가 바뀌어야 하고, 평가가 바로 서면 수업도 바로 선다는 말이 옳았다.

학생 참여형 수업, 과정(성장) 중심 평가는 수업과 분리되지 않는다. 수업에 참여하는 과정이 곧 평가이며. 평가과정을 통해 학생들은 배우고 성장한다. 3월에 수행평가 계획을 안내할 때 "와~ 재밌겠다"라고 반응하는 학생들은 교사를 기쁘게 한다. 하지만 수행평가에서도 점수를 등급화해야 한다. 열심히 했지만 수준이 못 미치는 경우, 낮은 점수를 주면서 미안하고 안쓰럽다. 이럴 땐 평가 목적을 성적보다 성장에 두자고 설득하지만, 성적 중심 문화가 지배적인 학교라면 별 위로가 되지 못한다. 카드 리더기가 채점하는 지필평가 문항으로는 학생 개개인의 얼굴이 보이지 않는다. 교사들도 점수만 확인할 뿐, 학생 개인별로 무엇을 알고 모르는지에 대해서도 둔감하다. 하지만 검토하고 또 검토하며 점수를 매기는 수행평가 결과물엔 아이들 한 명 한 명의 얼굴이 담겨있다. 몇 년이 지나도 그 학생의 활동이 떠오르는 것이 수행평가다. 학생들이 배움의 기쁨을 느꼈던 공부란 대체로 수행평가 활동으로 연결된 학습이다. 낯선 주제에 대해 차츰 공부해가며 새로운 세계를 아는 기쁨, 서로 생각이 다른 친구들과 열띠게 토론하는 즐거움, 부담스럽기만 했던 글쓰기가 자신의 생각과 마음을 표현하는 도구라는 것, 이렇게 자신의 역량이 성장하는 것을 느낄 때의 행복은 다른 어떤 것과도 비교할 수 없다. 성적이 낮은 아이들도 학교생활과 다양한 수업을 통해 많이 성장했다고 할 때만큼 교사들에게 감동을 주는 일도 없다. 인간의 배움은 숫자로 표시되는 성적에 가둘 수 없다는 것. 교사들이 배움과 성장의 힘에 대한 믿음이 확고하다면, 학생들이 참된 배움으로 몰입할 수 있도록 온 마음을 다하게 된다.

교육의 근본이 입시에 지나치게 좌우되는 것이 우리의 현실이다. 학생들은 그 속에서 압박감을 넘어 마음의 병을 앓기도 한다. 배움 의욕이 큰 학생일수록 그렇다. 과정평가가 불가능한 국가시험은 말하기도 듣기도 글쓰기도 모두 객관식 지필평가인데, 이런 시험으로는 성취 수준을 달성할 수 없다. 이런 평가가 중심에 놓이면 실제적인 삶의 역량을 키우는 배움은 도외시되고 개별 학교의 다양한 교육은 위축될 수밖에 없다. 정시 비중이 40%로 확대된 뒤 고3 교실 풍경이 더욱 비교육적이 되었다. 정시 공부하겠다고 학교 수업과 수행평가를 따르지 않으려 하거나, 혼자 문제 풀다 엎드려 자는 학생들… 이런 교실을 만들지 말자고 학생참여수업과 과정 중심평가를 강조하며 혁신교육, 행복교육을 공들여 끌어왔건만, 교육정책이 수시로 바뀌는 가운데 학생들의 자살률은 여전히 높고 행복도는 낮다. 성적이 안 좋으면 아예 배움을 포기하는 학생들이 속출하는 것도 지필 평가의 심각한 부작용이다. 과정보다 결과의 점수만 중시하는 평가가 강화되면 이런 학생들은 더욱 늘어난다. 세계 최하위의 출생률 시대, 공부 잘하는 일부 학생들에게만 선택적으로 투자하고 나머지는 들러리 세울 여유가 없다. 모든 학생을 제대로 교육하지 못하면 미래가 위태롭다. 교육은 본질적으로 '미래를 어루만지는'[13] 일이기 때문이다.

학생도 교사도 수업 만족도가 가장 낮은 학년은 고3이다. 배움보다 시험

13 부탄 영화 〈교실 안의 야크〉에 나오는 대사

이 지배하기 때문이다. 그런데 그런 수업과 평가를 저학년 때부터 요구하는 일부 학부모들이 있다. 그들의 요구에 끌려가지 않기 위해 분투하는 교사와 학교도 있다. 지필고사만이 시험이라고 생각하는 학부모 교육에 앞장서며 성장 중심 과정평가를 적극 실행해 가는 다행복중학교 연산중학교 이화숙 교장의 글을 소개한다.

3월 학부모 총회에서 2023년 학교장 학교경영 계획 중 하나로 매월 2회(주간 1회, 야간 1회) '학교 교육과정 이해를 위해 교장과 함께하는 학부모 동아리'를 운영하겠다는 약속을 하고 4월부터 실천에 들어갔다. 벌써 7회째 운영을 앞두고 있다. 한두 분의 부모님과 함께한 날도 있지만, 신청자가 없었던 날은 한 번도 없었다. 학부모 동아리라는 명칭을 학교 설명회로 바꾸어 달라는 요청을 받고 본래 의미가 희석되는 것 같아 다소 불편했지만 학부모 요구대로 '학교 교육과정 이해를 위한 학부모 설명회'로 명칭도 바꾸었다. 명칭 변경까지 하게 된 것은 평가계획에 중간고사 지필평가 과목이 영어, 수학 두 과목으로 축소되고 수행평가 비율과 비중이 확대됨으로써 지필평가 과목 축소에 따른 학력 저하를 우려하는 학부모 목소리 때문이다. 특히 자녀 교육에 열의가 높은 학부모들 사이에서 주요 교과 지필평가 유지에 대한 요구가 높았으며, 4~5월경에는 신입생 학부모들을 중심으로 우려의 목소리가 점점 높아지고 있다는 여론을 접하게 되었고, 학부모밴드에도 불만의 글이 올라왔다. 학교로서는 9년 차 다행복학교 교육과정 운영이 자칫 큰 타격을 입을 수도 있게 되었고, 바로 이 시점에 '학교 교육과정 설명회'는 꼭 필요한 교육활동으로서 역할을 했다.
2회차 야간에 개최된 설명회에는 학교운영위원, 학부모위원, 그리고 중간고사에서도 주요 과목 지필평가 유지를 원하는 학부모들 몇 분까지 참여하여 열띤 토론을 벌였다. 현 교육과정 운영에 동의하는 학부모님들의 의견이 좀 더 많았지만 반대하는 분들의 의견에도 충분히 새겨들어야 할 점이 있어 참으로 의미 있는 시간이었다. 이후 7회까지 진행되는 동안, 평가계획 중심으로 진행하던 기존 방식을 조금 바꾸었다. 교육과정 변천사(2015, 2022 개정 교육과정까지)부터 왜 학생활동 중심 수업과 성장 중심 평가를 실천하는 교육과정 운영이 필요한지 프레젠테이션을 한 후 질의·응답 방식으로 진행했다. 이 방식은 학부모들을 설득하고 이해를 돕는 데 훨씬 효율적이며, 들끓던 여론이 서서히 잠잠해지고, 학교 교육과정을 이해하고 동의하는 학부모 여론이 다시 높아져 갔다. 물론 몇 차례에 걸쳐 교육청에 민원을 제기하며 불만을 제기하는 학부모도 있었지만, 설명회에서 재차 만나 소통하고 학교 여러 교육활동에 초대해서 소통의 끈을 놓지 않은 덕분에 다행히도 지금은 그런 어려움이 대부분 해소되었다.[14]

교사의 배움 교사의 성장

전문적 학습공동체

교사들의 학습공동체는 다행복학교의 심장이다. 다행복학교는 개인으로 흩어져 있던 교사들이 함께 학습하며 성장하는 학교다. 학생들은 여러 교사에게 여러 과목을 배우고 통합하며 성장하는데, 교사들은 자신의 수업안에 분리되어 있다. 학생을 가르치기 위해선 교사가 먼저 학습해야 하는데, 한국의 교사들은 대체로 혼자 교재연구를 한다. 교사의 분절적인 과목 중심 교재연구는 학생의 통합적인 성장을 돕는 데 한계가 있지만, 교사들이 학교 안에서 함께 학습하는 문화는 아직도 익숙하지 않다. 취미나 동호회 모임은 상대적으로 가볍게 참여하나, 교사의 전문성을 키우는 학

14 이화숙, '성장 중심 평가로 교실 수업을 바꾸다'

습공동체는 부담스럽게 여긴다. 과중한 업무와 수업 부담이 한 원인이고, 공립학교의 특성상 잦은 교원 이동 때문에도 전문적학습공동체(이하 전학공)는 깊게 뿌리내리기 어렵다.

자발성에만 맡겨두면 전학공이 거의 작동되지 않을 수도 있으므로 모두가 참여하는 시스템을 만들어 의무적으로 참여하게 할 수 있다. 그러나 이런 과정을 거치더라도, 함께하는 학습의 즐거움을 맛보고 교사의 성장을 이루려면 전학공은 자발적으로 운영되어야 한다. 이런 전학공 모임을 통해 낱낱의 씨앗처럼 떨어져 있던 개인이 학습공동체에서 꽃을 피우기도 한다. 위에서 지시해서가 아니라 옆에서 서로 손 내밀어 행복한 교사학습공동체가 학교마다 뿌리내리게 하려면, 자발성과 동료성이 잘 정착된 학교, 혁신학교들의 사례가 좋은 전범이 된다.

전학공의 목적은 결국 좋은 수업이다. 그러기 위해서는 무엇보다 수업 나눔 활동이 전학공의 중심에 놓이게 된다. 수업 공개는 여전히 부담스럽다. 동료의 수업을 보기 전에는 수업 공개의 필요성을 느끼지 못할 수 있다. 그러나 동과든 타과든 수업 공개에 참관하여 학생들이 어떻게 배우는지, 교사가 어떻게 배움을 이끌어 내는지 지켜보면서 자신의 수업을 성찰하게 된다. 동료의 수업을 참관하는 것은 동료와 스스로를 위해 교사의 업무 중 필수적인 일이라는 공감대가 필요하나, 현실적으로 그렇게 되지 못하고 있다. 혁신학교들에서는 자유롭게 수업을 여는 일상수업 공개와 별도로, 제안 수업이라는 형식으로 전체 또는 학년별 공개수업을 하는데, 쉬운 일은 아니다. 한 학급만 남겨서 전체 교사들이 한꺼번에 참관하고 협의하는 방식이 부자연스럽고 작위적인 수업방식이라는 비판도 받는다. 많은 교사의 시선에 부담을 느끼는 학생들도 있다. 반면, 열성적으로 수업을 연구하는 선생님들을 보면서 학교에 대한 신뢰도가 높아지는 학생들도 있다. 제안 수업을 이어가는 것은 수업을 학교의 중심에 두는 상징적인 의미를 띠기도 한다. 일상수업 공개로는 전체교사의 수업 협의회가 어렵기 때문에도 제안 수업은 배움이 크다. 학습조직으로서의 학교문화가 정착되면 일상수업 공개든 제안수업이든 자연스럽게 자발적으로 이어지게 된다. 부산의 다행복학교들은 하나의 방식에 한계가 오면 또 다른 방식을 시도하는 식으로 서로 배우는 수업나눔을 실현하고 있다.

수업 연구란 교사들이 늘 하는 일 아니냐고 생각할 수 있지만, 학교에서 배려한 시간에 모여서 배움을 나누는 기회를 얻는 것과 그렇지 못한 것은 매우 차이가 크다. "교육은 선생님들의 모임에서 생겨납니다. 교장으로서 저는 교사들이 자신의 팀들을 만날 수 있는 시간이 있는지를 보며, 학교는 교사들의 동료학습 시간을 보장해야 합니다."[15] 학교 교육은 공동 과업으로 이루어진다. 교사들의 협력과 공동 학습은 필수적이다. 그러나 함께하는 공부의 즐거움에 대한 경험이 없는 교사들은 학습공동체가 낯설다. 학창 시절부터 공부란 늘 혼자 해 온 경험밖에 없는 교사들이 많고, 혼자의 의지와 노력으로 치열한 경쟁을 뚫고 교사가 되었다면 더욱 그렇다. 우리나라만이 아니라 교사들의 전문학습공동체는 쉬운 일이 아니다. 세계적인 교육개혁가 마이클 폴란은 전문학습공동체가 어려운 이유 세 가지를 이렇게 말했다.

> 1. 정책입안자들이 전문학습공동체 개발의 중요성을 믿지 않거나 투자하지 않거나 초점을 맞추지 못한다. 2. 많은 교사가 실제로는 개인주의를 추구한다. 동료들에게 교실을 개방하기보다는 개인주의를 고수하는 것이 덜 위험하게 느껴지는 것이다. 3. 적어도 1세기 이상 이어져 온 문화를 바

15 "교사는 어떻게 탄생하는가", 바브로 홈크비스트 스웨덴 현직 교장, 세바시 1037회.

꾸는 일이기에 전문학습공동체를 대규모로 개발하기는 매우 어렵다.[16]

인간 사회에서 참된 신뢰와 우정의 공동체만큼 이루기 어려운 것도 드물다. 인간의 내면은 수없이 복잡한 마음으로 엉켜 있으니 모두 한마음이 된다는 것은 매우 어려운 일이다. 하지만 나와 너는 큰 차원에서 하나로 연결된 존재들이라는 사실. 그러면서 또 우리는 서로 매우 다르니 그 다름과 차이를 인정하면 함께할 수 있는 것들이 많아진다. 화이부동(和而不同). 같지 않아도 조화를 이룰 수 있다. 공동체의 바탕은 민주주의다. 민주주의란 주체성과 공동체성을 두 축으로 한다. 어느 하나가 약해도 민주주의는 건강하게 작동되지 못한다. 우리 조직에 민주주의가 이루어지고 있다고 느끼면 구성원에 대한 신뢰가 싹트고 공감과 공유가 늘어난다. 그러나 민주주의의 함정도 있다. 민주주의는 흔히 다수결로 결론을 내지만 다수가 언제나 옳은 것은 아니니, 소수의 생각과 주장이 한참 뒤에 진실과 진리로 자리매김한 사례는 인류 역사에 수없이 많다. 소수의 선각자가 다수로 확장하는 것이 역사의 발전이라 해도 좋겠다. 많은 이들이 바라는 바를 실현하되, 옳은 방향으로 가는 것은 모든 사회의 이상이다. 대부분 학교에서 제대로 실현되지 못하고 있는 전문적학습공동체도 선한 의지로 먼저 실행하는 교사들-학교들에 의해, 학교-교사라면 누구나 기꺼이 참여하는 문화로 자리잡게 하려고 전국의 혁신학교, 부산의 다행복학교들은 애쓰고 있다.

교사가 학생들을 대상으로 정답이 담긴 교과서를 가르치는 것! 이것은 근대 공교육의 원형이다. 그러나 이 모델은 더 유지되기 어려운 낡은 것이다. 시간 단위로 폭주하는 정보와 끊임없이 해체되고 재구성되는 지식은 점점 소멸해 가고 있다.

16 마이클 폴란, 『학교 개혁은 왜 실패하는가』

> 이런 지식 생태계는 이미 모든 것을 잘 알고 학습자를 가르치는 안정적인 교사의 위치를 허용하지 않는다. 미래의 교사는 잘 가르치는 사람이 아니라 잘 배우는 사람이어야 한다. 교사는 계몽의 주체로 학생 앞에 서 있는 사람이 아니라 학생들과 더불어 배우기를 잘하는 존재여야 한다. 따라서 한번 교사는 영원한 교사라는 말은 틀린 말이다. 교사는 매일매일 '되기'를 연습하는 역동적인 학습자여야 한다.[17]

어디에나 정보와 가르침이 넘치는 시대, 미혹에 빠뜨리는 가짜들도 적지 않다. 그럴수록 학교와 교사의 역할이 커지고 있다. 교사의 가장 중요한 자질은 배움을 좋아하는 것이고, 그런 교사는 기꺼이 배우려는 학생들을 길러낸다. 짧은 학창 시절에 모든 것을 가르칠 수 없으니, 배움의 기쁨을 아는 사람, 언제 어디서든 배울 수 있는 사람으로만 키울 수 있다면 교사는 할 일을 다 했다. 학교는 그것으로 충분하다.

수업 나눔 & 연수 및 컨설팅

한국 교사들의 수업 준비는 대부분 혼자의 교재연구와 수업 설계다. 미국 교사들은 교육과정을 찾거나 작성하고, 지역 프레임워크와 학년 간 연계성을 개발한다. 일본 교사들은 수업을 서로 관찰하고 토론한다.[18] 융합교육이 트렌드인 시대에 한국 교사들의 개인적인 수업 연구는 동료와의 협업 방식으로 변화해야 한다. 수업은 개인의 역량이라기보다 학교 공동체의 문화가 어떠한가에 매우 크게 영향을 받기 때문이다. 그동안 수업의 변화는 개인적인 열정과 역량이 뛰어난 교사들의 실천에 기대는 식으로 이루어

---

17 이혁규, 『한국의 교사와 교사 되기』

18 앞의 책

져 왔으나, 저출산과 인공지능 등 교육환경 요소의 급변에 따라 좀 더 조직적이고 체계적인 교사 연수 및 컨설팅이 요청된다. 교육부는 수업과 평가 혁신을 내세우며 교사들이 개별적으로 참여하는 의무 연수도 기획하고 있지만, 교사 연수에 가장 적합한 단위는 학교다. 혁신학교에서 전학공과 연수에 공을 들이는 까닭도 여기에 있다.

10년 차 다행복학교 가람중학교는 교사 연수에 공을 많이 들여왔다. 교사들이 함께 배우지 않고는 수업 변화가 힘들다는 윤미경 교장의 철학과 뚝심이 큰 역할을 했다. 학년초 새학년 위크숍과 학기중 전학공 연수에도 실력 있는 명강사를 초청해 특강을 열었다.[19] 특히 2021년부터 2년간 수업과성장연구소(신을진 대표)와 MOU를 맺어 전체 교사가 '수업 알아차림' 컨설팅을 이어가고 집중적인 수업나눔을 했다. 30명 미만의 교사로 규모가 크지 않은 학교라 가능한 면도 있지만, 이 정도 지속적이고 강도 높은 연수를 단위 학교에서 해 가기는 쉬운 일이 아니었다. 가람중의 연수 과정과 효과를 학교공동체가 펴낸 『오늘과 내일을 잇는 학교』를 참조하여 공유한다.

(2022년도 비슷한 방식으로 운영하여, 첫해 과정만 소개)

2021년 수업 알아차림 계획

회차	시기	시간	내용	형태
1	3월	3차시	- 업무협약 체결 - 우리 학생들과 수업을 보는 것이 왜 필요한가?	강의형
2	3월	3차시	- 올해 우리 수업의 성장 방향을 세우고 공유하기 (수요 조사 및 경험적 자료를 기반으로)	강의형
3	4월	3차시	- 전체 수업 알아차림(외부 학교 공개 가능) - 관계 형성 및 학생들의 정서와 동기에 집중하기	실습형

19 가람교육공동체, 『오늘과 내일을 잇는 학교—함께 고민하고 성장해 온 다행복 가람중학교 도전의 기록』

4	5월	3차시	- 전체 수업 알아차림(외부 학교 공개 가능) - 학생 진단에 근거하여 수업목표와 방향 설정 (나의 수업 방향 정하기 & 알리기: 교사의 존재감)	실습형
5	6월	3차시	- 전체 수업 알아차림 (외부 학교 공개 가능) - 수업의 흐름 이끌기 (수준차, 상호작용 등) - 피드백으로 다가가기 (수업과 평가의 연결, 개별지도 등)	실습형
6	9월	3차시	- 전체 수업 알아차림 (외부 학교 공개 가능) - 1학기 진단 및 2학기 수업 방향 설정	실습형
7	10월	3차시	- 학년별 수업 알아차림 (수업자 3명)	실습형
8	11월	3차시	- 학년별 수업 알아차림 (수업자 3명)	실습형
9	12월	3차시	- 일 년 동안의 수업 알아차림 돌아보기 - 내년도 수업에 반영할 부분 정리하고 공유하기	강의형

〈 가람중학교-수업과성장연구소 업무협약 1년 차 마무리 후기〉

의미 있는 경험의 순간

- 수업에 대한 고민을 다른 선생님들과 나누고 공감받았을 때
- 평가나 제안이 아니라 수업자의 생각과 마음에 온전히 공감하려고 노력할 때
- 선생님들이 각자 해결되지 않는 그러나 해결하고 싶은 고민으로 애태우며 수업을 만들어가고 있다는 것을 알았을 때
- 복합적으로 연결되어 뭉쳐져 있는 수업 상황을 각각의 부분으로 나누어 보며 화살표로 그 흐름을 연결시켜 분석하기
- 더 다양하고 깊은 생각과 고민을 이해하고, 수업과 연결해 갈 수 있었던 것
- 공감해주고 수업을 이해하기 위해 내 이야기를 차분히 들어준 것
- 업무적으로만 대화를 나누던 선생님들과 수업을 공유하고 함께 고민해보는 시간
- 수업자들과 모둠원들의 고민이 내 고민과 다르지 않고 모두가 학생들을 향하는 마음이 비슷하다는 것을 확인한 것
- 수업자와 함께 고민하면서 나의 수업도 고민하고 적용할 방법을 생각해보는 것
- 많은 사람을 통해 나의 고민을 공감받고 공감해주며 자기 일인 것처럼 솔루션을 제안해 주던 부분
- 공감, 그리고 나만 그 고민을 하고 있었던 것이 아니라는 데 안도가 되었다.
- 핑퐁 공감 대화를 통해 깊이 잠재되어 있던 수업 고민을 들여다볼 수 있었다.
- 비슷한 고민을 하고 있다는 사실에 위로받고 공감 속에서 힘을 얻었다.

더 해결하고 싶은 것, 지향하는 수업

- 내가 잘하고 열심히 하는 수업보다 학생들이 열심히 하는 수업
- 의미 있으면서 재미있는 소통이 있는 수업. 피드백을 꾸준히 챙겨서 하는 것
- 모든 것에 진취적일 수 있는 에너지와 동기를 주는 수업
- 협력과 소통이 일어나는 수업 모형
- 수업의 재미와 의미 사이의 간극 해소
- 고민이 고민에서 멈추지 않고 소소하더라도 실천으로 이어지는 것
- 학생들과 소통하며 공감하는 수업
- 학생들의 지루함을 없애고 최대한 즐거우면서도 무언가 얻어갈 수 있는 수업을 만드는 것
- 개념 중심의 수업을 만들기 위해 단계를 쪼개고 세밀하게 수업을 구성하는 것

〈2년간의 수업 알아차림을 통해 얻은 변화들〉

1) 먼저 시스템적인 정착이다. 몰입을 방해하는 많은 요소를 이제는 누가 말하지 않아노 스스로 조심하게 되었다.

2) 수업을 열 수 있는 날짜를 여러 개 뽑아 학년 초에 수업 알아차림 대상자 협의회를 하며 각자 원하는 날짜와 형태(전체/모둠별)를 고르게 했다. 날짜를 미리 정해두고 한 해를 시작하니 업무 담당자 입장에서는 일 년의 윤곽을 그릴 수 있고, 수업자 입장에서는 자신이 어떤 것으로 제안 수업을 할지, 어떤 고민을 이야기할지 학년 초부터 생각해 볼 수 있게 되었다.

3) 다음은 수업자의 변화다. 여전히 제안 수업에 이어 영상으로 자신의 수업을 직면해야 한다는 것에 부담을 느끼지만 동료들을 믿고 마음을 비우고 수업 알아차림에 참여하게 되었다.

4) 모둠원들도 변화했다. 교사들은 공식에 딱 맞는 공감의 언어나 모습은 아닐지라도 반언어적·비언어적인 표현 등 모든 것을 동원해 공감해 주려 노력하는 모습을 보인다. 영상을 보고 난 후 이야기를 나눌 때도 수업자의 입장에서 한 번 더 생각하고 이야기하려고 노력한다. 수업 알아차림이 거듭될수록 모둠원들이 변하고 안정되는 것이 가장 큰 변화라 할 수 있다.

5) 학교문화도 변화했다. '수업 알아차림' 시간뿐만 아니라 제안수업 협의회, 다모임, 일상의 대화에서도 상대방 입장에서 생각하고 이야기하려는 모습이 많이 눈에 띈다. 수업 알아차림 다음 날을 비롯하여 일상 속에서도 수업 이야기가 늘어났고, 동료 교사의 수업 고민을 알게 되니 서로 한층 가까워진 것을 느꼈다. 100시간의 의미 없는 대화보다 한 번의 수업 알아차림 대화가 그 사람에 대해 훨씬 잘 알게 하며, 이는 동료에 대한 신뢰로 이어졌다.[20]

교사들이 함께 수업을 공부하고 자신의 수업을 공개하고 협의하는 과정을 자기 시간이나 수업권에 간섭받는 듯 불편해하는 교사들이 있다. 다른

20 가람교육공동체, 『오늘과 내일을 잇는 학교—함께 고민하고 성장해 온 다행복 가람중학교 도전의 기록』

이들에게 보여줄 만한 것이 없다고 생각하거나, 자기 수업에 자신이 없거나 위축되어 있는 교사들도 적지 않다. 하지만 급변하는 시대, 모든 학교에서 전반적인 수업 혁신이 갈급한 상황에서는 수업을 중심에 둔 전학공, 교사들의 동반 학습과 공유가 절실하다. 교사의 가장 중요한 핵심인 수업이 단단하지 않고는 일시적인 위로를 주는 활동으로는 내면이 불안할 수밖에 없다. 수업을 잘하는 것은 많은 지식을 알고 있는 것과 다르다. 혼자 하는 공부가 아니라 학생들—거부하는 학생들까지도 끌어내어 동행해야 하는 수업은 어떤 개인 활동보다 총체적인 지혜와 기술과 역량이 필요하다. 혼자 해내기 힘든 작업이 수업 혁신이다. 그러므로 수업을 중심으로 학교 전체의 전문적 학습공동체 문화가 확고해지면 그 공동체에 속해 있는 것만으로 개인의 수업도 자연스럽게 성장하는 것이다. 가람중은 그런 전범을 보여주었다.

> 2021년부터 '수업'을 중심으로 학교 전체 단위의 전문적 학습공동체를 운영하고 있다. 본격적인 수업 중심의 전문적 학습공동체 운영 전부터도 그 중요성을 인식하고 꾸준히 수업을 나누어 왔는데, 이런 공동체의 노력은 학교 구성원 스스로 가람중학교를 수업을 볼 기회가 많은 학교, 다른 말로 내 수업을 함께하는 교사가 많은 학교로 인식하게 했다.[21]

'내 수업을 함께하는' 수업 친구가 많아지는 것. 이렇게 받아들인다면 수업 나눔은 나에게 힘을 주고 의지가 되는 든든한 '빽'이다.

매월 1회, 금요일에 3시간씩 5개월 동안 희망하는 수업 알아차림 컨설팅을 한 부경고의 경우는 일반고는 물론 혁신 고등학교에서도 쉽지 않은 사

---

21 가람중, 같은 책

례다. 교장을 포함한 리더 교사들의 열정과 집념 덕분에 이뤄낸 좋은 모델을 널리 공유하면 이런 문화가 조금씩 확산하는 계기 된다. 컨설팅 내용은 수업에 대한 허심탄회한 마음 열기, 수업 촬영과 컨설팅, 소감 나눔 등으로 이어지는데, 마지막 단계의 소감 나눔 일부를 소개한다.

* 4년째 수업 관련 동아리를 이어오는데, 모일 때마다 많은 수가 금요일 오후부터 수업에 참여한다는 것도 놀라웠다. 수업 관련 이슈를 이어가며 공론으로 삼는 학교 분위기를 어떻게 만들어 갈지에 대한 고민이 너무도 컸다. 20년 정도 경력이 되면서 수업에 대한 자만이 생겼고, 수업에 대해 크게 고민한 적이 까마득했는데, 연수가 일반적인 수업 나눔이 아닌 방식이고 자신의 수업을 돌아보는 부분이 좋았다. 내 수업에 어떤 강점이 있는지, 어떤 무기가 있는지 동료 교사들과 함께 찾는 것이 너무도 행복한 경험이었다. 다른 선생님들에게도 적극적으로 연수를 권하고 싶었다. 무엇보다 힐링이 되는 연수였기에. 뭔가 결과물을 만들어 내야 한다는 압박감이 아니라, 칭찬과 공감 속에 꼼꼼한 분석이 있어서 힐링이 되는 부분이 가장 크고 도움이 되었다. 많은 선생님이 함께해서 더 좋았다. 다른 부분으로 수업 관련 연수를 만들어 가면 좋겠다.
* 좋은 연수지만 금요일이어서 부담되고 망설였으나, 많은 선생님의 권유는 이유가 있다고 생각하여 시작. 임용 준비하면서도 수업을 보여주는 게 많은 화살을 맞는 느낌이라 내 수업을 공개하고 듣는다는 두려움이 있었으나, 연수에서 수업나눔을 통해 수업자가 바라는 걸 함께 알아주고 공감하는 것이 좋았다. 첫 교직생활에서 이런 경험으로 시작했기 때문에 수업 공개의 두려움이 줄어들 것 같다.
* 학교 연수는 대체로 불편하지만, 이번 연수에 참여하는 선생님들은 같은 마음으로 배우고자 하는 마음이 느껴져서 더 좋았고, 경력이 많은 선

생님들이 먼저 마음을 열고 배우고자 하는 것에 반성하게 되었다. 잘해보려는 선생님들을 주로 외부에서 따로 만나게 되는데, 학교 안에서 함께 만나고 있다는 점이 좋았다. 선생님들의 안부와 다양한 고민을 알고 나눌 수 있는 게 좋았다. 교실에서 지나치기 쉬운 학생들의 모습을 수업자들의 영상에서 학생들이 순간순간 심도 있게 배우고 바라볼 수 있어서 참 좋았다. 특히 아이들의 대화를 중점으로 그 장면에서 선생님들의 의도와 마음을 알 수 있었다. 학교에서는 주로 지시나 명령, 설명하는 말이 오가는데, 그때 마음이 어땠는지 묻는 것이 그 시간에 오고 가는 게 감동적이었다.

* 왜 교사는 유독 자신의 수업을 함께하는 것을 주저하는가에 대해 연수 첫 시간에 했던 이야기 기억나는가? 의사나 변호사, 검사는 함께하지만 교사는 혼자 수업에 들어가기에 수업 나누는 데 망설임이 있다는 이야기를 초반에 했다. 수업 나눔의 수업자로 참여하게 되는 원동력이 무엇이고 나의 수업을 여는 것에 다가갈 수 있을지? 수업 협의회 형식을 바꾸는 걸 선택했으나 여전히 선생님들은 두려운 마음이다.

* 이번 연수에 참여한 12명의 선생님이 수업을 열었을 때도 수업을 여는 것은 언제나 부담되는 일이지만, 수업 나눔에 대해 함께 고민하며 전학공, 다모임, 학년별 부서 협력과 신뢰의 과정을 거치고 있기에 이런 부분이 가능할 수 있다고 생각함.[22]

리더 교사, 공모 교장

자신의 성장 이상으로 동료의 성장을 기뻐하는 이는 리더다. 학교에서는 이런 이들을 리더 교사라 부른다. 리더 교사라는 명칭을 일반 학교에서

---

22 부경고 '수업 알아차림' 연수 후기(수업과성장연구소, 신을진 대표). 매월 1회 금요일 3시간 5회 연수

도 쓰는지 모르겠으나 혁신학교에서는 리더 교사가 매우 중요하다. 리더 교사가 부장이 되는 경우가 많지만, 일반적인 부장교사와는 조금 다르다. 부장은 관리자의 요청에 의해 혹은 보직을 맡아야 할 연령대가 되면 자청하여 부장이 되는데, 후자의 경우는 매우 드물다. 예전엔 승진하려는 이들이 부장 자리를 원했지만, 요즘은 관리자가 되는 것에 크게 관심이 없다. 학교마다 학년 초에 부장 자리를 채우는 것이 큰일이 되었다.

교직은 얼핏 개인적인 업무로 비친다. 하지만 교직만큼 협력과 나눔이 필요한 직업도 없다. 학생들을 제대로 파악하려면 함께 가르치는 동료 교사와의 소통이 필수적이다. 내 수업에서는 보이지 않던 학생의 특성이 다른 수업에서 드러나는 일은 허다하다. 수업과 평가를 잘하기 위해서도 혼자의 연구 못지않게 동료와의 학습과 피드백이 중요하다. 한 교사의 수업 혁신보다 학교 전체의 수업 혁신이 훨씬 효과적이며 교사 개인도 덜 힘들다. 학생들이 자연스럽게 적응하고 협조하기 때문이다.

교육을 발전시키고자 진심을 쏟는 교사들, 학생의 참된 성장과 좋은 세상을 꿈꾸는 교사들은 결코 혼자 있지 않다. 어떻게 하면 소통과 공감을 넓히고 동료와 함께 성장할 수 있을까 고민한다. 교장·교감 같은 관리자들보다 진실로 우리 교육을 발전시켜 온 공로자는 이런 리더 교사들이다. 부장이라는 직책을 맡았든 아니든, 동료와 배움을 주고받으며 자신의 성장만큼 동료의 성장을 기뻐하는 교사라면 그는 리더 교사다. 사실 교사는 학생들을 이끄는 사람이니, 모든 교사에게 수업에서든 생활교육에서든 리더의 역량이 요구된다. 교사 양성 대학과 교육관청이 다른 무엇보다 교사의 배움과 성장을 견인해 낼 리더 교사 그룹을 키우는 것에 공을 쏟는다면 수업 혁신은 자연스럽게 이루어질 것이다.

리더 교사들 가운데 공모 교장이 전국적으로 꽤 배출되었다. 부산에서도 평교사 출신 공모 교장들이 초등 7개교, 중등 3개교, 고등 1개교에 부임했다. 일반적인 승진 과정과 다른 경력으로 임명된 공모 교장들의 활약은 전국적으로 교육계에 적지 않은 변화를 가져왔다. 그들은 모두 혁신학교 출신 리더 교사로, 애초에 교장직을 생각지 않았다가, 학교문화를 바꾸며 공동체의 꿈을 실현해 본 경험이 새로운 도전에 나서게 했다. 한 조직의 운영에서 리더의 중요성은 말할 나위 없다. 교장이 위에서 지시 관리하지 않고, 동료가 되어 함께 논의하고 실행하고 지원하는 역할을 할 때 교사들은 훨씬 자유롭고 유연하게 교육철학을 펼칠 수 있다. 혁신학교의 중심축인 리더 교사들이 힘을 받을 것은 말할 필요가 없다.

대부분의 공모 교장이 가장 염두에 두는 것은 교사의 성장이다. 수업과 평가를 혁신하려면 교사의 배움과 성장 없이 불가능하다. 이는 협의적 교사 문화가 뿌리내리지 않고는 안 된다. 공모 교장들은 누구보다 앞장서서 배운다. 좋은 연수를 찾아 듣고 학교 안으로 적극 도입한다. 학교의 학습조직화에 공을 들인 결과 일반 학교에서 시도하기 어려운 꾸준한 연수와 컨설팅으로 성장한 교사들에 의해 수업과 평가의 변화가 괄목할 만하게 되었다. 또한 '지역 연계 교육과정' 학생들의 배움의 폭을 넓히는 일에 적극적인 관리자의 활동도 주목받고 있다. 반송중학교가 대표적 사례다. 3개 학년 모두 활발한 지역행사와 지역 연계 학습활동을 하는데, 그중 하나만 소개한다.[23]

2022년 2학년 교과 융합 수업 계획

가. 주제-반송 공간 바꿈

나. 목표

1) 학생들이 마을을 배려하며 함께 살아가는 방법을 배우기 위해 마을을 이해하는 과정이 우선 되어야 함을 인식하고, 다양한 시각으로 마을에 대해 알아가는 경험을 교과수업에서 제공한다.

2) 마을에 대한 이해를 바탕으로 반송의 공간을 변화시키기 위해 함께할 수 있는 일이 무엇일까

---

23 주강원, 다행복지구를 통한 지역연계교육과정 운영(중등)

고민하고 실천하는 과정에서 협력의 가치를 배울 수 있다.

다. 운영 계획

교과	주제
과제탐구	프로젝트 소개, 모둠 조직
	반송의 역사 조사하기
	나만의 둘레길 만들기(1)
	도시 재생 전문가 초청 강의
	마을 탐방 계획 세우기
	[봄 학교] 마을 탐방하기
	나만의 둘레길 만들기(2)
	어반 스케치 작품으로 보는 반송
과제탐구	우리 마을 빅데이터(1)
	우리 마을 빅데이터(2)
	주제 발표 자료 제작(1)
	주제 발표 자료 제작(2)
	주제 발표 자료 제작(3)
	주제 발표 연습
	학년교육과정 발표회 (반송 공간 바꿈 프로젝트 발표)
	학기 말 교육과정 평가 활동
국어	반송의 아름다운 공간을 매체로 표현하기
영어	반송의 아름다운 공간을 영어로 소개하기
수학	반송마을에서 부등식 찾기
과학	우리 마을 안전 진단
기술	도시 재생 창의적 주택모형

대부분의 공모 교장은 학생들과 직접 소통하고 때로 수업도 하며 학생들과 친밀한 관계를 맺는다. 학생 상담에도 적극적으로 나서서 교사들의 품을 덜어준다. 교장이 학생들 곁으로 한발 가까이 다가가는 모습은 은연중에 학생들에게 큰 영향을 주어 학교에 대한 신뢰감을 높인다. 학부모, 지역사회와도 적극적으로 소통하며 학부모를 교육 현장의 든든한 동반자로 자리매김하게 한다. 또한 실천력이 남다른 공모 교장들은 교육청의 정

책을 무조건 따르는 것이 아니라, 올바르지 못한 지침이나 정책에 적극적으로 제동을 건다. 상부 관청에서 내려오는 것을 무조건 수용하지 않는 것은 애정 어린 관심과 행동력에서 나온다. 공모 기간 4년을 마치고 명퇴나 정퇴로 떠나는 자리에 다시 공모 교장들이 내부형 공모로 자리를 채웠는데, 자격증 미소지에 대해 교육청이 신청학교의 50퍼센트만 허가하는 규정 때문에 평교사가 교장이 되는 경우는 줄어들고 있다. 좋은 인재를 발굴하는 정책을 적극적으로 펼쳐야 할 교육관청이 자격증 유무에 갇혀있는 것은 아쉽다.

윤리적 생활공동체―회복적 생활교육

학교에 다니는 목적은 교과 학습 능력을 키우기 위한 것만이 아니다. 이제 학습은 학교만이 아니라 학원, 온라인 강의 등 매우 다양한 방식으로 열려 있다. 대안학교 홈스쿨링이 공교육 학교보다 우수한 학습을 가능하게 할 수도 있다. 학습 능력이 탁월하거나 배움이 느린 학습자의 경우 보편적인 수준에 맞추는 학교, 성적 경쟁이 중심축에 있는 학교가 오히려 지적 탐구심과 배움 능력을 후퇴시킬 소지도 있다.

학습 못지않게 중요한 학교의 기능은 새로운 세대의 사회화인데, 교과 학습도 이런 면에서 의미가 있다. 생활교육, 관계 능력, 공동체 역량을 키우기 위해 혼자나 가정 단위로는 한계가 있으므로 학교에 다닌다. 요즘은 생활교육이 학습보다 더 힘들어진 경향이 있다. 한 아이를 키우기 위해 온 마을이 필요한데, 현대 도시는 그런 마을이 사라져 버렸기 때문이다. 부모들은 대부분 경제활동을 하므로 학원이나 돌봄교실로 다니며 혼자 성장하는 아이들이 많다. 그런 기관에서도 사회성을 기를 수 있지만, 더 직접적이고 자연발생적인 친화력이 있는 가정이나 마을이 맡는 역할과는 달라서 정서적인 힘이 약하다. 그래서 갈등 해결 경험도 부족하고 집단생활에서 지켜야 할 규칙에도 둔감한 아이들이 많아졌다. 작은 갈등도 크게 번져 심각한 학교 폭력으로 확대되기도 한다. 이런 사회적 교육환경 속에서 혁신학교를 비롯한 선구적인 학교들은 회복적 생활교육을 적극적으로 도입했다.

행복한 배움과 성장을 추구하는 혁신학교는 무엇보다 학생들이 학교에서 안전하고 평화로운 관계 맺기를 중심에 둔다. 대체로 열악한 지역이나 생활교육이 잘 되지 않는 학교들이 혁신학교를 시작했다. 그런 학교들은 지각과 흡연율이 높고 무기력하고 태만한 학생들이 많다. 특히 중등학교는 그런 학생의 비율이 더 높았고, 그래서 더 혁신학교-다행복학교를 신청했다. 학생 개개인에 대한 관심과 존중의 문화가 바탕을 이루고, 학습이나 생활에서 뒤처진 아이들을 포기하지 않으며, 갈등 상황에 적극 개입하여 해결해 가면서 학생들의 문화가 달라지기 시작했다. 여기에는 소통과 공감, 갈등 해결, 피해자의 회복과 가해자의 성찰과 성장에 초점을 맞춘 회복적 생활교육이 큰 역할을 하고 있다.

정관에 위치한 방곡초는 학생 수 1200명의 대규모 학교다. 2021년엔 학교 폭력 발생 건수가 20건 이상이었는데, 공모 교장이 오면서 여름방학 때 전체 교사 대상으로 회복적 생활교육 연수를 했다. 그 결과 다음 해에는 학폭이 3건 이하로 현저히 줄었다. 회복적 생활교육은 교사와 학생과 학부모도 함께 연수를 받고 참여한다. 학교 생활교육의 기조로 회복적 생활교육을 내세우다 보니 교사와 학생 모두가 인권과 평화에 대한 관심과 감수성이 높아졌다. 갈등과 분쟁이 줄어드는 것은 당연했다.

관계 형성이 제대로 되면 갈등과 분쟁이 줄어들게 되므로, 생활교육에 공을 들이는 학교들은 관계 맺기에 정성을 다한다. 이는 수업과 생활 전반에 적용되는 것이다. 학생 참여 수업-협력 수업을 통해 학생들은 지식 습득만이 아니라 배려하고 존중하는 삶의 태도를 배운다. 관계 형성(상호존중, 신뢰, 공감)에 문제가 생긴 경우, 관계 개선(문제 해결) 과정을 거치고, 여기서도 해결되지 않으면 관계 회복(공동체 재통합)의 단계를 밟게 된다. 관계 형성(신뢰 서클, 존중의 약속, 평화감수성 훈련) - 관계 개선(회복적 상담, 회복적 성찰문, 문제해결 서클) - 관계회복(회복적 대화모임, 피해회복 조치, 징계 후 복귀 서클)으로 이어지는 회복적 생활교육의 3단계는 학교 현장에서 아주 바람직한 생활교육 모델로 확산하고 있다. 혁신학교 교사들을 중심으로 회복적 생활교육 연구회가 만들어져 전문인력을 키우며 일반학교에도 잘 공유되고 있어 일반화에 성공하기 좋은 교육 모델이다. 회복적 생활교육 연구회 대표를 맡고 있는 만덕고 김은규 선생은 말한다.

만덕고에서는 워크숍 중 하루만 코피(COPI, 한국평화교육훈련원)에서 강사가 오셔서 연수를 진행해요. 근데 그것만으로는 제대로 배울 수 없어서, 연구회에서 rd1-4 연수 열 때 조직적으로 결합해서 들었어요. 학교에서 씨앗 교사를 만드는 셈으로요. 그렇게 연수를 받은 분이 6명 정도예요. 이 분들이 갈등 조정 훈련까지 받으셨고, 매달 연구회 워크숍에 참여하셔요. 학년마다 이 훈련을 받은 분이 담임으로 계셔서 학폭 사안도 가능한 한 갈등 조정으로 정리하고 있어요. 연수원이나 연구회에서 rd1-4 연수 열 때, 샘들이 참여하실 수 있게 소개하고 했던 게 점차 확산에 도움이 되었어요. 새학년 워크숍에선 업무 전달은 확 줄이고 생활교육 연수를 제대로 하는 게 훨씬 도움이 될 거라고 생각해요.

교사들이 새로운 배움에 열려 있을 때 이런 교육이 확산할 것이다. 학교교육은 오랫동안 변화가 더디고 보수적인 특성을 지녀왔지만, 사회 변화 속도와 청소년들의 결핍과 불안정성이 높아지는 이 시대에는 혁신과 교육의 새로움이 적극적으로 요청된다.

맺는말

2024년 1월 11일 오송에서 전국혁신고등학교 네트워크 워크숍이 열렸다. 평가를 주제로 한 이날의 행사에서도 여러 지역 참가자들은 영감과 자극을 받으며, 더 많은 동료 교사와 이런 자리를 나눌 수 없음을 아쉬워했다. 그리고 부산에서는 1월 23일 부산대학교에서 다행복학교 한마당을 열었다. 춥고 궂은 날씨에도 초·중등 다행복학교 교사 100여 명이 모였다. 지난 여름방학 때도 폭우가 몰아치던 날, 같은 행사에서 여러 학교의 도전과 실천과 성과들을 공유했다. 학교 안에서 교사들의 소통과 나눔이 소중한 것처럼 학교들끼리, 여러 지역끼리 만남과 교류의 가치를 다시 확인할 수 있었다.

예전엔 이런 행사들이 교육부의 지원과 교육청 주관으로 다양한 주제로 크게 열려서 혁신학교의 성과들을 공유했다. 이즈음엔 교육 당국의 정책이 바뀌고 지원이 줄어들면서 리더교사들의 자발적 노력으로 이어오고 있지만, 여러 혁신학교에서 이뤄낸 학교의 변화는 두드려졌다. 꿈과 이상으로만 생각했던 것들을 현실로 이뤄냈는데, 부산의 다행복학교도 현재 진행형으로 이어지고 있다. 정책이 어떤 식으로 변하든 교육은 변혁의 한가운데 있을 수밖에 없다. 세계 모든 나라는 급변하는 시대에 맞춰 교육의 변화를 적극 추진하고 있고, 한국의 혁신학교는 해외의 학자들에게도 주목받는 교육개혁 모델이다.

『학교교육 제4의 길』이라는 저서로 잘 알려진 미국 보스턴대 데니스 셜리(Dennis Shirley) 교수팀은 필자 등과 함께 서울형혁신학교에 관한 국제협력연구(2019-20)

를 한 바 있다. 그들은 이제까지 한국 교육에 대한 통상적 이미지가 '학업성취는 높지만 교육의 도구적 성격이 강한 국가'였다면, 혁신학교들은 이와는 다른 의미 있는 교육적 성과들을 보여주고 있다고 한다. 또한 한국의 혁신학교가 글로벌 학교 개혁 방향에 맞는 개혁을 시도하고 있을 뿐 아니라 특히 '학생들에게 삶의 의미와 목적을 실현하는 교육을 하는가', '민주주의에 기여하는 교육을 하는가'라는 관점에서 볼 때 매우 중요한 교육적 성과들이 발견된다고 보았다. 셜리 교수팀도 한국에서 '전통적 학력'에 대한 요구가 학교혁신을 가로막는 요인이 된다고 보면서, '단기이익' 때문에 개혁의 저항집단이 될 수 있는 구성원들이 혁신의 장점을 잘 이해할 수 있도록 조정할 필요가 있다고 말한다.[24]

시험점수만 따지는 '전통적 학력'과 입시라는 '단기이익'에 매몰된 교육으로는 우리 사회가 더 지탱할 수 없다는 사실을 모르는 교육자는 없다. 몇 교육청에서 IB학교에 관심을 갖는 것도, 우리 교육이 변화하지 않고는 안 된다는 것을 보여준다. 그러나 변화는 외부에서 낯선 것을 빌려오는 방식으로는 지속적이고 근원적인 목적을 달성하기 어렵다. 개혁은 구성원들의 자발성과 협력으로 이루어질 때만 진정한 힘을 발휘한다. 현재의 한계를 벗어나기 위한 새로운 도전은 공적인 책무이기도 하지만, 자신의 삶도 더 유익하고 행복하게 한다는 것을 자각한 다행복학교의 구성원들은 스스로 변화의 중심에 서게 되었다. 생각한 것을 시도해 보거나 생각지 못했던 것도 실행해 본 경험을 통해 얻은 것이다.

한 가지 분명한 사실은, 수업 나눔을 통해 동료 선생님에게서 학생에 대한 통찰력과 경험을 얻을 수 있었다는 것이다. 수업나눔이 없었다면, 나는 승

24 이윤미(홍익대학교 교육학과 교수), 혁신학교와 미래 '학교의 문법', 〈교육을 바꾸는 사람들〉 칼럼

준이의 다양한 모습에서 한 면만 바라본 채 쉽게 판단하고 단정 짓는 함정에 빠졌을 것이다. 내가 보지 못했던 아이의 모습을 동료 선생님들과 이야기 나누다 보니 그 아이가 궁금해지기 시작했다. 궁금해지면 관심을 가지고 바라보게 되고 애정이 생기게 된다. 그렇다면 수업의 첫걸음은 아이들을 궁금해하는 것부터가 아닐까?[25]

가을, 근처의 고등학교가 다행복학교로 새롭게 지정되었다는 소식이 들려왔다. 열정 가득한 선생님들이 다행복학교 지정을 위해 애쓰고 있다는 얘기는 자주 들었는데, 이번에 드디어 지정 받은 것이다. 저렇게 여러 사람이 현실에 안주하지 않고 변화하기 위해 노력한다는 사실에 부끄러워졌다. 나는 이곳에서 별다른 노력 없이 자꾸 상황만 탓하며 주저앉으려는데, '저 학교는 이제 새롭게 변하겠구나!' 하는 생각이 들어 부러웠다. 마침 그 학교에서 초빙 교사 공고가 났고, 고심 끝에 응모했다. 근무하던 학교에는 1년 만에 자리를 옮기게 돼 미안했지만, 교사로서 더 성장하면서 행복하게 지내고 싶다는 열망이 더 컸다.[26]

다행복학교에서 교사들은 좋은 교육을 실행함으로써 행복한 교사가 되는 방법을 배웠다. 변화를 두려워하고 방어적으로 맞서기보다 스스로 변화를 수용하고 함께 성장하는 공동체를 만들어 가는 것만이 공교육이 나아갈 길임을 체득했다. 학생과 학부모들은 다행복학교가 출발한 처음에는 혁신학교에 대한 이해도 없었고, 공부를 제대로 시키지 않는 학교가 아닌가 하는 의구심도 있었다. 10여 년 지속되면서 학교에 대한 만족도가 높아

25 부산다행복교사, 『어느 날 다행복학교에 발령받았습니다』
26 부산다행복교사, 『오늘도 다행복학교로 출근합니다』

지고 학생들의 자부심이 커졌다. 교육의 올바른 방향에 대한 공감도 높아져서 다행복학교 선호도도 높아졌다.

2021년까지 65개교였던 다행복학교는 교육정책 기조가 바뀐 2022년부터 해마다 축소되어 2024년에 56개교(유 5, 초 26, 중 18, 고 6, 특수 1)가 운영되고 있다. 변화는 삶의 본질이므로 정책은 바뀔 수 있고, 혁신이나 다행복이라는 이름을 쓰지 않을 수도 있지만, 소중한 경험과 지혜는 사라지지 않는다. 우리 교육이 본질적 가치를 실현하기 위한 혁신학교의 도전과 실행의 성과는 학교 교육 방향에 대한 뚜렷한 길을 제시했다. 공교육 모델학교에서 선도적인 역할의 효과로 다모임, 전학공, 학생 자치 등등 혁신학교의 방식이 일반학교에도 적용되는 것도 많다. 그러므로 시류에 따른 정책이나 일시적 프로그램이 아니라, 모두의 행복을 위한 공교육 본래의 목적에 따라 '다행복'교육은 멈추지 않고 이어질 것이다.

참고문헌

김종훈(2020). 교사, 함께 할수록 빛나는. 템북.

마이크 앤더슨(2021). 교사의 말. 교육을바꾸는사람들.

마이클 폴란(2017). 학교 개혁은 왜 실패하는가. 21세기연구소.

부산다행복교사(2021). 어느 날 다행복학교에 발령받았습니다. 창비.

부산다행복교사(2021). 오늘도 다행복학교로 출근합니다. 창비.

유시경 외(2022). 굿바이 혁신학교. 푸른 칠판.

이혁규(2021). 한국의 교사와 교사 되기. 교육공동체벗.

2장

마을에서 '출발'하는 학교 변화

정미화

우리나라에서는 제7차 교육과정에서 국어, 도덕, 사회, 수학, 과학, 실과, 체육, 음악, 미술, 영어 등 10개 기본 교과에 국민공통기본교육과정이라는 개념을 도입했다. 국민공통기본교육과정은 '모든 국민이 공통적으로 배우도록 국가에서 공식적·의도적·계획적으로 체계화한 교육과정'으로, 초등학교 1학년부터 고등학교 1학년까지 10년간 해당 교육과정을 이수하도록 규정한다. 이런 공통교육과정의 영향으로 우리나라에서 초·중등학교를 다닌 사람이면 누구나 비슷한 학교 경험이 있다. 그리고 이 경험은 그대로 학교 혹은 거기서 이루어지는 교육을 쉽고 편하게 일상의 수다 테이블에 올릴 수 있는 배경이 된다. 그런데 자녀를 둔 부모든 일반 시민이든, 심지어 학교 교육의 주 당사자인 교사도 자신이 직·간접적으로 경험하는 학교 교육에 '만족'을 표하는 경우는 드물다. 이는 곧 학교가 '달라져야 한다'는 요구에 직면해 있음을 보여준다.

'변화'는 학교가 대중교육기관으로 제도화된 이래 늘 마주하는 사회적 요구였다. 2024년부터 적용되는 2022 교육과정도 첫 번째 개정 배경으로

'디지털 전환과 기후·생태환경 변화, 인구 구조 변화 등 불확실성이 증가하는 미래사회 변화에 대한 대응'을 들고 있다(2022. 교육부). 근년, 챗GPT의 등장과 일상적 사용에 더하여 2024년에는 13개 국어로 동시통역 서비스가 제공되는 핸드폰까지 시판되면서 도구교과인 영어과의 위상이 급격히 흔들릴 것으로 예상되기도 한다.

그런데 학교 변화의 필요를 말하는 사람들의 마음 저변에 있는 것은 무엇일까? 그것은 자신이 살고 싶은 사회에 대한 꿈과 희망, 염원일 것이다. 그 꿈과 희망과 염원을 실현시킬 수 있는 사람, 그런 사회를 열어줄 수 있는 사람을 기르는 학교이기를 바라는 마음이 공통적으로 자리하는 것이다. 이는 근대 이후 부국강병과 숙련노동의 필요로 대중화된 학교의 태생적 보수성에도 불구하고 학교교육을 통해 보다 좋은 사회를 만들고 싶은 마음, 학교에 기대를 거는 마음이라고 해석할 수 있다.

우리나라에도 '보다 나은 교육'을 위한 변화의 움직임은 있었다. 열린교육운동, 전교조 창립과 함께 시작된 참교육운동은 교사 중심의 권위주의에서 학생 중심 교육으로 변화의 물꼬를 튼 사례다. 진보교육감이 다수 당선되어 취임한 2014년부터는 경기도에서 시작된 혁신교육이 정책적 힘을 받아 전국으로 확산했다. 그러면서 교육청에서 추동하는 학교 변화가 본격화했다. 부산의 경우에도 2015년 9개 초·중등학교가 '다행복학교'로 지정받아 시교육청의 지원을 받으면서 학교 변화를 주도하기 시작했다. 비록 2022년 교육감 교체로 추진 동력이 급격히 떨어졌지만 다행복학교는 유지되고 있다. 2024년 기준 부산 전체 공립 유·초·중·고등학교의 약 9%인 56교(유 5, 초 26, 중 18, 고 6, 특수 1)에서 학교단위의 교육변화를 꾀하고 있다.

그러면 부산 진보교육감 시기 8년 동안 추진된 다행복학교는 부산교육을 어떻게 변화시켰는가? 교사들이 중심이 된 학교 단위의 변화는 부산교육 전반에 유의미한 차이를 만들면서 공교육에 대한 희망과 교육이 좋은 사회를 만들 수 있다는 기대를 갖게 했는가? 이 물음에 흔쾌히 긍정적인 답을 하기는 어려울 것이다. 2022년 6월 선거에서 8년 동안 다행복학교를 정책적으로 추진하면서 부산교육을 이끌었던 재선 교육감이 낙선한 것은 이 기간에 진행된 부산교육 변화 시도와 그 영향이 제한적이었음을 보여준다.

학교 변화는 교사로 대표되는 학교 관계자들만의 이슈가 아니다. 학생과 학부모는 물론 공교육을 통해 자라난 학생들이 만들어갈 세상에서 노후를 보낼 부산시민 모두의 문제이자 이슈다. 이런 점을 생각할 때 학교가 스스로 좋은 변화를 만들 거라고 기대하면서 학교 변화 과제를 학교에만 맡겨 두던 경향은 돌아볼 필요가 있다. 즉 학교 교사들의 자발성에 기대어 학교의 필요와 요구에서 '출발'하고 모든 것을 학교로 수렴시키는 방향으로 진행된 부산교육의 학교 중심적 관점과 접근은 성찰적으로 재검토되어야 한다. 이는 혁신학교 16년에 대한 전국 수준의 논의와 토론의 필요와 관련되는 것이기도 하다. 하지만 이 장에서는 다행복학교와 함께 공교육 혁신, 학교 변화를 지향하며 시도된 다행복(희망)교육지구, 마을교육공동체 등 마을을 학교 교육 변화의 파트너로 삼아 진행되었던 사업을 중심으로 살펴본다. 그러면서 마을이 교육 주체로 나섰을 때 일어날 수 있는 학교 변화를 모색해 보고자 한다. 이는 그동안 학교에서 출발하여 교사집단 중심, 학교 중심으로 시도되던 공교육 변화의 한계 상황이 그 출발점을 마을로 잡을 때 어떻게 달라질 수 있는지에 대한 탐색이라고도 할 수 있다.

마을이 교육의 주체로 만들어지는 과정

부산다행복교육지구[1]는 '부산시교육청과 기초지방자치단체가 협약을 통해 지역과 학교가 협력하는 지역교육공동체를 구축하여 모두에게 신뢰받는 공교육 혁신과 지역 동반성장을 위해 지정한 지역'으로, 넓은 의미의 마을교육공동체를 만들어가는 정책 사업이다. 그리고 부산시교육청에서 바라보는 마을교육공동체는 '학교와 마을이 아이들을 함께 키우고 마을이 아이들의 배움터가 되도록 학교와 마을, 교육청과 지방자치단체 그리고 학부모와 시민사회가 협력하고 연대하는 교육생태계로, 좁게는 마을의 아이(청소년)들을 함께 키우고 마을의 주인으로 성장하게 하기 위한 공동체(단체)다.[2] 부산시교육청의 개념 정의에 따르면 다행복교육지구와 마을교육공동체 사업은 마을을 교육의 한 주체로 보면서 마을과 함께 학교의 건강한 변화를 도모하려는 시도였다고 볼 수 있다. 다행복교육지구와 마을교육공동체의 각 사업 추진 과정에서 나타난 마을의 참여 내용과 흐름을 살펴보자.

다행복교육지구를 통한 마을의 교육 참여

부산시교육청은 2017년 제정된 「부산마을교육공동체 활성화 지원에 관한 조례」에 근거하여 다행복교육지구 사업을 추진했다. 2018년 9월, 기초지방자치단체 공모를 통해 사하구, 영도구, 동구, 북구, 사상구 등 5개 지구를 선정·운영하기 시작했고, 2019년에는 부산진구와 연제구, 2021년에는

1 2022년 7월, 하윤수 교육감 취임 후 희망교육지구로 개칭했으나 마을의 교육력을 통해 학교와 마을을 교육적으로 잇고자 하는 사업의 지향성이 분명했던 때는 다행복교육지구 시기였다고 볼 수 있다. 이 장에서는 '다행복교육지구'로 통칭하되, 희망교육지구로 개칭된 후의 내용이나 자료를 언급할 경우에는 '희망교육지구'로 표기한다.

2 2023년 6월 '부산시교육청 희망교육지구 및 부산마을교육공동체 활성화 지원 기본계획'에 실린 것을 인용, 정리한 것이다.

금정구, 해운대구, 2022년에는 동래구, 서구, 그리고 2023년에는 중구, 수영구까지 확대되었다. 2024년 현재 7년 차에 접어든 다행복교육지구 사업에는 부산 16개 지자체 중 13개가 참여하고 있어, 지역과 함께하는 학교교육은 부산에서도 대세로 자리 잡았다고 할 수 있다. 2022년 새 교육감 취임 후에는 다행복교육지구가 희망교육지구로 개칭되었는데, 각 지구의 비전을 포함한 운영 현황은 아래 그림과 같다.

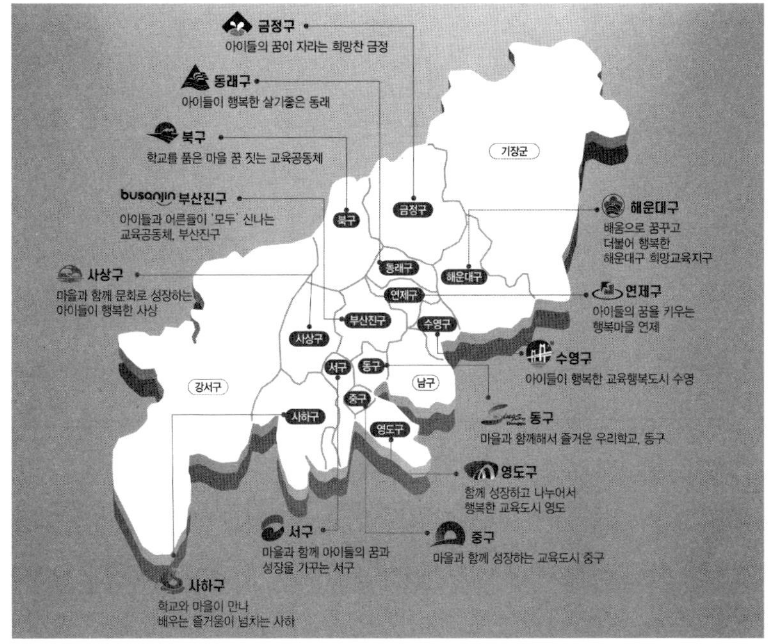

(출처: 2023 부산시교육청 희망교육지구 및 부산마을교육공동체 활성화 지원 기본계획)

부산다행복교육지구는 2018년 시작 단계에서 네 가지로 설정했던 추진과제를 2020년부터는 세 개로 정리하여 모든 다행복교육지구의 공통과제로 추진하고 있는데, 〈표 1〉은 그 변화를 정리한 것이다.

<표 1> 다행복교육지구의 공통과제

연도	2020~2023	2023	2024
과제명	학교문화혁신지원	소통과 공감의 학교문화개선 지원	지역연계 교육과정 운영
	지역협력 교육인프라 구축	지역협력 교육인프라 구축	지역 중심의 민·관·학 협력체계 강화
	지역특화 교육브랜드 창출	지역특화 교육브랜드 창출	지역특화교육브랜드 창출

〈표 1〉은 표현에 조금씩 변화가 있으나 근본적으로 학교의 변화나 학교 교육과정을 직접 지원하는 영역, 마을과의 협력을 도모하는 영역, 해당 지역의 교육적 요구와 필요를 담아내는 영역 등 세 개의 기본 구도가 유지되고 있음을 보여준다. 이 과제들은 13개 희망교육지구에서 똑같은 용어를 사용하는 가운데 사업 추진의 축이 되고 있다. 한편, 2023년 기준 희망교육지구 예산 운영 현황은 〈표 2〉와 같다.

<표 2> 2023년 희망교육지구 예산 운영 현황(단위: 억 원)

구분	사하구	영도구	서구	중구	동구	부산진구	북구	사상구	금정구	연제구	동래구	해운대구	수영구	계
교육부	1	1	-	-	1	1	-	1	1	-	-	-.	-	6
교육청	5	3	3	1	3	3	5	5	3	3	3	3	3	43
자치구	8.2	3	3.1	1.2	3.1	3	5	5	4.7	4.3	3	3.1	3	49.7
계	14.2	7	6.1	2.2	7.1	7	10	11	8.7	7.3	6	6.1	6	98.7

(출처: 2023 부산시교육청 희망교육지구 및 부산마을교육공동체 활성화 지원 기본계획)

〈표 2〉에서 보듯 대부분의 다행복교육지구는 교육청과 기초지자체가 3억 원씩 매칭하여 예산을 투여하고 있고, 초창기에 시작한 사하구, 북구, 사상구의 경우 교육청 예산이 5억 원씩으로 상대적으로 높은 편이다. 기초지자체의 경우 교육청 예산보다 많은 예산을 편성하기도 하

나, 경우에 따라 구청의 평생교육 영역에서 이미 진행해 왔던 사업 예산을 포함하고 있다. 한편 사하구, 영도구, 동구, 부산진구, 사상구, 금정구의 경우 교육부에서 공모한 미래 교육지구사업비를 추가로 교부받기도 했다. 각 다행복교육지구 예산의 한계로 실행하지 못했던 사업을 추진하는 데 마중물이 되었던 교육부 미래 교육지구 사업은 일몰되어 2024년부터는 더 이상 진행되지 않고 있다.

마을은 마을교육공동체를 중심으로 다행복교육지구의 세 과제에 두루 참여하여 학교 안팎에서 학생들을 함께 교육했는데, '지역연계교육과정 운영' 과제와 관련된 2023년의 마을 참여 사업은 〈표 3〉과 같다.

<표 3> 2023년 마을 참여 사업

구분	참여 사업(지자체)
초등학교 교육과정	사하마을체험교실(사하구), 우리 마을 서구 알기 및 서구생태환경교실(서구), 해양클러스터와 함께하는 해양교실(영도구), 마을나들이, 이바구탐방, 놀이로 즐거운 교실, 연극수업, 관계인성수업, 식생활교육, 바느질 수업, 아동인권수업(부산진구), 마을이 학교다, 마을체험학교(북구), 마을을 배우다(사상구), 스마트팜 도시농사 체험(연제구), 우리마을 누비단(금정구), 걸어서 동래 역사 한 바퀴(동래구) 등
중학교 교육과정	사하진로교실(사하구), 학교로 찾아가는 수업(창의융합예술, 영도구), 자유학년제 지원 '사회적 협동조합' 수업(부산진구), 마을멘토 직업체험 교실(서구), 자유학년제 특화 프로그램 '다름을 짓다' (동구), 구포시장 현장체험학습 운영(북구) 등
고등학교 교육과정	마을과 함께하는 생태텃밭교육 '농업 생명과학'(진로선택교과) 운영(동구), '든든해 진' 미래인재성장지원(부산진구), 사상 진로·진학 교실 운영 지원(사상구) 등

각 마을의 교육활동가들은 '마을 교사'로서 교실에서 이루어지는 다양한 수업을 직접 진행하기도 하고, 학교 밖 마을 교육체험공간에서 학생들을 만나 마을 속 배움을 돕고 있다.

'지역 중심의 민·관·학 협력체계 강화' 과제와 관련하여 마을은 각 다행복교육지구 내 운영위원회, 실무협의회, 권역별협의회, 동별 마을교육자치회 등에 참여하고 있다. 거기서 마을교육활동가들은 지역연계 교육과정 운영에 참여한 경험을 나누고 모니터링 결과를 피드백하면서 다행복교육지구의 마을 쪽 파트너로서 함께한다. 특히 부산진구의 경우 2021년 가을부터 각 마을교육공동체가 행정동 단위로 추진된 마을교육자치회를 세우는 과정을 주도하여 11곳에서 창립식을 열기도 했다. 이후 정기적으로 회의를 개최하면서 학교와 구청의 협조를 얻어 마을 내 후미진 공간을 학생들의 작품으로 새 단장을 하거나 학교 앞 안전한 등하교를 위한 조사 및 캠페인 등 교육 사업을 꾸준히 발굴하여 진행하고 있다. 마을교육자치회는 매년 마을청소년 축제 등 마을 내 학생들이 다양한 색깔로 존재감을 느끼고 발휘하는 기회를 마련하고 있기도 하다. 학생들과 함께 준비·진행·평가하는 과정에서 마을교육자치회는 교육적 선의를 지닌 마을 어른들과 학생들이 만나 네트워킹하는 플랫폼이 되고 있다.

지역특화교육브랜드창출 과제와 관련하여 마을은 마을교육활동가들의 교육역량을 높이기 위한 마을 교사학교나 마을 교사동아리 활동에 참여하고 있다. 마을의 환경과 생태를 교육 소재로 삼아 학생들을 만나면서 마을에 대한 이해를 돕기도 하고, 관계의 생로병사를 다루는 '관계인성수업—안전한 이별'같이 마을 학생들의 정서나 사회성 발달을 돕는 새로운 수업들을 기획하고 만들기도 한다. 이 과제와 관련하여 추진되는 사업들은 향후 해당 지역 학생들의 관심과 흥미 그리고 교육적 필요에 대한 진단에 기초하여 진행될 지역 혹은 마을교육과정으로 발전할 수 있다.

마을교육공동체 사업을 통한 마을의 교육 참여

부산시교육청은 다행복교육지구와 함께 마을교육공동체 공모사업을 진행해 오고 있다. 마을교육공동체는 부산지역 내 각 마을 단위로 형성된 마을교육공동체가 신청서를 내면 서류와 면접 심사 등의 절차가 진행되는데, 선정된 단체는 최대 1000만 원까지 지원을 받아 각종 교육활동을 펼쳐왔다.[3] 시작 시점인 2018년에 23개로 시작된 마을교육공동체 사업 참여단체는 해마다 늘어 2023년에는 63개까지 증가했다. 참여단체가 늘어남에 따라 행정동 혹은 기초지자체 범위의 교육적 모임이 부산 곳곳에서 이루어지고 행사들이 열리면서 마을이 교육적으로 활성화되는 모습을 보였다. 2018~2023년 부산마을교육공동체 공모사업 선정 및 운영 현황은 〈표 4〉와 같다.

<표 4> 부산마을교육공동체 공모사업 선정·운영 현황

연도	2018	2019	2020	2021	2022	2023
공모 선정 단체 수	23	30	32	40	64	63

(출처: 부산시교육청 홈페이지)

그런데 2024년에 이르러 마을교육공동체 참가 단체 수는 53개로 감소했다. 그 주된 배경에는 마을교육공동체사업의 성격이 정부와 부산시교육청의 늘봄정책 기조에 의해 '마을에서의 학생 돌봄'으로 바뀐 점이 자리한다. 한편 지자체별 마을교육 활성화 정도를 보여주는 2023년 기초지자체별 마을교육공동체 공모사업 선정단체 현황은 〈표 5〉와 같다.

3 부산시교육청은 2024년 마을교육공동체 공모에서 마을교육공동체 사업의 성격을 마을교육활동가들의 교육력 제고를 통한 파트너십 강화에서 학생들을 직접 돌보는 '마을돌봄'으로 변경했다.

<표 5> 2023 희망교육지구별 마을교육공동체 공모사업 선정단체 현황

주관	희망교육지구													희망교육지구 외			합계
구분	사하구	영도구	서구	중구	동구	부산진구	북구	사상구	연제구	금정구	동래구	해운대구	수영구	강서구	기장군	남구	
시작단계	2	2		1		1	1			1	2				1	2	13
성장단계	4	4	2		3	8	4	3	4	3	5	3	1	2	2	2	50
합계	6	6	2	1	3	9	5	3	4	4	7	3	1	2	3	4	63

(출처: 부산시교육청 홈페이지)

〈표 5〉를 보면 부산진구, 사하구, 영도구, 북구 등 다행복교육지구를 시작한 지 5년 이상 된 지역들에서 상대적으로 마을교육공동체가 많이 활동하고 있는 것을 알 수 있다. 기초지자체에 마을교육공동체가 많다는 것은 그만큼 그 지역이 마을교육을 중심으로 활성화되어 있고 마을교육력이 성장하고 있음을 보여준다. 마을교육공동체 수는 다행복교육지구 사업의 활성화 정도와 연동되는 경향을 보이기도 한다.

한편 마을교육공동체가 다행복교육지구 선정과 운영을 견인하여 다행복교육지구 사업이 활성화되는 경우가 있다. 다행복교육지구 사업의 행정 추진체인 다행복교육지원센터가 적극적으로 마을교육공동체를 발굴하거나 지원하여 마을교육공동체가 늘어나는 경우도 있다. 즉 마을교육공동체와 다행복교육지구는 어느 것이 먼저라고 할 수 없을 정도로 서로 맞물려 시너지를 내면서 기초지자체 혹은 동 단위 마을을 배경으로 한 교육생태계를 만들어가고 있다.

새로운 교육감이 취임한 후인 2023년 부산시교육청이 희망교육지구와 마을교육공동체 사업을 통해 기대하는 효과는 ① 지역교육 인프라를 활용한 지역-학교 연계 지원체제 활성화 ② 학교와 지역사회가 협력하여 모두의 희망을 이어가는 교육환경 조성 ③ 지역사회를 통한 교육활동으로 아동·청소년 돌봄 및 마을 방과후교육활동 활성화 ④ 다양한 맞춤형 교육활동으로 학교·가정·지역사회가 함께하는 인성교육 실현 등이다.[4] 이 전에 비해 인성교육, 돌봄 등이 추가되었는데, 무엇보다 희망교육지원센터에 파견되는 인력 구성에 큰 변화[5]가 있었다. 하지만 다행복교육지구와 마을교육공동체의 사업 비전과 목표는 '지역과 협력하는 교육'에 맞춰져 학교와 지역(마을)의 교육적 연결이라는 흐름은 유지되고 있다고 할 수 있다.[6]

다행복교육지구 및 마을교육공동체 사업으로 생기는 변화

지역협력교육체제를 마련하여 마을의 교육력을 높이면서 후세대를 함께 기르고자 하는 다행복교육지구와 마을교육공동체 사업은 부산시교육청에서 기초지방자치단체에 제안하면서 시작되었다. 이는 공교육기관인 초·중·고등학교의 변화가 교육전문가를 자처하는 학교 교사 중심의 노력만으로는 한계가 있음을 인정한 데서 나온 제안이라 할 수 있다. 다행복교육지구 추진 목표에 '학교문화혁신'을 명시한 것, 희망교육지구로 개칭한 후에도 '공교육 발전'을 표기한 것도 이와 관련된다. 두 사업 모두 지역 혹은 마을과 함께 학교의 변화를 꾀하려는 교육청의 노력이라고 볼 수 있는 것이다. 또 한편으로 다행복교육지구와 마을교육공동체 사업은 추진목표에

4 2023, 부산시교육청 희망교육지구 및 부산마을교육공동체 활성화 지원 기본계획

5 부산시교육청은 다행복교육지구로 지정한 지역의 구청에 다행복교육지원센터를 별도의 공간에 마련하고 장학사 1명과 주무관 1명을 파견하여 구청직원 2명과 함께 다행복교육지원센터 업무에 전념하게 했다. 그러나 새 교육감 취임 후에는 다행복교육지구별 교육청 파견 인원은 2명으로 동일하게 유지했으나 장학사는 지원청별로 1명만 배치하고 있다.

6 2023년 희망교육지구 및 부산마을교육공동체 활성화 지원 기본계획에 따르면 희망교육지구의 비전은 '소통과 공감으로 모두의 희망을 이어주는 지역협력 교육지구'이고, 추진목표는 '모두에게 신뢰받는 공교육 발전과 지역 동반성장, 지역교육활동으로 교육균형발전과 지역 간 교육격차 해소, 지역 특색 미래 교육으로 지역 맞춤형 미래 인재 양성' 등이다.

'지역교육생태계 형성', '지역 동반성장' 같은 표현을 일관되게 사용하면서 마을의 교육적 변화와 성장도 함께 의도하고 있음을 보여준다. 그러면 그동안의 다행복교육지구와 마을교육공동체 사업은 학교와 마을에 어떤 변화를 만들어 왔을까? 여기서는 이를 크게 학교의 변화와 마을의 변화로 구분하여 살펴보고자 한다.

학교의 변화

학교 문턱이 낮아지다

다행복교육지구 사업이 시작되기 전에도 부산의 일부 마을은 마을의 자연환경을 소재로 한 마을나들이, 텃밭교육 등의 생태교육 콘텐츠를 만들어 아이들을 모아 교육하고 있었다. 마을의 교육적 장소와 역사를 활용한, 마을 사람들에 의한 교육이 아이들에게 더 실감 나는 배움을 일으킬 수 있음을 체감한 마을교육활동가들은 이런 마을교육을 학교에 제안하기도 했다. 그러나 마을에 열려 있는 관리자나 교사가 있는 극히 일부 학교를 제외한 대부분의 학교는 마을교육 내용에 주목하지 않았고 받아들이지 않았다. 심지어 마을교육활동가들의 전문성을 의심하면서 꺼리는 모습도 보였다. 마을은 구성원들의 인맥을 통해 학교와 어렵게 연결하고 있었는데, 이런 상황에서 학교로 통하는 큰 문을 달아 준 것이 다행복교육지구사업이다.

다행복교육지구사업이 시작되고 다행복교육지원센터에 파견된 장학사는 마을과 학교의 만남을 주선하고 중개하는 공식통로가 되었다. 그러면서 마을에 대한 학교의 인식이 달라지기 시작했다. 장학사라는 직위가 부여하는 권한과 권위는 학교의 협조를 얻는 데 결정적인 역할을 했는데, 여기에는 학교가 장학사를 존중하던 전통적이고 관습적인 태도가 배경으로 있다. 학교는 장학사가 전화하는 것만으로도 마을에 대한 의심을 걷어내는 변화된 태도를 보일 때가 있었다. 장학사는 마을이 학교를 만날 때 '믿음의 보증수표' 같은 존재였던 것이다. 물론 다행복교육지구 사업에 대한 담당 장학사의 인식의 깊이, 소명의식의 정도, 마을을 바라보는 관점에 따라 담당 장학사의 활동 양상과 마을교육력의 활성화 정도는 달랐다. 하지만 학교 안팎에서 학생들을 만날 준비가 된 마을교육공동체들은 자기 지역 장학사를 추동하여 학교 문을 부지런히 두드렸다. 장학사의 공문 생성과 발송을 통한 지원과 학교까지의 동행 등을 통해 마을은 학교에 공적인 단체로 소개되어 관계를 맺고, 그것을 계기로 그 관계의 내용을 다양화하면서 상호지원의 범위를 넓혀갔다.

물론 학교장의 성향과 성격에 따라 다행복교육지구 장학사의 학교-마을 중개가 일회성에 그치는 경우도 있었다. 하지만 다행복교육지구사업은 대체로 마을이 신뢰할 수 있는 교육주체로 학교에 소개되고 관계를 맺는 주요 통로가 되었다. 이 길을 통해 마을교육활동가들은 학교와 함께 아이들을 기르는 마을의 교육자로 학교를 자연스럽게 드나들 수 있었다. 여기서 좀 더 주목되었던 점은, 준비된 마을일수록 다행복교육지구 지정과 운영을 통해 더 전면적으로 학교와 관계한다는 사실이다. 그러나 역량을 갖추고 적극적으로 학교에 다가감에도 학교와 마을의 연결 정도를 좌우하는 결정적인 변수는 여전히 학교장의 태도였다. 이런 경향은 일반학교나 다행복학교나 비슷했다.

마을교육과정으로의 발전 가능성을 보다

국가 수준 교육과정은 교육 내용의 공통적·일반적인 기준이므로 지역 여건과 특수성을 반영한 지역교육과정이 필요하다. 지역교육과정은 「초·중등교육법」 제23조 제2항에 따라 개발되며, 국가 교육과정 총론(2022:41)에서도 "지역의 특수성, 교육 실태, 학생·교원·주민의 요구와 필요 등을 반영하여 교육청 단위의 교육 중점을 설정하고, 학교 교육과정 개발을 위한 시·도 교육청 수준 교육과정 편성·운영 지침을 마련하여 안내한다."라고 명시하고 있다.

마을교육과정에 대한 정의는 명확하게 정립되어 있지 않지만 지역교육과정과 같은 맥락에서 이해할 수 있는 개념으로, 학생들의 구체적인 삶의 단위인 마을로 그 초점을 옮긴 것이라고 볼 수 있다. 일상이 구성되는 공간인 마을에서 이루어지는 교육도, 마을에 관한 교육도, 마을의 교육소재를 활용한 교육도, 마을사람들에 의한 교육도 큰 구분 없이 마을교육과정으로 통칭되는 것이 일반적이다. 그런데 마을교육과정은 '지역화'교육과정과 '지역'교육과정을 구분하여 바라보는 맥락에서 좀 더 선명하게 대비될 수 있다. 즉 그동안의 지역화교육과정이 국가수준의 교육과정이 정하는 기준이나 목표에 도달시키기 위한 수단으로 '지역을 사용'하는 것이었다면, 지역교육과정은 지역 학생들의 교육적 필요와 요구를 확인하는 데서 출발하여 그 지역과의 '관계' 속에서 학생의 성장과 발달을 우선적으로 도모한다는 점에서 차별화된다. 2022 교육과정 총론(2022)에서 '학교자율시간을 활용하여 학교 단위의 새로운 과목이나 활동을 개설할 수 있고, 그 과목과 활동 내용은 지역과 학교의 여건 및 학생의 필요에 따라 학교가 결정'하도록 명시한 것도 지역교육과정, 마을교육과정을 구현하려는 의지라고 할 수 있다. 마을은 스스로의 각성과 발견을 통해 마을 학생의 삶에서 시작되는 마을교육과정으로 나아가고 있다.

다행복교육지구와 마을교육공동체 사업은 마을을 교육 주체로 세우는 동시에 마을이 담고 있는 유·무형 교육자원들을 마을 스스로 재발견하는 기회가 되었다. 마을교육활동가 대열에 합류한 학부모와 주민들은 마을 구석구석을 걷고 마을 사람들을 만나고 주요 기관이나 장소들을 다니면서 자신이 사는 마을을 사람 향기를 품은 인문적 공간, 역사적 공간으로 느끼는 경험을 한다. 그리고 그렇게 느끼고 발견한 마을을 학생들에게 알려주고 있다. 또한 국가수준 교육과정에 담겨있으나 학교에서는 전문성이 부족하여 제대로 가르치지 못하던 국어과의 연극, 실과의 바느질과 식생활교육, 협력을 도모하는 놀이수업 등을 마을의 해당 영역 전문가들이 교수역량을 갖추어 진행하고 있다. 이외에도 학생들의 전인적 발달과 성장을 위해 필요하지만 체계적으로 교육하지 못하던 말상처를 다루는 수업이나 서로의 존엄함을 지키는 이별 과정을 배우고 익히는 관계 인성 수업 등도 진행하면서 학생들의 언어생활, 정서교육도 담당하고 있다. 여기서 더 나아가 학교 교사와 시작 시점부터 함께 모여 학생들의 상황을 나누고 준비, 진행, 평가까지 동행하는 수준으로 발전시킨 마을이 있는데, 이는 마을교육과정으로의 발전 가능성을 보여주는 경우라고 할 수 있다.

대천마을교육공동체의 경우 부산다행복교육지구 사업이 시작되기 전, 4~5년 동안 마을 안 특정 학교와 학급 단위의 마을나들이를 진행해 오고 있었다. 그런데 북구가 다행복교육지구로 지정되고 다행복교육지원센터의 지원을 받으면서 마을 내 다른 많은 학교에서도 같은 수업을 할 수 있게 되었다. 나아가 이 사업에 참여한 담임교사들과 워크숍을 갖고 진행과정을 모니터링하고 평가하면서 환경, 텃밭수업으로까지 마을의 참여 범위를 넓혔다. 다년간 진행된 이 과정에 참여했던 학교 교사들은 다른 학교에 가서도 대천 마을에 도움을 요청하는 등, 마을 참여 교육을 확산시키는 씨앗 역할을 하기도 했다.

학교가 마을을 발견하다

공립학교 교사들은 4년간 교육대학, 사범대학의 교사양성교육과정을 거치면서 교육전문가로서의 정체성을 형성한다. 자신을 교육전문가라고 생각하는 대부분의 교사들은 '교육은 교사에게 맡기라'는 인식과 정서를 지니고 있고, 이것이 침범당한다고 느낄 때 불편함을 느끼며 강한 부정적 반응을 보인다. 사실 교사들은 자녀를 학교에 보낸 부모들로부터 '위임'받은 교육권을 행사하고 있다. 부모들은 자녀를 해당 학교에 보내는 순간부터 그 학교 교육 주체의 자격을 얻고, 주체로서 해당 학교 교육에 대한 의견을 내고 참여할 수 있는 권한이 있다. 그러나 이런 점은 교사는 물론 학부모에게도 별로 주목되거나 인식되지 못한다. 심지어 학교 교사들은 '불가근 불가원(不可近 不可遠)'의 태도를 일종의 지침으로 받아들여 학부모를 대해왔고 지역이나 마을에 대해서도 비슷한 태도를 보였다. 부모들도 학교에 학교교육과정, 학급교육과정에 대한 의견을 내는 등의 적극적인 참여나 관계 맺기를 시도하기보다는 '내 자식의 부당한 대우나 피해'에 더 집중하고 민감하게 반응하는 경향을 보였다. 그런 가운데 학교는 점점 고립된 섬이 되어왔다.

학교 교사들은 국가수준 교육과정으로 제시되고 있으나 소화할 자신이 없고 전문성이 부족한 내용도 어떻게든 자기 선에서 소화하려고 노력해 왔다. 하지만 이렇게 해서는 학생들의 전인적 발달에 필요한 다양한 교육경험은 물론 질 높은 교육경험을 보장하기 어렵다는 것을 교사들도 느끼고 있다. 이런 상황에서 교육청이 주도하는 다행복교육지구사업, 특히 마을교육활동가들과 연계한 다양한 영역의 마을 교사 수업은 학교 관리자 및 교사들의 인식과 느낌에 변화를 가져왔다. 학생들에게 꼭 필요했지만 못해왔거나 부족했던 교육 내용을 갖고 들어와 수업하는 마을 교사들을 직접 경험하면서 마을에 교육자원이 많다는 것을 알게 된 것이다. 학교 입장에서는 마을 교사에 대한 범죄 조회 등의 절차도 희망교육지원센터에서 대신하는 등, 학교의 번거로움을 덜어주고 교육청이 소개할 정도로 질이 보장되는 수업을 마다할 이유가 없었다.

학교 교사들은 마을 교사들의 수업을 보면서 학생들이 살아가는 마을에 대해 새롭게 배우거나 학생들의 정서를 다루는 수업을 통해 생활교육 측면의 도움을 받기도 했다. 더구나 마을 교사들이 학교 주변에 살고 있는 마을 사람들이라는 사실로 인해 하교하는 학생들의 뒷모습을 보면서 안심할 수 있었다. 학생들이 '교육적 어른들'이 있는 마을로 돌아간다는 안도감 때문이었다. 이처럼 학교는 다행복교육지구를 통해 신뢰할 수 있는 마을 교육자들을 발견할 수 있었고, 마을 교사들의 활동을 공적인 활동으로 받아들여 이들과 함께 학생들의 전인적 성장을 도모할 수 있다고 인식하게 되었다.

학생들이 실감 나게 배우고 교육경험이 다양화되다

우리나라 모든 초·중등학교의 교육기준은 국가수준 교육과정이다. 2015 개정교육과정에 이어 2024년부터 적용되는 2022 개정교육과정은 '자기주도적인 사람, 창의적인 사람, 교양 있는 사람, 더불어 사는 사람'이라는 인간상을 설정한다. 이어 이런 인간을 기르기 위해 '자기관리 역량, 지식정보처리 역량, 창의적 사고 역량, 심미적 감성 역량, 협력적 소통 역량, 공동체 역량' 등 6가지에 중점을 두어야 한다고 제시한다. 그리고 이어지는 교육과정 구성의 중점(2022:5)에서는 "교과교육에서 깊이 있는 학습을 통해 역량을 함양할 수 있도록 교과 간 연계와 통합, 학생의 삶과 연계된 학습, 학습에 대한 성찰 등을 강화한다."고 밝힌다. 각 교과에 담긴 지식은 활자화된 상징어이지만 그 학습 과정은 학생들에게 실세계 맥락의 경험이어야 한다는 것을 명시한 것이다.

다행복교육지구 사업을 통해 학교에 지원되는 다양한 수업은 모두 학교가 필요로 하는 내용이고, 실습이나 학생들의 직접적인 활동을 동반하는 수업이다. 폐의류가 쌓여 섬을 이루는 장면을 보여주는 것에서 시작하여 자신만의 파우치를 만드는 것으로 마무리되는 바느질 수업을 통해 학생들은 지구환경을 생각하면서 의생활 자립심을 함양할 수 있다. 마을 골목골목을 걸으면서 그 장소의 역사와 인물에 관한 이야기를 듣는 마을나들이를 통해 학생들은 마을을 자기 삶이 구성되는 인문적 공간으로 이해하고 자각하기도 한다. 이 모든 교육을 행하는 사람들이 이웃에 사는 마을 어른들이라는 사실에서 학생들은 마을에 대한 자긍심과 마을 사람들에 대한 감사를 느끼고 표현한다. 이렇게 다양한 분야의 마을 교사들을 만나면서 학교가 알고도 담아내지 못했던, 필요성을 느끼면서도 접근하지 못했던 다양한 내용을 학생들은 마을이라는 실세계 맥락에서 배운다. 이 과정에서 학생들의 마을 내 대면 관계가 새롭게 형성되고 확대되는 가운데 물리적·심리적으로 안전한 마을이 만들어지고 있다.

마을의 변화

마을교육의 주체를 세우다

마을교육공동체 사업은 '교육적인 마을'을 만들어 학교와 교육적 파트너십을 형성하기 위한 사업이라고 할 수 있다. 여기서 교육적인 마을이란 학생들의 배움이 일어나는 마을이며, 그곳에는 좋은 어른들, 배움의 가치가 있는 교육 소재와 장소들이 있어 학생과 어른 모두의 배움과 성장이 가능한 곳을 말한다. 2018년 부산마을교육공동체 첫 공모사업에 23개 단체가 참여했다는 사실은, 부산 곳곳의 마을에 자생적으로 교육공동체를 지향하는 사람들이 활동하고 있었고 이들이 시교육청의 정책에 적극적으로 호응했음을 짐작케 한다. 실제 부산에는 지역 현안을 둘러싼 연대와 투쟁 과정에서 생긴 마을 공간에서 도서관과 마을학교를 운영하며 마을 생태환경을 중심으로 교육활동을 해 오던 단체가 있었다. 공동육아를 위해 모인 집단이 자력으로 마을에 공간을 마련하고 협동조합을 만들어 방과후 학교를 운영하면서 대안적인 교육을 실천하는 곳도 있었으며, 민간의 지역공부방으로 시작하여 지역아동센터로 전환한 후 학생들의 방과 후 교육돌봄을 하는 곳들도 있었다. 이런 단체들에게 부산시교육청의 마을교육공동체 사업은 반가운 동행의 계기였고, 마을교육의 주체로 자신을 바라보는 기회가 되었다.

여기에 더하여 2019년에 다행복교육지구 담당자의 업무 범위가 마을교육공동체로 확장된 것은 마을교육공동체의 확대와 활동을 촉진하는 전환점이었다. 마을교육공동체는 다행복교육지구 사업으로 펼쳐지는 다양한 학교지원 사업에 참여하여 공적 교육단체로서의 지위를 갖고 교실 안팎의 교육을 수행했고, 마을의 학생들을 만나 폭넓은 관계를 형성할 수 있었다. 또한 다행복교육지구 사업으로 진행된 마을교육관련 동아리 사업은 마을 주민들의 모임을 발굴하고 인큐베이팅하면서 그 지역 마을교육공동체의 양적 확대를 가져오는 통로가 되었다. 적극적인 다행복교육지구에서는 매년 학교별 학부모가 참여하는 '다행복교육지구, 마을교육공동체 사업 설명회'를 개최하여 부산시교육청이 마을과 동행하면서 만들고자 하는 부산교육의 비전을 알리고 학부모의 마을교육 참여를 이끌었다. 다만 코로나 시기와 맞물리면서 이 설명회에 참여하는 학부모가 학부모회나 운영위원회 임원으로 한정된 것은 마을교육 물결이 더욱 크게 전면화되지 못한 원인이었다.

이와 함께 다행복교육지구별로 마을교육(공동체) 네트워크협의회가 만들어진 것은 마을주도성 측면에서 주목할 만하다. 구청이나 교육지원청 관계자들이 배석하는 가운데 공식적·정기적으로 개최되는 협의회는 마을교육공동체들이 상호지원하고 협력하면서 마을주체성을 기르는 시간이 되었다. 즉 개별 마을교육공동체들이 상황을 공유하고 연대할 수 있는 구조가 생김으로써 서로의 사업 내용과 고민, 경험을 나누는 것은 물론 줍깅, 가래떡 데이 운영 등의 연대사업을 통해 서로의 배움과 성장을 견인할 수 있었다. 마을교육공동체를 꿈꾸던 마을교육 동아리들도 네트워크협의회를 참관하면서 자기 마을에서의 활동을 꿈꾸고 당장 실행 가능한 사업을 설계하기도 했다. 또한 마을교육공동체들의 정기적인 네트워킹은 비록 부산교육청의 마을교육공동체 사업이 필연적으로 경쟁을 동반하는 '공모' 방식이지만 그 경쟁 논리를 넘어서는 문화를 형성하는 계기가 되었다. 마을교육공동체들 스스로 '협력'을 관계의 원칙으로 삼아 네트워킹했고, 이런 협력적 문화는 부산마을교육공동체에 참여하는 단체가 매년 크게 확대되는 동력이 되었다.

한편, 일부 다행복교육지구에서는 마을교육력의 확대와 질적 제고를 위해 기초소양과정, 마을 및 학교 이해과정, 교수역량강화과정 등을 포함한 마을 교사학교나 단기적인 마을 교사양성과정을 운영했다. 마을 교사로 활동하는 사람들에게 학교 교사들처럼 공식적인 자격증을 부여하는 것은 현실적으로 가능하지 않고, 마을교육활동의 연장선에서 이루어지는 마을 교사 활동의 성격상 바람직하지도 않다. 하지만 마을교육활동가들이 학생들을 만나 교육하는 만큼 교육자로서의 기초 소양과 기본 역량 및 학생중심 교육에 대한 마인드나 태도를 갖출 필요가 있었다. 이런 점은 관과 민 모두의 인식이요 필요였기 때문에 마을교육활동가들의 참석률이 높았다. 또 수업 영역별로 마을 교사동아리를 만들어 정기적으로 모이면서 현직 학교 교사의 코칭, 회원 간 수업 모니터링, 공동 수업안과 ppt 자료 수정, 만족도 조사결과 공유 및 분석 등 평가 활동을 했다. 그러면서 마을 교사들 스스로 학생들을 자신 있게 만날 수 있는 교육역량을 높여갔다.

이렇듯 다행복교육지구 사업을 통한 관의 적극적인 참여 유도와 지원, 그리고 마을교육공동체의 자발적 참여와 주도성 강화 흐름은 마을교육활동가들이 다행복교육지원센터를 자연스럽게 찾고 드나들게 했다. 그러는 가운데 각 기초지자체에 설치된 다행복교육지원센터는 사람과 교육자원을 잇는 실질적인 플랫폼이 될 수 있었다. 마을교육활동가들의 교육적 욕구를 주제별·영역별로 모으고, 공공재로서의 공동수업안을 만들고, 매년 성기적으로 학교와 협업하는 시간은 그대로 마을의 교육력을 탄탄하게 세워가는 과정이요 집단적 학습경험이었다. 이런 흐름은 마을의 뜻있는 성인들이 모여 교육적 마을을 만들어가기 위해 정기적으로 모여 협의하고 활동하는 마을교육자치회의 구축으로 이어지기도 했다.

교육자로 자신을 바라보다

마을교육공동체에서는 방과 후나 주말에 마을에서 아이들이 참여하는 교육활동을 하면서 학교 정규 교과 수업활동에도 참여한다. 마을교육활동가들은 다행복교육지구 사업의 '지역연계 교육과정운영'이라는 추진과제와 직접 연결되는 마을 나들이, 이바구탐방, 기타 지역 생태교육 관련 야외수업은 물론 연극, 식생활, 놀이, 바느질, 말상처, 관계 인성-안전한 이별 수업 등의 교과와 관련된 교실 수업을 진행한다. 이와 같은 수업 활동은 모두 마을교육활동가들이 학급 단위로 학생들을 만나는 특별한 시간이 되고 있다. 특기할 현상은, 이렇게 마을 교사로 참여하는 가운데 마을교육활동가들 내면에 교육자 정체성과 자긍심이 생겨나고 있다는 점이다.

대부분의 마을 교사는 학생들을 만나는 수업활동에 매우 만족하는데, 그 첫 번째 이유로 드는 것이 '마을 교사로서의 자긍심'이다. 마을 교사들은 학생들 앞에 서는 것이 조심스럽고 부담스럽기도 하지만 설렘과 함께 뭔지 모를 뿌듯함을 느낀다고 한다. 눈앞 학생들의 맑은 눈망울을 대하고 학생들이 그때그때 일어나는 느낌과 생각을 솔직하게 말하는 것을 들으면서 교육의 숭고한 순간을 경험한다고 고백하기도 한다. 이런 느낌은 마을에서 마주치는 학생들이 '○○ 선생님!'이라고 하면서 인사할 때 더욱 커지며 교육자로서의 자신을 돌아보게 된다고 한다. 이런 시간과 사람들이 쌓이면서 마을은 보다 교육적인 곳으로 변모하고 있다.

다행복교육지구와 마을교육공동체 사업은 서로 맞물려 진행되면서 시너지를 낼 수 있었다. 다행복교육지구가 마을이 학교로 다가가는 문, 학교가 마을로 안전하게 나오는 문을 열면 그 문으로 마을교육공동체가 준비된 교육 내용을 갖고 드나들면서 길을 냈다. 다행복교육지구로 지정된 기초지자체 내의 학교인가 아닌가에 따라 학교가 마을을 대하는 태도의 차이가 컸던 현실은 다행복교육지구가 학교와 마을을 매개하는 플랫폼으로 큰 역할을 해 왔음을 보여준다. 해당 다행복교육지구 담당자가 얼마나 적극적이냐에 따른 차이도 있지만, 준비된 마을교육공동체에게 다행복교육지구는 마을이 교육의 책임 있는 주체로 우뚝 설 수 있게 돕는 비빌언덕이었다.

마을에서 '출발'하는 교육이 만들어 낼 학교 변화

다행복교육지구와 마을교육공동체 사업은 부산시교육청에서 시작한 것으로, 사업 방향이 학교 교육 지원에 맞춰져 왔다. 마을교육활동가들은 다행복교육지구 사업을 통해 학교에 다양한 내용을 갖고 들어가 학교가 필요로 하는 교육을 해 왔다. 마을교육활동가들도 학생들을 만나면서 마을에 대한 자부심이 생겨나도록 학생들을 이끌고 그 과정에서 스스로 마을교육자로 성장하는 경험을 했다. 그런데 한편으로 마을교육력이 학교로 수렴되는 이런 일방적 흐름은 학교의 필요를 위해 마을이 소진되는 결과를 초래하기도 했다. 학교가 마을의 사람자원, 교육자원을 일방적으로 빨아들이는 것은 마을이 자신의 상황에 맞게, 자신의 속도대로 발전해 가는 것을 방해할 수 있다. 학교가 주도하는 흐름이 계속된다면 마을이 학교에 의해 좌우되어 왔던 기존 틀을 벗어날 수 없다.

수업을 통해 학생들을 만나는 마을교육활동가들은 마을교육자의 정체성을 갖고 마을+교육+공동체를 지향하는 활동가들이다. 그럼에도 학교는 마을 교사들을 방과 후 강사와 같은 시선으로 바라보는 경향이 많았고, 이는 마을교육활동가들의 힘을 빼는 요소였다. 마을 교사들이 학생들을 만나 수업하는 것은 강사비 때문이 아니다. 마을 교사들은 학생들이 어떤 상황에 있고 어떤 상태인지를 공유하면서 학교 교사들과 함께 학생성장을 도모하고 싶어 한다. 그러나 여러 가지 사정으로 극히 일부 지역, 일부 학교에서만 학교 교사-마을 교사 간 협의가 진행됨으로써 아직 상호 간 교육적 파트너십 형성은 미미한 수준에 머물러 있다.

학교 교육자와 마을교육자가 서로를 파트너로 존중하면서 학생의 성장과 발달을 도모하는 학교 변화의 길에 동행하려면 무엇이 필요할까? 이 장에서는 그동안 학교에서 출발하여 학교의 관점에서 학교의 필요를 충족시키려 했던 방향을 바꿔 마을을 출발점으로 삼을 필요를 제기한다. 이는 전국 초·중등교육에 막강한 권한을 행사하는 교육부의 현장조직으로서 국가수준교육과정으로 움직이는 학교를 변화의 출발점으로 삼았던 것에 대한 역발상이다. 그리고 학교 중심 관점으로 추진한 학교 변화 노력의 한계를 넘어서기 위한 대안적 탐색이라고 할 수 있다. 학생들이 살고 있는 마을에서 출발하여 학교교육의 변화를 바라보는 것은 다음 몇 가지 측면에서 큰 차이를 기대할 수 있다.

내용적 변화

대도시 중심의 '중심부 가치'에서 '마을가치'로 전환

지금까지의 학교 변화를 위한 노력들은 종국적으로는 대도시의 가치와 기준을 추구하는 것으로, 성장과 소비와 같은 도시와 중심부의 가치를 지향했다(양희준, 2023). 동일하거나 유사한 교과서로 교육하는 중앙집권적 교육과정 문화에서 교육받은 우리나라 학생들은 모두 서울, 수도권, 대도시 지향을 내면화하기 마련이다. 그러면서 능력과 속도 등 각종 경쟁 원리로 작동되는 대도시의 가치에 자신을 맞추게 되고 거기에 익숙해진다. 그 결과 국가수준 교육과정 문서에서까지 언급하는 '삶이 구성되는 공간으로서의 마을이나 지역의 중요성'은 사문화된다. 학교의 주류 가치가 중앙을 향하고 있기에 마을 지향의 인식과 마음을 기를 수 없는 것이다. 부산 학생들도 자기가 사는 마을, 지역에 대한 애착과 자부심이 쌓일 여지나 기회를 갖지 못한 채 기회만 되면, 수능성적만 되면 부산을 '떠나야 할 곳'으로 여기게 된다. 학교가 국가수준 교육과정만을 중심으로 운영될 때 이런 현상은 필연적 귀결일 수밖에 없다.

그런데 마을에서 출발하여 마을 사람들과 마을에서의 관계적 삶을 중심으로 한 마을교육과정이 준비되고 실행되면 그 양상이 달라질 수 있다. 학교의 교육방향이 달라지고 학생들에게 내면화하는 가치와 삶의 지향이 달라질 수 있는 것이다. 마을교육과정은 상호 호혜와 협력적 관계에서 나오는 공존, 지속 가능성, 인문과 자연을 포괄하는 생태 등의 가치를 구현하는 교육으로 나아갈 수 있다. 지금까지도 지역이나 마을과 연계한 교육이 있었고 그것이 지역화교육과정이라는 이름으로 통칭되어 왔다. 하지만 지역화교육과정은 국가수준 교육과정 기준을 충족시키면서 가치를 내면화시키기 위해 학생들에게 익숙한 마을과 지역 소재를 가져와서 학생들의 이해를 돕기 위한 접근이다. 그래서 그 교육의 결과는 결국 중앙지향일 수밖에 없다.

마을교육과정은 지역교육과정이다. 즉 마을과 지역에 사는 학생들의 교육적 필요와 요구에서 출발하여 해당 마을이나 지역사회의 교육 필요까지 담아내는, 구체적인 현장의 필요에서 구성이 시작되는 교육과정이다. 기성세대의 자기 세대 경험에 터한 막연한 기대가 아니라 학생이 교육과정 개발의 출발점이고 학생이 살아가는 마을의 사람, 사물, 공간, 이야기와의 '관계' 속에서 배우는 것이 지역교육과정이다. 그러므로 지역교육과정—범위를 좁혀 마을교육과정—은 학생의 삶, 마을 사람들의 삶, 공존, 공동체, 생태, 환경 등을 중심 가치로 삼게 되고, 지구환경의 지속 가능성을 일관되게 추구할 수 있다.

학생 '개개인의 삶'을 도모하는 교육

학습은 지극히 개별적인 과정이다. 같은 교사, 같은 교실 수업상황에서도 배우는 범위와 깊이, 속도는 학생마다 다르다. 이런 개별 학생들의 상태와 속도를 존중하는 것은 개별화교육의 성패를 좌우하는 관건이다. 그런데 국가수준 성취기준에 도달시키는 것을 겨냥하는 다인수 학급에서는 이것이 어렵다. 한 사람의 교사는 학급 내 2~3개 그룹 간 차이에는 대응할 수 있어도 개별 학생들의 차이에 맞춰 수업하는 것은 불가능하다. 더구나 국가수준 교육과정은 우리나라 모든 초·중등학교 교육의 질을 일정하게 담보하기 위한 장치 혹은 관리도구로서의 기준인바, 이런 교육과정 문화에서 학생들은 자기중심으로 자신의 삶을 만들어가기보다는 외부 기준에 자신을 맞추는 방향으로 흐르기 쉽다.

그러나 마을 관점에서 출발하여 구성된 마을교육과정, 지역교육과정은 학생들의 실질적인 삶에서의 필요, 학교를 포함하여 삶이 구성되는 실감나는 마을 공간, 관계망에 있는 마을교육자들과의 협력 속에서 진행된다. 그래서 학생들은 자기를 중심으로 다양한 배움을 통합시켜가면서 자기 정체성을 만들어갈 수 있다. 자신을 바라보는 기준과 중심을 외부에 두는 것이 아니라 자기 내부로 옮겨 자기 삶의 뿌리를 만들고 채우면서 자기를 빚어갈 수 있는 것이다. 국가수준 교육과정이 표준이자 기준인 학교에서 출발하는 그동안의 교육은 삶의 방향과 판단 기준을 외부에 설정하도록 작동했다. 그런 경험은 학생들의 시선을 더 큰 도시로 돌리게 했고, 지금의 자기 마을과 지역과 삶을 '벗어나야 할 것'으로 보게 했다. 마을에서 출발하는 학교 변화 관점을 정립하고 실천하는 것은 이런 자기 부정의 흐름을 끊어내는 시작점이 될 수 있다.

학력에 대한 재개념화

많은 나라에서 학교는 국가의 유지와 자본의 이익을 위해 노동 집단에게 순응의 윤리의식을 재생산하고 숙련노동자를 기르려는 의도에서 시작되었다고 할 수 있다. 대중교육기관으로서 학교가 근대 국가 및 자본주의의 생성과 함께 성립되고 제도화된 사실은 이를 잘 보여준다. 하지만 학교의 이런 태생적 한계를 학교불용론으로 연결할 필요는 없다. 문자 해득을 통한 문명인으로서의 삶, 집단 속 상호작용을 통한 사회성 개발, 공공적 가치를 상식으로 장착한 민주시민 교육 등의 순기능을 학교가 할 수 있기 때문이다. 나아가 사회적 합의만 이룰 수 있다면 교육을 통한 미래 사회의 새로운 설계 혹은 재구조화도 학교를 통해 그 동력을 형성할 수 있다. AI 기술의 발달로 개별지도가 전면적으로 가능하고 각종 프로그램 개발과 시판으로 홈스쿨링이 쉬워진 상황임에도 자녀를 학교에 보내는 부모는 학교라는 공간의 교육적 기능에 주목한다. 그러므로 '학교란 무엇인가'라는 논쟁보다는 '학교가 무엇이어야 하는가'라는 학교의 재개념화에 주목할 필요가 있다.

학력도 마찬가지다. '학력이란 무엇인가'라는 질문보다는 지금 시기에 '무엇을 학력으로 볼 것인가', 그리고 그런 학력을 어떻게 추구할 것인가에 답하려고 노력해야 한다. 세계 최하위 저출산국인 우리나라의 2022년 평균 출산율은 0.778이고 부산의 경우 0.723으로, 서울에 이어 두 번째로 낮다. 학령인구도 감소하여 전국 초등학교 157곳이 2024년 신입생을 한 명도 받지 못한 가운데 부산은 신입생 10명 미만인 초등학교가 16곳에서 21곳으로 늘었다. 2024년 전국 초등학교 취학 대상 아동은 41만 3천여 명이고,

부산도 초등학교에 입학하는 학생은 2023년보다 1500명 정도 줄어든 2만 1560명이다.[7] 아이를 낳아 기르는 것이 물리적, 심리적, 금전적 모든 면에서 고부담인 한국 사회가 이대로 간다면 학생 수는 앞으로 더욱 줄어들 것이다. 양육자가 육아와 돌봄 과정에서 가질 수 있는 희로애락을 흔쾌히 선택할 수 있는 여건 마련과 제도와 문화의 정립이 절실하다.

한편 그동안 중·고등학교로 갈수록 다행복교육의 확산이나 다행복학교의 확대가 상대적으로 저조했는데, 그 주된 원인으로 지목된 것은 학생들의 학년이 수능이라는 벽에 가까워진다는 점이었다. 문재인 정부 초기에 대통령 직속 국가교육회의 대입개편공론화위원회(공론화위)가 대학수학능력시험(수능)과 관련된 공론의 장을 연 적이 있다. 그러나 교육개혁을 내건 지난 정부에서도 5지선다형 평가와 상대평가를 유지한 수능은 별 변화가 없었고, 부산 다행복교육의 확산을 막는 근원적인 장애물로 자리했다. 그런데 교육계 스스로 어찌하지 못했던 이 수능이라는 장애물은 의외로 심각한 저출산으로 인해 저절로 그 생명을 다할 것으로 예측된다. 2023년 11월 수학능력시험에 응시한 학생은 50만 4천여 명(고3 학생 32만 6천 명)인데, 이 수치는 전문대를 포함한 대학정원인 51만 8천 명에 못 미친다. 실제 전국 4년제 대학 10곳 중 6곳이 입학 전형에서 '미달'을 기록했다. 2024년 전국 초등학교 입학생 수는 35만여 명이고 2023년 출생한 신생아 수는 23만 명에 머물렀다. 이런 급격한 학생 수 감소가 '선발'과 '선별'을 위한 시험의 존재를 위협하는 것이다. 여기에 비교적 근년에 제기된 기본소득이 청년세대들에게 도입된다면 굳이 국가가 정한 속도나 절차에 얽매이지 않고 자기 중심을 잡고 자신의 속도대로 살려는 학생들이 대거 등장할 수 있다. 그즈음 어느 순간 학생들에게 고부담을 주면서 초등학교 교육마저도 굴절시켜

7 국제신문(2024. 2. 27.). "신입생 10명도 못 채우는 부산 초교, 1년 새 5곳 더 늘었다" 기사에서 발췌.

왔던 수능은 그 수명이 끝날 것으로 예상된다. 수능을 겨냥하며 달려가는 체제인 현재의 초·중등학교 교육은 갑자기 지표를 잃어버릴 수도 있다.

이와 더불어, 자가 학습을 통해 인간의 사고 기능까지 넘어서는 생성형 인공지능 세상의 도래, 동시통역 기술을 개인별로 사용할 수 있는 시대가 눈앞에 펼쳐진 상황은 학력에 대한 재개념화의 필요를 제기한다. 되도록 많은 것을 기억하고 그렇게 기억한 것을 정해진 시간에 정확하게 재생하는 것을 더 이상 학력으로 볼 수 없는 것이다. 가파른 기술 발전과 급격한 사회변화가 가속화하는 상황에서 이런 변화가 '모두'에게 더 좋은 사회를 만드는 데 복무하게 하려면 학교는 어떤 역량을 지닌 사람, 어떤 학력을 갖춘 사람을 길러내야 할까?

성열관(2017)은 "학교 교육을 통해 길러진 지성, 감성, 시민성이 조화롭게 발달된 결과로서 합리적으로 깊게 생각하는 힘, 타인의 처지를 공감할 줄 알고 느낀 것을 표현하는 힘, 인간의 자유와 평등을 위해 실천하는 힘"을 새로운 학력관으로 제시한다.[8] 여기서 학력은 기억력과 반복된 연습을 통해 5지선다형의 수능에서 높은 점수를 얻는 것을 의미하지 않는다. 학교를 다닌 경력이나 교육 수준을 의미하는 피상적 수준의 학력(學歷)도 아니다. 학력은 한 존재로 주체적으로 살아가기 위해 능동적으로 배우는 힘[學力]인 것이다. 그리고 이 '배우는 힘'은 자신이 살아가는 삶의 터전인 마을에서, 학교 안과 밖 교육자들과의 '관계' 속에서 길러질 수 있다.

8 2017년 7월 개최된 전북교육청 주관 참학력 포럼 "미래를 향한 새로운 학력과 새정부 교육정책" 자료에서 발췌.

외형적 변화

학교에 대한 마을의 교육주체성 복원

학교 교육의 주체는 교사, 학생, 학부모라고 하지만 실제 학교는 학교장을 정점으로 한 교사집단에 의해 운영된다. 학부모와 지역민이 참여하는 학부모회나 학교운영위원회 같은 기구가 있지만, 대부분의 학교에서는 관리자를 포함한 교사집단의 의사 결정을 받쳐주는 거수기 역할에 머문다. 한편, 학교 교육과정과 예산을 포함하여 학교 운영 전반에 관한 심의권을 갖는 학교운영위원회에 지역민이 위원으로 참여하는 것은 지역도 학교 주체의 한 축임을 의미한다.

다행복학교에서는 학생자치회와 학부모자치회를 구성하여 정기적으로 운영하고 있다. 학교교육 주체들이 모여 학교 현황과 이슈를 공유하고 협의하는 구조를 갖추어 학생과 부모의 학교교육 주체성을 세우기 위해 노력하는 것이다. 그러나 이런 노력에도 불구하고 해당 학교 학생들이 학교에서 어떤 교육과정을, 왜, 어떤 방법으로 경험하게 할 것인가에 대한 교육주체들 간의 협력적 논의로까지 나아간 곳은 거의 없다. 해당 학교 학생들에 대한 진단과 교육적 필요, 요구들을 확인하는 데서 출발하는 '학교교육과정'[9]을 만드는 형식을 취하는 경우에도 학생과 부모는 설문 대상일 뿐, 그 설문 결과를 공지받는 경우도 드물다.

그런데 마을은 다행복교육지구와 마을교육공동체 활동을 통해 마을의 교육적 구심점을 형성하면서 교육주체로서의 힘을 쌓아 가고 있다. 부산

9 학교 교육과정은 초등의 경우 6년간의 교육을 통해 기대하는 학생을 기르기 위한 것으로 해당 학교 학생들에 대한 교사, 학생, 학부모 등 교육주체들의 집단적 진단과 그 진단에 따른 그 학교의 처방의 의미로 제안된 개념이다. 그러나 실제 대부분의 학교에서는 교육과정부장이 학부모, 교사, 학생이 참여하는 설문 결과를 토대로 '혼자' 구성하고 관리자가 결재하는 절차를 통해 결정된다. 학교교육과정 결정 과정에 학부모나 학생은 고사하고 교사집단 수준의 학생 진단이나 그에 맞는 교육 처방 등을 의논하는 협의과정도 생략되는 경우가 많다.

진구의 경우, 마을교육활동가들이 마을교육자치회를 통해 협업하고 연대해 마을 (청소년)축제 등의 공동사업을 진행하면서 학교를 초대하고 있다. 이는 마을이 학교 교육 참여를 넘어 자신들의 고유한 교육사업을 갖고 학교에 협업을 요청하는 것으로, 마을 스스로 마을교육의 주체가 되어가는 모습이라고 할 수 있다. 심지어 부산진구 마을교육 네트워크협의회는 학교 교사집단도 못 하는 '진담회'[10]를 정기적으로 개최하면서 각종 교육 이슈들을 다루고 지역교육 담론을 형성하려고 노력하고 있다.

마을 혹은 지역이 교육주체로서 학교교육에 참여하는 것은 고유한 권한이라고 할 수 있다. 다만 중앙집권적 학교운영체제와 함께 교사가 국가공무원이 되면서 묻혀 온 측면이 있다. 전국 학교들이 교육부로부터 동일한 지침을 받아 국가수준 교육과정을 운영하면서 학교나 교사는 마을이나 지역을 고려하거나 염두에 둘 현실적 필요가 없었던 것이다. 이제 마을은 다행복교육지구 사업으로 열리기 시작한 문을 통해 고유한 교육 내용을 갖고 학교에 자연스럽게 드나들고 있다. 시교육청 공모에 선정된 마을교육공동체라는 공신력을 장착한 마을은 학교교육의 틈새를 메우면서 지역교육의 주체로 학교와 협력하는 수준으로 발전하고 있다. 이는 마을이 학교와 수평적 파트너십으로 학생중심교육을 전개할 역량을 쌓아 가는 것이고, 마을이 학교교육의 주체로 복원되는 과정이라고 볼 수 있다.

학교의 평생교육기관화

학교 안팎에서 학생들을 교육하고 돌보는 마을교육활동가들이 가장 많이 하는 하소연은 학교의 문턱이 여전히 높고 학교가 마을에 폐쇄적이라

10 순천풀뿌리교육자치협력센터에서 진행하는 정담회를 본딴 것으로, 부산진구 내 교육담론 형성을 위해 2022년부터 개최하는 교육수다의 장이다.

는 점이다. 활동공간이 부족한 마을 입장에서는 가장 안전하고 시설이 잘 갖춰져 있어 부모들이 믿고 맡길 수 있는 학교를 사용하고 싶어 한다. 그러나 학교는 관리 문제, 책임 문제를 내세우며 거절하는 경우가 많다. 학교가 문을 닫는 것은 무언가를 지키기 위한 행동이다. 그리고 그 마음의 바닥에는 '학교는 교육자집단의 것'이라는 의식이 자리하고 있다. 과연 학교는 교육자집단의 것이고 앞으로도 그렇게 두어야 할까?

어떤 낱말의 뜻을 온전히 파악하고자 할 때 보통 '어원'을 찾는다. 마찬가지로 학교가 누구의 것인지 확인하려면 우리나라 초등학교의 전신이라 할 수 있는 서당을 떠올려 볼 필요가 있다. 마을의 아이들을 위해 서당 터를 마련하고, 십시일반 자원을 모아 서당을 짓고, 좋은 훈장님을 찾아 모셔오고 훈장님의 생계를 책임진 주체는 마을이었다. 그래서 서당은 누구에게나 그 마을 공동 소유물로 인식되었다. 반면 오늘날의 학교는 불특정 다수 국민의 세금을 재원으로 하여 각 시도교육청 주관으로 건축되고 운영된다. 교사들의 급여 역시 국민이 낸 세금을 재원으로 하기 때문에 그 원천이 명료하게 드러나지 않는다. 국가 수준에서 진행되는 '세금', '예산 편성과 집행'이라는 절차가 학교를 교육자집단의 것으로 오인하게 하는 요인이 된 것이다.[11] 이인회(2020)는 산업사회에서 학교제도가 발달함에 따라 '교육=학교'라는 등식이 신화화되고, 가정과 마을의 교육적 책임과 기능이 국가의 책무와 관리로 이관됨으로써 가정과 마을은 교육으로부터 분리되었다는 말로 학교교육에서 마을이 배제된 과정을 설명한다. 어쨌든 마을에서 출발하는 학교 변화라는 관점에서 보면 '접근성 좋은 평지에 위치한 안전한 시설'인 학교는 학교 구성원들에 의해 독점되어 있는 것이다.

사람은 평생 발달하고 그 발달 과정에는 배움이 함께한다. 평생에 걸친

11 '어느 날 다행복학교에 발령받았습니다'의 저자 글에서 인용.

인간의 필요, 학교가 생겨난 배경, 유지 존립을 가능하게 하는 토대를 감안할 때 학교는 마을의 평생교육기관으로 재탄생할 필요가 있다. 특히 2024년부터는 바뀐 평생교육법에 따라 읍면동에 평생학습센터를 지정해 운영해야 할 만큼 평생교육은 특별한 의지가 있는 사람들의 선택이 아니라 일상이 되었다. 오후 3시 이후 방과 후 수업과 돌봄을 위해 사용되는 일부 교실 외에 텅 비워지는 학교는 이제 밤늦게까지 불이 밝혀지는 마을의 평생교육 시설이 될 때가 되었다. 그리하여 마을 아이들과 성인들이 스스로의 성장과 발달을 위해 자유롭고 당당하게 드나드는 곳이 되어야 한다.

지금까지 부산다행복교육지구와 마을교육공동체 사업의 취지와 목적 및 진행 과정, 그 과정에서 일어난 변화를 살펴보았다. 학교가 아닌 '마을'을 출발점으로 했을 때 어떤 근원적인 변화가 가능한지도 탐색해 보았다. 그런데 2024년 현재 다행복교육지구와 마을교육공동체사업은 애초의 취지와 목적에서 벗어나는 경향을 보인다. 2022년 7월, 새로운 교육감과 바뀐 기초지자체장이 취임한 이래 다행복교육지구의 사업 내용이 달라지고, 지구별로 배치되어 있던 장학사 인력을 빼는 등의 조치로 추진동력이 약해졌다. 마을교육력 제고에 초점을 두고 마을교육활동가들의 활동력을 높이는 데 방점이 찍혔던 마을교육공동체 사업은 「마을돌봄」, 「마을방과후활동」 등으로 초점이 옮겨지면서 '교육부 늘봄정책의 마을 버전'으로 변질되고 있다. 이런 상황에서는 마을에서 출발하는 학교 변화를 기대할 수 없다.

마을에서 출발하는 학교 변화 시도는 가보지 않은 길이다. 그런 만큼 학교 변화가 다시 힘 있게 시도될 수 있을 때를 생각하면서 미리 길을 설계해 놓을 필요가 있다. 마을을 출발점으로 한 학교 변화 가능성을 현실화하기 위한 몇 가지 방안을 간략하게 제안하고자 한다.

첫째, 부산시 단위의 마을교육공동체지원센터 설립과 민간 센터장 위촉·운영

그동안 다행복교육지구사업은 기초지자체인 구청과 부산시교육청의 협약으로 진행되었다. 그에 따라 다행복교육지구사업의 진행 양상이 기초지자체별로 달랐고 변화의 범위나 속도와 깊이도 차이가 있었다. 부산이라는 공통적 지역 기반을 배경으로 펼쳐지는 사업이라는 점과 부산지역 내 교육격차 해소라는 과제를 생각할 때, 다행복교육지구사업은 부산시와 협업으로 진행할 필요가 있다. 이를 위해 부산시 단위에 가칭 '부산시 마을교육공동체지원센터'를 설립하고 민간출신 센터장을 위촉할 필요도 있다. 관 중심으로 운영되어 온 다행복교육지원센터가 학교와 마을을 잇는 초기 역할을 잘해 왔다고 할 수 있지만, 이런 운영은 어느 한쪽 기관이라도 소극적인 태도를 보이면 그 연결성이 급격히 떨어지기도 했다. 이런 한계를 넘어 사업의 지속성을 확보하려면 경험과 역량 및 방향성을 갖춘 민간출신 활동가가 센터장을 맡아야 한다.

부산시 마을교육공동체지원센터에는 부산시교육청 장학사 팀과 부산시청 공무원들이 파견되어 함께 근무하면서 교육행정과 일반행정이 팀웍을 형성하고 발휘하도록 해야 한다. 또한 두 기관의 협업은 마을교육력 제고라는 분명한 방향에서 운영될 필요가 있다. 센터는 각 다행복교육지구를 상시 진단하고 지원하며 지구별 마을교육력 격차를 해소하고 사업의 양적 질적 수준이 상향평준화되도록 하는 '컨트롤타워' 역할을 해야 한다. 이를 위해 센터 내에 마을 교사학교를 운영하면서 자신의 전망을 마을교육활동가로 보는 사람들이 교육자로서의 기초소양을 함양하고 교수역량을 기를 수 있는 교육과정을 제공할 필요가 있다.

둘째, 기초지자체별 마을교육협동조합 설립과 다행복교육지구 사업 위탁 운영

마을교육이 일회성 이벤트에 그치지 않으려면 지자체별로 마을교육공동체가 주도하는 마을교육협동조합을 설립하여 마을 내 교육활동의 안정성을 도모할 필요가 있다. 이는 현재 작동되는 다행복교육지구별 마을교육(공동체) 네트워크협의회 발전체의 하나로서 교육협동조합이 갖는 고유한 가치와 이를 통한 마을의 결속력도 기대할 수 있다. 마을교육협동조합이 만들어지면 다행복교육지구에서 진행하는 학교교육 지원 사업이나 마을교육력 제고 사업들을 위탁받아 운영할 수도 있다. 마을교육활동가들이 교육협동조합을 통해 연대하고 함께 사업을 진행하는 경험은 마을의 교육주도성을 강화하는 좋은 기반이 될 것이다.

셋째, 다행복교육지구별 장학사 배치를 통한 추진동력 확보

다행복교육지구를 통해 학교와 마을의 교육적 협업이 원활하게 이루어질 수 있었던 것은 다행복교육지구별로 전담 장학사가 배치되었기 때문이다. 2023년부터 희망교육지구별 장학사 1인 배치 원칙을 바꾸어 교육지원청별 1인이 되면서 희망교육지원센터의 추진동력이 급격히 떨어진 것은 이를 증명한다. 장학사가 있던 자리에 행정직 주무관이 배치된 희망교육지구의 경우 희망교육지원센터의 학교 영향력이 확연히 감소하는 경향을 보인다. 장학사가 없다 하여 학교 영향력이 축소되는 것이 바람직한 현상은 아니다. 하지만 아직은 남아있는 관습적 풍토를 감안할 때 학교에 영향력을 갖는 장학사를 다행복교육지구별로 배치하는 것이 필요하다.

참고문헌

교육부(2022). 교육부 고시 제2022-33호 [별책 1]. 초·중등학교 교육과정 총론.

부산광역시교육청(2023). 희망교육지구계획 및 부산마을교육공동체 활성화 지원 기본 계획. 교육정책과.

부산다행복교사(2021). 어느 날 다행복학교에 발령받았습니다. 창비교육.

성열관 외(2017). 참학력 포럼 "미래를 향한 새로운 학력과 새정부 교육정책" 자료. 전라북도교육청.

양희준 외(2023). 대한민국 교육트렌드 2024. 에듀니티.

이인회(2020). 마을로 돌아온 학교. 교육과학사.

국가통계포털(KOSIS). https://kosis.kr.

국제신문(2024.2.27.). 신입생 10명도 못 채우는 부산 초교, 1년 새 5곳 더 늘었다. https://v.daum.net/v/20240227030242500

부산시교육청 홈페이지. https://www.pen.go.kr

2

부산교육 진단

3장

'수포자' 문제 해결 방안

- AI는 수포자 문제를 해결할 수 있을까?

박철호

부산시 역대 교육감 선거 공약과 정책에 빠지지 않는 항목이 있다. 바로 '학력 신장'이다. 특히 수학의 기초학력은 언론의 주요 기사에서 다루어지며 '수포자'라는 신조어까지 만들었다. 그렇지만, '수포자' 발생 원인과 대응책에 관한 정확하고 논리적인 분석은 잘 보이지 않는다. 그 결과 교육청에서 막대한 예산[1]을 투입하지만 효과는 늘 뚜렷하지 않고, 유사한 정책은 다람쥐 쳇바퀴돌듯 반복된다. 이를 극복하기 위한 대안 모색이 이 글의 초점이다.

1 김달효(2023)에 따르면, 부산교육청의 2022년 '학력신장' 예산은 1,659억 원이고, '학력신장'은 '기초학력 신장' 등 4개의 소항목으로 구성되었기에, 이 중 1/4 정도가 '기초학력 신장'에 사용된 것으로 추정한다.

수학을 포기하는 학생, 왜 생기나?

수학을 포기한 학생이 교육에 미치는 영향

먼저, 수학을 포기한 학생을 언론에서 '수포자'[2]라는 용어로 나타냈다. '수포자'는 주관적인 개념이므로, 교사와 학생의 의견을 비교하면서 '수포자'의 현황을 파악해야 한다. 2015년 전후 사회적 문제로 제기된 이후 '사교육걱정없는세상'에서 학생들을 대상으로 조사한 결과가 2015년, 2021년에 각각 발표되었다. 2021년 발표된 자료를 살펴보자.

〈표 1〉 수포자 비율과 기초학력 미달자 비율 비교

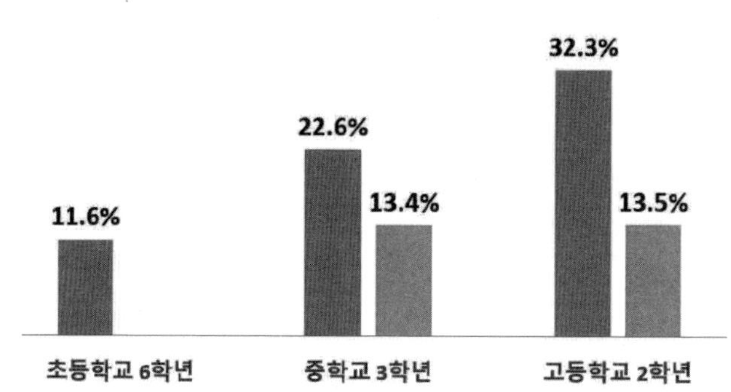

자료 출처: '사교육걱정없는세상'과 강득구 국회의원 발표 자료(2022.01.15.)
왼쪽(짙은 색)은 학생들이 본인을 수포자로 판단한 비율, 오른쪽은 기초학력 미달 비율,
초등학교 6학년에는 기초학력 미달 비율은 없음.

〈표 1〉 같은 수포자의 비율로 교사, 학생 모두 수업에서 소외되고 있다. 김성수(외 2019)의 주장에 따르면, '수포자'인 학생은 "자신을 불쌍한 존재로 바라보고", "이미 패배한 경기에서 자책하며 시간을 보내는 과정"을 학교생

2 '수포자'라는 용어보다는 '수학 미선택' 학생으로 이해해야 하는 측면도 있다. 수학을 공부해도 점수가 잘 나오지 않기 때문에, 수학을 포기하는 것이 효율적인 학교생활(내신성적관리, 또는 입시전략)로 생각하는 학생이 '수포자'에 상당수 포함되어 있기 때문이다.

활에서 경험하고 있다. 수학교사도 이런 수업상황에서 힘들어한다. 수학을 포기한 학생과 그렇지 않은 학생이 공존하는 교실에서 수학 수업을 원활하게 진행할 방법을 찾지 못하기 때문이다. 그렇다면, 이런 학생들이 나타난 배경은 무엇일까? 그 원인은 무척 다양하지만 일단 학생과 교사들의 생각 그리고 사회 구조적인 요인을 분석해보자.

'수학을 포기한 학생'의 발생 원인

학생들이 생각하는 원인 - 지나치게 어려운 시험문제

학생들이 수학을 포기한 이유로 손꼽는 것은 시험이다. 지나치게 어려운 시험문제 때문에 수학을 포기하게 되었다는 주장이다. 학생들이 수학적 소질이나 소양이 없었던 것이 아니라, 낮은 수학 점수를 반복해서 받으면 수학을 포기하게 된다는 것이다. 먼저 관련 자료를 살펴보자.

〈표 2〉 학교 시험이 수포자 발생에 영향을 준다

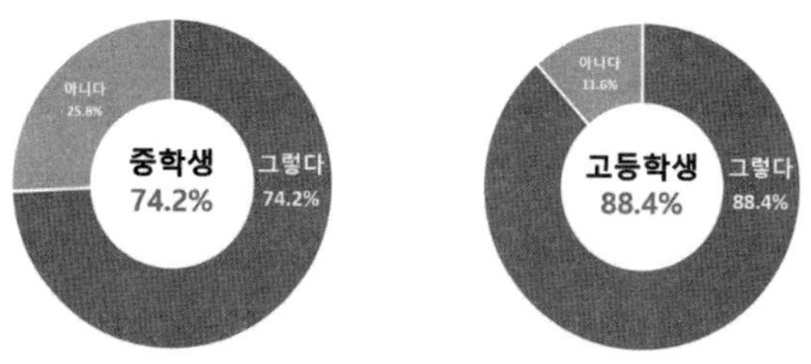

자료 출처: 2022. 06. 14. '사교육걱정없는세상'과 강득구 국회의원 발표 자료

학생들이 이렇게 생각하는 까닭은 학교 시험이 지나치게 어렵다는 것이다. 다음 자료는 그 실태를 잘 나타낸다.

<표 3> 시험문제가 수업시간에 배운 내용보다 과도하게 어렵다

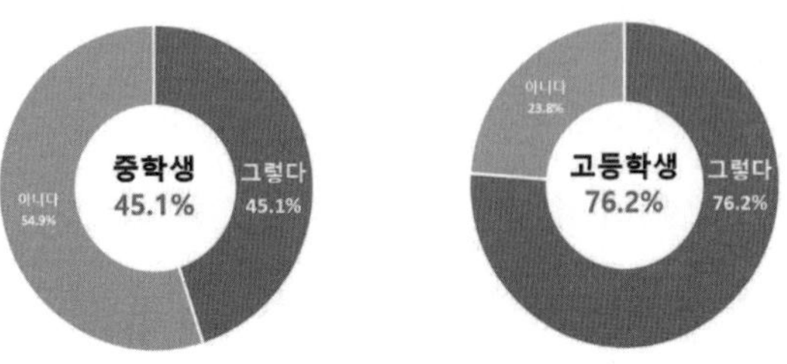

자료 출처: 2022.06.14. '사교육걱정없는세상'과 강득구 국회의원 발표 자료

수학교사가 시험을 어렵게 내는 이유 - 변별력

<표 2>와 <표 3>을 볼 때, "왜 수학교사는 수학 시험문제를 어렵게 냈을까?"라는 의문이 들 수 있다. 이런 의문에 교사들의 답은 변별력 때문이나.

<표 4> 변별 때문에 가르친 내용보다 어려운 내용을 출제하게 된다

그렇다	64.4%
아니다	35.6%
합계	100%

자료 출처: '사교육걱정없는세상'과 강득구 국회의원 발표 자료(2022.06.14.)

그런데 수학교육학에서 평가를 통해 학생들을 변별해야 한다는 논리는 찾기 어렵다. 외국과 국내의 대표적인 주장을 하나씩만 살펴보자. 먼저 2000년 미국 NCTM(미국수학교사협의회)에서 발간한 『학교 수학의 원리와 규준(Principle and Standard for School Mathematics)』[3]을 살펴보면, "평가의 원리에서 **평가는 학생의 성취도를 확인하고, 학생들의 학습을 향상하고, 교수학적 결정을 위한 정보제공으로 교수학습을 효과적으로 진행하는 자료로 활용할 것**

3 2000년 이후 한국을 비롯한 세계 각국의 수학과 교육과정에 많은 영향을 끼친 책이다.

을 권장한다."[4]라고 서술하고 있다. 고상숙 외 5인(2012)의 『수학교육평가론』을 살펴보면, **평가 목적은 학생의 전진에 대한 모니터링, 성취인식, 교수 개선, 교육프로그램 개선 등에 있다**고 분명히 밝히고 있다.[5]

수학교육학의 논리에는 없지만, 우리나라의 평가에는 학생을 변별한다는 특이한 목적이 있다. 이는 교육부의 지침과 수능성적 등의 영향 때문이다. 그 기저에는 학생들을 서열화하는 군국주의 문화와 내신성적을 입시에 반영해야 한다는 논리가 있다.

이런 상황에서 '수포자' 문제 해결을 위해, 시험(평가)에서 변별력이 아니라 학생의 성취수준과 학생의 진보를 측정해야 한다는 주장이 설득력을 얻는다. 현재 문제가 되는 수능에서 킬러 문항이나, 단위학교에서 고난도 문제가 없어지고 기본 개념을 묻는 서술형 문제와 그것을 표현하는 구술 평가 등이 포함되어야 한다. 즉 평가에 관한 권한을 단위학교와 교사에게 넘겨야 한다.

그런데 교육부와 우리 사회의 기득권은 이런 의지를 거의 표명하지 않고 있다. 이것은 '수포자' 문제가 학습을 소홀히 했다는 개인적인 요소도 포함하지만, 그 이면에는 사회·문화적 요소도 있고, 개인의 지적 성장보다 효율성을 추구하는 기업의 논리, 경제적 불평등 등의 근본 원인이 숨어있음을 의미한다.

수능시험은 왜 표준점수를 사용할까?

수능시험의 정식 명칭은 '대학수학능력시험'이다. 대학에서 공부할 능력을 평가하는 시험이다. 따라서 당연히 **'수학능력 우수함', '수학능력 보통',**

4 NCTM(2007)의 p.26~29 참조

5 고상숙 외 3인(2012)의 p.13 참조

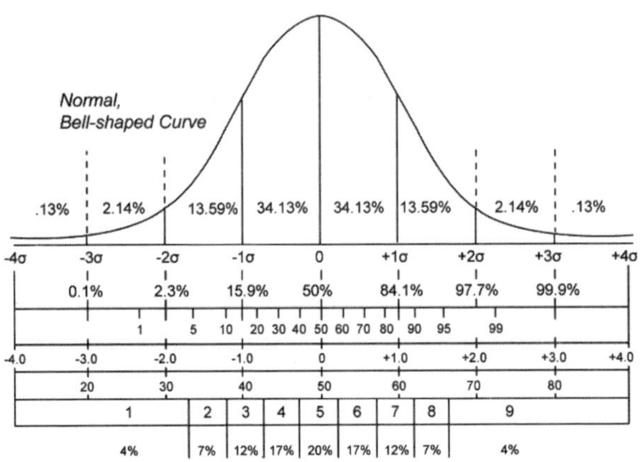

〈그림 1〉 정규분포곡선에서 9단계 비율(%)

'수학능력 미달' 등으로 평가해야 한다. 예를 들어, 수영을 배울 때 "100m를 헤엄칠 수 있는가?", "1분에 100m를 헤엄칠 수 있는가?"를 목표로 하는 것은 당연하다. 그런데 굳이 수영 실력을 1등급에서 9등급으로 나눌 필요는 없다. 하지만 유독 수능시험은 '수학능력'이 있음과 없음 혹은 우수함 등으로 표현하지 않고 9등급으로 세분하여 표시하고, 이를 더 세분할 수 있도록 표준점수로 표시하는 시험이 되었다. 이는 이상한 현상이다. 이런 현상을 초래한 상대평가 점수인 9등급 혹은 표준점수의 의미를 알아보자. 먼저 수능시험에서 수학 등급은 어떤 비율로 만들어지는지 살펴보자.

〈표 5〉 수능 등급표

등급	1	2	3	4	5	6	7	8	9
비율(%)	4	7	12	17	20	17	12	7	4
누적비율(%)	4	11	23	40	60	77	89	96	100

그런데 위와 같은 9등급 비율은 어떻게 정했을까? 통계를 배운 사람이

라면 정규분포곡선과 관련이 있음을 알 것이다. 바로 정규분포 곡선을 9개 간격으로 나눌 때 나타나는 비율이다(〈그림 1〉[6] 참조).

이제 표준점수 계산 방식을 살펴보자. 표준점수는 다음과 같은 공식으로 만든다. S는 표준점수이고, m은 표준점수의 평균으로 100점이고, σ는 표준점수의 표준편차인데 10이고

$$S = m + z\sigma.$$

여기서 $z = \frac{X - m_0}{\sigma_0}$이다. 왼쪽 식에서 X는 원점수, m_0는 원점수의 평균, σ_0는 원점수의 표준편차다. 따라서 수능에서 수학의 표준점수가 120점이라면 원점수의 평균보다 $2\sigma_0$만큼 더 받은 점수다.[7]

여기서 의문이 있다. z값은 원점수가 정규분포곡선을 이룰 때 주로 사용하는 방법이다. 이 과정을 수학(통계)에서는 '**표준화**'라고 부른다, 그런데 수능시험에서 수학 점수의 분포가 정규분포곡선을 따르지 않을 때 이런 방법을 사용했다면, 〈그림 1〉과 다른 분포에서 〈그림 1〉의 추론을 적용한 것으로 논리적 타당성을 갖기는 어렵다.[8] 이런 논리는 9개 등급을 나누는 비율에도 적용할 수 있다. 즉 자료 분포가 정규분포일 때, 1등급을 4%로 두고, 2등급을 7%로 설정함이 타당성이 있고 그렇지 않을 때 적용하는 것은 재고되어야 함을 의미한다.

그렇다면 수능성적은 정규분포를 이룰까? 현실적으로 수능성적의 분포는 정규분포라고 하기 어렵다. 수능성적의 분포는 해마다 조금씩 다른데,

6 〈그림 1〉 출처 https://commons.wikimedia.org/wiki/File:Normal_distribution_and_scales.gif

7 2020년까지 실시한 수학수능 점수의 계산방식이다. 선택과목이 있는 2021년 이후는 조금 더 복잡한 방식인데, 기본적 원리는 위와 같다.

8 이런 방법을 사용해도 성적 백분율은 변하지 않는다. 이런 의미에서 굳이 복잡한 수식을 쓰지 말고 원점수와 백분율을 표기하는 것이 정직한 표현이다.

여기서는 2020년 수능시험에서 수학 성적의 분포를 구체적으로 살펴보자.

〈표 6〉 2020년 수능성적 분포도

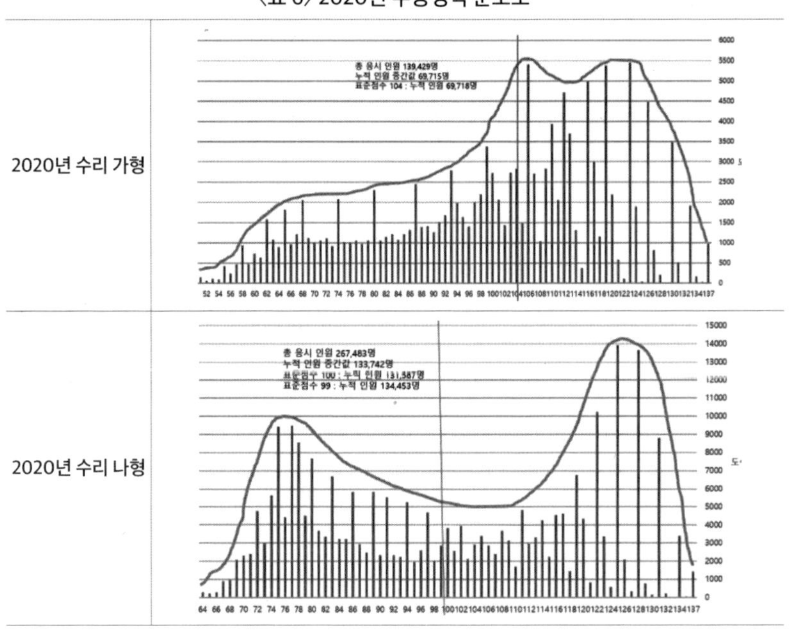

자료 출처: https://m.blog.naver.com/3san3/222291246364.
작성자는 한국교육과정평가원-보도자료(2020.12.22.)를 참조하여 만들었다고 밝힘.
참고 1. 2020년 실시한 수능은 '2021학년도 수능시험'이라고 부른다.
2. 가운데 긴 선은 중위값을 의미한다.

〈표 6〉 같은 분포에서 〈그림 1〉 같은 방식으로 9개 구간으로 나누면 1등급의 비율은 4%보다 크다는 사실을 〈표 6〉은 보여준다. 이는 2등급에서 9등급까지가 모두 〈그림 1〉과 다른 비율로 설정되어야 함을 의미한다. 문제는 단위학교의 수학성적 분포도 위와 비슷하다는 점이다. 수학 성적의 분포는 대체로 M자와 유사한 모양이 된다. 이는 내신성적의 등급 비율을 수능성적과 같은 비율로 나누는 것이 자연스러운 일이 아님을 의미한다. 즉, 〈그림 1〉은 내신성적을 현행 9등급으로 변별하는 상대평가가 타당하지 않음을 설명하는 논리적 근거가 될 수 있다. 9등급 상대평가를 부정할 수 있

는 가장 큰 근거는 현행 국가 교육과정의 원리지만, 입시를 이유로 이런 논리는 힘을 잃고 있다.

한편, 수학 성적의 분포가 M자 비슷한 모양으로 나타난 이유는 무엇일까? 그 이유는 사교육의 영향과 수학을 포기한 학생이 미치는 영향으로 분석할 수 있다. 여기서 정규분포곡선이 아닌데 굳이 교육과정 평가원은 표준점수를 사용하는지 의문이 들 수 있다. 표준점수를 사용하는 정확한 이유를 필자는 모르지만, 교육학에서 사용하지 않는 '변별력'이라는 용어를 공개적으로 드러내기가 민망하니, 수학적 절차를 거쳐 신뢰성 있는 표준점수로 만들어 그것에 내포된 변별력이라는 비교육적인 개념을 숨기려는 의도가 있었을 가능성이 매우 크다.

즉, 표준화로 확률(성적의 백분위)이 변하는 것은 아니지만, 정규분포가 아닌 분포에서 '표준화'를 사용하는 사례는 찾기 어렵다. 필자가 본 사례는 수능시험의 표준점수가 유일하고 이와 유사한 내신성적 9등급이 유일하다.

마지막으로 수능시험은 객관식 선택형 답과 단답형 답만 요구한다. 이런 시험 방식은 단위학교에도 영향을 미쳐서 서술형 문제를 최소로 출제하려는 경향이 있다. 이 역시 수포자를 양산하는 원인의 하나다. 우리나라보다 입시 인구가 훨씬 많은 중국, 일본, 독일, 프랑스 등도 서술형 답안을 요구한다. 논리적 사고방식으로 문제를 해결했지만 계산과정에서 단 한 번의 실수만 있어도 문제 해결을 위한 노력을 인정하지 않는 수능시험제도는 시급히 개선되어야 한다. 이런 사실은 학생들의 관점에서 수학 공부는 점수관리 면에서 매우 비효율적인 행위라고 판단하게 하는 요인이 된다.

수능은 1993년에 시작되었다('1994학년도 수능시험'이지만 1993년 8월 20일, 11월 16일 실시). 어느덧 30년이 넘어, 획기적인 개선책을 내놓아야 할 시기다. 개선의 중요 방향은 킬러 문항(고난도 문항)을 없애고 기본적이고 중요한 개념을 제대로 이해하고 있는지를 묻는 서술형 문제로 바꾸는 것이다. 이런 변화는 '수포자'를 줄이는 데 분명히 도움이 될 것이다.

수포자는 수학을 배울 수 있는 능력이 없어서 발생할까?

사람들은 수학을 잘하는 특별한 능력이 있다고 믿는 경향이 있다. 필자도 그렇게 생각한 적이 있다. 그렇지만, 수학 성적이 우수한 학생을 관찰하면서 그렇지 않다고 생각하게 되었다. 그렇다면 차이는 무엇일까? 올바른 학습방법으로 규칙적으로 공부한 학생이라는 것이 필자의 결론이다. 이런 개인적인 경험은 그와 관련된 연구를 찾게 했다. 이런 연구가 20년 전쯤 있었던 것으로 기억하는데, 아쉽게도 직접적으로는 찾지 못하고 간접적 근거만 찾을 수 있었다.

미국 수학교사모임(NCTM)에서 "수학 공부에 필요한 소질은 무엇인가?"에 대한 연구 끝에 얻은 결론은 의외로 단순하다. **다음 네 가지 조건을 만족하면 수학을 충분히 배울 수 있고, 학문의 각 분야에서 필요로 하는 수학을 이해할 수 있다고 한다.**[9]

첫째, "신장에 자기 신을 바르게 넣을 수 있는가?"라는 질문에 답할 수 있으면 수학을 충분히 공부할 수 있다는 것이다. 조금 풀어서 해석하면, 일대일 대응원리를 파악하는 정도의 지적 수준이면 학교 수학(초등학교에서 고등학교까지의 수학)을 충분히 배울 수 있고, 교육과정에서 제시한 성취기준을 만족할 수 있다는 것이다.

둘째, "요리책대로 간단한 요리를 할 수 있는가?" 간단히 풀이하면, 측정할 수 있고, 절차와 과정의 의미를 알고 실행할 수 있으면 수학을 공부할 수 있다는 뜻이다.

셋째, "사전에서 단어를 찾을 수 있는가?" 사전을 찾으려면 대소 관계,

---

9 이광연(2023)의 p.258-263에서 부분적으로 재인용한 내용을 포함한다.

순서 관계를 알아야 한다. 이런 관계 정도를 파악할 수 있으면 고등학교 수학까지 공부할 수 있다는 의미다.

넷째, "간단한 약도를 그릴 수 있는가?" 약도를 그리려면 추상화할 수 있어야 한다. 추상화를 통해 현상(현실)을 단순하게 표현하는 능력이 필요하다는 의미다.

일반인들은 '수학 머리'가 있어야 수학을 잘할 수 있다고 생각한다. 전문 수학자에게는 적절한 표현일 수도 있다. 그렇지만 일반인 혹은 다른 자연과학을 공부할 때, 필요한 수학을 이해하기 위해 평범한 일반인의 능력으로 충분하다. 즉 고등학교까지의 수학을 공부하거나 이공계 대학생을 위한 수학을 공부할 때, 아주 특별한 능력이 요구되는 것은 아니라는 의미다. 세계 일류 수학자들의 능력이 일반 학생에게 요구되는 것은 아님은 명백하다.

수포자를 만드는 잘 알려지지 않은 중요한 요인

불친절한 수학 교과서

일반인은 수학 교과서가 불친절하다고 생각하기 어렵다. 수학 교과서는 원래 그런 것이라는 생각 때문이다. 이런 이유로 수학을 공부할 때, 교과서로 공부하지 않고 참고서로 공부하는 것을 당연하게 받아들인다.[10] 그런데 이는 수포자를 만드는 또 다른 요인이다. 뜻이 없는 문제를 맹목적으로 풀어야 하기 때문이다.

수학 교과서가 불친절한 것은 사실이지만, 참고서보다는 수학을 공부하기에 좋은 책이라는 사실은 분명하다. 교과서 제작 과정에 참고서보다 훨씬 많은 사람이 참여하고, 여러 단계의 검토과정을 거쳤기 때문이다. 그렇다면 수학 교과서에는 어떤 문제가 있고, 어떻게 개선되어야 하는지 살펴

10 박영훈(2015)의 p.166-171 참고.

보자. 최수일(2017)에 따르면, 우리나라 수학 교과서는 다음과 같은 여섯 가지 문제점이 있다.[11]

첫째, 수학 교과서는 교사의 설명식 수업에 적합하다. 구체적으로 '개념 설명 → 예제 설명 → 문제 풀이 연습' 같은 방식은 설명식 수업에 적합하고, 행동주의 교육철학에 따라 구성된 교과서다. 오늘날 수학교육계의 주류는 '구성주의'에 뿌리를 둔다.

둘째, 수학 교과서는 학생의 인지발달을 고려하지 않는다. 구체적으로 배우지 않은 개념을 대단원명, 중단원, 소단원의 명칭으로 사용한다. 이것은 학생의 관점에서 제목부터 이해하지 못하는 불편함을 느끼게 하는 요인이 된다. 구체적 사례를 들면, 약수와 배수라는 개념을 배우지 않았는데 약수와 배수라는 제목이 나오거나, 미분을 배우지 않았는데 미분이라는 제목이 나오는 경우다. 이것은 각각 큰 수를 두 수의 곱으로 표현하기, 순간적인 변화를 표현하기 등과 같은 쉬운 용어로 대체하고, 개념을 설명한 다음 페이지부터 수학적 용어로 '약수와 배수', '미분' 등의 단어를 사용해야 한다.

셋째, 교과서 내용이 수학적 사고 과정에 중심을 두지 않고, 문제 푸는 것으로 학습을 종료한다. 이 경우, 학생은 수학적 개념을 형성한 것이 아니라 문제 푸는 절차를 배운 것으로 귀결될 수 있다. 즉 개념을 배우는 것이 아니라, 최악의 경우 문제 해결 절차만 외운 결과가 된다. 수학에서 개념과 절차의 경계는 모호하지만, 문제 해결 절차 자체가 수학이 아님은 명백하다. 특히, 필자의 경험으로 어릴 적에 영재라는 칭찬을 들은 학생들에게 이런 경향이 강하다.

예를 들어 "'17×19'의 값이 소수(prime number)인가?"라는 질문에 다음과 같이 풀이한 학생이 의외로 많았다.

11 최수일(2017)의 p.50-51을 요약 정리한 내용이다.

단계 1) 17×19=323

단계 2) 323÷2, 323÷3, 323÷5, … ,

단계 3) 323÷17=19, 최종적으로 17×19는 소수가 아니다.

위와 같이 문제를 풀었다면, 성적을 아무리 잘 받아도 소수에 관한 수학적 개념이 제대로 형성된 학생이라고 할 수 없다. 필자는 수능 1~2등급인 학생 가운데 위와 같이 답한 학생을 의외로 자주 경험했다.[12] 이는 문제 해결 절차만 학습한 전형적인 사례다.

넷째, 높은 수준의 사고를 요구하는 문제가 적고

다섯째, 뒤처지는 학생을 위한 배려가 적고

여섯째, 단원별로 분절되어 개념과 개념을 연결하는 노력이 부족하다.

그런데 이런 문제점이 노출되는 원인의 중요한 요소로 교과서 페이지에 대한 제한이다. 교과서는 대체로 250페이지 내외로 구성되어야 한다. 이런 발상은 교과서 제작비용 절감에 도움이 되고, 우리나라가 경제적으로 중진국이던 시절에는 적합했던 제도지만, 교과서로 학습하는 학생에게는 불편한 점으로 작용한다. 이런 점은 경제 성장이 이루어진 오늘날에는 개선되어야 한다. 마지막으로 교과서에는 교육철학이 내포되어 있다. 수학 교과서에 스며든 교육철학을 분석해보자.

교육에 관한 근대적 관점: 교육의 과학화(교육의 공학화)

6~7년 전 일이다. 평소 친하게 지내던 지인(수학교사)들이 '△△ 중심 수학 수업'을 실현하기 위한 연구회를 함께하자고 제안하여 흔쾌히 응했다. 몇

12 고등학교 3학년 학기 초의 질문에 위와 같은 대답을 한 학생을 의미한다. 이후 학생들에게 피드백을 주었기 때문에, 수능시험 당시에는 소수를 비롯한 수학적 개념을 올바르게 갖추고 있었을 것으로 추정한다.

번의 모임 후 '수업지도안'을 만드는 과정에서 다음과 같은 대화가 오갔다.

교사 A 평가 계획을 먼저 세우고, 평가 계획에 알맞은 수업지도안을 만들어야 최종적으로 좋은 결과가 나올 것이다.

교사 B 이 지도안을 상세히 만들어서 누구나 이 지도안의 내용처럼 따라 하면 좋은 수업이 되도록 지도안을 상세히 만들어야 한다.

필자 (순간적으로 당황하여) 아니, 수업이 무슨 국화빵도 아니고, 주어진 틀에 넣어서 실행하면 성공적 수업이 보장됩니까? 평가받기 위해 수업을 하는 것이 아니고, 좋은 수업을 위해 평가하는 것입니다. 평가의 틀에 맞추어 수업하면 평가 결과는 잘 나올지 몰라도 결코 좋은 수업이라고 할 수 없습니다.

연구회는 마쳤지만, 서로 서먹한 사이가 되었다. 평소 친하게 지내던 사람들이지만, 수업에 대한 인식의 차이는 극복하기 힘든 장벽이었다. 사실 이 같은 인식의 뿌리는 미국의 교육학을 도입한 '교육 과학' 또는 '교육공학'의 영향이다.

이런 인식의 대표적인 주장자는 '타일러'를 비롯한 행동주의 심리학자다. 이들의 이론은 대규모 공장제 노동자를 양성하거나 잘 훈련된 군사(약간의 기술을 겸비한 군인으로 운전병, 포병, 비행사, 항해사)를 양성할 때 적합했다. 따라서 외국에서는 사라지는 교육학적 사조이지만, 우리나라에서 여전히 그 맥을 이어간다. 대표적으로 EBS 방송 수업이나 인터넷 강의의 이면에는 이런 교육철학이 숨어있다.[13]

이와 관련하여 박영훈(2015)은 수학을 잘하려면 학습에 관한 패러다임 전환이 필요하다고 주장한다. 전통적 교육관에서 새로운 교육관으로 전환

13 방송 수업, 인터넷 강의가 교육적 효과가 전혀 없다는 뜻은 아니다. 타자 연습 같은 단순한 기술을 배울 때는 효율적일 수도 있다. 그러나 교사와 학생의 상호작용 없이 교사의 설명으로 지식을 전달할 수 있다는 관점이 이런 수업 방식의 근저에 있음을 의미한다.

이 수학학습에 도움이 된다는 것이다.

〈표 7〉[14] 수학학습에 관한 패러다임의 변환

	전통적 교육관	새로운 교육관
수학에 대한 관점	교과서에 있는 지식	패턴 혹은 규칙의 발견
학습자에 대한 관점	지식을 배워야 할 수동적 대상	능동적 탐구자
수학학습에 대한 관점	따라 하기 (유형에 숙달하기)	수학자들이 창조한 지식을 자신의 힘으로 재구성하는 것
수학교사에 대한 관점	수학 지식을 잘 전달하는 사람	이미 알려진 수학적 지식을 재구성하는 데 도움 주는 안내자

학생들은 다음과 같은 말을 자주 한다. "선생님, **수학은 밑 빠진 독에 물 붓기예요. 매년 새로운 유형이 나오거든요.**" 그런데 이런 말을 하는 학생들은 수학에 관한 전통적인 교육관에 익숙해진 학생들이다. **전통적 학습관의 가장 큰 문제점은 평가**(결과)**가 학습의 가장 큰 목표가 된다는 것이다.** 학습 과정에서 일어나는 사고력의 성장 등은 고려하지 않는다. 점수에 대한 이런 집착은 수학 포기의 또 다른 요인이 된다.

효율성만 추구하는 사회문화

'효율성'[15]을 사전적 의미에서 벗어나 오늘날의 사회문화적 언어로 재해석하면, 최소 비용(노력)으로 최단 시간에 목표를 달성한다는 뜻이 될 수 있다. '효율성'이 가장 중요한 조직은 바로 기업이다. 효율적으로 이익을 창출하는 것은 기업의 사활이 달린 요소이기 때문이다. 자본의 관점이 교육과

---

14 박영훈(2015), p.320을 참조하여 약간 변형한 것이다.

15 인터넷 포탈 '다음'의 사전에는 '효율성'의 뜻을 다음과 같이 소개한다. "들인 대가나 노력에 비하여 훌륭한 결과를 얻을 수 있는 기능이나 성질"

사회 문화에 미치는 영향은 엄청나다.

구체적인 사례로 이 효용성은 **'빨리빨리'**라는 문화의 배경이 되었을 것이다. 효용성을 중시하는 '교육 과학(공학)'의 영향으로 교육계는 '점수 맛'에 중독되었을 수도 있고,[16] 최소의 경비로 최단 시간에 사람을 평가할 수 있는 지필 평가가 평가의 핵심 요소로 성장한다. 나아가 이를 바탕으로 우리 사회에는 엄청난 평가 시장이 생긴다.

오죽하면 **『평가지배 사회를 살아가는 시험 인간, 호모이밸루쿠스』**[17]라는 책이 출판될 정도다. 그런데 눈앞의 목표에만 초점을 둔 **'미시적 효율성'**에는 두 가지 문제가 있다. **첫째는 사회 윤리적 가치를 신중하게 고려하지 않는다는 점이고, 둘째는 기회비용을 고려하지 않는다는 점이다.**

기회비용이란 어떤 것을 선택함에 따라 포기하게 되는 기회의 대가를 말한다. 예를 들어, 공무원 시험을 준비하게 되면, 시험준비를 하지 않고 생산에 참여하여 소득을 얻을 수 있는 비용 등을 포함한다. 이 기회비용을 계산하기가 쉽지는 않지만, 공무원 시험의 기회비용은 17조 원 정도로 추산한다.[18] 이것은 현재 공무원 시험을 준비하는 사회적 비용은 공무원 시험과 관련된 시장 규모에 17조 원을 더해야 한다는 의미다. 사교육의 기회비용도 상당한 것으로 추정하는데, 이런 사교육 시장이 교육의 모순을 더욱 악화시킬 가능성은 무척 크다.

이제 학생의 관점에서 성적관리라는 미시적이고 단기적인 효용성을 생각하면, 투입한 시간에 비해 성적이 잘 오르지 않는 과목을 포기하는 것은 당연한 결론이다. **학생들의 표현대로 '가성비'가 떨어지는 과목은 과감하게 포기하게 된다.** 이런 논리의 문제점은 너무나 명백하기에 구체적인 내

---

16 박영훈(2015), p.243에서 따온 말이다.

17 김민주(2020)의 제목이다. 이 책에는 평가시장에 관한 자세한 내용이 소개된다.

18 김민주(2020), p.183을 참조한 수치이다.

용은 생략한다.

효율성을 추구하는 사회는 성급함으로 치닫기 쉽다. **미국의 연구에 따르면, 아이가 수학을 잘 못하는 이유가 많은 경우 부모에게 있다.**[19] **부모의 성급함이 아이에게 생각할 충분한 시간을 주지 못하고, 아이는 마음의 문을 닫게 되면서 생긴 현상**이라고 한다. 학생이 수학의 내용을 이해하지 못한 것이 아니라 수학적 기호(언어)에 익숙하지 못한 것인데, 부모는 수학적 풀이를 다그치기 쉽다. 수학적 언어(기호)를 배울 때, 충분한 시간으로 연습이 필요함은 명백한 사실이다.

거대한 사교육 시장

교육부가 2019년에 발표한 자료를 보면, 사교육비 총액은 21조 원으로 추정한다. 2018년에 비해 초·중·고 학생 수는 2.5% 감소했는데 사교육비는 7.8%나 상승했다. 이는 물가상승률 0.4%를 훨씬 뛰어넘는 수치다.[20] 2023년에는 26조 원 내외로 추정한다.[21] 각종 인터넷 매체를 참조하면 사교육 시장 규모는 밝혀진 수치보다 큰 규모로 예상한다. 소득신고 없이 현금 거래로 이루어지는 사교육 시장이 존재하기 때문이다.

그렇다면, 사교육에 의존하는 이유는 무엇일까? 2019년 한국교육개발원 조사에 따르면, **가장 손꼽히는 이유는 "남들보다 앞서가게 하려고"**(24.6%)**이고, 그다음은 "남들이 하니까 심리적으로 불안하기 때문"**(23.5%)**이다**. 이런 지표는 사교육의 원인이 성적(결과) 중심의 사고방식임을 나타낸다. 또, **생존 편향**도 상당히 영향을 미쳤을 것으로 추정한다. 즉 **명문대학에 입학한 학생들이 학원에 다녔다는 사실이다**. 그런데 학원에 다닌 학생 중에 **명**

19 이광연(2023), p.248의 인용.

20 김희삼(2021), p.220을 참조한 수치.

21 강원도민일보(2024.01.16.) 기사를 참조한 수치.

문대학에 가지 못한 학생이 더 많다는 사실을 이들은 알려고 하지 않는다.

마지막으로 사교육의 효과는 의외로 미미하다. 수학의 경우 김희삼(2021)의 분석자료를 따르면,[22] 혼자 1시간 공부한 효과를 1로 볼 때, 초등학교에서는 사교육 효과가 1.84이고, 중학교에서는 1.17이고, 고등학교에서는 0.69다. 쉽게 말하면, 고등학교에서는 혼자서 한 시간 공부한 효과의 69% 정도를 이룰 수 있다는 것이다. 초등학교에서 효과가 높은 이유는 저학년일수록 자기 통제력이 약하기 때문으로 추정한다.

거대한 사교육 시장은 짧은 시간에 효율적으로 성적을 관리하는 방안으로 수학을 포기하게 하거나, 수학 점수를 올리는 방법으로 수학을 공부하여, 지루한 계산 절차에 빠져 수학의 참맛을 알지 못한 채 수학으로부터 멀어지게 하는 결과를 초래한다.

필자는 교사로서 학생과 사교육에 관한 이야기를 자주 나누었다. 이를 토대로 사교육에 관한 학생의 의견과 필자의 의견을 밝히기 전에 인상적인 학생의 대화를 살펴보자.

학생 A 학원 다니든 다니지 않든, 될 친구는 되고, 안 될 친구는 안 됩니다.

(공부 방법을 아는 친구는 사교육과 관계없이 공부를 잘하고, 공부 방법을 제대로 익히지 못한 학생은 학원에 다녀도 결과가 나오지 않는다는 뜻)

필자의 경험도 위와 같다. 올바른 수학학습방법을 체득한 학생은 성적이 좋지 않아도 대학에 가서 바르게 공부해서 자신의 삶을 살아간다. 운좋게 좋은 성적을 받아 좋은 대학을 가도 결국 고생하다가 진로를 바꾸거나 재수 삼수에 가까운 시간을 낭비한 뒤 제자리로 돌아가는 졸업생을 관

---

22 김희삼(2021), p.251을 참조한 수치.

찰한 경험이 있다. 공부에서 현재의 결과보다는 올바른 학습방법이 미래를 결정하며, 사교육의 효과는 고등학교 2~3학년에 이르면 다 사라지고 자신과 교사의 올바른 지도 방법만 살아남는다는 것이다.

수학 수업 개선을 위한 기존 방안 분석

수학 수업 개선은 수학 수업의 여러 분야를 포함하지만, 기초학력 신장을 위한 노력도 포함한다. 이런 의미에서 수포자를 줄이는 방안을 검토할 때, 수학 수업 개선 방안을 함께 검토하는 것은 유의미한 일이다. 먼저 학습량이 적정한지 따져 보자.

학습량 적정화 분석

일반인에게는 수학의 학습 분량이 너무 많다는 인식이 광범위하게 퍼져 있다. 이는 교육과정 개편에도 반영되어 있다. 이런 의미에서 수학과 교육과정 개편의 역사는 **'학습 내용 적정화'로 표현된 수학 내용 감축의 역사라** 고 해도 과언이 아니다.

구체적으로 살펴보면, '7차 교육과정'(1998~2007년까지 시행)에서 30% 정도의 내용이 감축되었고,[23] '2007 개정 교육과정'에서 30%,[24] '2009 개정 교육과정'에서 20% 정도의 내용이 감축되었으며,[25] '2015 교육과정'에서도 교육 내용을 줄여갔다.[26] 이를 바탕으로 계산하면, 6차 교육과정에 비해 수학 내

---

23 7차 교육과정에서 내용을 30% 줄인다는 것은 수학과 교육과정 총론에서 수학과 연구책임자(강옥기)의 원고에서 확인할 수 있다. 교육과정의 공식 문서에는 '내용의 적정화'라는 표현만 있고 구체적 비율은 없다. 이것은 2007 개정, 2009 개정, 2015 교육과정에도 마찬가지다.

24 교사 연수자료에서 본 것으로 기억하는데, 구체적인 문헌은 현재 확인하지 못했다.

25 추숙정(2014), p.8에서 확인할 수 있다.

26 총론에서 '교육 내용의 적정화'라는 표현으로 내용을 줄이고 있음을 알 수 있다.

용이 60% 정도 줄어야 하는데, 일선 교사들이 피부로 느끼는 축소 정도는 30% 내외다. 앞의 수치들이 어떤 방식으로 제시되었는지 잘 알지 못하고, 실제로 단원을 비교하면 그 정도로 줄었다고 생각하지 않기 때문이다. 즉, 교과 명칭을 달리한 교과서가 있고, 여기에 예전의 내용이 들어있기 때문이다. 다만, 수능시험 과목에서 수학의 내용이 현저히 줄어들었음은 명확하다. 〈표 8〉을 살펴보자.

〈표 8〉 수능 출제 범위의 변화(이과)

2011년 수능시험		2021년 수능시험[27]	
공통과목	수학 Ⅰ(8단원)	공통과목	수학 Ⅰ(3단원)
	수학 Ⅱ(7단원)		수학 Ⅱ(3단원)
선택과목	미적분(4단원), 확률과 통계(4단원) 이산수학(4단원)	선택과목	미적분(3단원), 확률과 통계(3단원) 기하(3단원)
총 19단원		총 9단원	

교육 내용의 '적정화'는 이루어졌지만, 학생들은 여전히 수학 공부에 어려움을 느끼고, 수포자도 줄지 않고 있다. 그 이유는 무엇일까? 여전히 소위 '킬러 문항'이 있었고, 2023년에는 이를 '고난도 문항'으로 대체했을 뿐이다. 수능 상대평가가 계속되는 한 이 문제는 해결되지 않을 것이다. 또, 수능시험과 단위학교에는 기출문제 출제 금지라는 불문율이 있다. 사실 학문에서 중요한 내용은 시간이 지나도 변하지 않고, 그 교과의 핵심 내용을 시험에 출제하는 것은 너무나 당연하다. 그런데 매년 문제를 바꾸면, 문

27 2018년 수능시험 범위는 '대수', '미적분', '확률통계'인데 2021년 과목의 '수학1', '수학2', '확률통계'와 내용과 범위가 거의 같다.

제가 더 어려워지는 경향으로 갈 수밖에 없다. 이런 의미에서 다음과 같은 주장은 눈여겨볼 만하다.

> 수학과 교육과정이나 수능 안이 나올 때마다 두 가지 가치가 대립해왔다. **고교에서 수학을 어려워하는 학생들의 부담을 줄여줘야 한다는 주장과 대학에서 전문과정을 따라갈 수 있는 능력을 갖춰야 한다는 주장**이 계속 평행선을 달려왔다. (중략) 사태의 핵심은 상위권 변별력 때문에 문제를 꼬아서 킬러 문항을 자꾸 만들어낸다는 점이다. 즉 **시험 범위의 문제가 아니라 난도와 깊이의 문제다.** 시험범위가 넓더라도 **기본적인 내용을 제대로 익혔는지 확인할 수 있는 수준에서 출제하면 학습 부담이 많이 늘어나지 않는다.** (중략) **상위권 변별력을 그대로 유지한 채 학습 부담을 줄이겠다고 학습범위를 축소하는 것은 암세포는 그대로 두고 주변의 정상 세포만 자꾸 죽이는 것**과 다를 바 없다.[28]

위와 같은 주장을 고려하면, 기본적인 개념을 정확하게 이해하는지를 평가할 수 있는 서술형 수능이 시급히 도입되어야 한다는 필자의 주장은 크게 어긋나지 않음을 알 수 있다. 이것은 학교 수학 정상화를 위해 시급히 도입해야 할 과제다. 수능시험 범위는 현실적 여건을 고려해서 정해야 하지만, 원칙적인 관점은 학교에서 배운 핵심적인 내용을 평가해야 하고, 배운 내용의 1/3 정도만 평가하는 수능시험 범위는 개선되어야 한다. 다만, 지나친 사교육 열풍을 완화하려는 노력과 함께 수능시험 범위가 적정 수준으로 개선될 때, 그 부작용이 최소화될 것이다.

---

28 출처: "이종필의 과학자의 발상법", 경향신문, 2014.01.08. 강조는 필자.

수학에 관한 인식 개선

'폴 록하트(2017)'에 따르면, 수학에 대한 잘못된 인식이 무한 반복되면서 수학학습에 대한 어려움이 반복된다고 한다. 실제로 수학을 잘 모르는 사람들이 수학을 잘 안다고 생각하는 데서 어려움은 더 가중되는데, 이를 다음과 같이 표현한다.

> 10년간이나 '수학을 잘한다'라는 말을 들어온 학생이 대학원 과정에 이르러서야 수학적 재능이 없음을 깨닫고 슬픔에 잠긴다.[29]

위와 유사한 경험이 있는 학생들의 공통점은 '그저 주어신 절차(지침)를 따르는 데 충실한 학생'이라는 사실이다. 수학의 핵심은 '절차(지침)를 따라하기'가 아니라 '사고의 틀' 또는 '문제 해결 절차와 과정'을 만들어 내는(창조하는) 데 있다. 이와 관련된 이야기를 '문제 해결', '수학'에 관한 오해와 이를 극복하는 방안에 관한 분석으로 나누어서 이야기할 것이다.

문제 해결에 관한 오해

문제 해결에 관한 가장 큰 오해는 '수학은 주어진 시간 안에 정답을 빠르게 찾는 것'이라는 생각이다. 이런 오해는 '수학 공부' 하면 '개념 → 예제 → 문제 풀이'라는 학습을 떠올린다. 그리고 이를 빠르게 실행하기 위해 유형별로 분류하여 문제를 거의 감각적으로 해결한다. 이런 오해 때문에 우리나라에서는 '개방형 질문'[30]은 시험문제로 출제하지 않는다. 문제 해결에 관한 큰 오해는 '이미 풀이 방법을 알고 있는 문제'를 빠르게 푸는 것으로 인

29 '폴 록하트(2017)'의 p.31에 나오는 내용이다.

30 정해진 답이 없는 문제로, "사다리꼴의 넓이를 구하는 서로 다른 방법을 3가지 이상 제시하시오." 같은 형식의 문제다.

식하는 점이다.

문제해결력의 중요성을 강조한 폴리아(2002)의 글을 자세히 보면, **문제해결력은 '모르고 처음 보는 문제를 해결하는 힘'**을 의미한다. 물론 이 과정에서 부분적으로 타인의 조력을 받을 수도 있고, 참고문헌을 찾을 수도 있다. 이런 노력으로 미지의 문제를 해결했을 때, '테니스 경기에서 승리한 기쁨', '참선 후의 깨달음' 같은 기쁨을 느낄 수 있다고 한다. 이 기쁨은 계속 수학을 공부할 수 있는 원동력이 된다. 이 기쁨을 느껴본 사람은 수학을 자신의 분야에 적용하기가 훨씬 쉽다.

즉, 단순한 '따라 하기'가 아닌 방법으로 '작은 성취'라도 자신의 힘으로 완성하는 경험의 중요성을 강조한다. 이것은 수학 초보자에게도 마찬가지다. **기초학력 미달 학생을 지도하면서 개념형성은 외면한 채 '따라 하기'라는 문제 해결 절차만 강조하면, 그 학생은 시험에서 기초학력 미달을 벗어날 수 있을지는 모르지만, 모르고 처음 보는 문제를 해결하는 힘은 점점 약해지고 결국 '수포자'에 이르고 말 것이다.**

한편, 위와 같은 주장이 수학에서 '연습'의 중요성을 부정하는 것은 아니다. 풀이 방법을 아는 문제도 연습 삼아 풀어보는 것은 수학 실력 향상에 도움이 되지만, 그것이 수학의 본질은 아니라는 뜻이다.

수학에 관한 오해

대학의 모든 학과는 전공 수업 초기에 '경제학 개(원)론', 또는 '문학개론', '철학 개론' 등과 같은 과목을 배우면서 '○○학이란 무엇인가?'라는 주제로 시작한다. 그런데, '수학 개론' 또는 "수학이란 무엇인가?"로 시작하는 대학 학부의 수학과 교재는 찾기 어렵다.

이런 이유로 수학과 교수(교사)는 **"수학이 무엇인지 잘 모르지만, 수학을 잘한다**(잘 가르친다)."라는 다소 모순적인 주장을 펴는 수학과 교수(교사)를 종종 만날 수 있다. 수학이 무엇인지 잘 모르는데 수학을 잘한다는 말이 완전히 모순은 아니지만, 논리성 있는 말이라고 하기는 어렵다.

그렇다면 이런 현상은 왜 생겼을까? 김민형(2017)에 따르면, 수학은 수천 년 동안 발전해온 까닭에 **수학을 한마디로 정의하기 어렵고**, "수학이 무엇인가?"라는 질문에 답하지 않아도 전문적으로 수학을 공부하거나 연구하는 데 큰 지장이 없기 때문이다. 그렇지만 수학교사나 수학을 배우는 학생은 수학에 관한 올바른 인식을 갖지 않으면, 나중에 "**지금 가르치는**(배우는) **게 수학 맞습니까?**"라는 질문에 올바른 답을 하지 못하여 큰 곤란을 겪을 수도 있다.

이제 수학의 정의(definition)를 간단히 살펴보자. 먼저 수학을 뜻하는 'Mathematics'의 어원에는 '**배움**(Mathema)**과 깨우침**(Mathein)을 **결합한 '배워서 깨우치는 사람**(Mathematekoi)'이라는 뜻이 있다고 한다.[31] 즉 수학은 수를 연구하는 학문이기도 하지만, 기본적으로 연구하여 깨우치는 사람이라는 뜻이 담겨 있다. 케이스 데블린(1998)의 주장에 따르면 수학은 '**패턴을 발견하는 것**'이고, 김민형(2017)에 따르면 수학은 '**답을 찾기에 만족할 만한 사고의 틀을 만드는 것**'이다. 프로이덴탈(2008)에 따르면 수학은 **현상을 본질로 조직하는 수단이다**. 즉, 막연히 수학 공식을 외우는 것과 알고리즘을 외워서 문제를 해결하는 것은 진정한 의미의 수학이 아니라, 교사의 안내로 공식을 학생이 재발명하듯이 공부할 때, 수학을 바르게 공부한다는 것이다.

종합하면, **수학은 현실을 추상화하여 개념을 만들고 그 개념을 적용하여 문제를 해결하거나 개념을 서로 연결하여 유추와 귀납으로 현상에 숨어 있는 원리나 구조를 파악하는 것이다**. 수학을 공부하면서 '규칙을 발견'하

31 이광연(2023)의 p103을 참조했다.

거나 '문제를 일반화'하고 '어떤 형상의 구조를 파악해본' 경험이 없다면, 진정으로 수학을 공부했다고 하기 어렵다. 조금 과격하게 말하면, 수능 수학 시험에서 좋은 성적을 받아도 수학적 현상의 일반화나, 스스로 발견하듯이 문제의 원리를 파악하지 못하고 유형별 문제 풀이 방법을 외워서 점수를 얻었다면, 수학 실력이 우수하다고 하기 어렵다.

수학의 의미는 '수포자' 문제를 해결할 때 중요한 요인이다. '수포자'로 불리는 학생들 가운데 현상을 본질로 조직하는 능력이 뛰어난 학생이 많다. 예를 들어, 카드나 화투놀이를 해 보면 학생의 능력은 금방 드러난다. 이런 학생들은 올바른 학습방법과 그것을 실행할 수 있는 여건을 갖추면 상당한 수학 실력을 발휘할 수 있다.

비록 시험에서 낮은 점수를 받았더라도 현상을 본질로 조직하는 경험, 즉 규칙을 발견하고 이를 수식으로 표현할 수 있고 현실에 적용할 수 있다면 그 학생은 진정으로 수학을 배우고 활용하고 있기에 수학을 잘하는 학생이라고 할 수 있다.

이것은 '수포자'가 자신감을 갖는 데 매우 중요한 역할을 할 것이다. 비유로 표현하면, 학생이 국어의 한 영역인 문학 시험에서 낮은 점수를 받아도 자신의 감정과 느낌을 글로 표현하고 공감을 얻을 수 있다면 그 학생은 국어(문학) 실력을 갖추었다 해도 과언이 아닐 것이다.

수학의 인식에 관한 개선 노력의 분석: 수학체험전에 관한 분석

최근 수학의 추상성을 극복하고, 단순히 문제 풀이 절차를 강조하는 수학의 교수-학습방법을 개선하기 위해 '수학체험', '활동 수학'을 강조한다. 이 배경에는 다양한 교수학적 이론이 바탕을 이루는데, 대표적인 것으로 '존 듀이'의 **'실행에 의한 학습**(learn by doing)'이라는 개념도 들어있다. 도구 사용에 의한 학습에는 기본적으로 **'비고츠키'의 학습 원리**도 수학체험전의 배경이 된다. 수학학습 원리는 다음 장에서 다룰 것이므로 여기서는 현재 진행되는 수학체험전 위주로 언급하고자 한다.

수학체험이 수학학습에 효과적이려면, 체험활동에서 규칙(원리)이나 구조를 파악하고 이를 표현하거나 적용할 수 있어야 한다. 물론 학령에 따라 수학적 호기심을 갖춘 것으로 만족할 수도 있고, 낮은 수준의 원리만 파악해도 되는 내용도 있다. 실제로 하나의 체험활동에 대해 초등학교, 중학교, 고등학교 수준의 관점으로 재해석할 수 있다.

예를 들어, 정다면체 모양의 꽃을 만드는 체험활동에서 초등학교에서는 단순히 입체도형으로 배울 수도 있고, 중학교에서는 정다면체로 배울 수도 있으며, 고등학교에서 그 면을 서로 다른 색으로 채색하는 경우의 수를 배울 수도 있다. 이를 모두 연결한 활동으로 배울 수도 있다.

위와 같은 사실은 수학 체험활동이 수학수업과 동떨어진 행사(이벤트)로 시행되기보다는 수업시간에 구체물을 조작하여 추상화 경험을 끌어내는 활동이 되어야 하고, 특별한 행사(이벤트)는 그야말로 특별한 경우로 시행되어야 함을 의미한다. 그런데 아직 단위학교나 교육청에서는 수학 체험활동을 일회성 행사로 기획하고 시행하는 사례가 많다. 이것은 시급히 개선되어야 하며, 수학체험 활동은 수학적 개념 탐구를 위한 수업의 한 부분으로 정착되어야 한다.

'수포자'로 분류된 학생이 수학 체험활동에서 두각을 나타낸다면, 그 학생은 수학을 잘할 수 있는 자질이 있으므로 학습 부진의 원인을 세밀히 분석할 필요가 있다. 반대로 성적이 우수한데 체험활동에서 뒤처진다면, 그 학생의 학습방법을 재고해 볼 필요가 있다. 이런 학생은 개념과 원리보다 문제 해결 절차에 초점을 두었을 가능성이 크기 때문이다. 이처럼 수학에 관한 올바른 인식은 '수포자'를 줄일 수 있는 핵심적 요소다.

수학학습 원리에 관한 분석

'수학을 어떻게 학습해야 하는가?'에 대한 견해는 학자마다 조금씩 차이가 있다. 그렇지만 수학이 무엇인가에 대한 관점에 따라 조금씩 다른 방법이 제기된다. 수학을 '규칙이나 패턴을 발견하여 수식으로 표현하고 이를 현실에 적용하는 것', '서로 다른 개념을 연결하여 논리적으로 생각하는 것', '문제 해결에 적당한 사고의 틀' 등으로 규정하면, 수학적 개념에 관한 관점과 형성방법이 조금씩 다르다.

이제 "수학적 개념은 어떻게 형성되는가?"라는 관점이 중요한 문제가 되는데, 교육학자마다 견해가 조금씩 다르다. 하지만, 수학교육계에서 유명한 '피아제'와 '프로이덴탈'(2017)의 주장에 따르면, 현상을 탐구하여 그것의 본질을 조직(표현)할 수 있고 현상에 적용할 수 있을 때, 학습자의 수학적 개념이 형성된다는 것이다. 즉, 학생이 구체물을 조작하거나, 여러 개념에서 귀납과 유추를 실행할 때, 개념은 형성되는 것이다.

이와 같은 관점을 강조하는 이유는, **'개념은 설명으로 전달되는 것이 아니라 학습자가 수학적 활동으로 구성할 수 있'기 때문**이다. 수학적 활동에는 '설명 듣기', '문제 해결', '구체물 조작', '조사하기' 등 여러 가지 개인적·집단적 활동이 포함될 수 있다.

결국, **개념은 개인이 능동적으로 구성하는 것이며 외부에서 단순히 전달되는 것은 아니라는 사실이다.** 이와 같은 주장에 동의하면, **학습 과정과 교수 과정에서 일방적인 전달만 강조하는 강의식 수업[32]은 지양해야 한다.** 학교 여건상 어쩔 수 없이 강의식으로 수업이 진행되었다면, 질의응답 과정으로 강의식 수업의 단점을 보완해야 한다. 즉 의사소통 과정이 반드시 포

32 오스벨의 유의미 학습론은 강의식 수업이라도 기존 인지구조와 학습 내용을 의미 있게 연결할 수 있으면 효과적인 학습이 이루어진다는 주장이다. 고등학교나 대학 등에서 참고할 만한 내용이다.

함될 때, 학습자의 개념형성은 촉진될 수 있다. 이런 의미에서 의사소통 과정이 생략된 EBS 강의 등은 시급히 개선되어야 한다.

최근 강조되는 '활동 중심' 수업과 '과정 중심 수행평가' 등은 개념 형성 과정을 중요하게 생각하는 철학이 있을 때 효과적이다. '학습 부진아', '기초학력 미달 학생'의 지도 과정도 개념형성 과정을 강조해야 한다. 그렇지만, 학력 평가에서 점수 따기 위한 요령으로 '기초학력 미달 학생'을 지도한다면, 임시방편으로 기초학력 미달은 면할지 몰라도 '수포자'를 양산하는 요소로 작용할 것이다.

AI는 수포자 문제를 해결할 수 있는가?

수포자를 위한 학습프로그램으로서 AI에 관한 분석

현재 수학 학습프로그램으로 AI(인공지능)라는 것을 살펴보면, 대부분 행동주의 인식론을 토대로 한 '완전학습 이론'에 근거한다. 완전학습이론은 1970년대에 유행했던 학습이론으로, 학문적으로 무의미한 이론은 아니지만, 오늘날 수학교육이론에서 주변 위치에 있음은 분명하다. 그런데 어떤 이유인지 AI라면 '도깨비방망이'처럼 모든 문제를 해결하는 것으로 오해하는 경향이 있어, 그것이 어떤 학습 원리로 만들어졌는지 묻지도 따지지도 않고 맹목적으로 신뢰하는 경향이 있다.

학생이 〈문제 A〉를 해결하지 못했다면, 실패 원인을 분석해서 그것에 맞는 대안(피드백)이나 효과적인 '비계설정'[33]을 제시해야 한다. 그런데 〈문제 A〉

33 실제 발달 수준은 학생이 타인의 도움 없이 발달할 수 있는 수준이고, 잠재적 발달 수준은 교사 또는 또래의 도움을 얻어서 문제를 해결할 수 있는 수준을 의미한다. 근접발달 영역은 '실제 발달 수준'과 '잠재적 발달 수준'의 중간 수준이다. 학생이 근접발달 영역에서 잠재적 발달 수준에 이르게 하는 과정에 도움을 주는 것을 비계설정이라고 한다.

의 해결에 실패한 원인을 분석하지 않은 채 더 낮은 수준의 문제를 계속 풀게 하는 식의 AI 프로그램으로는 '수학 기초학력 미달 학생' 문제를 해결할 수 없고, '수포자' 문제 해결에도 실패할 것임은 불 보듯 뻔하다.

이런 이유로 단위학교에서 수학 AI 프로그램은 호응을 받지 못하고, 몇 백만 원씩 지원되던 예산은 사업에 관한 분명한 평가도 제시하지 않은 채 슬그머니 사라지고 있다.

수학 AI 프로그램 사용자의 소감에 관한 분석

수학 AI 프로그램을 사용한 고등학교 교사 5명에게 간단한 설문지 형식으로 질문한 결과, 다음과 같은 결론에 이르렀다.

첫째, 현재 시중 유명 참고서 출판사별로 'AI 수학학습 프로그램'이 있으며, 둘째, AI 프로그램의 학습 효과에 대해서는 대체로 효과가 미미하다는 응답이 많았으며, **셋째, 학습 효과가 낮은 이유로는 "학습 태도와 방법이 중요하지, 학습 도구가 중요하지 않다"**라는 반응과 "참고서 푸는 것과 별반 차이가 없는 내용을 컴퓨터 화면으로 풀기 때문이다"라는 내용이 많았다. 넷째, 교육청이 일방적으로 AI 수학학습 프로그램을 사용하라고 지시하는 것은 예산 낭비라는 지적이 많았다.

위와 유사한 내용을 학생 5명에게 질문했지만 답변이 대동소이했다. 앞서 지적한 것처럼 〈문제〉 해결 과정을 검토하지 않고 결과만 반영했기 때문이다.

AI 학습의 전망

학습은 기본적으로 사회적 활동이다. 컴퓨터가 사회적 능력, 의사소통 능력을 키울 수도 있고 줄일 수도 있다. 컴퓨터를 활용한 학습의 장단점에 관한 연구 결과를 활용하지 않은 채, 컴퓨터가 학습 효과를 높일 것이라는 장밋빛 기대는 교육의 모순을 더욱 심화시킬 것이다. 인공지능 학습과 관련해서 디지털 교과서와 종이 교과서의 학습 효과에 관한 다음과 같은 연구 결과를 수용하는 자세가 필요하다.

> 린디아 알타무라 스페인 발렌시아대 심리학과 박사후연구원 연구팀은 13일 국제학술지 《교육 연구검토》를 통해 디지털 독서 관련 선행 연구들을 메타 분석한 결과를 발표했다. (중략) 연구팀은 선행 연구들을 종합해봤을 때 학생들이 디지털 기기로 글을 읽을 때보다 인쇄물로 읽을 때 독해력 향상 효과가 6~8배 정도 높을 것으로 보인다고 분석했다.[34]

위 연구 결과는 AI 학습에도 참고할 가치가 있다. 코로나 이후 각 학교에서는 컴퓨터를 이용한 필기도구와 전자책이 사용되고 있지만, 학생들이 노트북이나 태블릿 PC를 게임, 인터넷 검색 등 수업 외 용도로도 사용하고 있는 학교의 현실도 분명히 살펴야 한다.

컴퓨터는 도구일 뿐이다. 학습에 도움이 될 수도 있고 학습을 저해할 수도 있다. 컴퓨터가 학습에 획기적인 효과를 줄 것으로 기대하는 것은 달콤한 착각일 뿐이다. 컴퓨터와 수학에 익숙한 학생에게 컴퓨터는 수학학습의 새로운 장을 열어주고 학습효과를 배가할 수도 있다. 그러나 수학과 컴퓨터 알고리즘에 익숙하지 못한 학생은 **컴퓨터 사용법과 수학 내용 자체를 이해해야 하는 이중의 어려움에 부닥칠 수 있다.** 나아가 학생의 풀이를 AI 프로그램이 분석하여 학생의 인지 상태를 해석하고 적정한 피드백을 제공하는 정도까지 발전하려면 앞으로도 상당한 시간이 걸려야 할 것이다.

결론으로, 아직 인공지능으로 **수학학습을 촉진할 수 있는 프로그램이**

---

34 출처: 동아사이언스, 2023.12.14. 기사.

개발되지 않았으며, 종이 참고서를 디지털 참고서로 대체한 수준이라는 것이다. 이 경우 학습을 규칙적으로 할 수 있는 자제력을 갖추지 않은 학생은 컴퓨터 사용 과정에서 학습이 아니라 다른 활동을 할 가능성이 무척 크다. 이런 점을 고려하지 않고 맹목적으로 AI 수학학습 프로그램의 사용을 권장하는 일은 자제되어야 한다. 다른 말로 하면, 참고서로 충분히 공부할 수 있는 학생은 인공지능으로도 공부할 수 있지만, 그렇지 못한 학생은 인공지능 프로그램으로 학습 효과를 기대하기 어렵다는 의미다.[35]

수포자 문제의 현실적 대안

배우는 법 배우기

학습방법에 관해 연구하지 않고 맹목적으로 반복 학습을 강요하는 것은 학생을 억압하는 일이다. 학습에는 고통과 보람이 함께 따르지만, 학습과 관련한 여러 가지 연구를 분석하면 효율적인 학습방법을 찾을 수 있다. 다음은 효율적 학습방법의 핵심적 내용이다.

첫째, 독서의 중요성을 강조한다. 이 점은 한국의 수학자나 외국의 교육학자 모두가 강조하는 사항이다.[36] 수학이 어려운 이유는 수학의 언어를 사용하기 때문이다. 즉, 독서를 통해 문자로 이해하는 능력을 길러야 한다. 독서를 하려면 일단 손에 잡히는 곳에 책이 있어야 한다. 그런데 2015년 발표된 국제 성인역량 조사에서 우리나라의 가구당 도서 보유량은 안타깝게도 OECD 31개국 중에서 하위 5위이다(〈표 9〉 참조).

〈표 9〉에서 교과서와 참고서는 제외되었다. 아울러 책 보유량이 행복지

35 최근 대화형 인공지능에서 "질문을 잘하면 인공지능이 좋은 대답을 하여 공부할 수 있다"라는 주장을 펴는데, 학생이 질문을 잘하고, 좋은 대답인지 구분하려면, 이미 학습이 잘 되어 있어야 한다.

36 이광연(2023), p.265와 수호물린스키(2012), p.270-p.272를 참조.

수와 밀접한 상관관계가 있음도 분명하다. 책 보유량 상위 7개국은 행복지수가 평균적으로 높은 나라다.

〈표 9〉 OECD 국가별 가구당 책 보유량[37]

순위	국가	보유량	순위	국가	보유량
1	에스토니아	218	16	프랑스	117
2	노르웨이	212	18	평균	115
3	스웨덴	210	19	미국	114
4	체코	204	20	폴란드	111
5	덴마크	192	21	리투아니아	109
6	뉴질랜드	166	22	아일랜드	107
7	핀란드	162	23	스페인	102
8	러시아	154	23	일본	102
8	네덜란드	154	25	벨기에	95
10	이스라엘	153	26	슬로베니아	92
11	독일	151	27	한국	91
12	호주	148	28	이탈리아	75
13	영국	143	29	그리스	62
14	오스트리아	131	30	싱가포르	52
15	캐나다	125	30	칠레	52
16	슬로바키아	117	32	터키	27

가구당 책 보유량과 수리능력은 어떤 상관관계가 있는지, OECD가 31개국 16만 명을 대상으로 2011년에서 2015년까지 조사한 국제성인역량 조사 결과의 일부를 〈표 10〉에서 살펴보자. 이 연구에서 사교육의 영향 등은 제외했다고 밝히고 있다.

37 2018년 11월 7일 한겨레신문 기사를 참고하여 재구성한 표다.

〈표 10〉 청소년기 가구당 책 보유량과 수리능력에 관한 효과[38]

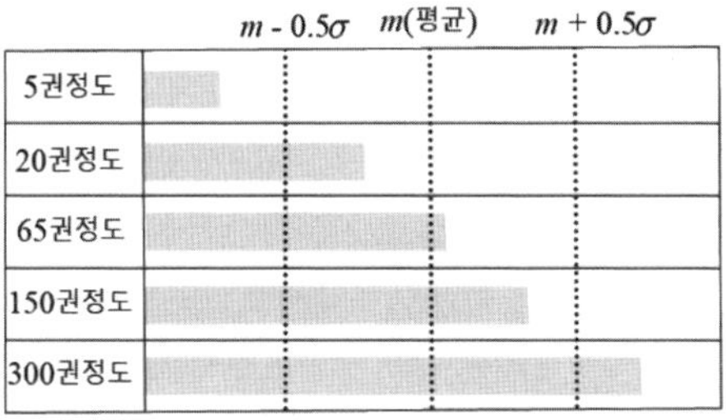

	m - 0.5σ	m(평균)	m + 0.5σ
5권정도			
20권정도			
65권정도			
150권정도			
300권정도			

〈표 10〉에서 σ는 표준편차다. 막대의 길이가 m에 가까우면 수리능력의 평균이라는 뜻이다. 즉, 막대의 길이는 수리능력과 비례함을 의미한다. 책이 65권 이상 있는 가구의 학생들은 수리능력이 평균보다 조금 우수하고, 300권 이상인 학생의 수리능력은 평균보다 0.5σ 이상 우수함을 나타낸다. 그 이유로 책에 관한 토론이나 대화를 나누는 집안의 학생이 지닌 사고력과 논리력은 평균보다 우수한 것으로 해석할 수 있다.

둘째, 책상에 앉아 있다고 공부를 하는 것은 아니다. 공부와 운동의 균형이 학습효과를 높일 수 있다. 운동능력 향상은 집중력을 높이고, 문제 해결에 대한 자신감을 높일 수 있다. 운동과 성적에 관한 연구는 〈표 11〉을 참고할 수 있다.

〈표 11〉의 사실을 고려하면, 수학학습이 이루어지지 않는다고 수학만 공부할 것을 강요하는 것은 올바른 방법이 아님을 알 수 있다. 아울러 땀 흘리는 정도의 운동이 집중력을 강화한다는 주장은 황농문(2007)에서도 확인할 수 있다. 일정한 간격으로 운동을 한다는 것은 규칙적인 생활을 할 수 있는 자제력이 있음을 의미하고, 이런 학생이 학습을 잘할 수 있음은

38 2018년 11월 7일 한겨레신문 기사에 실린 "소셜 사이언스 리서치" 기사를 참고하여 재구성한 표로, 약간의 오차가 있지만 의미는 훼손하지 않는 정도다.

당연하다. 즉, 학습 능력은 생활습관과도 밀접한 관련이 있음을 말해주는 것이다.

〈표 11〉 청소년 두뇌 건강을 위한 적정 운동량[39]

초등학생	중·고등학생
일주일에 1~2일이라도 1시간 동안 운동하는 것이 좋다. 운동횟수가 많을수록 좋으며, 일주일 내내 운동하는 것이 좋다.	성적을 올리고 싶다면 일주일에 3~4일은 1시간 동안 운동해야 한다. 일주일에 3~4일 이상 운동 회수를 늘려도 효과는 없다.

수학의 특성을 이해한 학습방법

수학은 현실을 추상화한다는 특성이 있다. 구제, 직관, 추상의 경계를 수없이 드나든다. 이런 특성을 이해하고 수학의 특성에 알맞은 공부 방법을 개발해야 한다. 그러면 어떻게 공부하는 것이 수학을 포기하려는 학생에게 실질적인 도움을 줄 수 있을까? 먼저, 수학교사 장우석(2023)이 제시한 '수학을 포기하지 않는 방법'을 간략히 살펴보자. 수학을 잘하기 위해서는 무엇보다 성공(성장)의 경험이 필요하다.

이를 위해 **첫째, 자신을 객관적으로 이해하는 것이 필요하다.** 즉, 자신의 여건에 맞는 내용과 방법으로 공부를 시작해야 한다. **둘째, 좋은 습관을 만들어야 한다.** 자율적인 규칙을 만들고, 규칙을 지키고, 필요하면 규칙을 적절히 바꿀 수 있어야 한다. **셋째, 올바른 학습방법을 지녀야 한다.** 이를 위해서는 **① 문제를 5분 동안 집중해서 살펴보고, ② 작은 문제라도 스스로의 힘으로 풀어보고, ③ 유형에 가둘 수 없는 다양성이 있음을 인정하여 문제를 변형하는 방법을 연습해야 한다.** 최종적으로 이런 과정으로 사고

39 제니퍼 헤이시스(2023). p.231에서 인용한 내용. 이 책에서는 주의력 결핍 과잉장애(ADHD) 학생에게도 운동이 효과적이라고 한다.

력 발달 → 성공 경험 → 자존감 형성 → 사고력 발달의 선순환을 이룰 것을 제안한다. 특히 상대평가 즉 등위에 집착하지 않고 실력 향상에 집중하여 바라보는 태도와 관점이 중요하다는 주장은 많은 시사점을 줄 것이다.

위와 같은 주장은 "**역설적으로 과정 중심적인 접근법이 결과 중심적 접근법보다 좋은 결과를 낳는다.**"[40]라는 '에릭 와이너'(2021)의 주장과 일맥상통한다. 즉, 점수나 등급과 같은 결과에 집착하지 않고 수학적 개념형성 과정에 집중하면 점수나 등급도 좋을 수 있음을 의미하는 것이다.

외국 사례로 교육방법에 따른 교육 효과와 비용을 비교한 연구 결과를 살펴보면, 다음과 같은 〈표 12〉를 얻을 수 있다.

〈표 12〉 교육방법에 따른 학습 효과[41]

학습전략	교육 효과	비용
개별 학생에 대한 피드백	9	1
배우는 법을 배우기	8	1
급우 간의 학습지도	6	1
협력적 그룹학습	5	1
개인 맞춤형 수업(개별 진도)	2	1
학급당 학생 수 감소	3	5
학교 시설투자	0	2
수준별 수업	-1	1

외국 사례를 집계하여 연구한 것이므로 우리 현실에 그대로 적용할 수 없는 점도 있지만, 이 표는 많은 시사점을 준다. 무엇보다 **수학교사의 전문**

40 에릭 와이너(2021), p.280에 나오는 내용이다.
41 김희삼(2021), p.169를 재구성한 것이다.

성을 갖춘 피드백이 학습 효과를 높이는 데 가장 중요한 요소임을 알 수 있다. 이런 의미에서 '기초학력 미달 학생' 지도를 위한 교사의 전문성과 전문성 신장을 위한 연수 프로그램 등이 필요함을 알 수 있다. 쉬운 문제 풀이를 반복하여 가르치는 방식과 그런 관점으로 만든 교재로 지도하는 구태의연한 방법은 지양되어야 할 것이다.

입시로서 수학을 벗어나기: 점수보다 수학적 성취에 주목하기

입시로서의 수학에서 벗어나려면 다음과 같은 방법을 생각해야 한다. 첫째, 사고력으로서 수학을 생각한다면, 수학은 누구나 공부하고 배울 수 있다. 대학교 등에서 사용하는 수학이 수능 1등급 받은 학생만 배울 수 있는 내용은 아니다. 수능 3~4등급을 받아도 대학에서 열심히 공부하면 대학교 교재 내용을 따라갈 수 있다. 그런데 변별하기 쉽다는 이유로 수학을 입시 과목으로 지정하는 현상에 이의를 제기해야 한다.

둘째, 이런 현상의 배경에는 시험 성적이 가장 공정하다는 '능력주의'의 관점이 있다. 개인 성적의 지표는 개인의 능력만이 아님은 동서양의 연구를 통해 이미 밝혀진 바다. 구체적으로 존 롤스의 『정의론』이나 김희삼의 『왜 지금 교육경제학인가?』 등의 책을 보면 개인의 능력은 부모의 직업과 경제적 능력, 학력 등과 밀접한 관련이 있음을 알 수 있다. 따라서 시험 점수로만 학생의 능력을 변별하려는 태도나 움직임에 이의를 제기할 필요가 있다.

셋째, 수학과 관련된 모든 평가는 학생의 성장을 돕는다는 평가의 기본 원칙에 충실해야 한다. 이를 위해서는 상대평가 일색의 평가 지침이 절대평가로 바뀌고, 다시 도전할 기회를 주는 평가로 바뀌어야 한다. 실제로 수능시험에서 영어는 절대 평가로 바뀌었다. 수학 과목의 평가도 영어시험의 토익이나 토플처럼 언제든지 재응시하여 자기가 원하는 점수를 받으면 수학학습 능력을 인정하는 방식으로 바뀌어야 한다.

넷째, 수학 학습방법으로 효과가 높은 학생과 협력 학습을 하려면, 학교를 전장(戰場)으로 인식하는 풍조도 바뀌어야 한다. 학교를 "사활을 건 전장으로 인식하는 대학생의 비율이 81%"라는 사실은 시급히 개선되어야 하는 문제다.[42] 학교를 성장 공간으로 만들기 위해 학생과 교직원, 학부모 모두의 노력이 뒤따라야 한다.

마지막으로 사회가 다양한 경로를 열어주는 열린 마음이 필요하다. 예를 들면, 간호사가 의대에 갈 때 가산점을 부여하거나, 수학 심화 과정을 이수한 학생에게 가산점을 부여하는 등, 입시제도 개선이 꼭 필요하다.

한 학생을 위해 공동체(온 마을)가 힘을 쓰는 것은 당연하다

'수포자' 문제는 개인의 문제인 동시에 사회적인 문제다. 풀기 어려운 문제는 그것이 복잡하기 때문이다. 사회 구조적인 문제를 외면한 채 수포자를 개인적인 문제로만 인식하면, 수포자 문제 해결은 불가능하다.

'수포자' 발생 원인은 학교를 입시의 전장으로 보는 관점과 밀접한 관련이 있고, 이를 극복하기 위해 학교를 '배움이 이루어지는 곳'으로 되살리기 위한 다양한 노력이 필요하다. 이런 노력의 배경에는 "사회 정의를 어떻게 실현할 것인가?"라는 문제가 있다. 시험 성적 위주로 입시를 결정하고, 취업 등에서 능력 위주로 선발하면 우리 사회는 학벌 사회로 고착되어 사회적 역동성을 잃어갈 것이다.

이런 우려는 이미 현실화하고 있는지도 모른다. 능력주의는 결혼 연령 상향, 저출산 등에도 영향을 미쳐 결국 우리 사회의 걸림돌이 될 것이다. 물론 개인의 능력향상을 도모하지 말자는 의미가 아니다. 지필 시험만으로 능력을 평가하지 말고 다양한 관점으로 파악해야 함을 주장하는 것이다.

42 김성수(2019), p.239를 참조한 수치이다.

동양 고전『논어』는 첫머리에서 가르치는 기쁨으로 시작하는데, 가르치는 기쁨은 정치 철학이나 삶과 사회를 바라보는 관점과 분리되지 않음을 은근히 강조한다. 마찬가지로 수학을 배우는 즐거움을 느끼는 일과 사회적 정의와 철학적 인식 등은 매우 밀접하게 관련되어 있다. '수포자' 문제를 해결하는 것은 한 우주를 되살리는 것과 같은 의미다. 동학의 가르침처럼 사람을 하늘로 생각한다면, 그 이치는 분명하다. 한 사람에게 수학을 배우는 기쁨을 알려주는 것은 전체 사회를 건강하게 만들고, 풍요로운 사회를 만드는 것이다. 이런 의미에서 '수포자' 문제 해결은 한국의 교육문제를 해결하는 하나의 초석이 될 것이다.

참고문헌

고상숙 외 4인(2012). 수학교육평가론. 경문사.

김달효(2023). 삶과 교육 22호. 하윤수 교육감 1년의 중간평가와 과제. 부산교육연구소.

김민주(2020). 평가지배 사회를 살아가는 인간, 호모이밸루쿠스. 지식의 날개.

김민형(2017). 수학이 필요한 순간. 인플루엔셜.

김성수 외 1인(2019). 수포자의 시대. 살림터.

김용옥(2021). 동경대전 1·2. 통나무.

김용옥(2008). 논어 한글 역주. 통나무.

김희삼(2021). 왜 지금 교육경제학인가?. 한국교육방송공사(EBS).

박영훈(2015). 당신의 아이가 수학을 못하는 진짜 이유. 동녘.

수호믈린스키(2012). 선생님들에게 드리는 100가지 제안. (편역)수호믈린스키 교육사상연구회. 고인돌.

이광연(2023). 피타고라스 생각수업. 유노라이프.

장우석(2022). 수학을 포기하려는 너에게. 북트리거.

황농문(2007). 몰입. 알에이치 코리아.

황혜정 외 6인(2022). 수학교육학 신론. 문음사.

추숙정(2014). 2007 개정 교육과정과 2009 개정 교육과정 비교분석. 충남대학교 교육대학원 석사학위 논문.

최수일(2017). 지금 가르치는 게 수학 맞습니까?. 비아북.

에릭 와이너(2021). 소크라테스 익스프레스. (역) 김하현. 어크로스.

존 롤스(2003). 정의론. (역) 황경식. 이학사.

제니퍼 헤이시스(2023). 운동의 뇌과학. (역) 이영래. 현대지성.

한스 프로이덴탈(2008). 포로이덴탈의 수학교육론 (역) 우정호 외 5인. 경문사.

폴 록하트(2017). 수포자는 어떻게 만들어지는가?. (역) 박용현. 철수와 영희.

폴리야(2002). 어떻게 문제를 풀 것인가? (역) 우정호. 교우사.

NCTM(2007). 학교수학의 원리와 규준. (역) 류휘찬 외 5인. 경문사.

4장

IB 교육, 부산교육의 미래인가?

류영규

> 지금 한국은 외국에서 실시해 오던 제도를 무조건 신봉하는 모양입니다. 한국 전통과 문화와 의식구조에 합당함을 제대로 따져보지도 않고 일단 수입하고 도입하고 보는 것 같습니다. 저는 이 세상에 맹목적으로 신봉해야 하는 것은 종교밖에 없다고 생각합니다. 교육이 종교가 아니라면 맹목적 신봉은 지극히 위험한 일입니다.
>
> 조벽, 『나는 대한민국의 교사다』(2004)에서

2023년 대한민국에서는 'IB'(International Baccalaureate, 이하 IB)가 미래형 교육과정으로 주목받으면서 인기가 치솟고 있다. IB 교육과정을 공교육에 도입하려는 움직임은 2016년에 시작되었으며, 2019년 7월 대구와 제주 교육청은 IB의 한국어판 도입을 위한 협약(MOU)을 체결했다. 이 협약에는 IB 교육과정을 지원하기 위한 기본 자료, 교과별 가이드북, 교사를 위한 수업 및 평가 지원 자료, IB 가이드북 개정 등 다양한 내용이 포함되었다. IB 교육과정은 2022년 6월 기준 전 세계 160개국에 걸쳐 5,500여 개 학교에서 운영되고 있다. 우리나라 공교육 체제에서는 제주와 대구 지역에서 IB 교육과정이 도입되어 운영 중이며, 2022년 6·1 지방선거 이후 한국 초·중등 학령인구의 57%가 몰려 있는 서울시교육청과 경기도교육청 등이 IB 도입을 본격적으로 논의하기 시작하면서 타 시도 교육청들의 IB 도입에 관한 논의도 급물살을 타고 있다. 이에 하윤수 부산시교육감은 '취임 100일 기자회견'에서 2023년부터 IB를 본격 도입하겠다는 뜻을 밝혔다.[1] 부산시교육청은 2023년 신학기부터 10곳의 부산 초·중학교를 IB 연구 관심 학교로 지정해 운영할 계획으로 개별 학교 신청을 받아 초등학교 5곳(부민초등, 연포초등, 동궁초등, 금강초등, 해원초등)과 중학교 2곳(부산국제중, 모전중)을 선정했다. 그리고 2025년 고교학점제 도입 시기에 맞춰 2023~2024년 시범 운영 기간에 고등학교까지 IB 교육을 확대해갈 것이라는 청사진을 제시했다. 하지만 고등학교의 경우 IB 교육은 수학능력시험이 아닌 별도의 IB 과정 졸업 시험을 쳐야 하는데, 국내에 IB 평가체계를 인정하는 학교가 없어 부산시교육청은 초등학교와 중학교에 IB 교육을 도입한 후 고교 도입을 장기적으로 검토할 계획이다.[2]

이처럼 여러 시도교육청에서 각축전을 벌이듯이 IB 교육과정을 도입하려는 이유는 뭘까? 그들은 "IB는 학생 개인의 역량을 키우는 데 중점을 둔 교육으로, 주입식·암기식 기존 교육의 대안으로 공교육에 도입해 창의적 역량을 갖춘 글로벌 인재를 양성하며 더 나아가 교육 불평등을 해소할 수 있다."라고 이야기한다. 그리고 2023년 2월 '부산 IB의 공교육 도입 의의와 과제' 세미나의 환영사에서 하윤수 교육감은 "IB 교육은 창의적 역량을 갖춘 글로벌 인재 양성을 위한 국제교육 프로그램으로, 초·중·고등학교 과정의

1 《한국대학신문》, "429개 대학을 연결하는 '힘'"(https://news.unn.net)

2 《부산일보》, "국제학교서 하는 IB교육… 부산 10개교 내년부터 시범 운영"

연속적인 교육모델을 제공해 학생들이 국제적인 소양을 갖춘 미래 인재로 자라는 데 기여하고 있다."고 설명했다.

그렇다면 지금까지 대한민국 공교육은 창의적 역량을 갖춘 글로벌 인재 양성에 부족했다는 말인가? 아니면 대한민국 교사들의 노력으로는 주입식·암기식 교육에서 벗어나 학생 개인의 역량을 키울 수 없다는 말인가? IB 교육을 공교육에 도입하면 우리 교육의 근본적인 문제들을 해결하고 미래 교육으로 나아갈 수 있다는 말인가?

IB 교육에 대한 올바른 이해를 바탕으로 부산교육의 부끄러운 민낯에 대해 제대로 묻고 따져 보지도 않고 일단 도입부터 시작한다면 이는 지극히 위험한 실험이 될 것이다. 도대체 IB 교육과정은 무엇이며, 우리나라 국가수준 교육과정과 비교해 볼 때 어떤 점에서 차이가 있는가? IB 교육과정을 공교육에 도입한다면 고려해야 할 선결 조건은 무엇인가? 이런 물음과 함께 IB 학교에서 교사와 학생들은 어떠한 삶을 살아가고 있는지를 살펴보면 우리 교육의 근본적인 한계와 미래 교육을 길어 올리는 마중물이 무엇인지를 발견하게 될 것이다.

IB 교육과정이란?

국제적으로 공인된 표준화된 교육과정

1945년, 두 번의 세계대전이 끝나고 국제연합(UN)이 탄생했을 때 세계 각지에 파견된 UN 직원들에게는 그들의 자녀들을 위한 교육 필요성이 대두되었다. 그래서 UN의 지원을 받아 1947년 뉴욕에서 최초의 UN 국제학교가 문을 열었지만 졸업생들은 대학 진학에 어려움을 겪었다. 학생들은 다양한 교육 체계와 문화를 접하지만 국제적으로 표준화된 교육과정이 없었다. 게다가 모국어와 문화를 배우고 보전하는 동시에 국제 사회와 소통해야 하는 복합적인 문제들을 직면했다.

이런 어려움을 극복하기 위해 국제학교를 운영하는 학교장과 교사들이 모여 각국 학생들에게 세계 여러 대학에서 인정받을 수 있는 공통 디플로마를 수여하는 방식을 개발했다. 이것이 IB 교육과정의 초석을 놓은 것이다. IB 교육과정은 전 세계 학생들에게 국제 공인 표준화된 교육을 제공하며, 각국의 다양한 문화와 언어를 경험하면서도 공통의 학문을 추구할 기회를 제공한다.

IB 교육과정은 IBO(International Baccalaureate Organization, 이하 IBO)가 주관하는 국제 공인 교육과정으로, 졸업생의 대학 진학 문제 해결을 위해 1969년 고등학교 수준의 DP(Diploma Programme) 과정이 가장 먼저 시삭되었고, 1994년에는 중학교 과정인 MYP(Middle Years Programme), 1997년에는 유·초등학교 과정인 PYP(Primary Years Programme), 2012년에는 직업과 관련된 교육 프로그램으로 학문적 역량과 직업 기술을 함께 강조하는 CP(Career-related Programme)가 추가되었다. 이런 다양한 IB 프로그램들은 유치원 단계인 3세부터 고등학교 졸업 때인 19세까지 지속적인 국제 교육을 경험하게 하며, 학생들이 국제 사회에서 세계시민으로 성장할 수 있도록 돕고 있다.

〈표 1〉 IB 교육과정의 단계

단계(종류)	시작연도	연령층	우리나라 교육단계
PYP	1997	3-12세	유·초등학교
MYP	1994	11-16세	중학교
DP	1969	16-19세	일반 고등학교
CP	2012	16-19세	마이스터 고등학교

출처: The Diploma Programme: A basis for practice(2009).

1968년 설립된 IBO는 스위스에 본부를 둔 비영리 교육재단으로, IB 프로그램을 총괄한다. 이 IBO는 전 세계를 세 권역, 즉 유럽과 아프리카·중동 권역(IBAEM), 남북아메리카 권역(IBA) 그리고 우리나라가 속한 아시아 태평양 권역(IBAP)으로 나누어 관리 운영한다. 매년 이 세 권역에서 전체 회원 학교 책임자들이 모여 연례 컨퍼런스를 통해 IB의 교육철학을 나누고 교육 활동에 관한 정보를 공유한다. 또한, IBO본부에서는 정기적으로 공식적인 교사 연수 프로그램을 제공하여 IB 교사들의 수업 및 평가 전문성을 개발하도록 지원한다. 그리고 IBO는 1980년대부터 학생들이 IB 교육과정을 이수하면서 얻게 되는 실질적 역량과 교육 성과를 대학과 각국 정부에 소개하기 위해 노력하며, 교육과정 개발, 학생 평가, 교사 연수 및 전문성 개발, 학교 인증 및 평가 같은 다양한 분야에서 IB 프로그램의 교육 질을 보장하기 위해 노력하고 있다.

IB 교육철학을 담는 그릇

IBO에서 발행된 모든 IB 교육과정 문서는 'IB 미션 선언문(IB mission statement)'과 'IB 학습자상(IB Learner profile)'으로 첫 페이지를 장식하는데, 이는 IB의 교육철학을 담고 있다. 특히, 'IB 미션 선언문(IB mission statement)'은 IB 교육의 방향과 운영 방법을 잘 보여준다.

IB mission statement

The International Baccalaureate aims to develop inquiring, knowledgeable and caring young people who help to create a better and more peaceful world through intercultural understanding and respect. To this end the organization works with schools, governments and international organizations to develop challenging programmes of international education and rigorous assessment. These programmes encourage students across the world to become active, compassionate and lifelong learners who understand that other people, with their differences, can also be right.

What is an IB education(2019)에서

IB 미션 선언문이 담고 있는 IB 교육의 큰 방향은 서로 다른 문화에 대한 이해와 존중을 통해 평화로운 세상을 만들어가는 것이다. 이를 위해 IB는 전 세계 학생들이 세상을 탐구하는 과정에서 지식을 확장해가며 나와 다른 사람들을 이해하고 배려하는 평생학습자로서 적극적이고 도전적인 삶을 살아가도록 돕는다. 그리고 이를 위해 IB는 학교, 정부 그리고 국제 기구들과 협력하여 국제 교육의 도전적인 프로그램과 엄격한 평가를 개발하여 지원한다.

이처럼 IB 교육과정은 국제적인 마인드(international mindedness)를 지닌 세계시민을 육성하기 위해 교과 통합적인 지식을 강조하여 학습자의 핵심 역량(key competencies)을 신장시키며, 교과 외 활동을 통해 세계시민의 자질과 태도를 함양함으로 폭넓고 균형 잡힌 전인교육과 교과 틀을 초월한 통합 교육과정을 지향한다. 우리나라의 경우 2009 개정 교육과정에서 '글로벌 창의 인재'라는 인재상을 지향하고, 2015 개정 교육과정에서도 '지식 정보 사회가 요구하는 핵심 역량을 갖춘 창의융합형 인재상'을 지향한다. 따라서 2009 개정 교육과정에 이어 2015 개정 교육과정에서 지향하는 인간상은 IB에서 지향하는 방향과 맥을 같이 한다고 볼 수 있다.

IB가 추구하는 학습자상은 〈표 2〉와 같이 10개의 학습자상으로 구체화되며, 지식과 기능을 개발하는 것뿐만 아니라 인지 발달과 함께 학생들의 사회적·정서적·신체 건강에도 관심을 기울이며, 학생들이 자신과 다른 사람 더 나아가 주변 세계를 존중하는 것을 배운다는 것을 강조한다.

〈표 2〉 IB가 추구하는 학습자상

IB learner profile	• 탐구하는 사람(Inquirers) • 지식이 풍부한 사람(Knowledgeable) • 생각하는 사람(Thinkers) • 의사소통을 잘하는 사람(Communicators) • 원칙을 지키는 사람(Principled)	• 열린 마음을 지닌 사람(Open-minded) • 배려하는 사람(Caring) • 도전하는 사람(Risk-Takers) • 균형 잡힌 사람(Balanced) • 성찰하는 사람(Reflectifve)

출처: The Diploma Programme: A basis for practice(2009)

이처럼 IB 교육과정은 IB 미션과 학습자상을 담는 교육과정 프레임워크(curriculum framework)로서, 그릇에 비유할 수 있다. 우리나라는 국가수준 교육과정으로 학교급별 각 과목(교과) 성취기준으로 가르쳐야 하는 내용이 명확하게 제시되어 있다. 하지만 IB 교육과정은 미리 정해진 가르칠 내용의 목록이 아니라 특정 학습결과를 촉진하는 학습활동 및 상호작용의 집합으로, 학생들이 주체성을 가지고 연구하고 탐구하기 위한 프레임워크(framework)다. IB 교육에서 지식은 개인의 경험을 기반으로 탐구활동을 통해 발견하는 것이다. 따라서 교수(teaching)는 학습자에게 어떤 사건이나 현상에 대한 경험을 갖게 하는 동시에 학습자가 이를 통해 그 의미를 형성하게 하는 일이며, 학습(learning)은 교사 또는 동료의 도움을 받아 학습자 스스로 경험적 세계를 조직하는 과정으로 본다.

IB 교육과정의 각 교과목 내용들은 탈학문적 접근을 통한 학생들의 실제적인 삶을 중심으로 나라와 지역의 정치·사회·문화적 맥락에서 IB 교사들에 의해 통합적으로 단원이 설계되며, 우리나라처럼 표준화된 교과서는 없다. 즉, IB 교육과정은 교사들이 IB 철학을 반영하여 교과 내용들을 선정하고 조직할 수 있도록 설계 모형, 구성 요소, 기본 개념 등을 구체적으로 안내하는 프레임워크로서 교육 내용을 담는 그릇과 같다.

IB 교육과정을 공교육에 도입할 때 고려해야 할 선결 조건[3]

IBO의 관리·감독

IB 교육과정은 IB 학교 인증절차에서 IB 교육과정 운영에 이르기까지 철저하게 IBO의 관리·감독을 받는다. IB World School 인증을 위한 절차는 크게 관심 학교 단계, 후보 학교 단계, IB 인증 학교 단계로 분류되며, 〈그림 1〉과 같이 IB World School 인증 각 단계에 따라 전체적으로 2년 6개월이 소요된다. IB 학교 신청에서 후보교로 지정까지 6개월 정도, 후보교를 거쳐 인정교가 되기까지 2년 정도, 인정교가 되고 나서 IB 수업 준비 기간이 약 6개월 걸린다.

우리나라에서 IB 학교 인증 절차에 따라 IB 교육과정을 공교육에 도입하여 학교급별로 학력을 인정받으려면 우선 국가 수준 교육과정 성취기준과 IBO 교육과정 기준을 모두 충족시켜야 하기에 학생들의 학습량은 증가했다. 그리고 IB 교육과정의 공교육 도입은 IBO의 학교 인증 평가 기준에 의한 중앙집권식 학교 관리와 통제가 이루어지므로 우리나라의 교육 주권을 IBO에 이양하는 것과 같다. 그러므로 IB를 공교육에 도입하기 전에 IBO에서 우리나라의 공립학교를 승인하고, 평가하고, 교육활동에 개입하는 것이 타당한지 심각하게 논의할 필요가 있다. 무엇보다 단위 학교에서 교원들의 실제적인 업무를 줄이지 않고 국가수준 교육과정과 IB 교육과정을 동시에 운영하는 것이 또 하나의 허울뿐인 실험 학교로 실패할 가능성이 높다. IB 학교에서 교사들은 수업 외에 모든 행정적인 업무가 없기 때문에 교사들은 수업을 위한 탐구 단원 및 프로그램 설계에만 집중할 수 있으며, 교사들 간 상호 소통과 협업이 잘 이루어지고 있음을 간과해서는 안 된다.

---

3 류영규·김대현의 논문 〈IBDP 공교육 도입의 선결 조건 탐색〉(2018)에서 관련 내용을 재인용하여 재구성.

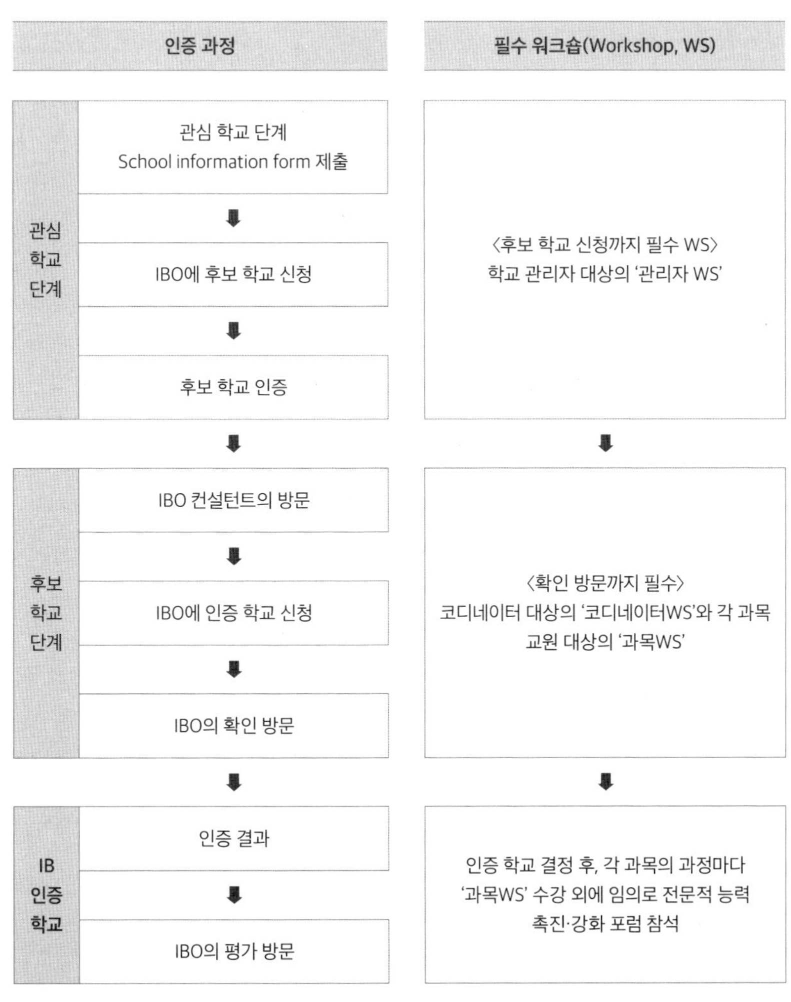

〈그림 1〉 IB World School 인증 절차

IB 학교 재정적 자원 투입

IB World School 연간 수업료

국내 IB World School 대부분은 국제학교 혹은 외국인학교이며, 국내 최초 IB학교 인증을 획득한 경기외고에서는 DP 교육과정을 한 학급(DP반)으로 운영하고 있다. 아래 〈표3〉은 2018년 6월 기준 해당 학교 홈페이지와 입학 상담 담당자와 통화를 통해 환율 변동을 고려하여 제시한 국내 IB World School 연간 수업료다.

〈표3〉 국내 IB World School 연간 수업료(단위: 원)

School name	PYP	MYP	DP
Branksome hall Asia	32,000,000	36,000,000	38,000,000
Busan International Foreign School	28,000,000	31,000,000	32,000,000
Chadwick International	34,300,000	36,860,000	40,348,000
Dulwich College Seoul			35,000,000
Dwight School Seoul	28,000,000	28,000,000	28,000,000
Gyeonggi Academy of Foreign Languages			19,540,000
Gyeonggi Suwon International School	22,900,000	25,800,000	30,500,000
Gyeongnam International Foreign School			27,000,000
Namsan International Kindergarten	24,700,000		
North London Collegiate School Jeju			38,000,000
Seoul Foreign School	31,500,000	33,500,000	39,000,000
Taejon Christian International School	22,150,000	26,000,000	32,000,000

자료: 각 학교 홈페이지(2018년 6월 6일 기준)

외국인학교와 국제학교의 수업료는 한화이거나 한화와 미화를 혼용하고 있으며, 수업료 수준 역시 학교에 따라 큰 차이가 있다. PYP 과정의 연간 평균 수업료는 2800만 원이며, 2290만~3430만 원이다. MYP 과정의 연간 평균 수업료는 3100만 원이며, 2580만 원부터 3686만 원까지 편차가 크다. DP 과정의 연간 평균 수업료는 3270만 원이며, 1954만~40,348,000원으로 최저 수업료와 최고 수업료 간에 약 20,808,000원의 격차가 있다. 그리고 경기외고 IB학급 수업료는 분기별 수업료 1,915,000원에서 매월 99만 원 추가되며, 연간 약 1954만 원이다.

그리고 대부분의 학교에 수업료 외에 통학버스, 입학금, 매 학기 등록비, 자본금 등을 지불한다. 통학버스 이용료는 평균 1,680,222~1,815,167원으로, 거리에 따라 비용이 달라지기 때문에 평균 비용에 차이가 있다. 25만 원인 경남국제외국인학교 외에 모두 1백만 원이 넘는 비용을 지불한다. 입학금의 경우, 대부분 50만 원 미만이지만 한국외국인학교의 경우 350만 원으로 산정되어 있어 입학 시 비용부담이 큰 것으로 보인다. 등록비와 자본금은 매년 납입하는 학교도 있고, 한 해만 납입하는 학교도 있는 것으로 보인다. 등록비는 평균 531,888원이며, 대부분의 학교에서 적게는 50만~400만 원까지 자본금을 납입해야 한다.

IB World School 인정교에 따른 소요 비용

IBO의 IB 인정학교 승인에 이르기까지 관심학교 단계, 후보학교 단계, IB World School이 되는 IB 인정교 단계라는 과정을 거치는데, 이 과정에는 여러 가지 명목의 비용을 지불해야 한다. 단순 계산해서 볼 때 인정교가 되기까지는 단위 학교당 2~3천만 원 정도가 소요되고, IB World School이 되면 연회비로 매년 1천만 원, 5년마다 IB 기구 방문평가로 약 4백만 원이 든다. 〈표 4〉는 단위 학교가 IB 기구에 인정교를 신청하는 최초 단계에서 IB World School로 승인받은 후까지 드는 비용을 제시한 것이다.

〈표 4〉 IB 인정교에 따른 소요 비용

단계	항목	비용	
		엔	원
관심교	후보교가 되기 위한 신청비	약 470,000	약 4,700,000
후보교	후보교로서의 연회비	매년 약 1,060,000	매년 약 10,600,000
	IB 컨설턴트 방문비 (인정교 신청 전)	여비, 숙박비 제공	여비, 숙박비 제공
	IB의 인정 방문비 (인정교 신청 후)	여비, 숙박비 제공	여비, 숙박비 제공
인정교	인정교로서의 연회비	매년 약 1,090,000	매년 약 10,900,000
	IB의 평가방문비	5년마다 약 390,000	5년마다 약 3,900,000

출처: 한국교육과정평가원(2018) * '비용'에서 '원'은 엔화 환율에 따라 산정.

또한 이와는 별도로 〈표 5〉와 같이, DP 과정의 대입을 준비하는 고등학생들도 IB 디플로마 취득에 따른 비용이 든다. 먼저 시험 등록비가 약 16만 원, 자격조건이 되는 6개 과목마다 약 11만 원, 연구논문(Extended Essay)에서 약 8만 원, 지식론(Theory of Knowledge)에서 약 4만 원, 창조성·활동·봉사(Creativity/ Action/ Service)에서 약 1만 원, 합계 약 93만 원(합계 1,097 SGD에 따른 환률)의 IB 수험료가 들게 된다.

이처럼 인증학교에 따른 소요 비용과 인증 이후 학생들의 추가 비용 외에도 인증교가 된 후부터 IB 학교 교원은 IBO가 지정하는 각종 워크숍에 참석해야 하며, 이에 따른 경비도 IB 학교에서 지불해야 한다. IBO에서 실시하는 워크숍은 IB의 교원연수 성격을 띠며, 워크숍의 모든 영역에 참여하면 그에 해당하는 연수 참가 인증서가 주어진다. 통상 1개 워크숍은 3일간 실시되며, 참가비는 조기 등록할 경우 1인당 860 싱가포르 달러(SGD, 약 70만 원)가 되고, 현장 등록의 경우는 1인당 940 싱가포르 달러(SGD, 약 78만 원)이다(2018년 7월 기준). 따라서 IB를 공교육에 도입하여 운영하기 위해서는 해

〈표 5〉 학생 1인당 DP 수험료

항목	비용		
	SGD	엔	원
시험 등록비	184	약 16,000	약 160,000
과목당 수험료 × 6개 과목	126×6과목=756	약 11,000×6과목 =66,000	약110,000×6과목 = 660,000
연구논문(EE)	97	약 8,000	약80,000
지식론(TOK)	49	약 4,000	약 4,0,000
창조성·활동·봉사(CAS)	11	약 1,000	약 10,000
합계	1,097	약 93,000	약 930,000

출처: 한국교육과정평가원(2018) * '비용'에서 '원'은 엔화 환율에 따라 산정.

당 학교마다 IB 인증을 받기 전 비용(후보교가 되기 위한 신청비, 후보교로서의 연회비, IB 컨설턴트 여비 및 숙박비, 코디네이터 및 IB 교사 워크숍 참여비 등), 2~3년 뒤 성공적으로 인증학교가 된 후에는 인증학교 연회비와 IB 평가방문비 등 지속적인 교육 재정 비용이 소요된다.

이처럼 IB의 공교육 도입과 운영에 필요한 막대한 재정적 부담은 자금 확보를 위한 지역청 그리고 학교 간 경쟁으로 이어질 수밖에 없으며, 교육 예산이 IB 학교 운영에 편중됨으로 교육부 및 각 해당 지역 교육청은 교육 예산 배분의 형평성 문제가 발생할 것이다. 그리고 IB 학교의 승인을 받기까지 총비용이 단위 학교당 2~3천만 원, IB 학교 연회비로 매년 1천만 원, 5년마다 IB 기구 방문평가비 약 4백만 원(평가단의 교통비와 숙박비 별도), IB 교사로서 인정되기 위한 워크샵 1인당 참가비로 약 80만 원(교통비와 숙박비는 별도) 등의 명목으로 국민의 세금이 고스란히 IBO로 유출될 것이다. 따라서 IB 교육과정의 신청, 승인, 운영에는 상당한 비용이 필요한데, 이것을 공교육 예산으로 지원하는 것이 타당한지에 대한 공개적인 논의가 필요하다.

또한, IB 학교비용(수업 자원, 교사 연수, 시험 비용, IB 학교 인증 등록비)은 매우 현실적인 문제로, 재정적 어려움을 겪는 다른 나라 IB 학교의 경우 이런 비용을 추가 비용 형태로 학생들에게 부담시키고 있다. 이런 막대한 IB 학교비용 문제는 학교 내에서 IB 학급과 일반 학급에 지원되는 자원의 불공평한 차이를 초래하며, 지역사회 내에서 교육 불평등을 악화시키는 사회적 문제를 야기한다.[4]

IB 교사 확보와 연수

이상에서 살펴보았듯이 IB 인증교가 되고 나면 IB 학교 교원은 IB 교육과정에 대한 이해도에 따라 IBO가 지정하는 각종 워크숍에 참석해야 한다. IBDP 교육과정의 워크숍 종류 및 대상은 〈표 6〉과 같다.

〈표 6〉 IBDP 워크숍 종류 및 대상

워크숍 종류	대상자	인증 과정 필요 기한	내용
관리자 WS	학교 관리자(교장·교감)	후보교 신청까지	전문능력 및 지원을 하기 위한 것으로, 원칙적으로 이 WS을 수강하면 IB 교육자 자격이 부여됨.
코디네이션 WS	코디네이터가 되는 자	확인 방문까지	
TOK(지식론) WS	TOK 교원이 되는 자	확인 방문까지	
CAS(창조성·활동·봉사) WS	CAS 코디네이터가 되는 자	확인 방문까지	
그 밖의 각 과목 WS	각 과목의 교원이 되는 자	확인 방문까지	

출처: 정영근 외(2018)

IBO는 수업의 질적 수준의 지속적인 향상에 관심을 기울이며, 교수학습의 내실을 위해 교사들에 대한 연수 기회를 확대하고 프로그램 평가 개선 과정에 현직 교사들의 광범위한 참여를 요구한다. 먼저 IB는 지속적인 IB 학교의 운영에 대한 평가를 거치면서 다양한 방식의 교사 연수 프로그

4 류영규·김대현의 논문 〈IBDP 공교육 도입의 선결 조건 탐색〉(2018)에서 재인용하여 재구성.

램으로 IB 워크숍을 제공한다. 매년 전 세계 여러 국가와 지역에서 현장 워크숍을 하며, 인터넷을 통한 온라인 워크숍도 개설한다. 각 학교의 요청에 의해 개별 학교 단위의 워크숍도 진행하며, 워크숍 방식뿐만 아니라 워크숍 수준을 3단계로 나눔으로써 교사들의 다양한 요구를 충족하고 지속적인 자기 개발 기회를 제공한다. 3단계의 수준별 워크숍은 먼저 1단계 워크숍에서 신입 교사들에게 IB 교육의 기본 이념과 방침, 교과별 교수학습 내용과 교육과정을 소개한다. 2단계 워크숍에서는 2년 이상 IB 수업 경력 교사를 대상으로 교수학습 과정에서 IB 수업 방식과 최적의 교수학습법에 필요한 수업 설계, 수업 모델 연구, 평가와 교수학습 아이디어와 교재 자료의 공유 등에 중점을 두고 교육이 이루어진다. 3단계 워크숍은 다년간 IB 경력을 지닌 교사와 교육행정가들을 대상으로 특정 교수학습 영역과 관련된 심도 있는 주제별 교육이 이루어진다. 워크숍에서는 주로 교육이론, 교수학방법론, 평가 기준과 방법, 학교 운영, 교육적 리더십 등에 대한 심화된 토론과 사례 발표를 위주로 교육을 진행한다.[5] 따라서 IB 교사로서 인증되려면 IBO가 주최하는 워크숍을 수강해야 한다. 원칙적으로 3일간 워크숍에 참가하면 IB 교원으로 현장에 설 수 있으며, IB 교원은 교과 가이드가 개정되는 시기마다 다시 워크숍에 참가하여 수강해야 한다.

그리고 코디네이터는 IB와 관련된 모든 관계자(IBO, 학교 관리자, 교원, 학생, 학부모 등) 간 연락과 조정 역할을 하는데, IB 교육과정을 운영하는 학교에서는 반드시 IB 코디네이터를 두어야 한다. 이런 코디네이터는 IB 교육이념(철학)에 정통하며, 해당 학교의 인증교를 위한 과정과 교육과정 구성·평가, 시험 실시 등에 대해서도 충분히 이해하여 리더십을 발휘해야 한다. 또한 IB 기구와 연락·조정의 원활한 업무를 수행해야 하기에 영어가 가능한 사람으

5 임영구의 논문 〈제주국제교육모델로서 IB 교육과정의 현황과 전망〉(2015)에서 재인용하여 재구성.

로 해야 한다.

이상의 물적·인적 자원 투입에 관한 내용을 살펴보면, IB 교육과정의 공교육 도입과 운영에 필요한 막대한 재정적 부담은 자금 확보를 위한 지역청 그리고 학교 간 경쟁으로 이어질 수밖에 없으며, 교육 예산이 IB 학교 운영에 편중됨으로 교육 예산 배분의 형평성 문제가 발생할 것이다. 그리고 IB 학교 승인을 받기까지 총비용이 단위 학교당 2~3천만 원, IB 학교 연회비로 매년 1천만 원, 5년마다 IB 기구 방문평가비 약 4백만 원(평가단의 교통비와 숙박비 별도), IB 교사로서 인정되기 위한 워크샵 1인당 참가비로 약 80만 원(교통비와 숙박비 별도) 등의 명목으로 국민의 세금이 고스란히 IBO 기구로 유출될 것이다.

이처럼 IB 교육과정의 신청, 승인, 운영에는 상당한 비용이 필요한데, 이것을 공교육 예산으로 지속적으로 지원하는 것이 타당한지에 대한 공개적인 논의가 필요하다. 또한 IB 학교비용(수업 자원, 교사 연수, 시험 비용, IB 학교 인증 등록비)은 매우 현실적인 문제로, 많은 IB 학교들은 이런 비용을 추가 비용 형태로 학생들에게 부담시킨다. 이런 막대한 IB 학교비용 문제는 학교 내에서 IB 학급과 일반 학급에 지원되는 자원의 불공평한 차이를 초래하고, 지역사회 내에서 교육 불평등을 악화시키는 사회적 문제를 야기한다. 그리고 미국 지역 대부분의 IB 학교는 이런 재정적인 어려움으로 인해 대다수의 IB 교사들이 DP 프로그램에서 가르칠 충분한 훈련을 받지 못하거나 IB 연수 1단계 교육에 머물러 있다.[6]

6 Beckwitt, A., Van Kamp, D., & Carter, J. (2015). Examination of district wide implementation in the USA

교육 격차 측면

IB 교육과정은 대개 부유한 주류집단이 접근하는 프로그램으로, 아직 모든 면에서 다양한 계층의 학생들이 접근하지 못하고 있다. 미국 내 IB 학교의 90%는 주정부 예산으로 운영되는데, IB World School의 급속한 성장으로 2008년부터 2014년까지 미국 공립학교의 저소득층[7] DP 학생 수는 144%, 저소득층 디플로마 후보자 수는 148% 증가했고, 2014년 저소득층 학생은 전국 고등학생 중 4분의 1을 차지했다. 그리고 DP 저소득층 학생들의 대학 졸업률은 전국 평균 졸업률과 비슷한데, 이는 일반적으로 인구 통계학적 평균치보다 훨씬 높은 편이다. 특히, DP 저소득층의 아프리카계 미국인 학생의 경우 고등학교 중퇴율이 낮아지고 졸업률은 높아졌다는 점에서 긍정적이다.

하지만 DP 학교 내에서 저소득층 학생 비율이 높을수록 저소득층 학생의 실력이 떨어졌으며, 저소득층 학생과 고소득층 학생들 간 학업성취도 격차가 크고 지속적인 것으로 나타났다. 그리고 DP를 운영한 미국 공립고등학교에서는 저소득층 학생의 절반 미만이 디플로마(Diploma)를 취득했으며, 저소득층 학생들의 과목당 평균 점수가 4.0보다 3.5에 가까워 고소득층 학생보다 평균 DP 점수가 절반 이상 낮았다.

캐나다 온타리오 주에 위치한 Bayview Secondary School은 DP 교육과정을 운영하도록 요크지역교육청에서 재정과 행정 전반을 지원하는 지역 내 유일한 공립고등학교다. 세계적으로 고액의 학비로 운영되는 국제학교나 외국인학교 혹은 지역 내에서도 비싼 학비를 요구하는 사립교육기관에서만 운영하는 IB 교육과정을 공교육기관에서 무료로 지원하는 흔

---

7 저소득층 학생은 모든 가족 소득의 하위 20%, 또는 2002년의 가족 소득이 24,000달러 이하인 가정 소득자로 정의된다(미국 인구 통계국, Current Population Survey, n.d.).

치 않은 기회이기 때문에, 입학을 희망하는 신청자가 매년 급증함에 따라 서류전형, 입학시험 및 면접을 자체적으로 실시하고 있다. Bayview Secondary School은 학교 입학을 결정짓는 가장 중요한 기준으로 DP가 요구하는 심화학습의 학습량을 감당할 수 있는 학생 스스로의 학습동기 부여 정도를 입학신청자의 학업성취도나 입학시험 점수보다 중요하게 여기고 있다.[8]

일본에서도 공립학교 개혁을 위해 IB 교육과정을 자국어로 번역하여 2018년까지 IB 인정교를 200개교까지 확충할 계획이었으나, 2018년 4월 기준으로 IB 교육과정을 운영하는 IB 인정교는 57개교(PYP 27개교, MYP 16개교, DP는 38개교)이며, 이 가운데 사립학교가 52개이고 국·공립학교는 5개로 아직도 사립학교가 절대적으로 많다.

여전히 전 세계적으로 정부의 재정적 지원 없이 저소득 계층 학생들은 IB 학교에 입학할 수 없으며, 상대적으로 일반 학교에 비해 IB 학교들은 동질적인 집단을 형성한다. 주로 부모의 교육수준과 소득수준이 높은 백인 또는 아시아인 학생들이 IB 학교에 많이 입학하며, 최근에는 경제성장과 함께 동아시아의 경우 IB 교육과정이 영어 능력 향상이나 영미권 대학 진학에 유리한 수단이라는 인식이 확산하고 있다. 아시아·태평양 지역 국가 중 인도와 중국이 IB 교육과정 도입에 가장 적극적인 모습을 보이고 있다.

IB 교사와 학생들의 삶

IB 교육과정을 실행하는 학교에서 교사와 학생들은 어떤 경험을 하는지 이해하기 위해 국내 사례로는 〈공립학교 IB PYP 운영에 대한 IB 학습 공

8 정혜준의 논문 〈국내외 지역학교에서의 IB 교육과정 도입 및 접목 사례 연구〉(2013)에서 재인용하여 재구성.

동체 구성원의 인식 분석〉 논문을 바탕으로 국가 교육과정 내 PYP 운영에 대한 학습 공동체 구성원들의 인식을 살펴보고, 국외 사례로는 우리나라 일반계 고등학교에 해당하는 DP 실행과 관련된 해외 논문에서 DP 학교풍토(School Climate), 학업적 측면, 비학업적 측면, 대학 진학과 그 후의 삶을 이해하는 데 도움이 되고자 한다.

국가 교육과정 내 공립학교 IB PYP 운영 사례[9]

대구 지역 PYP 후보 및 인증학교 3개교의 학습 공동체 구성원을 대상으로 한 심층 면담에서 IB 비전과 가치, 달라진 학교 문화, 학생과 교사의 변화된 모습, PYP 실행의 어려움, PYP에 대한 학부모 이해, PYP의 성과와 과제의 6가지 범주로 PYP 운영에 대한 학습 공동체 구성원(교사, 학생, 학부모)의 인식을 살펴보자.

공교육에서 IB 비전과 가치

학교 교육 혁신에 희망이 될 수 있다. IB 교육 프로그램은 '학생이 주도적으로 탐구할 수 있게 하는 학습방법'이라는 철학이 확고하기에 깊이 살펴보면 볼수록 이론적으로 탄탄하고 프로그램이 우수하다. (C 초등학교 교장)

21세기, 아직도 우리나라는 대학 가기 위해 성적으로 줄 세우기 하면서 적용할 수 있는, 개념 위주 학습이 아닌 지식 위주 수업이라서 미래 교육을 준비하는 데 적절하지 않다. IB PYP 개념 수업으로 학생들이 배울 내용을 직접 결정하고 스스로 탐구하여 찾아가는 수업이 미래 교육으로 꼭 필요

9 최미영의 논문 〈공립학교 IB PYP 운영에 대한 IB 학습 공동체 구성원의 인식 분석〉(2022)에서 재인용하여 재구성.

하다. (B 초등학교 교사)

교장, 코디네이터, 교사 모두 미래 사회의 급변하는 흐름에 비춰볼 때 학습자 주도의 탐구 교육, 국제적 소양을 지닌 인재상, 교육 공동체의 협업과 소통의 문화 등을 장점으로 인식하고 있었다. 특히, 학교장들은 공교육 불신의 원인이 자유로운 소통 관계의 부재에 있다고 보고, IB의 확장된 학습 공동체의 수평적 소통 문화가 학습자 주도의 탐구와 이를 지원하는 교사 간 협업과 소통으로 학교의 문화를 변화시킬 것으로 전망했다. 교사들도 학생들의 미래 역량을 키우는 교육의 방향성과 IB 교육철학이 일치하는 점이 많고, 무엇보다 미래 사회에 적응하도록 하기 위해서는 배움의 선이가 가능한 학습방법으로 전환이 불가피하며 그것을 실현할 수 있는 적합한 교육방법이라고 보았다. 지금의 학교교육은 지식과 교사 중심이며, 학년이 올라갈수록 과도한 학습량으로 학생들에게 배움의 즐거움을 주지 못하고, 서열을 매기는 평가 방식이 학생 개개인의 성장을 들여다보지 못하게 한다. 하지만 IB PYP는 학습에 대한 학생들의 자율성을 높여 스스로 탐구하게 하고, 학습 공동체의 협력 문화가 학생의 창의력과 자존감을 높이고 소통 능력을 키워 국제적인 마인드를 지닌 인재를 양성하게 하며, 학생 개인의 성장에 초점을 두어 교육의 본질을 충실하게 살리는 많은 장점이 있다고 인식했다.

그렇다면 우리나라 교육과정은 학생들의 미래 역량을 키우는 교육의 방향성에서 IB 철학과 일치하는 부분이 상당히 많은데, '왜 학생들에게 배움의 즐거움을 주지 못하며 학생 개개인의 성장에 초점을 둔 교육의 본질에 충실하지 못하는가' 하는 자성(自省)적인 질문을 하게 된다. 2022 개정 교육과정에서도 밝혔듯이 대한민국 교사라면 미래 사회에서 학생들의 주체성(student agency)을 신장시킬 수 있는 역량들을 중심으로 교육해야 한다는 방향성은 모두 이해하고 공감할 것이다. 그렇다면, IB 교육이기 때문에 교육의 본질에 충실할 수 있을까? 우리는 왜 교사와 교사, 교사와 학생, 교사와 학부모 간 자유로운 소통 관계가 부재하며, 여전히 지식과 교사 중심 수업에 머물러 있는지에 대한 문제부터 해결해야 한다.

달라진 학교 문화

IB PYP 적용으로 달라진 학교 문화는 단연 학교조직의 수평 문화에 있다고 할 수 있다. 지시와 복종 위주의 경직된 수직 문화에서 토론과 협력을 중시하는 수평 문화로의 변화는 현대사회의 학교에서 필수 덕목이라 할 수 있다. (A 초등학교 교사)

보통 수업은 교과서 틀 안에 갇혀있는 경우가 많고 공부를 중심적으로 생각하는데, IB 수업은 스스로 해결하는 점이나 질문을 만드는 점이 자기 주도적 학습력을 기르게 하므로 꼭 배워야 한다고 생각한다. (A 초등학교 학생)

IB PYP 적용 후 변화된 학교 문화에 대해, 교사는 학생의 성장을 돕는 수평적 수업 연구 문화를, 학생은 자신이 주도하는 재미있는 수업을 꼽았다. 교사들 사이에는 학교 구성원이 UOI(Unit of Inquiry, 탐구단원) 수업을 위해 협력하고 소통하는 협의체가 활성화되면서 지시와 복종 위주의 경직된 수직 문화에서 수평적 협의 문화가 자연스럽게 확산했다. 이처럼 학년 단위의 교수-학습 연구가 밀도 있고 빈번하게 이루어지려면 불필요한 업무와 행사가 줄어야 한다. 그래야 단순한 교육과정 및 학급 경영에 대한 물리적인 교류에서 진일보하여 학생 개개인의 삶과 성장에 관심을 두고 교사로서 고민하고 성찰하며 수업 전문성과 자존감이 높아지고, 정말 탐구하는 교사가 되고 있다는 생각이 든다고 했다. 학생들의 경우, IB PYP 수업은 학습 내용이 교과서에 머물러 있지 않고 여러 교과를 융합하여 초학문적으로 다뤄 색다르고 재미있으며, 질문을 만들고 협의하는 학습방법을 사용하니 스스로 하게 되고 지루하지 않다는 반응이 많았다.

이런 수평적인 수업 연구 문화나 학생들이 주도하는 공부의 재미는 동료 간 협력적인 문화에 기반한 것이다. 즉, 학생들은 탐구단원 수업에서 협력하게 되었으며, 모르는 것을 물어볼 때 서로 가르쳐 주어 도움이 되었고, 혼자 하기 힘든 모둠 활동을 협력해서 좀 더 쉽게 할 수 있었다고 했다. 그리고 혼자 하기 힘든 다양한 자료의 조사를 나누어 하거나 연극, 보고서 작성, 영상 촬영 등 역할을 분담해야 하는 활동에서는 특히 협업이 많은 도움이 되었다고 했다. 협력 활동에서 때로 의사소통이 제대로 되지 않아 갈등을 겪기도 했지만, 해결 방법을 찾아가면서 협력하는 법을 배웠고, 그로 인해 서로 더 성장하게 되었다고 했다.

> 혼자 생각했을 때는 나만의 방식을 고집하며 수업을 했다. 동료 간 협업을 통해 다른 선생님들의 더 좋은 수업기술을 나눌 수 있었으며, 다양한 관점으로 수업을 바라보고 더욱 유연하게 사고할 수 있게 되었다. (C 초등학교 교사)

교사 대부분은 IB PYP를 실행하면서 동학년 교사와의 수업 나눔과 협의는 필수이며 일상이 되었다고 했다. 탐구단원 개발은 동학년군으로 진행해야 하며, 학교 전체 탐구단원 설계의 스코프(scope)와 시퀀스(sequence)를 확인하기 위해 수시로 교사 간 협의가 이루어져야 했다. 교사들은 초반에는 시간적인 여유가 없어 힘겹기도 했지만 좋은 학습방법을 공유하기 위한 잦은 만남과 협업을 통해 내 교실에 갇혀서 고민할 때보다 폭넓은 수업 연구를 하게 되고, 자신이 미처 생각지 못한 아이디어를 발견하고 수업에 적용하면서 수업 방향이 개선되고 수업의 질이 점점 향상되었다고 했다. 이런 경험이 쌓이다 보니 교사 스스로 자긍심을 갖게 되고, 더 좋은 수업을 위해 노력하게 되었으며, 아이디어를 공유하고 함께 수업에 적용하다 보니 동학년 전체 수업이 업그레이드되고 있음을 느낀다고 했다.

이런 지속적인 협업을 통해 서로의 수업 아이디어를 나누고 미처 생각지 못한 것을 돌아보면서 수업을 보는 관점이 달라졌으며, 이전에 하던 수업에서의 시행착오가 줄고, 각 교사의 개별 전문성을 상호 공유하면서 교사 개개인이 함께 성장하는 계기가 되었다고 했다. 학생 주도성을 위한 수업 성찰을 위해 허물없이 오가며 의견을 나누다 보니 동료애도 더 끈끈해졌다고 했다.

학생과 교사의 변화된 모습

책으로 하는 수업은 책에 있는 것만 하니 힘들고 지쳐서 집중이 안 되는데, UOI(탐구단원)는 내가 스스로 찾아보고 조사하는 게 재미있어서 더욱 집중이 된다. (C 초등학교 학생)

주어진 과제 앞에 어렵다, 힘들다는 말부터 시작했으나 문제를 탐구하고 해결하는 과정에 점점 녹아들며 집중함. 결과물에 뿌듯해하며 더 하고 싶어 하는 횟수가 늘어남. 방과 후 스스로 남아 모둠 과제를 해결하거나 학급 일에 참여하고 싶어 할 일을 달라고 하거나 스스로 찾아서 하는 학생이 점점 늘어남. (B 초등학교 교사)

자녀들의 달라진 점은 '스스로'라는 점입니다. 공부뿐만 아니라 생활습관, 사고까지 스스로 해볼 수 있다는 것을 체득한 것 같습니다. IB 교육을 받으며 스스로 탐구 주제를 정하고 자료를 조사하고 평가하면서 "내

가 이렇게 할 수 있구나."라는 것을 느끼고, 자존감과 자신감도 향상되었습니다. (B 초등학교 학부모)

IB 교육에서 학생들은 배우는 내용에 대해 자신의 관심사를 발견하여 계획을 세우고 조사하며 행동하고, 그 후 스스로 또는 모둠별, 짝과 함께 결과에 대한 피드백을 논의한다. 학생들은 선생님들이 설계한 탐구단원 학습의 탐구 문제와 해결 방법을 스스로 찾아가는 과정에서 자신도 모르게 몰입하게 되어 수업시간이 재미있고, 자신에게 선택권이 주어지기 때문에 교사가 제시할 때보다 더 하고 싶은 마음이 생긴다고 했다. 학생들은 탐구단원과 연관된 주변 현상에 관심과 호기심이 많아졌고, 세상의 여러 현상을 다양한 관점으로 바라보고 질문을 만들며 탐구단원을 통해 익힌 다양한 학습 기능을 활용하면서 스스로 탐구하는 능력이 향상되었다고 생각했다. 교사와 학부모도 학생들이 전보다 자발적으로 참여하려는 의지가 높아졌고, 소극적이던 학생들이 조금씩 적극적으로 변했으며, 스스로 문제점을 찾고 조사를 통해 해결해 가면서 높은 성취감과 자존감을 느끼는 것을 볼 수 있었다고 했다.

그리고 학생들은 일반 학습보다 탐구단원 학습을 통해 배운 내용을 더 잘 이해하고 다른 교과 학습이나 범위를 확장한 주제 학습에 적용할 수 있다고 했다. IB PYP의 탐구 방법이 개념과 원리 이해 중심이고 탐구 과정 마지막 단계에서 '실생활 속에서 행동하기'로 이어지기에, 배운 내용을 실생활과 관련하여 응용해서 적용할 수 있다고 했다. 또한 학생들은 탐구단원 활동에서 익힌 학습 기능을 다른 학습에 유용하게 활용할 수 있었으며, 탐구 성찰을 통해 길러진 학습자 상이 자신의 성장에 도움이 되었다고 했다.

교사들은 수업 및 IB 전문성 개발 연수가 자신의 교사 전문성을 높이는 데 도움이 된다고 생각했다. 교사들은 교내외 교원 연수를 통해 IB PYP의 이론과 실제에 대한 이해가 실질적으로 깊어졌다고 했다. 먼저, 이론적인 측면에서 개념 기반 교육과정의 이해 및 IB PYP와 국가 교육과정에 대한 문해력, IB PYP의 철학 및 지향점과 중요하게 다루는 개념에 대한 이해가 깊어진 것으로 나타났다. 실제적인 면에서는 POI(Programe of Inquiry, 탐구 프로그램)와 UOI(Unit of Inquiry, 탐구단원)의 설계 및 작성과 실행, 교수학습방법, 수업 도구에 대한 실천적인 연수를 통해 수업에 바로 적용할 수 있었으며, 수업력 향상에 실질적인 도움이 되었다고 했다.

교사 대부분은 IB 교원 연수가 추상적이고 이론적인 연수가 아니라 이론적 이해를 바탕으로 구체적으로 실천해 볼 수 있는 실제적인 연수여서 IB PYP에 대한 이해를 심화할 수 있었고, 특히 수업에 대한 패러다임 변화와 새로운 관점 형성의 기회가 되었다는 것에 공감했다. 교사 중심 수업에서 벗어나 학생 주도성에 대해 많이 고민하고, 학습자 중심 수업으로 바꾸기 위해 계획하고 실행하는 계기가 되었다고 했다. 한편, IBO 주관 연수의 경우 언어 문제를 장벽으로 지적했고, 개별 학교의 필요와 요구에 응하여 실시하는 교내 인스쿨 워크숍과 교사 공동체의 그룹 연수에 대한 교사 전문성 신장 효과의 신뢰가 높았다.

리더로서 교장들은 IB PYP 실행을 위해 수업 외 잡무 경감으로 업무를 간소화하고 형식적인 행사를 축소함으로써 교사가 수업에 전념할 수 있고, 수업 협의·공개 및 성찰과 연수를 통해 교사의 수업 전문성을 높이며, 교내외 학습 환경과 자원을 최대한 지원하려고 노력하고 있다고 공통적으로 답했다. 이런 리더십과 지원은 학습자 중심의 수업 문화 조성과 국제적 소양을 갖춘 평생 학습자 양성을 위해 공립학교에 IB PYP를 도입하게 된 교장의 학교 경영철학과 연관된 것으로 나타났다.

교사들 대부분은 학습 공동체 구성원의 목소리에 귀 기울이고 그들의 의견을 존중하며, 협의의 장을 마련하여 소통을 통해 의사결정을 하고, 수업 및 탐구 학습 환경 조성에 필요한 행정적·재정적 지원을 아낌없이 제공하는 학교장의 마인드와 지지를 IB PYP 실행 후 변화된 리더십으로 꼽았다. IB 인증학교가 되기 위한 교장의 리더십과 지원의 변화가 형식적이고 불필요한 학교 행사와 회의 축소를 통해 교사의 업무를 경감시키는 한편, 수업 전문성 향상을 위한 질 높은 다양한 연수 및 수업 협업 기회를 제공하고 학생 중심 탐구 활동을 위한 교육 환경을 구축하게 되었다고 했다. 공동체 구성원들은 교장의 리더십과 학교 지원 방향이 외형적인 발전과 성장으로부터 학습자 중심 교육과정의 정상화와 효과적 운영을 위한 합리적이고 효율적인 개선으로 더욱 진일보했고, 이런 변화가 수평적이고 개방적인 학교 문화, 수업 중심의 학교 문화, 구성원의 주도성이 존중되는 학교 문화를 가능하게 했다고 인지했다.

IB PYP 실행의 어려움

학생들은 PYP 탐구 수업의 학습방식에 어려움을 느낀다고 했다. 학년이 올라갈수록 학습경험이 누적되어 어려움을 느끼는 정도가 상대적으로 줄어들기는 하지만, 초학문적 접근방식이나 탐구단원에서 이해하기 어렵거나 모르는 용어가 나올 때 또는 과제를 수행할 때 자료를 찾거나 발표 자료를 만드는 데 시간이 오래 걸려 여전히 힘들다고 했다.

학생들이 IB PYP 수업에서 느끼는 어려움을 학습기술과 연관 지어 살펴보면, 먼저 학생들은 자료 조사를 어려워했다(탐구 기술). 자료를 조사할 필요를 느끼지 못했거나 조사 경험이 거의 없었는데 PYP 수업에서는 탐구 내용과 관련해서 인터넷 검색을 통해 많은 정보를 찾아야 하고, 조사 과정에서 자료가 많지 않거나 찾기 힘들어하는 등, 효과적인 정보 검색 방법에 어려움을 겪고 있었다. 다음으로 학생들은 스스로 질문을 만들고 아이디어를 생각해내는 어려움이 크다고 했다(사고 기술).

그리고 학생들은 주제와 관련된 탐구 질문을 만들고, 맞고 틀림이 없이 자기 생각과 의견을 자유롭게 제시해야 하는데, 이런 수업방식을 힘들어했다. 이는 학생들이 주어진 질문에 정해진 답을 말하는 것에 익숙해져 비구조화된 복잡한 질문에 대해 다양한 아이디어와 서로 다른 대답을 생각하는 경험이 부족하기 때문이다.

또한, 학생들은 때론 잘 알고 있는 것에 대해 질문을 만드는 것도 어렵게 느껴 자신의 앎에 대해서도 의구심을 나타냈으며, 자기 생각을 조리 있게 정리하여 글을 쓰거나 발표하는 것을 어렵다고 했다. 마지막으로 학생들은 서로 도움을 주고 함께 문제를 해결해 가는 모둠 협력의 장점을 인정하면서도 의사결정이 조율되지 못했을 때나 맡은 역할에 책임을 다하지 못했을 때, 모둠원 간에 갈등이 생겼을 때 발생하는 어려움이 있다고 했다(사회적 기술).

> 개념적 이해를 위해선 이해를 위한 일반화 문장 내 개념 도출이 필요한데 교과서는 사실 중심으로 서술되어, 교육과정 자체는 성취기준 면에서 개념 기반이 가능하더라도 다양한 사실들을 가져오기에 수업시간과 소재 선택에 한계가 있습니다. (C 초등학교 교사)

> IB 수업에서 평가 가능 항목에 한해 평가를 진행하면 국가수준 성취기준 평가를 놓칠 수 있어, 이를 병행하여 평가를 기획하고 실행해야 하는 어려움이 있다. (A 초등학교 교사)

교사들이 IB PYP를 국가 교육과정에 적용하려면 반드시 교육과정을 재구성해야 하기에 협의와 연구에 많은 시간과 노력이 필요하여 업무 부담으로 다가오고, IB 프레임워크에 국가 교육과정을 끼워 넣다 보니 수업량이 늘어나 교사도 학생도 지치게 하는 부분이 생기는 것으로 나타났다.

교사 대부분은 대체로 모든 성취기준을 다루고 도달해야 한다는 의무감과 평가에 대한 부담을 느끼고 있었다. 먼저 국가 교육과정의 성취기준과의 맵핑과 내용의 적정화와 관련하여, IB PYP의 초학문적 주제에 부합하지 않거나 너무 많고 상세한 성취기준에서 오는 한계를 지적했다. 지식이나 기능 중심 성취기준의 경우, 핵심 개념을 추출하거나 탐구단원 주제에 담아내기 어려워서 단일 교과나 단독 탐구단원으로 구성하여 운영해야 하는데, 모든 성취기준을 탐구하기에는 학습량이 늘고 시간이 부족하다고 했다. 국가 교육과정의 교과별 시수와 편제, 학년군별 내용 체계 제시, 선행학습 금지법 등이 학생들의 깊이 있는 배움을 위한 IB PYP 프로그램 구성과 운영에 장애물로 작용한다고 했다. 평가 시스템과 관련해서는 나이스 평가 시스템의 경직성을 지적하면서 IB 방식의 평가와 나이스에 등재되는 교육과정에 따른 평가 간 불일치와 이중 평가를 해야 하는 업무 부담의 어려움을 나타냈다.

교장의 경우에는 IB 학교 운영 초기에 PYP 도입을 위한 교사들과의 공감대 형성과 특히 IB에 반감이 있는 교사의 설득과 동기 부여가 가장 어려웠다고 했다. 인증과정을 거치면서 현재는 공교육 시스템 안에서 4년 주기의 교원 인사이동에 따른 교사의 질 담보를 도전 과제로 생각하고 있었다. IB PYP 인증학교의 양적 확대가 아닌 질적 함축과 더불어 교사의 수업 전문성이 확보되어야 하며, 학습 공동체의 관심과 노력 없이 PYP 운영이 어렵기 때문에 시스템과 공동체 구성원의 문화에서 오는 갈등 해소의 필요성을 언급했다.

IB PYP에 대한 학부모의 이해

IB 학교 단계에 상관없이 IB PYP에 대한 학부모들의 이해도가 높았다.

학부모 대부분은 주로 학교에서 제공하는 학부모 연수를 통해 IB PYP를 알게 되었고, 이 밖에도 학교 홈페이지를 통한 홍보, 학교 배포용 자료, 교사와 면담, 자녀와 대화 등을 통해 IB PYP에 대한 다양한 정보와 운영 방법을 이해하게 되었다고 했다. 이 중 일부 학부모는 IB 관련 도서를 찾아 읽어보거나 인터넷 등 매체를 통해 IB 관련 자료를 검색해보는 등, IB PYP에 관심을 갖게 되었다고 했다.

학부모들은 IB PYP와 일반 교육과정의 차이점을 잘 알고 있었다. 그들이 인식하고 있는 IB PYP와 일반 교육과정의 차이점을 설명하는 단어는 〈표 7〉과 같다. 표에서 알 수 있듯이 학부모들은 대체로 IB PYP의 근본 취지와 특성을 잘 알고 있었으며, IB PYP의 교수학습방법 및 평가도 충분히 이해하고 있었다.

〈표 7〉 학부모가 인식하는 IB PYP와 국가수준 교육과정의 차이점

IB PYP에 대해 인식하고 있는 단어	초학문적 주제 중심, 교과 융합, 프로젝트 수업, 개념 이해, 탐구 활동, 자기 주도 학습, 아이들 스스로 사고, 과정 중심
일반 국가수준 교육과정에 대해 인식하고 있는 단어	교과수업 위주, 교과서 중심, 단편적인 지식 습득, 답이 정해져 있는 공부, 주입식 교육, 결과 중심

학부모들은 학생들이 자기 주도적 학습을 해나가며 평생 학습자로 성장하기 위해 학교와 연계한 가정에서의 교육 제공과 탐구 활동에 대한 지원과 격려 및 관심과 지지가 필요하다고 생각했다. 그러나 IB PYP 운영에서 학부모 참여의 중요성에 대한 이해는 다소 부족하게 나타났다. IB PYP에 대한 학부모의 높은 이해도에 비해 IB PYP 학습 공동체에 학부모 참여의 중요성에 대해서는 잘 알지 못하거나, 중요하다고 생각되지만 왜 중요한지 모르겠다는 반응이 있었다. 자발적 학부모 공동체에 대한 인식이 부족하

고 실제 참여도가 낮게 나타났다.

IB PYP 실행의 성과와 과제

IB PYP는 자기주도학습을 한다. 그래서 집에서 공부할 때도 스스로 계획을 세우고 학습할 수 있게 되었다. 또한 실생활에서 일어나는 문제를 알고 해결책을 생각하게 되었다. (B 초등학교 학생)

학생들이 수업이나 삶의 주인의식이 생길 때 성취감을 느낀다. (C 초등학교 교사)

스스로 생각하고 질문하고 그 문제를 해결하기 위해 탐구하는 모습에 제일 만족합니다. 지식 암기에 불과한 교육보다는 아이가 살아갈 때 필요한 힘과 문제 해결 능력을 기를 수 있는 것 같아 가장 만족스럽습니다. (B 초등학교 학부모)

IB 학교의 학습 공동체 구성원 모두 IB PYP 실천에 대한 가장 큰 성취감을 '학생의 주도성 강화'로 꼽았다. 학생들은 IB PYP가 스스로 질문을 만들고 자료를 조사하여 문제를 해결함으로써 탐구 능력을 향상시키고 사회적 기술(협력, 책임감, 존중, 배려 등)과 의사소통 기술을 발달시키는 데 도움이 되었고, 실생활과 연계하여 배운 것을 실천함으로써 공부에 흥미가 생겼으며, 수업에 집중하고 적극적으로 참여하게 되었다고 자신들의 변화를 이야기해주었다. 교사들 또한 교육과정 문해력, 교수 역량, 수업 전문성 등 교사로서의 성장과 함께 학생들이 개념 렌즈를 끼고 세상을 바라보거나 수업에 주체가 되어 주도적으로 참여할 때 성취감을 느낀다고 했다. 학부모들도 학생 스스로 동기 부여로 인한 탐구 학습 과정에서 지적 능력뿐만 아니라 인성 및 태도 면에서의 종합적인 변화와 성장에서 IB PYP 운영에 만족을 느끼는 것으로 나타났다.

> IB PYP 운영이 중단되거나 문제가 발생하여 수업방식이 바뀌면 아이들은 혼란스러워할 것입니다. 지속적인 IB 프로그램이 이루어질 수 있었으면 합니다. (C 초등학교 학부모)

> 여러 영역을 융합하고 연결하면서 주제에 대한 깊이 있는 공부를 하는 것이 좋아 보이지만 일반 교육과정에서 짚고 넘어가는 교과서 바탕의 세세한 교육은 이뤄지지 않는 것 같습니다. 학교에서 일반 교육과정의 전반적인 지식은 알고 넘어갈 수 있도록 점검하는 시간이 주어지면 좋겠습니다. (A 초등학교 학부모)

공립학교에서 IB PYP의 성공적인 안착을 위해 학습 공동체의 인식 변화와 노력을 강조했다. 공동체 구성원의 IB 철학 및 PYP 운영의 강한 의지, 즉 리더십, 팀의 실행 의지와 역량, 교사들의 열린 마음과 열정, 학생들의 탐구 의지와 도전, 학부모의 인식과 참여도가 중요하다고 보았다. 한편, 많은 학부모는 IB PYP의 지속성과 학교급의 연속성을 기대했고, 공립학교에 IB PYP가 도입되는 상황에서 기초학력 저하를 우려하기도 했다.

국외 IB DP 운영 학교 사례[10]

IB DP 학교 풍토

우리나라 일반계 고등학교에 해당하는 DP 운영 국외 사례들을 살펴

10 IBDP 공교육 도입의 선결 조건 탐색(류영규·김대현, 2018) 논문에서 재인용하여 재구성.

보면, DP 교육과정이 학교 내 교우 관계 형성과 공동체 의식에 긍정적인 영향을 미치는 것으로 나타났다. DP 학생들은 고등학교 때 학습 공동체(study group)에 대한 의존 및 참여 필요성에 대한 높은 신뢰를 나타내며 공동체 의식이 매우 높다. 학생들은 자신과 사고 수준이 비슷한 동료들과 경험을 공유한다는 사실을 인식하며 편안함을 느끼는 경향이 있다고 한다. 이는 IB 교육과정에서 능력이 비슷한 친구들과 지식과 관심을 공유할 자유를 허용하며, 동료와 더 많은 상호작용을 요구하기 때문에 학생 입장에서는 친구들과 사귈 기회가 더 많이 주어지는 것처럼 보인다. 이런 모습은 일반 공립학교에서는 거의 보이지 않지만, 팀 단위 프로젝트 기반 탐구학습이 많이 이루어지는 IB 교육과정에서는 학생들의 학습 공동체에 대한 신뢰와 공동체 의식이 향상되는 모습을 보였다.

이처럼 DP 교수·학습 과정에서 DP 교사는 DP 학생들과 더 많은 상호작용이 이루어지며, 교사와 학생의 관계도 상당히 긍정적으로 보고되고 있다. 그리고 DP 교육과정이 전이성이 높은 핵심 아이디어(big idea)의 더 큰 지식 기반으로 간학문적 접근을 하고 있어, 교사에게 높은 교육과정 전문성을 요구한다. 따라서 DP 교사는 DP 교육과정의 요구사항을 충족시키기 위해 학생들과 협력해야 하며, 교사 간 협력도 중요하다. 하지만 수업 자원(교과서 및 교재)이 부족하여 계획부터 실행 과정에서 매 차시별 끊임없는 수업 연구로 DP 교사들은 업무량 증가로 인한 극심한 스트레스를 받고 있다. 특히, DP 교사에게 가장 반복적으로 제기되는 문제는 DP의 요구사항이 계속 추가됨에 따라 단순히 물어보는 시간을 갖지 못할 만큼 시간이 부족하며, 그에 따른 교사의 업무 스트레스 요인은 상당히 심각한 것으로 나타났다.

한편 미국이나 캐나다의 대부분 공립학교에서 DP 운영은 '교내 IB DP 반' 형식으로 운영함으로써 DP 학생들은 정규 교육과정을 운영하는 일반 학급 학생들과 상호작용이 이루어지지 않으며 그들과 분리된다. 이로 인해 일반 학급 학생들은 DP 학생들에게 호의적이지 않으며, DP 학생들은 소외감을 느낀다. DP 교사는 DP 교육과정에서 요구하는 사항들을 수업에서 충족시켜야 하기에 일반 학급 학생들보다 DP 학생과 DP 수업에 더 많은 시간과 에너지를 쏟으면서 학교 전체에서 자원 불균형을 초래한다. 이처럼 일반 공립학교에서 '교내 IB반' 형식으로 운영할 경우, 서로의 입장 차이로 학생 간, 교사 간 갈등을 야기한다. 즉, 한 학교에서 근무하는 일반 교사는 DP 교사와 동일한 수준의 교사 교육을 받을 수 없기 때문에 공정한 대우를 받지 못한다고 여기며, 같은 동료 교사로서 교내에서 존경받지 못하고 있다고 생각한다.

이상의 학교 풍토에 관한 내용을 살펴보면, DP 교육과정은 DP 학생 간 강한 유대 관계 형성과 공동체 의식 형성에 긍정적인 영향을 미치지만, DP 학생은 핵심학교문화에서 소외감을 느끼며 일반 학생들과의 계층적 갈등을 겪고 있다. 그리고 DP 교사는 DP의 요구사항을 충족시키기 위해 교사 학습 공동체를 형성하게 되며 교사 간 협력을 증진시킨다는 점에서 긍정적인 효과가 있다. 하지만 DP 교사는 수업 자원 불균형과 일반 학급에 비해 매 차시별 더 많은 수업 연구로 인한 업무량 증가에 따라 극심한 스트레스를 받고 있다. 그리고 DP 직책에 대한 교사 간 경쟁은 DP 교사와 일반 교사 간 갈등을 야기하고, 교사 배치와 승진에서 불평등이 나타나고 있다. 무엇보다도 DP 학생들이 다른 일반 학생들보다 우월하다고 생각하면서 교내에서 계층 고착화를 유발할 위험도 있다.

DP 학생들의 학업적 측면

캐나다 온타리오 주 Bayview Secondary School에서는 DP가 요구하는 수준 높은 학습량을 감당할 수 있는 학습동기부여 정도를 학업 성취도나 입학시험 점수보다 더 중요하게 여긴다. 이처럼 높은 수준의 DP 심화학습을 감당할 수 있는 학습동기 수준이 높은 학생들을 선발하는 이유는, DP의 고차원적 학습 수준과 학습량을 감당하지 못하는 학생들이 중도탈락하기 때문이다. 하지만 스스로 공부하려는 의지가 높은 학생들은 DP 교육과정에서 여러 가지 학문적 기술을 습득하게 되며, 학업 성취도와 학습 질을 향상시킴으로써 긍정적인 학업 정체성을 갖추게 된다. 이렇게 고등학교 때 DP 과정을 졸업한 대학생들은 학업 능력에 자신감이 있으며, 어떤 경우에는 대학 동급생들보다 자신이 더 유능하다고 생각한다.

DP 졸업생들의 이런 자신감은 정규 교육과정을 이수한 학생들보다 학업 성취도와 능력이 실제로 향상되었기 때문이다. 그리고 DP 학급 학생들은 정규 교육과정 학급의 학생들에 비해 자신감이 향상되었으며, 더 높은 수준의 사고 연습, 더 복잡한 과제와 더 많은 팀 프로젝트 과제를 수행하면서 더 높은 성취기준을 기대한다. 실제로 가장 높은 학업 성취도를 받은 일반 학생들과 DP 학생들의 표준화 테스트에서 DP 학생들이 훨씬 높은 점수를 받았으며, 특히 수학 분야에서 두드러졌다. 이와 같이 DP 학생들이 향상된 학업 성취도를 보이는 것은, DP 학생들이 학업에 대한 의지와 동기 수준이 높은 집단이며, DP 교사들이 수업 연구에만 몰입함으로써 질 높은 DP 교육과정 운영이 가능하기 때문이다. 교사 관점에서 보면 "DP 교육과정은 더 나은 교사가 되기 위한 도전"이었다. 그리고 학습의욕이 높은 DP 학생들은 늘 연구하는 DP 교사들의 수업 질에 대해 열정적으로 반응하며, DP 학생들은 자신을 가르치는 DP 교사를 최고로 여긴다.

DP 교육과정의 또 다른 이점은 정규 교육과정에서 지루해할 수 있는 학생들을 위해 고차원적 사고로 완성되는 '도전 과제'를 제공할 수 있다는 점이다. 이런 도전 과제는 DP 학생들에게 상당히 어렵지만 풀 수 없는 것은 아니며, 적어도 일부 학생들은 합리적인 수준의 어려움이라고 여겼다. 이처럼 지적 자극을 주면서 높은 수준의 사고를 완성하는 도전 과제와 주제에 대한 폭넓고 깊이 있는 이해는 DP 교육과정에서 강조하는 부분이다. 따라서 DP 교사들은 높은 수준의 사고력을 학습에 적용하고 개념 간 연계성을 개발하여 폭넓은 주제를 다루는 등 글로벌 문제에 더 집중하며, 내용 지식보다 역량을 더 강조하여 평생 학습자를 양성하기 위해 DP 교육의 일환으로 시간관리 기술, 직업윤리 기술, 의사소통 기술, 연구 및 글쓰기 기술 같은 광범위한 기술들을 개발했다. DP 학생들은 대학에서보다 고등학교 때 DP 교육과정에서 대학 생활에 도움이 되는 여러 학문적 기술들을 배웠다고 생각한다. 지식 습득보다 이런 학문적 기술 습득의 이점 중 하나는, 평생학습 사회의 삶에서 더 자주 이런 기술들을 사용할 수 있다는 것이다.

하지만 고차원적 사고력을 요구하는 DP 교육과정과 증가하는 학습량은 DP 학생들에게 상당한 부담을 준다. DP에서 요구하는 고난도 학습량의 증가는 사교육을 유발하며, DP 학생들은 학업 곤란을 겪게 되면서 학업에 대한 심리적인 압박을 겪는다. 특히 교과에 대한 배경 지식이 부족하거나 성공적인 학업을 위한 적절한 학업 기술과 동기 부여가 부족한 학생들은 DP에서 실패하게 된다. 높은 수준과 빨라진 학습 진도 때문에 배경 지식이 부족하고 평범한 학생들은 개념 이해조차 힘들며 진도를 따라가지 못하기 때문이다. 즉, DP 교사가 빠른 속도로 복잡한 개념을 다루므로 DP 학생들은 더 짧은 시간에 더 높은 수준의 복잡한 내용을 소화해야 하기 때문이다. 따라서 학년에 따라 계속 증가하는 고난도 학습량에 대처할 수 없는 학생들은 DP 교육과정에 추천하지 않아야 한다. 이처럼 DP 교육과정은 학생들에게 극심한 스트레스와 압박을 가중시킨다. 특히 학업에 대한 심한 압박감이 부정직한 학업 수행으로 이어지며, DP 학생들은 학업 과정에서 특정 속임수 관행에 덜 민감해지고, 거의 대부분의 학생은 DP

과정에서 생존하기 위해 그러한 속임수 관행이 필요하다고 여긴다. 일부 DP 학생들은 숙제를 할 충분한 시간이 없어서 주변에서 얻은 자료를 복사하는 등으로 대처하지만, 정말 심각한 것은 시험에서 부정행위다.

DP 학업(academic)의 이모저모에 대한 내용을 종합하면, DP에 적합하지 않은 학생들은 학업에 실패할 가능성이 높다. 학업 동기 수준이 높은 학생들은 스트레스에 잘 대처함으로써 일반 학생들보다 많은 혜택을 누릴 수 있지만, DP에 동기 부여가 되지 않은 평범한 학생이나 열심히 공부하기를 꺼리는 학생들은 학업에 더욱 어려움을 겪게 되며 부적응할 우려가 높다는 점을 인식해야 한다. 이런 상황을 공교육 도입에 가정해보면, 국제고나 특목고, 자사고처럼 DP 학교나 학급에 대한 학부모의 교육열이 뜨거워질 것이고, 자연스럽게 사교육이 더욱 기승을 부릴 것이며, 일반고와의 교육 불평등은 더욱 심화될 것이다.

DP 학생들의 비학업적 측면

DP 과정의 비학업적(Nonacademic) 측면은 여러 가지 잠재적인 긍정적 효과도 있지만 부정적인 문제점도 제시된다. DP 학생들의 이런 비학업적 요인들을 학습에 대한 자신감, 건강과 심리적 행복, 수면과 사회생활의 희생 등 다양한 측면에서 살펴볼 수 있다.

우선 DP의 긍정적인 효과를 살펴보면, DP 학생들은 일반 학생들보다 스스로 학습 습관을 관리하고 학습 자료를 능숙하게 다루며 학습 기대치를 충족시킬 수 있다는 자신감을 나타낸다. 특히 일반 학생들보다 뛰어나게 자기 관리 및 메타 인지 기술을 발전시켰으며, 학습에 대한 자기주도성, 헌신 및 책임감의 수준이 더 높았다. 그리고 DP 학생들은 이런 자기주도성, 자기 관리 기술, 메타 인지 기술, 헌신, 책임감, 자신감 등을 습득하면서 학교생활에 긍정적으로 임하며 상대적으로 높은 동기부여 수준을 보여, 대학에서나 그 이상에서 지속적인 가치가 있다. DP 학생들은 수준 높은 수업을 받고 많은 학습량을 따라갈 수 있어, 자신의 학습에 도전할 수 있다는 자부심을 느낀다.

실제로 DP 학생들의 고등학교 중도탈락률을 줄이고 교육적 성공을 보장하기 위해 시카고에서 실시한 대규모 연구에서 100개가 넘는 시카고 학교가 DP를 실행한 결과, 학생들은 더 나은 미래의 희망과 신념을 가졌으며, 고등학교 졸업률도 증가했다. 또한 DP 학생들은 삶에서 높은 만족도를 보였으며, 일반 학급 동료들보다 심리적 행복 수준이 더 높았다. 정신병리학의 외현화 행동[11]이 줄고 동료들과의 부정적인 관계가 적어지기 때문에 사회적·정서적 고통을 덜 받는다. 또한 DP에서 학업에 대한 스트레스가 증가했음에도 DP 학생들은 스트레스에 잘 대처함으로써 비학업적 측면에서 긍정적인 정서적 기능을 입증하고 있다. 이런 긍정적인 정서적 기능은 학생들 간에 서로 아낌없이 지원하며 DP 프로그램 내에서 강력한 대인관계를 형성하고 학교 내에서 긍정적인 네트워크 지원을 경험하고 있음을 시사한다.

DP 학교와 흡연 학생의 연관성에 관한 연구를 살펴보면, DP 학교에는 흡연을 시작하거나 계속 흡연하려는 학생이 적으며, 이는 DP 교육과정에 기인한 것일 수도 있지만 DP 학교를 희망하는 학생 유형과 관련될 수도 있다. DP 학생들은 같은 행동 양식을 공유하는 서로를 위한 지지집단이라는 것을 감안할 때, DP 학생들의 학부모 중 일부는 DP 교육과정 내에서 학생들의 동질적인 구성을 긍정적으로 생각한다. DP 학부모들은 자녀들이 비슷한 방식으로 양육된 다른 학생들과 서로 학업적으로 동기 부여되

11 일탈행동을 개념화하는 행동구조의 하나로 공격성, 과잉 행동, 불복종, 짜증 및 비행과 같이 밖으로 드러나는 행동상의 문제다.

고 열심히 공부하는 동료들과 상호 작용하면서 동일한 문화적 자본을 얻기를 원하고 있음을 알 수 있다.

하지만 많은 연구에서 DP 학생들은 직면하는 엄청난 학업 스트레스와 심리적 압박감의 증가와 사회생활의 개인적 희생으로 건강과 행복에 위협을 받는 것으로 나타났다. DP 학생들은 DP의 요구사항을 충족시킬 수 있을지 또는 자신들이 선호하는 DP 학교에 받아들여지지 않을지 걱정하며, 실패와 학업에 대한 끊임없는 압박에 극심한 스트레스를 경험한다. DP 학생들에게 관찰되는, 증가하는 스트레스 수준에 관해 무엇보다 우려되는 것은 부모의 압력이다. 이런 DP 학생들의 스트레스는 9학년 때부터 고등학교 진로에 대해 숙고하고, 결국 DP 학교에 입학하기 위해 적절한 점수를 얻으려고 하는 시점에서부터 부모의 압력으로 인한 스트레스가 시작된다. 따라서 DP 학생들이 이런 내재적 압박에 의한 극심한 스트레스에 대처하기 위해서는 교내뿐만 아니라 가족의 도움이 절실히 필요하다.

그리고 DP 학생들은 DP 학교 내에서 가까운 친구 관계망을 확보한 것 같지만, DP 교육과정이 매우 빡빡해서 교육과정 외 스포츠 같은 과외 활동을 하거나 가족과 함께하는 시간이 거의 없다. 입학 후에는 개인적으로 전화 통화를 하거나 TV 쇼를 볼 시간도 없으며, 교내에서 더 다양한 일반 학급 학생들과의 사회적 분리를 경험하면서 핵심 학교문화에서 상당한 소외감을 느낀다. 또한 학생에 따라 다르지만 많은 학습량과 심리적 압박에 대처하는 방법에 따라 일부 학생들은 수면을 줄이면서 건강한 생활 방식을 희생하고 있다.

이상의 내용을 살펴보면, DP 교사들이 경험한 비학업적 측면에서 주목해야 할 부분은 DP 프로그램에서 학생들 간의 지나친 경쟁이다. DP 학생들은 최고 점수 중 하나를 획득했는지 또는 적어도 최악의 점수가 아니라는 것을 알고 싶어 하며, 서로를 능가하기 위한 이런 끊임없는 경쟁심은 스트레스를 악화시키고 있다. 이런 경쟁심이 동기 부여가 될 수도 있지만 끊임없는 스트레스를 주는 성취 결과 중심 학교 문화를 만들고 있다. 따라서 DP를 공교육에 도입하기 위해서는 성취결과 중심의 지나친 경쟁 및 실패와 학업에 대한 끊임없는 압박으로 인한 극심한 스트레스의 대처방안이 마련되어야 한다.

대학 진학

DP 교육과정이 대학에 미치는 부정적인 영향이 보고된 바가 거의 없을 정도로 DP 학생들에게 가장 긍정적인 결과는 대학에서의 효과다. 우선, DP 학생들이 일반 학생들에 비해 대학 입학률, 학업 지속성 및 졸업률이 훨씬 높다. 하지만 이와 같은 보고서의 문제점은, DP를 선택하는 경향이 있는 학생은 대개 학업 성향이 강하고 주류 집단 출신이며 부모의 교육 수준과 사회·경제적 수준이 높기 때문에 대학 입학, 학업의 지속성, 졸업 등이 더 높은 경향이 있다고 볼 수 있다.

캐나다 대학 입학 담당관은 특히 캐나다 주 및 미국 고등학교 교육과정과 비교할 때 DP에 대한 긍정적인 태도를 보였으며, 실제로 DP 코디네이터들은 대학에서 DP를 졸업한 학생에게 특별한 배려를 한다고 홍보한다. 그리고 DP 학생들은 경쟁력 있는 대학을 골라 진학할 수 있으며, 일반 학생들보다 더 우수한 대학에 진학한다. 또한 대학의 전공에 따라 DP에서 취득한 관련 학점을 인정받기 때문에 시간과 돈을 절약할 수 있다.

DP 학생들은 대학에서 1학년 때 더 적은 과목을 수강할 수 있으므로 나머지 과목의 학업에 더 많은 시간을 할애할 수 있으며, 동료 학생들보다 1학년 과정에서 스트레스가 덜하다고 생각한다. 그리고 일부 학생들은 대학 일정이 DP 고등학교 일정보다 훨씬 관리하기 쉽다고 여긴다. 특히, 대학과 관련된 가장 보편적인 효과 중 일부는 DP 학생들이 대학에서 학문을 감당할 준비를 잘 갖추었다는 것이다. DP 학생들은 연구 논문(EE: Extended essay) 작성 경험으로 비판적 사고와 분석적 글쓰기 같은 핵심 학습 기술과 문학의 형식이나 세계 언어와 같은 구체적인 내용 지식을 갖춤으로써 학업에서 확고한 기반이 다져져 있다. 무엇보다도 DP 졸업생은 학기말 시험과 과제의 압력에 두려워하지 않고, 동료들보다 나은 대응 메커니즘 및 시간 관리 기술로 학기말 보고서 및 시험의 압박에 대처할 준비가 잘 되어 있다고 한다.

DP가 학생들에게 대학교육과 관련하여 부정적인 영향을 미친다는 연구는 거의 없다. 하지만 Taylor와 Porth(2006)의 연구[12]에 의하면, DP 응답자 중 소수는 DP 경험으로 인해 대학 순비에 대해 살못된 인식을 한 것으로 드러났으며, 대학 경험에 대한 DP의 모든 긍정적인 혜택에도 불구하고 모든 DP 학생이 그러한 혜택을 누릴 수 있는 것은 아니라는 것이 밝혀졌다. 또한 일부 DP 학생들은 예상대로 대학교육을 받을 준비가 되지 않았다는 것을 대학 현실에서 직시하게 된다. 특히 DP의 과대광고에 노출된 고등학생들은 대학 입학 과정에서 경쟁력 있고 대학교육에 효과적으로 적응하기 위해서는 DP를 이수해야 한다고 믿는 것으로 나타났다.

미래 교육의 방향[13]

IB 교육은 새로운 것이 아니다. IB는 교육의 본질에 충실할 뿐이다. 교육의 본질이 뭔가? 학생 스스로 자신의 삶을 주체적으로 살아갈 수 있게 하는 것이다. 삶의 주인으로서 '나'를 만들어가는 것이다. 그래서 학생들에게

12 Taylor, M. L., & Porath, M. (2006). Reflections on the International Baccalaureate program: Graduates' perspectives. The Journal of Secondary Gifted Education, 17(3), 21-30.

13 류영규(2019). 부산미래 교육 방향 탐색에 관한 기초연구에서 재인용하여 재구성.

미래 역량이 필요한 것이 아닌가? 학생들이 서로 다름을 이해하고 존중하며 세계시민으로서 더불어 살아갈 수 있도록 스스로 탐구하는 것이 IB 교육의 핵심이다. 그래서 IB 교육은 학생들이 혼자가 아니라 동료와 협력하며 스스로 책임감을 갖고 탐구하는 프로젝트 학습을 강조한다. 따라서 IB 교사는 교과서 내용을 가르치는 것이 아니라 학생들 스스로 프로젝트 과제를 탐구할 수 있도록 탐구 단원(Unit of Inquiry) 설계에 전념할 수밖에 없다. 이처럼 IB 교육은 이해와 존중을 통해 평화로운 세상을 만들고자 하는 철학과 추구하는 인간상이 반드시 교육과정에 녹여 구현되도록 강조한다.

하지만 우리 교육은 어떠한가? IB 공교육 도입을 논하기 전에 먼저 우리 교육은 어떤지 묻고 따져봐야 할 것이다. 우리 교육이 추구하는 교육이념과 인간상은 허상에 불과하고, 실상은 좋은 대학과 직장을 위한 징검다리일 뿐이다. 유치원 때부터 영어 학원, 수학 학원 등을 전전하며 대학 졸업 후에도 취업 준비 학원을 다니는 현실에서 학생들은 시험을 통과하기 위해 주어진 하나의 정답을 찾는 연습에 매달리고 있다. 이런 교육에서는 학생들의 주체성은 없다. 그래서 우리 학생들은 여럿이 함께하는 공부를 힘들어한다. 정답이 없는 창의적인 문제 상황에 집중하지 못하며, 쉽게 포기하거나 깊이 있는 학습으로 나아가지 못한다.

교육은 '백년지대계'인데도 수장(首長)들이 바뀔 때마다 이런저런 공약사업으로 가시적 성과만 내려고 하니, 교육의 본질은 상실되고 수단으로 전락한 지 오래다. IB 교육은 1969년 DP(Diploma Programme) 과정부터 시작되었지만 추구하는 교육의 철학과 인간상은 한결같다. 그리고 IB 교육철학과 추구하는 인간상을 학교 교육에서 실현하기 위해 교사들은 IB 교육과정이라는 그릇에 IB 철학을 담을 수 있는 교육과정 설계에 전념한다. IB 교사들이 자율성과 유연성을 바탕으로 수업 연구에 전념할 수 있도록 지원하고 신뢰하기 때문에 IB 교사들의 교육과정 전문성은 지속적으로 높아지고 있다. 교육의 질은 교사의 질을 능가할 수 없으며, 이것이 바로 IB 교육의 원동력이라고 생각한다. 그래서 일찍이 핀란드를 비롯하여 스웨덴, 독일 등 일부 유럽 국가에서는 교사들을 처치나 통제, 관리의 대상이 아니라 신뢰와 존중의 대상으로 생각하며 그들의 자율성을 보장하고 있다. 신뢰받는 교사들은 전문성 제고를 위해 노력하며, 이런 사회의 신뢰와 교사들의 자율적인 노력은 선순환 구조를 형성하고 있다.

그렇다면 부산의 학생, 학부모, 교사, 교육청 직원들은 미래 교육을 어떻게 얘기하는가? 부산 미래 교육 방향 탐색에 관한 기초연구의 심층면담에서 부산 학생들은 시험 위주의 틀에 박힌 학교교육에서 벗어나 자기가 하고 싶은 공부를 했으면 좋겠다고 했다. 즉, 미래 교육에서는 진로를 찾고 진로에 도움이 되는 수업, 하고 싶은 공부를 할 수 있는 수업을 원했다. 학생들은 기존 입시 체제에서 벗어나지 못한 시험 위주 교육에서는 미래 교육이 불가능하다고 보았다. 어떤 과목이라도 문제 풀이식 수업 형태에서 대다수 학생은 흥미를 잃고 잠을 잔다고 했다. 학부모들은 불확실한 미래 사회에서 인성을 기반으로 학생들이 서로 소통하고 공감하며 타인을 배려하고 협업할 수 있는 역량, 실패해도 다시 도전할 수 있도록 자존감을 높여주는 것이 미래 교육에서 가장 중요하다고 했다. 또한 부산교육이 더 내실 있고 신뢰받는 교육으로 인정받으려면 교육정책이 수시로 바뀌지 않고 지속성 있게 부산교육의 특색을 살려가야 한다고 한목소리로 얘기했다.

현장 교사들은 교실 붕괴와 학교 위기에 대한 우려의 목소리를 내도 학교는 달라지는 게 없다고 한다. 학교의 자율성과 민주성을 강조하지만 중앙집권식 상명하달 아래 학교와 교사의 자율성은 허울뿐이고, 여전히 관료적이고 성과(실적) 위주의 현 교육 시스템은 교사를 더욱 무기력하게 만든다고 했다. 업무 경감을 얘기하지만 빠지는 부분에 새로운 업무가 계속 추가되면서 학교 현장에서 체감하는 '업무 덜어내기'는 거의 없다고 했다. 이처럼 여전히 변하지 않는 탑다운 식 성과 위주의 교육정책은 학교의 자율성과 민주성을 가로막는 큰 장벽이며, 학교가 변하지 못하는 근본적인 문제라는 것이다. 학교 현장에서 보는 미래 교육은 교육의 본질로 돌아가는 것이었다. 교육은 수단이 아니라 본질을 추구해야 하며, 속도보다 방향이 맞아야 한다는 말에 부산교육 공동체 모두 공감했다. 급속히 변하는 사회의 물결에 휩쓸릴 때마다 학교 현장은 혼란스러우며, 대입을 위한 줄세우기식 경쟁 시스템 그리고 학교폭력 및 교권 침해 등으로 작금의 학교는 위기라고 말한다. 미래 교육은 학생들이 주도적으로 자신의 삶을 개척하며, 실패에도 도전하며 살아갈 수 있도록 자존감을 높여주어야 한다고 했다.

교육청 직원들이 바라보는 부산교육의 모습은 현장 교원들과 크게 다르지 않았다. 지금처럼 위에서 내려주는 방식은 아무리 해도 한계가 있다고 했다. 교육청에서 일방적으로 내려가는 것은 학교에서 거의 받아들이지 않는 것이 사실이며, 너무 과다한 정책 요구와 책임 때문에 학교교육의 정체성을 상실했다. 요즘에는 너무 테크니컬한 쪽으로 치우쳐 가기 때문에 교육의 본질을 놓치고 있으며, 교육은 유행이나 이벤트가 아니므로 미래 교육은 교육의 본질과 그 틀에서 움직여야 한다고 했다. 특히, 하루가 멀다 하고 새로운 기술이 등장하는 상황에서는 나중에 첨단 기술을 배워도 가능하기 때문에 이런 기술을 배우고 익히는 것은 큰 의미가 없다고 했다. 어쩌면 바른 인성과 어떤 위기 상황에서도 포기하지 않고 도전할 용기, 주어진 문제 상황에서 서로 소통하고 협력하여 창의적으로 해결할 수 있는 유연한 사고력이 더욱 필요하다고 보았다. 그리고 이런 바른 인성, 도전정신, 용기, 소통, 협력, 창의적 사고와 문제 해결력은 풍부하고 다양한 경험과 끊임없는 독서와 서로 토의하고 깊이 생각할 수 있는 교육을 통해 가능하다는 것이었다. 그리고 지금 학교 현장을 제대로 알고 있다면, 미래 교육을 떠나 교육이 바로 서려면 교사와 학생들의 자존감 회복이 급선무라고 했다. 좋은 대학에 보내기 위해 공부 잘하는 방법에 대해 많이 얘기하지만, 교육을 왜 해야 하는지에 대해서는 상대적으로 무관심했기 때문이라고 했다. 미래 교육의 핵심 대상은 학생이며, 최종 목표는 학생들의 변화다. 불확실한 미래 사회에서 어떤 시련과 좌절에도 흔들리지 않고 자신의 꿈에 도전하려면 자존감을 높이는 교육이 가장 중요하며, 세계시민으로서 '사람과의 어울림', '더불어 사는 가치' 같은 부분들에서 미래 교육의 본질을 찾아야 한다고 했다.

IB 교육은 새로운 것이 아니다. 배움과 성장을 위해 교육공동체 모두 교육의 본질을 찾아가는 철학을 공유하며, 서로 소통하고 협력하며 함께 만들어가는 교육인 것이다. 이런 모습은 IB 교육뿐만 아니라 부산형 혁신학교인 다행복학교에서도 찾아볼 수 있다. 다행복학교는 다행복학교의 철학을 공유하고, 교육의 본질을 찾아가며 알고 있는 것을 '실천'하고, 당연한 것을 낯설게 보며, 질문하고 해답을 찾아가는 학교다. 그래서 다행복학교는 교육 주체들이 서로 소통하고 협력하는 학교문화를 만들어가고자 한다. 이런 모습은 일반 학교로 조금씩 확산해갔지만 교육감이 바뀌자 다행복학교의 모습은 사라지고 '학력 신장'을 위한 수단들로 대체되고 있다. IB 교육과정은 평화로운 세상을 구현하기 위해 세계시민으로서 학생들이 주도적으로 함께 탐구하며 미래 역량들을 함양할 수 있도록 만들어가는 교육과정 프레임워크(curriculum framework)다. 학생들이 탐구하는 대상은 그들이 살아가는 마을, 지역, 국가, 더 나아가 지구촌까지 실제 삶(real life)의 맥락이며, 이런 학생들의 삶은 교과 성취기준과 연결되어 초학문적 주제로 통합될 것이다. 그러한 통합 단원(Unit of Inquiry)을 만들어가는 것이 IB 교육과정이며, 이는 학생들의 실제적인 탐구활동을 통해 다양한 미래 역량들을 신장하게 된다. 그러므로 IB 교육은 소통하고 협력하는 민주적인 학교문화에서 실현 가능하다. 학생들 각자 칸막이 도서실에서 문제풀이식 공부가 아니라, 세상 밖으로 동료와 함께 협력하며 탐구하는 과정이 곧 공부다.

따라서 IB 교육이 추구하는 교육적 이념과 인간상이 아니라도 부산교육 공동체가 갈망하는 교육적 가치와 이상을 국가 수준 교육과정의 성취기준에서 충분히 녹여 담아낼 수 있다. 그러기 위해 IB 교사와 마찬가지로 대한민국 교사들이 교육에 헌신하여 전념할 수 있도록 교육 외에 모든 행정업무는 없어야 하며, 교육과 보육이 구분되어 보육과 관련된 정책은 학교 밖 지자체가 전적으로 맡아야 한다. 대통령이나 교육감이나 교육을 정책적 수단으로 접근하면 학교교육의 본질적인 기능을 상실하게 될 것이다. 창의성? 문제해결력? 미래 역량? 인성? 이런 미래 교육의 가치를 학교에서 제대로 가르칠 수 없다면 대한민국의 앞날은 그리 밝지 않다.

따라서 '단 한 명의 아이도 포기하지 않는다'라는 부산교육의 외침이 실현되려면 교육의 본질을 찾아 교사들이 전심으로 헌신할 수 있는 학교문화와 정책적 지원이 함께 이루어져야 한다. 끝으로, 교육이 미래의 희망이기에 '부산교육'이라는 브랜드 가치가 10년을 넘어 100년, 200년 발전하여 전 세계로 뻗어가기를 희망한다.

참고문헌

류영규, 김대현(2018). IBDP 공교육 도입의 선결 조건 탐색. 교육혁신연구, 28(3), 195-224.

류영규(2019). 부산미래교육 방향 탐색에 관한 기초연구. 부산교육2019-306, 부산광역시교육청 교육정책연구소.

임영구(2015). 제주국제교육모델로서 IB 교육과정의 현황과 전망. 교육과학연구, 17(2), 49-75.

정혜준(2013). 국내외 지역학교에서의 IB 교육과정 도입 및 접목 사례 연구. 교육과정연구, 31(4), 195-212.

최미영(2022). 공립학교 IB PYP 운영에 대한 IB 학습 공동체 구성원의 인식 분석. 학교와 수업 연구, 7(2), 01-23.

하화주·박하식·홍후조(2012). 우리나라 고등학교에서의 IBDP 교육과정 적용의 현황 및 과제. 교육과정연구, 30(4), 51-79.

오마이뉴스(2018.09.17.). 프랑스 바칼로레아와 국제 바칼로레아는 달라요.

UNN(2022.11.09.). 글루벌 허브 도시 '부산'에서도 IB의 싹이 움튼다.

https://news.unn.net/news/articleView.html?idxno=536593

"IB는 귀족 교육 아냐"…IB에 대한 오해와 진실 UNN(2022.11.02.)

https://news.unn.net/news/articleView.html?idxno=536179

https://www.ohmynews.com/NWS_Web/View/at_pg.aspx?CNTN_CD=A0002472623

Beckwitt, A., Van Kamp, D., & Carter, J. (2015). Examination of district wide implementation in the USA. Report prepared for the IBO. https://www.ibo.org/globalassets/

publications/ib-research/dp/district-wide-implementation-report-en.pdf에서 2018.04.18. 인출.

Taylor, M. L., & Porath, M. (2006). Reflections on the International Baccalaureate program: Graduates'perspectives. The Journal of Secondary Gifted Education, 17(3), 21-30

5장

부산 미래 교육엔 진짜 인공지능 교육이 없다

김형성

기술은 인간을 대체할까?

할리우드 작가와 배우가 63년 만에 동반 파업을 했다. 여러 이유 중 하나는 바로 생성형 AI이다. 할리우드의 수많은 제작사가 생성형 AI를 활용해 시나리오를 제작하겠다는 계획을 발표한 것이다. 그러나 기계가 뽑아낸 엉성하고 거친 이야기를 그대로 쓸 수는 없다. 제작사는 기존 시나리오 작가들에게 새로운 임무를 맡기기로 한다. 어색한 이야기를 자연스레 다듬는 역할이다. 서사를 창조하고 작품을 창작하는 예술가의 지위를 기계가 대신할 판이다. 수정과 편집이라는 줄어드는 역할만큼 임금도 낮아질 수밖에 없다. 작가들이 화가 날 만하다.

할리우드 배우들도 파업에 동참했다. 특히 엑스트라들이 적극 참여했다. 제작사는 단역 배우의 얼굴을 촬영한 뒤 영상을 생성하는 AI로 다양한 표정과 목소리를 입혀 수백만, 수천만 명의 가상 인물을 만들 수 있다. 이렇게 만든 인물을 블록버스터 영화에 투입하는 것이다. 단역 배우들에게는 스튜디오에서 촬영한 1회분 촬영료만 지불한다. 제작사 입장에서는 저렴한 제작비로 최고 효율을 뽑아낼 수 있다. 이 같은 상황에 배우들이 가만히 있을 리 없다. 결국 할리우드 작가들과 연합해 파업을 감행했다. 에미상 같은 유명 시상식 개최가 지연될 만큼 이번 파업은 큰 뉴스거리였다. 작가와 배우가 연합한 사상 초유의 파업은 과연 어떻게 끝났을까?

결론은 인간의 승리였다. 할리우드 제작사는 AI를 활용해 각본을 집필하지 않기로 약속했다. 얼핏 보면 기술과 인간의 투쟁에서 인간이 승리한 듯하다. 이 같은 승리가 지속될까? Chat GPT를 만든 Open AI사는 최근 영상 생성 AI인 소라(Sora)를 발표했다. 단 몇 줄의 프롬프트(명령문)만으로 몇 분 길이의 영상을 쉽게 만들어 낸다. 자세히 보지 않으면 실제 영상과 구분조차 힘들 정도다. 벌써부터 이런저런 논란이 화제다. 발전하는 기술, 저항하는 인간, 승리와 패배가 교차하는 지점에서 익숙한 과거를 떠올리는 일은 어렵지 않다.

1800년대 초 러다이트 운동이 발생했다. 기술은 급속한 생산량의 증대를 견인했지만, 노동자들에 대한 처우는 갈수록 나빠졌다. 증기 기관의 등장, 방직기 보급으로 일자리를 잃게 된 노동자들은 낮아지는 삶의 질에 분노하며 공장에 침입해 기계를 부쉈다. 기술 진보와 사회 발전이라는 장밋빛 전망에 인간의 저항은 무력했다. 저항의 결말은 감옥, 인간의 완벽한 패배였다.

각종 언론과 전문가들은 발전하는 기술이 인간의 지위를 대체하리라는 전망을 내놓는다. 전망을 읽는 방식은 가지각색이다. 어떤 전문가는 미국 IT업계의 대량 실업 사태를 바라보며 화이트칼라의 노동력이 대체될 순간이 얼마 남지 않았다고 경고한다. 어떤 이들은 인간 대신 노동하는 AI가 생산하는 풍요로움을 어떻게 분배할지 고민해야 한다고 조언한다. '줄어드는 일자리와 늘어나는 부'라는 모순된 상황을 다시 마주한 2024년. 인간은 과연 저항할까, 아니면 순응할까?

교육 분야도 예외는 아니다. 교사는 AI가 대체할 직업 중 하나로 매번 언급된다. 학생의 수준을 빠르게 진단하고, 효율적인 피드백을 제공하며, 맞춤형 학습을 구성하는 AI가 끝없이 탄생하는 시대, 교사와 교육의 역할을 되짚어 보고 나아갈 방향을 탐색하는 논의가 이루어져야 할 터다.

이 글에서는 생성형 AI, 그중에서도 교육 현장에 가장 강력한 영향을 미치는 Chat GPT를 다각도에서 살펴보고자 한다. Chat GPT의 개념, 원리 같은 이론적 접근은 제쳐두고 지난 1년 동안 이 같은 신기술을 전 세계 교육자들이 어떻게 인식하고 수용했는지 알아볼 것이다. 이어 한국 교육계가 Chat GPT 같은 기술을 수용하는 특유의 방식과 한계를 분석하고, 이를 바탕으로 교육 분야에서 Chat GPT 같은 생성형 AI에 접근할 때 고려해야 할 원칙을 제안하려 한다.

금지와 허용을 넘어, 활용 방식에 대한 논의로

교육 분야에 미치는 Chat GPT의 영향력은 놀라울 정도다. 이와 관련해 아주 흥미로운 기사 두 편이 있다.

뉴욕시 교육국, 챗봇 사용 금지 조치

교육국 장비와 공립교 인터넷 네트워크에서 인공지능 챗봇 '챗GPT' 프로그램 접근 차단

"부정행위 우려, 비판적 사고 능력 발달 저해"

뉴욕시 교육국이 교육국 교육장비(랩톱, 아이패드 등)와 공립교 인터넷 네트워크에서 인공지능(이하 AI) 챗봇 챗GPT(Chat GPT) 사용을 금지한다고 밝혔다.

3일 교육국은 해당 프로그램이 '학생들의 학습에 부정적인 영향을 미치고, 콘텐트의 안전과 정확성에 대한 우려'를 이유로 프로그램에 대한 접근을 차단한다고 밝혔다. 특히, "해당 프로그램이 학생들의 비판적 사고 및 문제해결 능력을 기르는 데 방해된다"고 지적했다.

챗GPT는 지난해 11월 인공지능 연구 기업인 오픈AI에서 공개한 AI챗봇 서비스로 단순한 대화 답변을 넘어, 실질적인 가치를 담은 콘텐트를 스스로 생산할 가능성을 보여주어 주목받고 있다.

이런 기술 자체가 새롭지는 않지만 챗GPT는 '더 인간 같은' 수준 높은 글을 작성할 수 있어 학생들이 집에서 숙제나 온라인 시험을 치를 때 활용해도 교사가 모를 가능성이 커 부정행위 등 사회적인 문제로 부상할 수도 있다는 분석이 나온다.

뉴욕시 공립교 챗GPT 금지 철회
"AI 잠재력 받아들이기로 결정"
생성형 AI 탐구하도록 장려

뉴욕시 교육국이 공립학교 내에서 챗GPT 사용을 금지해야 한다는 입장을 철회했다.
지난 1월 교육국이 부정행위 방지를 위해 모든 학교 기기와 네트워크에서 챗GPT와 다른 인공지능 도구들을 금지한 지 4개월 만이다. 뉴욕시 교육국 대변인 제나 라일은 당시 성명에서 "인공지능 도구의 사용은 학업은 물론 학생들 평생의 성공에 필요한 비판적 사고와 문제 해결 기술의 구축을 방해한다"고 밝혔다.
이 성명을 발표하고 4개월이 지난 시점이자 세계 AI의 날인 5월 18일, 데이비드 뱅크스 시 교육감은 "인공지능의 잠재력을 받아들이기로 했다"는 입장을 발표했다. 교육전문 매체 초크비트(Chalkbeat)는 뱅크스 교육감이 "학생들은 이미 생성형 AI가 존재하는 세상에 살고 있고, 학교에서 인공지능을 피하기보다 그에 대해 배우는 것이 더 나을 것이다"라며 학생과 교사를 지원하는 생성형 AI의 잠재력에 주목하고 있다고 전했다.

뉴욕시 교육국이 Chat GPT 사용 금지 정책을 4개월 만에 철회한 것이다. Chat GPT가 학생들의 비판적 사고력과 문제 해결 능력을 기르는 데 방해가 된다는 생각을 단 4개월 만에 바꾸었다. '부정행위'가 우려되고 '비판적 사고 능력' 발달에 방해가 된다는 입장은 '인공지능의 '잠재력'을 배우는 것이 중요하다'는 입장으로 바뀌었다. 왜 이런 변화가 일어난 것일까? 이 같은 정책의 변화에 자유를 중시하는 미국 특유의 분위기가 한몫했다. Chat GPT를 금지하던 당시 기술과 교육을 적절한 수준에서 통합하려는 교사들의 반발이 거셌다. 〈표 1〉 사례를 통해 당시 분위기를 짐작해 볼 수 있다.

〈표 1〉 Chat GPT 금지 당시 뉴욕시 내 공립학교 교사의 수업 사례

교사 깁슨은 이번 학기에 〈세일즈맨의 죽음(Death of a Salesman)〉, 〈폭풍의 언덕(Wuthering Heights)〉, 〈솔로몬의 노래(Song of Solomon)〉를 가르칠 예정이다. 깁슨이 미리 공지한 대로 학생들은 해당 작품을 읽고 에세이를 쓰는 과제를 받았다. 깁슨은 Chat GPT에게도 에세이를 작성하게 할 계획이다. 깁슨은 학교의 Chat GPT 금지 조치를 피해 개인 스마트 기기를 이용해 Chat GPT가 생성한 글을 보여줄 예정이다. 이후 학생은 모둠으로 나뉘어 Chat GPT가 작성한 에세이를 수정하게 된다. 이는 학생들에게 비판적 분석 능력과 훌륭한 에세이 작성 방법을 가르치기 위함이다.

깁슨의 교육 목표는 분명하다. 인간과 기계의 에세이는 얼마나 같고 다른지, 인간과 기계의 사고방식에는 어떤 오류와 문제점이 있는지 분석하게 하는 것이다. 이를 통해 학생들은 더 나은 글을 쓰기 위한 방법을 터득하게 될 것이다. 뉴욕시 교육국은 표절 같은 부정행위, 비판적 사고력 발달의 방해를 우려했지만 현장 교사들은 달랐다. 깁슨 같은 교사는 학생들이 Chat GPT를 숙제를 해결하기 위한 단순한 도구와 수단으로 사용하지 않게끔 유도한 것이다.

Chat GPT를 둘러싼 논란은 이미 금지와 허용이라는 이분법을 벗어났다. 이제 모든 논의는 Chat GPT를 어떻게 활용할 것인가로 흘러가고 있다. Chat GPT가 상용화된 지도 어느덧 2년을 향해 간다. 과연 전 세계 교육자들은 Chat GPT를 어떻게 활용해 왔을까? Chat GPT가 전 세계 교육자들에게 드리운 명암은 어떠했을까? 성공과 실패, 전망과 우려, 가능성과 부작용을 살펴보는 과정에서 미래 교육이 나아갈 방향의 실마리를 얻을 것이 분명하다.

전 세계의 교육자들은 Chat GPT를 어떻게 활용하는가?

최근 Chat GPT와 관련된 매우 흥미로운 연구 결과가 발표되었다(Mogavi, R. H. et al, 2024). 소셜미디어를 분석해 교육 분야에서 Chat GPT를 활용하는 방식과 사용자의 반응을 분석한 것이다. 연구진들은 트위터, 유튜브, 레딧(reddit) 같은 SNS에서 Chat GPT의 교육적 활용과 관련한 게시물 중 조회수, '좋아요'가 높은 게시물을 선별했다.[1] 6천 개가 넘는 게시물에 포함된 단어가 15만 개에 이른다. 해당 게시물 작성자도 고려했다. 대학교수, 초·중

1 해당 연구는 2022년 12월 1일부터 2023년 4월 22일까지 생산된 게시물을 분석했다.

등 교사, 학생, 학부모로 나누어 살폈다. 이들은 Chat GPT를 '어느' 분야에서 '어떻게' 활용했고, '어떤' 이점을 누렸으며, '무엇'을 우려했을까?

Chat GPT는 주로 세 가지 교육 환경에서 사용되었다. 대학 교육(Higher Education, 24.18%), 초·중등 교육(K-12 Education, 22.09%), 기술 훈련(Practical Skills Learning, 15.28%)이다. 우리의 관심사는 초·중등 교육이다. 아래 왼쪽의 단어 구름(Word Cloud)을 통해 초·중등 교육에서 Chat GPT가 활용되는 양상을, 오른쪽 그래프를 통해 Chat GPT를 사용하는 초·중등 교육의 주된 과목을 살펴볼 수 있다.

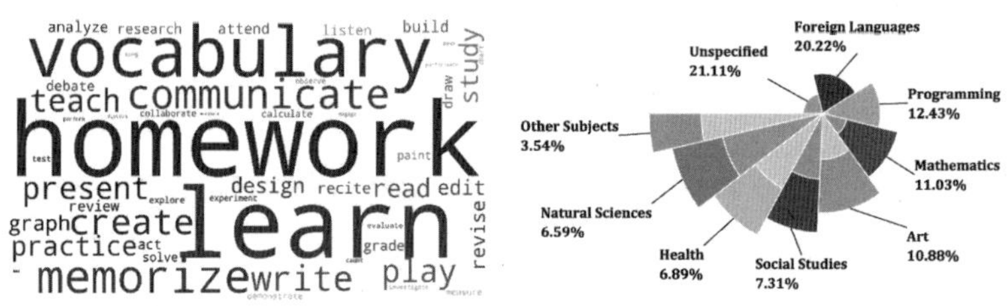

〈그림 1〉 초·중등 교육 분야에서의 Chat GPT

단어 구름의 키워드 크기는 언급되는 '빈도'를 의미한다. 주로 나타난 키워드는 숙제(homework), 학습(learn), 어휘(vocabulary), 의사소통(communicate)이다. 이는 학생들이 주로 학교의 '숙제'를 해결하고, '학습'을 진행하며, '어휘'를 배우는 과정에서 Chat GPT와 '의사소통'하고 있음을 의미한다. Chat GPT가 활용되는 과목 또한 다양한 것으로 나타났다. 외국어 학습(Foreign Language, 20.22%), 프로그래밍(Programming, 12.43%), 수학(Mathematics, 11.03%), 예술(Art, 10.88%) 순으로 나타났다.

긍정적인 경험들

과연 Chat GPT는 학습에 효과적일까? 많은 사용자가 '그렇다'고 대답했다. 해외의 교육 공동체 구성원은 ① 언어 능력 학습, ② 맞춤형 학습 경험 지원, ③ 모든 학생의 접근성 지원 등을 Chat GPT의 장점으로 뽑았다.

언어 능력 학습

GPT는 대규모 언어 데이터를 학습한 모델이다. 기계의 언어를 인간의 언어로 변환해 제공하는 대화형 서비스가 바로 '챗(Chat)' GPT다. 인간이 상상할 수 없을 정도로 많이 학습한 언어 데이터를 기반으로 논리적 추론이 아닌 확률적 추론으로 자연스러운 대화를 생성한다. Chat GPT 같은 생성형 AI의 성능은 얼마나 자연스러운 대화를 구성하느냐에 좌우된다. 글쓰기, 토론, 질문 생성, 외국어 대화 같은 의사소통 국면에서 Chat GPT의 활용 가능성은 극대화된다. 다양한 맥락을 고려해 의미적 완결성을 갖춘 텍스트를 생산하는 Chat GPT의 능력을 언어 학습에 활용할 수 있기 때문이다.

세계의 많은 교사가 이 같은 Chat GPT의 성능에 주목했다. 학생의 읽기, 쓰기, 문법, 문장 구성 및 대화 언어 능력을 향상하는 데 Chat GPT가 유용하다고 인식했다. 실수가 발생할 수밖에 없는 인간과의 대화는 높은 긴장감을 요구한다. 그러나 Chat GPT는 실수에 관대하다. 'New Chat'을 눌러 새로운 대화를 언제든지 생성할 수 있다. 결과적으로 Chat GPT와 대화하는 환경은 학업·학습에 대한 부담이 훨씬 적을 수밖에 없다. 실패와 좌절이 언제든지 가능한 공간에서 학습자는 반복 연습을 할 수 있다. 이 과정에서 자신감과 유창함을 얻게 된다.

최근 많은 나라에서 Chat GPT를 외국어 회화 연습 도구로도 활용한다. 월 20달러(약 3만 원)만 지불하면 내 손 안에 외국어 과외 선생님이 주어진다. 사용 방법은 매우 단순하다. Chat GPT 어플은 음성 대화 기능을 제공한다. Chat GPT에게 외국어로 대화를 나누는 특정 상황을 학습시킨다. 그러면 Chat GPT는 사용자에게 끝없는 질문을 던진다. 대화를 나눈 뒤 부정확한 표현, 더 나은 표현을 알려달라고 하면 즉각 피드백을 제공한다. 기계 앞에서 실수하는 것을 부끄러워할 사람은 없다. 무한정 기회를 제공하는 Chat GPT 앞에서 외국어 회화 능력은 자연스레 신장될 것이다. 교실에서 쉽게 하기 힘든 대화형 교수학습을 통해 의사소통 능력, 문법적 정확도를 높일 기회를 얻게 된다.

구어 의사소통뿐만이 아니다. 문어 의사소통과 관련해서도 성공적인 경험들이 보고되고 있다. 특히나 글쓰기 능력이 부족한 학생에게 글 쓰는 방법을 가르치는 데 Chat GPT가 유용하게 사용된다. 쓰기 부진을 경험하는 많은 학생이 경험하는 가장 큰 어려움이 '내용 생성'이라는 점을 고려할 때, Chat GPT는 훌륭한 내용 생성 도구가 된다. 단 몇 줄에 불과한 사용자의 요청에도 글에 활용할 수 있는 수많은 소재를 쏟아낸다. 판단하고 선별해 글에 녹여내는 것은 학생 몫이다. 대다수 교사가 쓰기 수업에서 활용되는 Chat GPT의 유용성을 긍정적으로 인식하는 것으로 드러났다.

맞춤형 학습 경험 제공

Chat GPT는 학습자의 수준을 고려해 차별화된 답변을 생성한다. 학생의 필요와 관심을 즉흥적으로 반영하기도 한다. 이해하기 어려운 개념과 원리를 최대한 쉽게 설명해 달라고 요구할 경우 지체없이 답변한다. 어휘 수준과 문장 구조를 바꿀 뿐만 아니라, 풍부한 예시와 사례를 제공한다. 한 학부모가 유튜브에서 공유한 사례를 통해 이 같은 학습의 한 장면을 엿볼 수 있다.

> Chat GPT는 아들이 '수학 놀이터'라는 교육 게임을 즐기는 데 큰 도움이 되었습니다. 완벽한 대화형 학습 보조자 역할을 했어요. 어려운 수학 퍼즐을 푸는 데 필요한 문제해결 방향을 안내하고, 아들의 답변에 실시간

피드백을 했습니다. Chat GPT는 아들의 학습 속도에 맞춰 맞춤형 힌트를 제공했어요. 그 결과 아들은 흥미를 잃지 않고 더욱 즐겁고 효과적으로 학습해 갔죠. 적절하게 주어지는 도움과 비계 덕분에 새로운 주제를 계속 탐색하려는 동기가 강해졌습니다.

이는 Chat GPT가 훌륭한 '가정 교사'가 될 수 있음을 의미한다. Chat GPT가 자율적인 가정 학습 환경을 구축하는 효과적인 도구가 된 것이다. 실제로 많은 해외 학부모는 Chat GPT가 '손끝에 있는 개인 과외 교사(personal tutor at our fingertips)'처럼 느껴졌다고 응답했다. 적절한 지도와 감독만 있다면 Chat GPT를 통해 단계적인 배움을 실현해 가는 과정이 어렵지 않을 수도 있다.

모든 학생의 접근성 지원

해외에서는 장애 학생을 위한 교육에 Chat GPT를 적극 활용한다. 위에서 언급한 것처럼 Chat GPT는 학습자의 수준에 맞춰 설명의 수준을 다양화할 수 있다. 학습 수준과 집중력이 낮은 학습자에게 간결한 설명을 하고, 흥미로운 내용을 지속적으로 제공하는 것이다. 이는 ADHD(주의력 결핍/과잉 행동 장애) 등을 지닌 학생들의 학습을 돕는 유효한 방법이 되기도 한다.

부정적인 경험들

그러나 Chat GPT에 대한 사용자의 인식은 매우 다양하다. 특히 초·중등 교육에서 Chat GPT에 대한 '긍정적인 경험'보다 '부정적인 인식'을 보이는 수치가 더 높은 것으로 나타났다. 한국 또한 유사하다. Chat GPT 활용 교육과 관련해 70%가 넘는 교사들이 우려와 걱정을 나타냈다는 국내 연구 결과를 고려할 때(강혜경 외, 2023) 이 같은 현상은 보편적인 것으로 보인다.

해외의 교육 공동체 구성원은 Chat GPT에 대해 어떤 우려를 표했을까? 그들의 우려와 걱정에서 Chat GPT라는 기술을 제대로 활용하기 위한 단서를 찾을 수 있다.

		Educational Setting							
		Higher Education	K-12 Education	Practical Skills Learning	Professional Development	Entrepreneurship Education	Lifelong Learning	Popular Science Education	General (Uncategorized)
Frequently Discussed Themes	Productivity	10.70%	3.07%	7.44%	3.02%	1.89%	2.11%	2.25%	1.41%
		4.12%	8.24%	3.52%	0.56%	1.16%	0.50%	0.50%	2.91%
		2.91%	7.97%	5.26%	1.59%	3.09%	1.00%	0.36%	5.76%
		1.86%	0.47%	2.20%	2.73%	2.98%	1.93%	0.88%	5.46%
	Efficiency	5.89%	3.83%	6.32%	3.25%	1.21%	2.38%	1.29%	1.90%
		10.42%	8.62%	2.80%	1.98%	1.61%	0.84%	0.84%	1.00%
		3.83%	5.31%	5.58%	2.11%	5.10%	1.42%	0.68%	4.83%
		4.54%	2.30%	2.88%	2.67%	1.71%	0.52%	0.87%	1.32%
	Ethics	1.92%	4.36%	7.59%	3.60%	0.96%	3.16%	1.06%	1.85%
		7.55%	10.58%	3.02%	1.95%	1.47%	0.48%	0.48%	0.68%
		5.87%	6.28%	6.63%	2.12%	6.01%	1.23%	0.27%	5.59%
		3.05%	2.37%	3.12%	2.85%	1.61%	0.20%	0.65%	1.30%

Note:
- Positive perception ( ), Negative perception ( ), Mixed Perception ( ), Neutral perception ( )
- The most dominant perception in each category is highlighted with a distinctive color.

〈그림 2〉 Chat GPT에 대한 해외 교육 공동체 구성원의 인식

Chat GPT는 생산적인가?

많은 교사와 학부모가 학생의 게으름을 걱정하는 것으로 나타났다. Chat GPT로 인해 학생의 게으름이 심해지고 있다는 것이다. 몇몇 문장만으로 그럴싸한 완성품을 쏟아내는 Chat GPT를 믿고 과제를 미루는 학생이 늘고 있다. 미국, 유럽에서는 수업시간에 에세이 과제를 흔하게 부과한다. 한 편의 글을 쓰려면 복잡한 과정과 긴 시간이 필요하다. 만약 교사가 기계에 쉽게 의존할 수 있는 에세이 과제를 부과한다면? 단 몇 줄의 프롬프트만으로 어느 정도 괜찮은 한 편의 글을 얻을 수 있다면? 글의 주제와 간단한 형식으로 구성된 프롬프트를 입력만 해도 Chat GPT는 1분 안에 한 편의 글을 완성한다. 학생의 역할은 어색하고 부자연스러운 문장을 고치는 것이다. 말 그대로 '수정'과 '편집' 역할만 하게 된다. 수정하고 편집했다면 그 글을 자신의 글이 아니라고 할 수도 없다.

뭔가를 손쉽게 얻을 수 있다는 유혹은 의욕을 감소시킨다. 자기 결정 이론(Self-Determination Theory)은 이 같은 학습의 측면을 매우 정확히 설명한

다. 대다수 사람은 자신과 연관성 있는 활동에 자율성을 가지고 움직일 때 더 높은 동기를 지니고 적극적으로 참여한다. 교사가 제시하는 과제를 해결하는 과정에서 학생의 자율성이 발휘되지 못하면 진정한 의미의 학습은 일어나기 어렵다. 많은 교육 공동체 구성원이 Chat GPT를 생산적인 도구로 인식하지만, 오히려 Chat GPT의 생산성으로 인해 학생의 동기가 저하되는 현실에 주목할 필요가 있다. 의욕과 동기의 저하는 필연적으로 질 낮은 결과물로 이어지기 때문이다.

Chat GPT는 효율적인가?

Chat GPT가 비판적 사고 능력과 문제 해결 능력 신장에 효율적이지 않다는 비판도 제기된다. Chat GPT의 답변에 의존하는 경향이 심해지고 있다는 것이다. 단순히 지식을 암기하는 것을 넘어 지식 간의 관계를 파악하는 깊은 이해(Deep Understanding)를 포기하는 현상이 늘고 있다는 지적이다. 주어지기만 하는 지식을 새로운 상황에 주체적으로 적용하려는 시도가 보이지 않는다는 우려도 제기된다.

가장 큰 우려는 학생들이 Chat GPT가 제공하는 정보의 신뢰성을 확인하려 하지 않는다는 점이다. 알려진 대로 Chat GPT는 사용자의 요구에 맞춰 최대한 자연스러운 정보를 생성한다. 이때 거짓말도 쉽게 한다. 이를 환각 효과(Hallucination)라고 한다. Chat GPT 출시 초기 한국에서 큰 화제가 되었던 '세종대왕 맥북 사건' 같은 잘못된 답변은 더 이상 나오지 않는다. 그러나 Chat GPT는 언제든지 없는 정보를 있는 것처럼 속여서 답변한다. 그러나 대다수 학생은 최첨단 기술에 무한한 신뢰를 보이거나 더 나은 정보를 찾으려는 의지 없이 Chat GPT의 정보를 무비판적으로 받아들이곤 한다.

Chat GPT는 윤리적인가?

Chat GPT를 활용한 표절 행위가 세계 곳곳에서 보도되었다. 미국 한 대학의 철학과 학생이 Chat GPT를 활용해 에세이를 작성했다가 적발되기도 했으며, 컴퓨터 공학과 학생이 AI를 활용해 복잡한 코드를 생성하는 과제를 제출해 문제가 되기도 했다. 호주의 한 대학생은 쓰기 시험에서 Chat GPT를 사용해 낙제했으며, 스웨덴의 한 대학생은 과제 중 Chat GPT를 사용하는 부정행위를 저질렀다. 국내 국제학교 학생들이 Chat GPT로 과제를 작성한 것이 발견되어 전원 0점을 받은 사실이 언론에서 큰 화제가 되기도 했다. 국내 상당수 대학이 이 같은 사례를 우려해 Chat GPT 사용과 관련된 다양한 윤리적 가이드라인을 정하는 실정이다.[2]

이처럼 많은 교사가 학생의 '표절'을 우려한다. 이 우려를 해소하기 위해 각종 기술도 개발되고 있다. GPT ZERO, AI Detector 같은 프로그램은 Chat GPT로 작성된 글을 탐지하는 데 활용된다. 과연 기술을 활용한 표절을 또 다른 기술을 활용해 막을 수 있을까? 현실은 그렇지 않은 듯하다. 최근엔 이와 관련된 해프닝도 있었다. 2023년 초 텍사스 A&M 대학 재러드 멈(Jared Mumm) 교수가 학생들이 Chat GPT를 사용해 부정행위를 했다고 언급하며, 해당 학생의 과제에 0점을 부여했다. 그러나 이 같은 조치에 일

---

2 "미국 M 대학 철학과 학생, ChatGPT를 이용한 에세이 표절 적발" (Futurism뉴스, 2023.01.19.)
https://futurism.com/college-student-caught-writing-paper-chatgpt

"미국 모 대학교 컴퓨터공학과 학생, AI로 과제 코드 문제 해결" (Washington Post뉴스, 2023.01.19.)
https://www.washingtonpost.com/education/2022/12/28/chatbot-cheating-ai-chatbotgpt-teachers/

"호주 N 대학교 학생, 쓰기 시험에서 Chat GPT 사용 후 낙제" (Mail Online뉴스, 2023.01.30.)
https://www.dailymail.co.uk/news/article-11688905/UNSW-student-fails-exam-using-OpenAIs-ChatGPT-write-essay.html

"국내 국제학교 학생들, 챗GPT로 과제 대필…전원 0점" (동아일보, 2023.02.09.)
https://www.donga.com/news/Society/article/all/20230209/117801590/1

"스웨덴 U대학교 학생, 과제 중 Chat GPT 사용 적발" (The Local뉴스, 2023.2.14.)
https://www.thelocal.se/20230214/uppsala-university-student-caught-cheating-with-the-help-of-chatgpt

부 학생은 크게 반발했다. 0점을 받은 학생 중에서 Chat GPT를 사용하지 않은 학생이 더러 있었기 때문이다. 한 학생은 타임스탬프(시간 기록)가 담긴 구글 문서를 제출해 0점을 면할 수 있었다.

물론 Chat GPT를 활용하는 학생의 부정행위가 생각보다 심각하지 않다는 조사 결과도 있다. 최근 《뉴욕 타임스》는 Chat GPT가 부정행위에 사용되는 비율을 조사해 보도했다. 미국 스탠퍼드대 연구진이 40개 이상의 미국 고등학교 학생을 대상으로 설문 조사를 한 결과 학교 과제나 시험에서 AI를 이용해 부정행위를 한 학생의 비율은 60~70%였다. 이는 그동안 학생들이 다른 방법을 활용해 부정행위를 한 결과와 비슷하거나 약간 낮은 수준이다. 2002~2015년 사이 고등학생 7만 명을 대상으로 한 설문 조사에서 친구 숙제를 베끼는 등의 행위를 한 적이 있다고 답한 비율은 64%였다.[3]

한국 교육은 Chat GPT를 어떻게 활용하고 있을까?

한국 교육은 트렌드에 민감하다. 특히 새로운 기술의 보급과 활용에 적극적이다. 1990년대 후반 ICT 활용 교육을 비롯해 에듀테크, 메타버스, 디지털 교과서 등 각종 기술을 적극적으로 수용해 왔다. 이 같은 흐름은 한국 교사의 특이한 지위와 맞물려 전방위로 퍼져나간다. OECD 교사 중 주당 행정 업무 시간이 가장 긴 한국 교사들은 수업과 업무라는 두 가지 역할을 도맡는다. 일부 교사들은 교육 현장에서 도입되는 신기술을 다양한 방식으로 응용, 활용하는 데 적극적이다.

3 "챗 GPT 등장 이후 학생들의 부정행위 증가 우려는 과장" (연합뉴스, 2023.12.14.) https://www.yna.co.kr/view/AKR20231214022300091

Chat GPT도 이 같은 흐름에서 예외일 수 없다. 각종 기안과 품의, 가정통신문, 보고서 같은 공문서를 작성해야 하는 교사들에게 Chat GPT는 매우 효율적인 생산 도구로 인식된다. 특히 다양한 행정업무에서 Chat GPT를 적극적으로 활용하게 된다. Chat GPT 보급 초기 한국 교사들만의 특이한 상황은 다음과 같은 가이드라인을 통해서도 확인할 수 있다.

교육 분야

ChatGPT 활용 업무 효율화 가이드 Yes / No

제작: 한국교원대학교 김귀훈
감수: 한국에너지기술연구원 이제현

1	교사	텍스트 기반 수업 활용	✓	국어, 영어, 정보 등 수업 적극 활용 가능
2	교사	텍스트 외 수업 활용	✕	사실성이 중요한 수학, 물리, 역사등 곤란(사실 확인 필요)
3	교사	평가에 활용	✕	영역,수준별 출제, 답안제시 가능하나 사실 확인 필요
4	교사	생활기록부 작성 활용	△	학생 특이사항 제시,생기부 문체로 교정.(문구 확인필요)
5	행정	인사말 작성	✓	교장선생님 인사 초안, 가정통신문 초안 작성 가능
6	행정	문서 초안 작업	✓	기안문, 홍보 브로셔 문구, 보고서 등 초안 작성 가능
7	행정	문서 검토 작업	✓	맞춤법 검사, 문체교정 가능 (~다체, ~임체 등)
8	행정	행사 기획 및 과업 지시서	✕	초안 작업은 가능함. 그러나, 구체적 보완 필요
9	행정	HWP, XLSX, PPTX 자동 생성	✕	현재 기준 불가. 표는 가능. MS 오피스 탑재 계획 공개
10	학생	숙제에 활용	✓	국어, 영어, 정보 수업 적극 활용 가능
11	학생	개인 맞춤형 보조교사 활용	✕	부분적 가능. 수준별 문제 제공 하나 사실 확인 필요

〈그림 3〉 국내 Chat GPT 활용 교육 분야 업무 효율화 가이드

가이드라인은 Chat GPT가 교사의 행정업무에 도움이 된다고 언급한다. 각종 문서의 초안을 작성하거나, 생산된 문서를 검토하는 과정에 활용될 수 있다는 것이다. 실제로 Chat GPT는 이런 측면에서 매우 효과적으로 작동한다. 월별로 작성해야 하는 품의나 기안문을 빠른 시간에 생산할 수 있다면? 줄어드는 고민의 시간만큼 퇴근은 빨라질 것이다.

반면 수업과 평가 상황에 Chat GPT 활용은 제한적이라고 언급한다. 그러나 한국 교사들이 여기서 그칠 리 없다. 최근 들어 교사의 수업, 평가와 관련된 Chat GPT 활용 방안이 활발하게 연구되고 있다. 이는 현장과 학계를 가리지 않는다. Chat GPT를 활용한 교수·학습 방안을 연구하는 국내 학술지 논문은 2023년 한 해 수백 건 넘게 발간되었다. 출판 업계도 가만히 있지 않았다. Chat GPT의 교육적 활용 방안과 관련된 전문 서적 수십 종이 출간되었다. 교원 대상 연수 또한 마찬가지다. 많은 교사가 애용하는 한 연수 사이트의 강의 제목을 살펴보면 이 같은 경향성을 짐작할 수 있다.

〈그림 4〉 국내 Chat GPT 활용 관련 교원 대상 연수

학생 생기부 작성 과정은 매우 고되다. 한 인간의 사고 과정을 면밀히 들여다보고 이를 정연한 언어로 표현하는 일은 쉽지 않다. 그런데 수업 중 실시한 동료평가 결과 혹은 학생이 작성한 보고서를 바탕으로 단 몇 초 만에 생기부 멘트를 만들 수 있다면? 이 같은 유혹을 뿌리칠 수 있는 교사는 많지 않을 것이다. Chat GPT는 EBS 교재에 수록된 영어 지문의 소재와 주제를 반영해 새로운 영어 지문을 1분 안에 만들어 준다. 사교육 업계에서 EBS 연계 문항을 만드는 데 Chat GPT를 활용한다는 소식도 심심치 않게 들려온다. 적절한 정답과 오답 선지를 빠르게 생성하기도 한다. 이 모든 연수는 수업과 평가라는 교사 본연의 임무에 드는 인지적 노력과 체력을 줄일 수 있는 획기적인 아이디어로 우리를 유혹한다.

Chat GPT에는 GPTs라는 기능이 있다. 개인이 특정 분야에 최적화된 Chat GPT를 만들어 업로드하는 기능이다. 쉽게 말해 Chat GPT를 활용해 만드는 어플리케이션이다. 한국에서 가장 인기를 끌고 있는 GPTs 중 하나는 바로 자동 생기부 생성기다. GPTs에 생기부라고 검색하면 아래와 같이 다양한 Chat GPT가 뜬다.

〈그림 5〉 GPTs의 자동 생기부 생성기

Chat GPT를 수업에서 활용하는 방식도 다양해지고 있다. 인천시교육청에서 2023년 4월에 내놓은 교수·학습 자료집의 일부를 확인해 보자.

학생이 ChatGPT 활용하기에 적합한 분야

① **검색 및 자료조사**

- **기존 검색이 필요한 정보를 직접 선별하고 정리하는 과정이 필요했다면 사용자가 별도로 결과 데이터를 정리하고 가공하지 않아도, 정제된 형태로 정보를 제공하기 때문에 보다 효율적인 자료조사가 가능함**

"뉴턴의 세 법칙은 무엇이며, 이것이 물리학에 어떤 영향을 미쳤나요?"
"전기의 발명은 어떤 변화를 가져왔는지 사회적, 경제적, 문화적 측면에서 알려줘"

③ **학습자료 요약하기**

- **기존의 긴 내용을 효과적으로 요약해주며 요청할 때 다양한 문서 양식(번호붙이기, 이메일 양식, 표 등)이나 원하는 분류를 요청할 수 있음.**

"이 신문 기사의 내용을 3개의 요소(원인, 현상, 평가)로 요약한다면 어떻게 될까?"
"이 법의 제정 취지와 주요내용을 번호 붙여서 요약해 주세요."

〈그림 6〉 인천시교육청의 Chat GPT 활용 교수·학습 자료집

인천시교육청은 학생들이 Chat GPT를 활용해 검색, 자료 조사, 요약을 할 수 있다고 제안한다. 이 같은 제안은 타당할까? 다들 문해력의 위기를 울부짖으며 학생이 긴 글을 읽지 못하는 현상을 지적한다. 글의 중심 문장과 핵심을 이해하지 못하는 현상이 심각하다고 주장한다. 다문서를 읽는

과정에서 다양한 관점을 인식하고, 출처의 신뢰성을 따지고, 관계를 재구성하는 역량이 부족하다고 비판한다. 그런데 Chat GPT 활용에 적합한 분야가 '검색, 자료 조사, 요약'이라니? 뉴턴의 세 법칙과 물리학에 미친 영향에 대한 Chat GPT의 답변은 과연 정확할까? 전체 신문 기사를 읽지 않고 누군가가 요약해 준 내용만 읽어도 될까? 하나의 법이 제정된 역사와 취지를 단 몇 문장으로 이해하는 것이 학생이 길러야 할 역량일까?

충남교육청에서 내놓은 교수·학습 자료집도 별반 다르지 않다. 한 역사 교사는 '역사적 상황에서의 IF 가상 글쓰기'라는 수업을 설계했다. 이 과정에서 Chat GPT와 다음과 같은 대화를 나눌 수 있다고 제안한다. 그런데 광해군의 대동법을 찬성한 사람과 반대한 사람을 굳이 Chat GPT에게 물어야 할까?

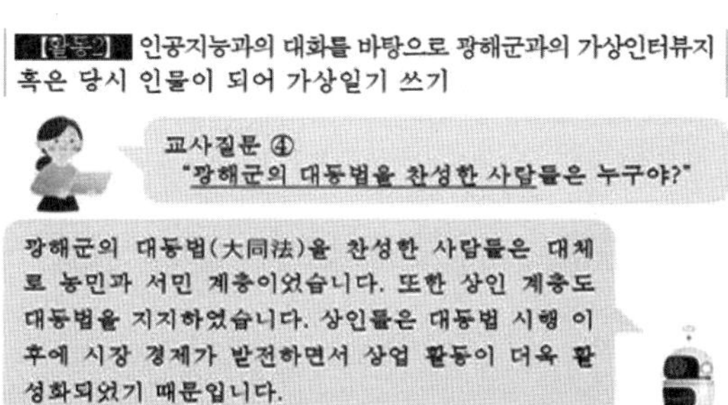

[활동2] 인공지능과의 대화를 바탕으로 광해군과의 가상인터뷰지 혹은 당시 인물이 되어 가상일기 쓰기
교사질문 ④
"광해군의 대동법을 찬성한 사람들은 누구야?"
광해군의 대동법(大同法)을 찬성한 사람들은 대체로 농민과 서민 계층이었습니다. 또한 상인 계층도 대동법을 지지하였습니다. 상인들은 대동법 시행 이후에 시장 경제가 발전하면서 상업 활동이 더욱 활성화되었기 때문입니다.

〈그림 7〉 충남도교육청의 Chat GPT 활용 교수학습자료집에 소개된 사례

대체와 생산의 관점에서 활용되는 AI 기술은 매력적이다. 업무 생산성을 높이기 위해 긴 문서를 빠른 시간에 읽어야 하는 회사원에게 Chat GPT는 업무를 보조하는 훌륭한 도구가 된다. 최근 들어 AI가 인간의 노동 일부를 대체하면서 주 4일제를 운영하는 기업이 늘고 있다는 소식도 들려온다. 갖은 업무로 힘든 한국 교사에게 Chat GPT는 훌륭한 생산성

향상 도구가 될 수도 있다. 그러나 이 같은 기술을 분명한 철학 없이 수업과 평가에 활용하는 현상은 비판적으로 살펴보아야 한다. 고민 없이 양산되는 수많은 교수·학습 자료에서 기술 오용과 남용 가능성을 엿보았다면 지나친 과장일까? 문해력 위기를 걱정하면서 기술을 활용해 정보 처리 속도를 줄이는 데 초점을 두는 교육 방식이 지속 가능할지 의문이다. 세련된 기술로 포장된 수업이 하나의 교수·학습 모형이 되어 많은 현장 교사에게 부담으로 다가가는 현상 또한 경계할 일이다.

부산 교육에서의 Chat GPT

안타깝게도 부산 교육이 담아내는 Chat GPT도 별반 다르지 않다. 2023년 초 부산시교육청은 전국에서 처음으로 Chat GPT 교육을 실시하겠다고 밝혔다. 이 같은 시도는 약 5개월 후 다음과 같은 교수·학습 자료집 발간으로 이어진다.

〈표 2〉 부산시교육청의 디지털 기반 수업·평가 자료집

자료집은 '실험을 통한 응용학습 및 Chat GPT로 원리 탐구하기' 등 113개 학습 주제로 이뤄졌다. 학교 현장에서 디지털 기반 수업 혁신을 위해 다양한 디지털 교육 콘텐츠를 적용한 교수·학습방법, 디지털 기반 수업과 연계한 평가 내용 등을 담고 있다. 시교육청은 디지털 기반 수업 활성화를 위해 이 자료집을 7일 각급학교에 보급해 적극 활용토록 할 방침이다.

해당 교수·학습 자료는 블룸의 디지털 텍사노미(Bloom's Digital Taxonomy)에 기반한다. 블룸의 텍사노미(Bloom's Taxonomy)는 교육학 분야에서 학습 목표와 교육 성과를 분류하는 데 사용되는 체계 중 하나다. 이 체계는 지식을 습득하고 이해하는 정도를 여섯 가지 인지적 수준으로 나눈다. 낮은 단계에서 높은 단계로 진행될수록 더 복잡하고 추상적인 사고 능력을 요구하

는 것으로 알려져 있다. 이후 블룸의 제자 앤더슨(Lorin Anderson)은 개정된 블룸의 텍사노미(Bloom's Revised Taxonomy)를 발표한다. 기존 사고력의 범주를 명사형이 아닌 동사형으로 바꾸고, '창조하기'를 '평가하기'보다 높은 수준의 인지적 사고로 간주했다. 이어 기술이 발전하면서 달라진 교육환경으로 인해 2010년대에 블룸의 디지털 텍사노미가 개발된 것이다.

블룸의 디지털 텍사노미는 기억하기, 이해하기, 적용하기, 분석하기, 평가하기, 생산하기의 위계를 지닌다. 그러나 이 같은 위계는 절대적인 것이 아니며 언제든지 재구조화될 수 있다. 디지털 텍사노미는 특정 도구 및 테크놀로지 그 자체에 관한 지식을 강조하기보다, 목표로 하는 학습 결과에 도달하기 위해 이를 '활용 및 적용'하는 것에 초점을 둔다는 특징이 있다. 아래 그림은 블룸의 디지털 텍사노미의 사고 분류 체계이자, 각각의 체계에서 수행할 수 있는 활동을 보여준다.

부산시교육청은 디지털 텍사노미의 6가지 영역에 걸맞은 교수·학습 자료를 개발했다. 그중에서도 '창조하기'와 관련된 교수·학습 자료(33%)가 가장 많다. 물론 블룸의 디지털 텍사노미는 기술의 교육적 활용을 지향한다.

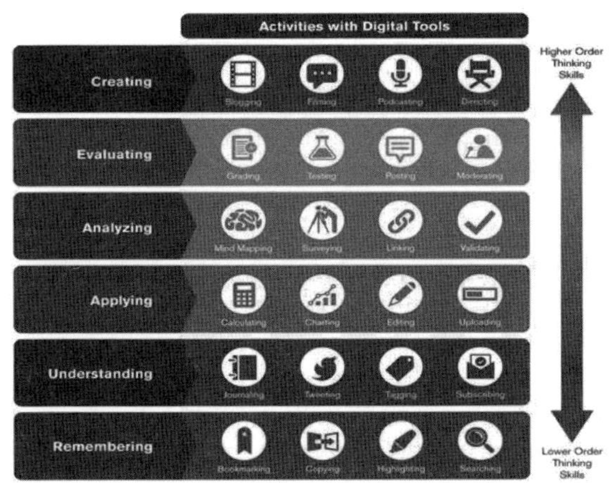

〈그림 8〉 블룸의 디지털 텍사노미(Bloom's Digital Taxonomy)

이 과정에서 학습자들이 디지털 도구를 사용해 고차원적인 인지적 과정을 수행하도록 유도한다. 그러나 해당 사고 분류 체계가 개발된 2010년대와 지금의 상황은 엄연히 다르다. Chat GPT 같은 생성형 AI라는 신기술이 등장한 지금, 블룸의 디지털 텍사노미를 그대로 수용하는 것은 과연 타당할까?

블룸의 텍사노미에서 '창조하기'는 가장 높은 수준의 사고 단계다. 그런데 생성형 AI 기술을 활용하면 단 몇 줄의 프롬프트만으로 예술 작품을 만들거나 글을 쓰는 등의 창조적 활동을 수행할 수 있다. '창조하기' 단계의 본질에 의문이 제기될 수밖에 없다. 기술이 인간의 창조적 사고를 대신해 결과물을 수월하게 만들어 낼 수 있다면, 인간의 창조성이 어떤 의미를 지니는지 다시 숙고해 볼 필요가 있다. 인간의 창조성과 기계의 창조성이 어떻게 구별되는지에 대한 비판적 질문을 하는 것이 더 중요한 과정이 될지도 모른다.

비판적 질문은 곧 기술에 대한 '평가'와 직결된다. 생성형 AI 같은 디지털 기술을 활용하는 과정에서 학습자가 지녀야 할 비판적 사고의 중요성은 매우 크다. AI가 제공하는 정보나 결과물을 단순히 수용하지 않고 주체적으로 평가하고 분석하는 능력이 중요해지는 상황이다. 기존 블룸의 텍사노미에서 가장 높은 수준의 사고로 '평가'를 설정했다는 점을 기억할 필요가 있다.

교원 대상 연수도 '창조하기' 측면에 국한돼 있다. 부산시교육청에서 교원의 디지털 역량 강화를 위해 발표한 인공지능 활용 연수 계획의 일부를 살펴보자. 블룸의 디지털 텍사노미의 '창조하기' 측면에 맞춰 교수·학습을 진행하는 효율적인 방법을 알려주는 데 초점을 맞춘다. 연수 제목만으로 '평가'와 '비판'이 쉽게 읽히지 않는다. 생성형 AI 기술에 대한 비판적 인식, 윤리적 접근과 관련된 연수는 전무하다.

〈표 3〉 교원의 디지털 역량 강화 연수 목록(부산시교육청)

생성형 AI로 나의 꿈 동화책 **출판하기**
미래 역량을 기르는 AI 프로젝트 **수업하기**
언어생성 AI를 활용한 **업무 효율화**
과학(생물, 천체) 수업에 꼭 필요한 에듀테크 활용법
Mizou를 활용한 학습용 **챗봇 만들기**

미래 교육을 위한 Chat GPT 활용 원칙

기술은 인간의 대체재 아닌 보완재

코파일럿(Copilot)은 부조종사를 의미한다. 부조종사는 항공기를 운항할 때 기장을 보조하는 인물이다. 기장과 마찬가지로 코파일럿 역시 항공기를 운항할 수 있는 자격을 갖추고 훈련을 받은 전문가다. 그렇기에 기장과 부조종사는 서로 돕고 협력하며 공동 임무를 완수한다.

최근 마이스코소프트(MS)는 자사의 인공지능 시스템을 코파일럿이라 명명했다. 오토파일럿(Auto Pilot)이라는 용어를 쓰지 않은 이유는 무엇일까? 인간과 기술은 서로 대체하는 관계가 아니라 협력하는 공존 관계로 기능해야 하기 때문이다. 대체가 아닌 보완 관계를 수립할 때만 기술과 인간은 갈등과 투쟁에서 벗어날 수 있다.

이 같은 관점이 낭만적인 이야기는 아니다. 대다수 전문가가 동의하는 바다. 아닌디아 고즈 뉴욕대 스턴경영대학원 교수는 향후 10년간 AI가 인간을 완전히 대체하는 일은 일어나지 않는다고 단언했다. 인공지능과 인간지능은 서로에 대한 '대체재'가 아닌 '보완재'라는 사실에 더 주목해야 한다는 것이다. 커지는 AI의 역할만큼 인간의 판단은 더욱더 중요해진다. 지금까지 개발된 AI는 인간의 감성과 직관을 학습할 수 없다. 법조 분야에서 생성형 AI가 수많은 법령과 판례를 빠르게 분석할 수는 있으나, 판결을 둘러싼 복잡한 상황 맥락을 반영해 인간다운 판결을 내리는 것은 불가능하다. 의료 분야에서 축적된 데이터를 분석해 질병의 정체를 알아낼 수는 있으나, 개인의 생활 습관뿐만 아니라 취향과 선호를 반영한 치료법은 인간만이 만들 수 있다.

교육 분야도 마찬가지다. 생성형 AI가 학생의 수준을 반영해 다양한 교육 자료를 생성할 수는 있다. 그러나 학생의 정서와 감정을 고려한 섬세한 접근은 인간과 인간의 소통을 통해서만 가능할지도 모른다. 최근 사회정서학습(SEL: Social and Emotional Learning)이 중요하게 논의되는 이유 중 하나다. 자신의 감정을 이해·관리하고, 타인을 배려하고 공감하며, 긍정적인 관계를 형성하고 유지하는 역량을 기르는 교육이 갈수록 중요해진다. 단언컨대 이 교육은 인간만이 할 수 있다.

AI 시대의 학습 목표는 비판과 평가

블룸의 디지털 텍사노미는 생성형 AI를 활용한 교육에 적합하지 않다. '생산'과 '창조'라는 영역에 국한해 생성형 AI를 활용하는 수업은 생성형 AI에 대한 몰이해에서 출발한다. 사회, 학교, 교실 등과 같은 다양한 맥락을 반영해 교육 목표를 재구조화해야 한다. 생성형 AI와 협업하는 능력을 강조하면서도, 생성형 AI의 답변과 생산물 등을 비판적으로 분석하고 주체적으로 판단하는 능력을 개발하는 데 초점을 맞추어야 한다. 이 같은 관점에서 다음과 같이 교육 목표의 위계를 재구조화할 수 있다.

사실적 지식 습득

Chat GPT는 다양한 주제에 대한 기초 지식을 쌓는 데 도움이 된다. 그러나 단일한 검색 방식 사용, 획일적인 출처 인용이 권장되어서는 안 된다.

교사는 Chat GPT를 활용한 지식 습득 가능성을 알려주면서도, 다양한 방식의 검색, 다양한 양식의 자료 이해, 다양한 출처의 자료 인용의 중요성을 강조할 필요가 있다. 이를 통해 학습자는 다양한 자료를 비교·분석하는 능력, 자료 간의 관계를 고려해 효용성을 판단하는 방법을 학습하게 된다. Chat GPT에 의존한 자료 검색만 권장한다면 무기력한 학습자를 양산할 수 있다.

복잡한 아이디어 이해

Chat GPT는 학습자의 요구와 수준을 고려해 다양한 수준의 자료를 생산한다. 이때 학생은 AI의 설명이 담고 있는 내용, 구조, 표현 등을 평가하고 이를 적절하게 보완할 수 있어야 한다.

문제 해결을 위한 지식의 적용

Chat GPT가 산출한 답변은 학생의 문제 해결 과정에 적용될 수 있다. Chat GPT를 단순히 지식을 묻는 수단으로 활용하기보다, 직면한 문제를 해결할 수 있는 단서를 얻는 방법으로 활용할 필요가 있다. 문제 해결을 위한 전략적 도구로 활용하는 것이다.

Chat GPT의 답변에 대한 비판적 분석

학생들은 생성형 AI의 부정확성, 편향성, 추상성 등을 고려해 결과물의 타당성과 신뢰성을 분석해야 한다. 이는 비판적 사고 능력의 개발과 관련된다.

다양한 정보의 종합

학생들은 Chat GPT를 활용해 균형 잡힌 관점과 지식 간의 상호 연결성을 더 깊이 이해할 수 있다.

Chat GPT가 생산한 결과물에 대한 평가

비판적 분석을 통해 Chat GPT가 생산한 결과물에 대한 수용 여부, 활용 방식 등을 주체적으로 판단할 수 있다. 이 과정에서 교사·학생 간 논의와 토론 등을 통해 Chat GPT 같은 생성형 AI의 장점과 한계를 인식하는 과정이 중요하다.

생성형 AI 사용과 관련된 윤리 교육

교사는 다양한 상황에 적용할 수 있는 규칙을 만들고 전달해야 한다. 각 규칙은 타당하고 합리적이어야 한다. 명확한 규칙과 지침은 학생의 책임감을 길러준다. 그리고 이를 바탕으로 협력과 논의를 이끌어낼 수 있어야 한다. 가령 Chat GPT를 학습을 위한 수단으로 활용할 수 있으나, 이 과정에서 비판적 판단, 주체적 활용이 필요하다는 점을 강조해야 한다. 생성형 AI를 유용하게 이용하면서도 과도하게 의존하지 않고 독립적인 학습에 필요한 인지능력을 개발할 수 있는 환경을 구축하는 것이 중요하다.

이때 중요한 것은 각 규칙의 근거를 타당하게 설명해 주는 것이다. 생성형 AI의 환각 효과가 얼마나 위험한지, AI가 학습한 자료가 얼마나 편향될 수 있는지, AI가 생산한 자료를 무비판적으로 활용하는 글쓰기가 얼마나 공허한지 등을 합리적으로 설명하는 과정이 필요하다.

이 과정에서 학생들과 원활한 의사소통을 유지해야 한다. 교실 학습 환경에서 Chat GPT를 사용할 때의 잠재적인 이점이나 위험과 관련된 주기적인 논의와 토론이 필요하다. 이를 통해 교사와 학생 모두 기술의 가능성과 한계를 더 깊이 이해할 수 있다. 다양한 아이디어와 피드백이 적절하게 교류되면서 교사와 학생은 학습 과정을 개선하기 위해 생성형 AI를 활용하는 효율적인 사례를 공동 개발할 수 있게 된다.

규칙과 지침은 끊임없이 변화해야 한다. 기술 발전 속도를 윤리가 따라잡기는 쉽지 않다. 이 과정에서 각종 윤리적 딜레마가 발생한다. 따라서 새로운 기술의 등장이 교실 환경에 미치는 위험에 대한 섬세한 주의가 요구된다. 이 같은 민감성이야말로 새로운 기술이 유발할 위협으로부터 의미 있는 학습을 지킬 수 있는 버팀목이 될 것이다.

과정 중심 평가의 본질적 의미 회복

교육 현장은 개념과 원리의 치명적 변이(lethal mutation)를 조심해야 한다. 이는 좋은 의도로 시작했으나 잘못된 방식으로 실행되어 효과가 없거나 심지어 해를 끼칠 수 있는 상황을 의미한다. 연구에 근거한 실천 혹은 전략이 새로운 교육 환경이나 맥락에 맞게 적절히 조정되지 않고 서둘러 도입될 때 이 같은 변이가 발생한다.

치명적 변이의 대표적인 사례로 과정 중심 평가를 들 수 있다. 과정 중심 평가는 결과 중심 교육에서 벗어나 학습자의 수준과 성장 과정을 진단하고 지원하기 위한 형성적 피드백을 강조한다. 그런데 교육 현장에서는 과정 중심 평가가 '단계별 평가'의 결과를 총괄 평가에 반영하는 방식으로 변질되었다. 학생의 수행 과정을 세세한 단계로 나누고, 단계별 산출물을 모두 평가한 뒤 해당 평가 결과를 합산하여 최종 등급을 매기는 방식으로 구현된 것이다.

Chat GPT는 변질된 과정 중심 평가의 본질적 의미를 되살리는 데 활용될 수 있다. 이는 Chat GPT 같은 생성형 AI를 단순한 '생산'과 '창조'의 도구로 활용하지 않는 데서 시작된다. Chat GPT를 '진단'과 '평가'의 목적으로 교수·학습 과정에 적용하면 학습자에게 유의미한 피드백을 할 수 있다.

이 과정에서 타당한 채점 기준표가 필요하다. 채점 기준표는 학습자의 성장을 통해 확인하고자 하는 수행별 기대 수준을 정확하게 분류하는 데 활용된다. 이는 교실 학습 환경의 맥락을 반영해 인간 교사만이 타당하게 제작할 수 있다. 이 같은 채점 기준표를 Chat GPT에게 학습시킨 뒤 학생이 산출한 결과물에 대한 '평가'와 '피드백'을 요구하는 것이다. 물론 학습자들은 Chat GPT의 피드백을 비판적으로 분석하고 주체적으로 활용해야 한다.

최근 이 같은 Chat GPT의 기능을 실제 교육에 적용한 연구가 발표된 바 있다(최진영 외, 2023). 학생들이 자신이 작성한 초고를 바탕으로 Chat GPT에 평가와 피드백을 요구한 뒤 이를 활용하는 과정을 분석한 것이다. 이 과정에서 학습자들은 Chat GPT에 다양한 측면의 질문을 구사했고, Chat GPT의 답변을 비판적으로 수용했다. 연구 결과 Chat GPT의 답변을 수용한 비율은 54.9%로 나타났다. 해당 수업은 Chat GPT의 답변에 대한 비판적 점검과 주체적 활용을 강조하는 방향으로 구성되었다. 그 결과 학습자 또한 Chat GPT의 잘못된 판단, 허위 정보 등에 민감하게 반응한 것이다. 이 같은 수업을 통해 학습자의 글쓰기 능력은 유의미하게 향상될 수 있었다. 단순한 '생산'과 '창조'가 아닌 '진단'과 '평가'에 주목한 '주체적 활용'으로 인간의 역량이 신장된 것이다.

효과적인 프롬프트 작성 방법

물론 학습자들은 Chat GPT 같은 생성형 AI 사용법을 숙지해야 한다. 이때 중요한 것이 프롬프트 구성 방법이다. 간단하고 단순한 차원의 프롬프트만으로는 원하는 결과를 얻을 수 없다. 학생들에게 잘 구조화된 프롬프트를 통해 원하는 결과를 얻을 수 있는 전략을 가르칠 필요가 있다. 일각에서는 이를 프롬프트 엔지니어링(Prompt Engineering)이라 하며 중요성을 강조한다. 그러나 이 같은 프롬프트 디자인은 교육의 본질적 목표가 아니다. 원하는 결과를 얻기 위한 하나의 전략으로 보는 것이 타당하다. 다음에 소개하는 프롬프트 구성 방법을 활용해, 프롬프트의 특징에 따라 결과물의 질이 달라지는 상황을 확인할 필요가 있다.

〈표 4〉 Chat GPT 프롬프트 구성법

가. 질문은 최대한 구체적으로 하기
나. 질문은 단계별로 제시하기(=연쇄 사고형 프롬프트)
다. Chat GPT에게 구체적인 역할 부여하기
라. 답변에 필요한 정보는 미리 학습시키기(=퓨샷 프롬프트)
마. 예시를 들어 설명하고, 예시를 들어 답변하게 하기
바. Chat GPT의 답변을 끝없이 의심하고 비판하기
사. 추가 답변을 계속 요구하기

지금까지 살펴본 5가지 원칙을 종합적으로 반영해 Chat GPT를 교육에 활용할 때의 유의 사항을 다음과 같이 점검할 수 있다.

〈표 5〉 Chat GPT 활용 교육을 위한 점검 사항

점검 사항	예/아니오
1. Chat GPT 같은 AI 기술을 사용하는 것에 익숙한가?	
2. 기본적인 프롬프트 구성법을 인지하고 있는가?	
3. 현행 법률이나 규정을 침해하지 않는 것이 확실한가?	
4. Chat GPT 같은 생성형 AI 기술의 한계와 단점을 알고 있는가?	
5. 교사가 설정한 학습 목표는 학생 중심적인가?	
6. 학생들이 Chat GPT를 활용해 상호작용, 협업할 수 있는 공간을 마련했는가?	
7. 학생들에게 Chat GPT 사용 규칙을 상세하게 안내했는가?	
8. Chat GPT 사용 규칙을 이해할 수 있는 타당한 설명을 제공했는가?	
9. Chat GPT 사용 규칙과 관련해 학생들과 충분하게 소통했는가?	

10. Chat GPT 사용 규칙을 개선하기 위해 학생들과 논의했는가?	
11, 학습 결과물이 아닌 학습 과정을 점검하고 평가했는가?	
12. 평가를 통해 학습자의 지속적인 성장과 발전을 유도했는가?	
13. 수업 중 구성하는 프롬프트와 학습 내용이 학습 목표에 부합하는가?	
14. Chat GPT의 답변, 반응을 비판적으로 검증할 수 있는 단계를 마련했는가?	
15. Chat GPT의 답변을 인용할 때 지켜야 할 규칙, 책임감을 안내했는가?	

부산 미래 교육의 진짜 인공지능 교육을 위해

다시 첫 번째 질문으로 돌아가자. 기술은 인간을 대체할까? 안타깝게도 언젠가는 기술이 인간을 대체하고 말 것이다. 인간은 노동 없는 사회에서 기술이 만든 풍요로움 위에 발 딛고 서게 될지도 모른다. 이 같은 관점에서 발전하는 기술에 감탄하며 끝없는 '생산'과 '창조'를 강조하는 교육은 얼핏 보면 미래에 대비하는 교육인 듯도 하다.

그러나 '미래 교육'은 '단일한 미래'를 상상하는 교육에 그쳐선 안 된다. 갑자기 마주할 미래에 생존하기 위해 '역량'을 길러야 한다는 전제로 지금 필요한 교육을 도외시해서도 안 된다. 미래는 도래하지 않았기에 가정적이며, 세상은 직선으로만 나아가지 않기에 불확실하다. 언제 현실이 될지도 모를 미래를 위해 지금의 교육을 저당 잡히는 방식의 교육은 결코 지속 가능하지 않다.

Chat GPT에게 지금까지 쓴 글을 학습시켰다. 그리고 다음과 같이 요구했다. "지금까지 내가 쓴 글의 주제를 반영해서 '부산 미래 교육의 진짜 인공지능 교육을 위해'라는 제목으로 한 단락 분량을 작성해 줘." 그러자 다음과 같은 답변이 나왔다.

부산 미래 교육은 인공지능을 단순한 도구가 아닌, 학생들의 학습을 개별화하고 비판적 사고를 강화하는 협력자로 활용해야 합니다. 교육 기술의 빠른 발전 속에서도 학생들 각자의 개성과 창의력을 존중하고 발전시키는 것이 중요합니다. Chat GPT 같은 기술을 사용함에 학생들이 단순히 정보를 받아들이는 것이 아니라, 그 정보를 평가하고 비판하는 능력을 길러야 합니다. 이를 위해 교사들은 기술을 교실에 통합하는 법뿐만 아니라, 기술에 의존하지 않고 독립적으로 사고하고 배울 수 있는 환경을 제공하는 데 집중해야 할 것입니다.

이 글의 주제를 꽤나 잘 담아낸 이 답변은 몇 번의 시도 끝에 나왔을까? 정확히 다섯 번 만에 나왔다. Chat GPT의 답변을 읽고 의심하며 계속 요구했다. 그러나 이 답변 또한 100% 마음에 들지 않는다. 문장과 어휘를 바로잡고 추상적인 논의를 구체화해야 한다. 기술은 아직 우리를 대체할 수 없다. 기술과 인간은 당분간 이 같은 관계로 공존하게 될 것이다.

참고문헌

Mogavi, R. H., Deng, C., Kim, J. J., Zhou, P., Kwon, Y. D., Metwally, A. H. S., & Hui, P.(2024). Chat GPT in education: A blessing or a curse? A qualitative study exploring early adopters' utilization and perceptions. Computers in Human Behavior: Artificial Humans, 2(1), 100027.

강혜경, 김일라, 박건휘, 송은아, 김대권(2023). Chat GPT 활용 교육에 대한 현장 교사의 인식 연구. 학습자중심교과교육연구, 23(19), 567-580.

최진영, 김형성, 송보라, 김지수(2023), 생성형 인공지능 Chat GPT를 활용한 고등학생의 작문 과제 고쳐쓰기 양상, 리터러시 연구 14(6), 79-119.

6장

부산의 지역 간 교육격차 실태와 개선 방안

- 교육 통계와 선행연구 결과를 중심으로

강석봉

들어가며

“개천에서 용 난다.”라는 속담은 이제 옛말이 되었다. 우리나라는 전통적으로 교육을 통해 사회적 신분을 상승할 수 있다는 믿음을 갖고 살아왔지만, 4차 산업혁명과 코로나-19로 대별되는 현대사회에서는 빈부 격차가 심해지면서 사회·경제적 양극화 현상이 더욱 심화하고 있다. 이런 현상은 교육에서도 계층 간, 지역 간 교육격차로 나타나면서 교육 양극화에 따른 교육격차 문제는 우리 사회의 핵심 과제로 등장하고 있다.

우리나라의 교육격차는 교육 현장의 문제만이 아니라 사회적·경제적 격차로 확대되어 국민통합과 국가 발전을 저해하는 요인으로 우려되고 있다. 학생들의 사회·경제적 배경을 기초로 상층의 학생들은 높은 성취 수준과 보다 좋은 사회적 지위를 얻는다. 하지만 하층의 학생들은 낮은 성취 수준을 보이고, 가난의 대물림으로 인한 계층 고착화 현상이 나타나고 있다. 지금 우리 사회는 학생 개인의 능력보다 그가 속한 가정, 학교 지역 요인에 따라 교육기회의 차이가 발생하고, 교육성취 결과가 달라지는 양상을 보인다(류방란·김성식, 2006).

우리나라 교육격차 문제의 대표적인 지역으로 꼽히는 곳은 서울 강남 8학군, 성남 분당구, 대구 수성구 등인데, 부산에서도 동서 간 교육격차 문제가 사회 이슈로 제기되고 있다. 부산의 교육격차는 동부산과 서부산으로 구분되어 나타나는데, 동부산 지역은 해운대구, 수영구, 금정구, 동래구, 연제구, 부산진구, 동구, 남구, 기장군이 해당하며, 서부산 지역은 강서구, 북구, 사상구, 사하구, 서구, 중구, 영도구의 7개 지역이 해당한다. 부산교육에서 동부산 지역에 비해 서부산 지역은 교육 낙후 지역으로 분류되고, 교육격차를 발행시키는 요인으로 인식된다(박창언·박웅희·조영석, 2012). 특히 부산에서도 '신(新)맹모삼천지교'로 서부산권 학령인구는 줄고 동부산권은 늘어나는 추세를 보인다(부산일보, 2017.3.2.).

부산광역시교육청은 부산 내 지역 간 교육격차 해소를 위해 교육균형발전사업을 추진해 왔고, 부산교육정책연구소를 중심으로 부산교육 종단연구, 연구보고서, 학술대회 등을 통해 다양한 연구 결과(김혜영, 2021; 이자형, 2017)와 구체적인 교육정책을 시행하고 있다. 부산지역 교육격차는 교육지원청 간, 자치구·군 간에도 심각한데, 특히 동서 간 교육격차 못지않게 자치구·군 간의 교육격차 문제도 심각하다(김경근, 2005; 김혜영, 2021; 성병창, 2013; 이자형; 2015). 이상의 논의를 바탕으로 본 연구에서는 부산의 교육격차 실태와 개선방안을 교육 통계와 선행연구 결과를 중심으로 분석하여 제시했다.

교육격차란 무엇이고, 어떻게 분석하는가?

교육격차의 개념

'교육격차(educational disparity)'라는 용어는 학력 격차, 학업성취도 격차, 학력 차이, 학력 저하, 교육 양극화, 교육 불평등 등의 용어와 혼용되어 사용되고 있다(김민희, 2017; 김병성, 2003; 류방란·김성식, 2006; 박경호 외, 2017; 박주호·백종면, 2019). 학력 격차, 학업성취도 격차, 학력 차이, 학력 저하 등의 용어는 교육의 결과에 주목하는 관점이지만, 교육격차, 교육 양극화, 교육 불평등 등의 용어는 학업성취도 결과뿐만 아니라 투입 및 과정 요인까지 포함하는 의미가 있다(류방란·김성식, 2006). 하지만 교육격차는 가치중립적 개념으로, 격차의 양상과 유발 요인을 현상적·실제적·가시적 관점에서 파악하려 하지만, 교육 불평등은 격차를 이념적·사상적·상징적 관점에서 바라보는 차이가 있다. 따라서 교육격차는 교육 활동에 개입되는 다양한 유·무형의 자원과 지원의 차이가 교육 기회 및 결과에 미치는 영향을 파악하고자 한다. 반면, 교육 불평등은 사회·경제적 구조로 인해 나타나는 불평등이 교육 영역에서도 재생산되기 때문에 교육에 영향을 미치는 자원과 지원의 불공평한 접근과 배분에 주목한다. 한편, 교육 양극화는 교육격차 또는 교육 불평등이 나타내는 양상의 하나로 집단 간 차이는 뚜렷하지만 집단 내 차이는 줄어드는 현상을 의미한다(김경애·류방란 외, 2020). 교육 불평등의 입장에서 양극화는 불평등의 심화를 의미하므로 교육 형평을 위한 적극적인 정책 개입의 대상이 된다.

교육격차는 교육 투입의 부족 또는 결합 과정이 잘못되어 생기는 교육 산출의 차(差)의 정도를 의미한다. 교육의 격차는 한 개인(또는 집단)이 다른 개인(또는 집단)보다 상대적인 의미에서 결핍되어 있고, 기회 균등보다는 결과에서의 균등, 그리고 교육의 등질화(等質化) 기능보다는 분화(分化) 기능의 관점에서 이해되며(서울대학교 교육연구소, 1995), 교육 제반 영역에서 발생하는 개인 또는 집단 간 차이를 의미한다(김위정 외, 2015).

교육격차는 포괄적인 개념으로 교육의 투입(기회), 과정, 산출(결과)에서 나타나는 개인 또는 집단 간 차이로, 한국 교육이 해결해야 할 중요한 과제

중 하나다. 본 연구에서 교육격차는 주로 학업성취도 격차, 학력 차이 등을 포괄하는 학력 격차 및 이와 관련한 요인들의 격차를 의미한다.

교육격차 분석 모형

교육격차를 유발하는 요인은 학자에 따라 차이가 있지만 대체로 가정 요인·학교 요인·지역 요인에 의해 유발된다고 본다. 특히 교육격차를 학업성취도로 나타나는 학력 격차라고 볼 때 교육격차는 가정 요인을 중심으로 학교 요인, 지역 요인이 핵심 요인으로 영향을 미친다고 볼 수 있다. 이에 본 연구는 투입-과정-산출의 체제이론을 배경으로 〈그림 1〉과 같이 교육격차 분석 모형을 설정하고, 부산의 지역 간 교육격차를 분석했다(하봉운, 2005; 한정신, 1980).

첫째, 환경 요인은 교육이 이루어지는 지역 요인으로, 주로 사회·경제적 배경에 따른 주거지의 교육 환경을 의미한다. 대표적으로 거주지역의 사교육 환경을 나타내는 '학원 수' 지표가 있다.

둘째, 투입 요인은 가정 요인, 학생 요인, 학교 요인을 포함한 교육 활동이 이루어지기 위한 준비 요인을 의미한다. 가정 요인은 학생의 교육적 성취에 영향을 미치는 '부모의 교육수준', '소득', '사교육비', '직업', '지위' 등의 지표가 있다(김경근, 2005; 류방란·김성식, 2006). 학생 요인은 학생의 학업성취에 영향을 미치는 핵심 요인이다. 학교 요인은 교육격차를 완화시킬 수 있는 중요 요인으로(백병부·박미희, 2015; 허은정·신철균·정지선, 2012), '학교의 설립 유형', '학생 구성', '교육과정 운영', '학교 여건', '학교 특성 및 학교 풍토' 등의 지표가 있다.

셋째, 과정 요인은 학생의 교육 활동 중에 영향을 미치는 요인으로, '가정의 심리적 환경', '학생 개인 요인(학습 동기 등)', '교수 요인', '학교의 심리·사회적 배경' 등의 지표가 있다.

넷째, 산출(결과) 요인은 학생의 교육 활동의 결과로 나타나는 지표로, 대표적으로 '학업성취도 결과' 지표가 있다.

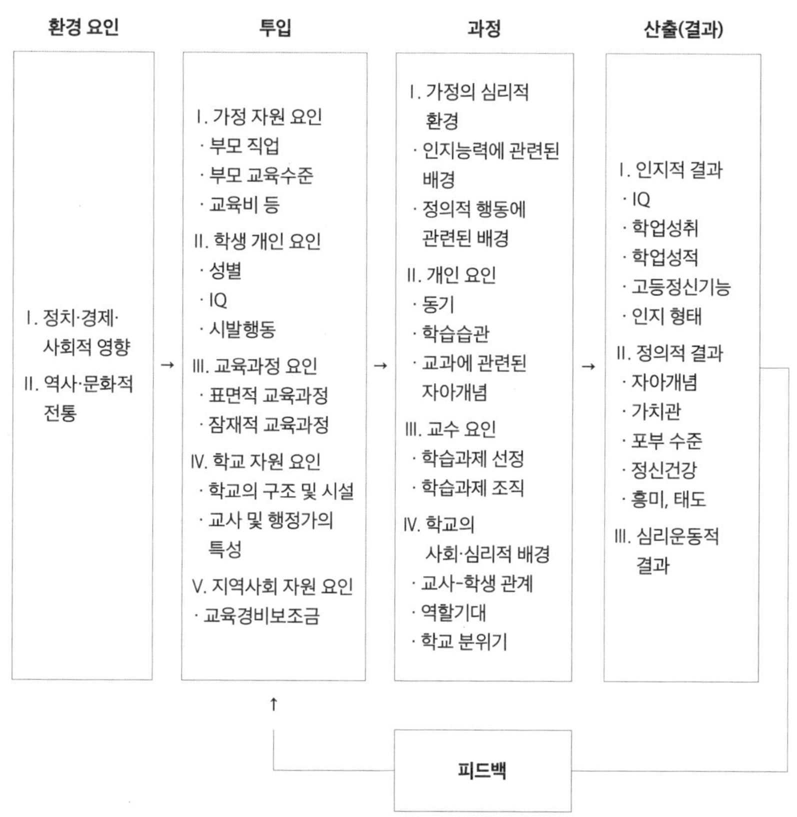

출처: 하봉운(2005). 지방분권시대 지역 간 교육격차 실태 및 개선 방안

〈그림 1〉 교육격차 분석 모형

우리나라의 교육격차는?

환경 요인

우리나라의 교육격차를 나타내는 환경 요인 중 대표적인 사교육 지표를

살펴보면, 2023년 전국 지역별 유아 영어학원 전수조사 결과는 〈표 1〉과 같다. 지역별 유아 영어학원 수는 서울 283개, 경기 228개, 부산 66개, 대구 41개, 인천 40개, 충북 8개, 전북 10개, 전남·경북 6개 순이다. 즉, 우리나라 유아 영어 학원 수는 서울 및 광역시 지역이 상대적으로 높고, 이를 통해 지역별 환경 요인의 격차를 확인할 수 있다.

〈표 1〉 2023년 전국 지역별 유아 영어학원 전수조사

구분	서울	부산	대구	인천	광주	대전	울산	세종	-
개소	283	66	41	40	13	35	23	10	-
구분	경기	강원	충북	충남	전북	전남	경북	경남	제주
개소	228	12	8	14	10	6	6	39	13

출처: 교육부 보도자료, '사교육 경감대책'(2023.6.26.)

투입 요인

교육격차를 유발하는 가정 요인 중 대표직인 지표인 '연도별 사교육비의 변화', '1인당 월평균 사교육비', '지역별 사교육비'의 지표는 아래와 같다.

첫째, 연도별 사교육비와 1인당 월평균 사교육비는 2007년 22.2만 원에서 2022년 41.0만 원으로 계속 증가하는 경향을 보였다[2010~2012년,

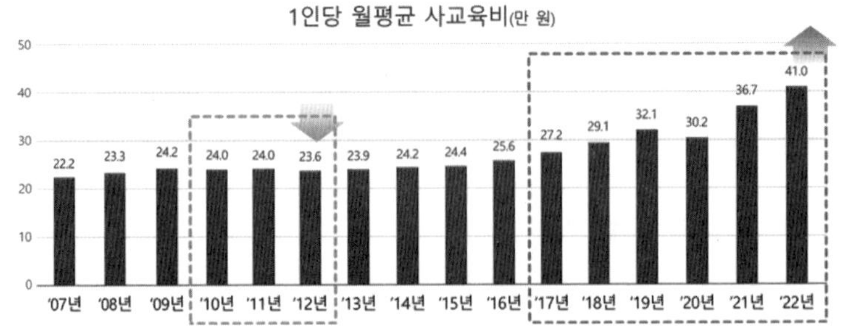

출처: 교육부 보도자료, '2022년 사교육비 경감대책'(2023.6.26.)

2022년 학생 1인당 월평균 사교육비

2020년(코로나19 영향) 제외].

둘째, 2022년 지역별 사교육비에서 전체 학생의 지역별 1인당 월평균 사교육비는 서울 59.6만 원, 중소도시 40.1만 원, 광역시 39.5만 원, 읍면지역 28.2만 원 순으로 나타났다. 참여 학생의 지역별 1인당 월평균 사교육비는 서울 70.7만 원, 중소도시 50.7만 원, 광역시 50.6만 원, 읍면지역 40.0만 원 순으로 나타났다. 이와 같이 2022년 서울과 읍면지역의 1인당 월평균 사교육비는 30만 원 정도의 격차가 확인되었다.

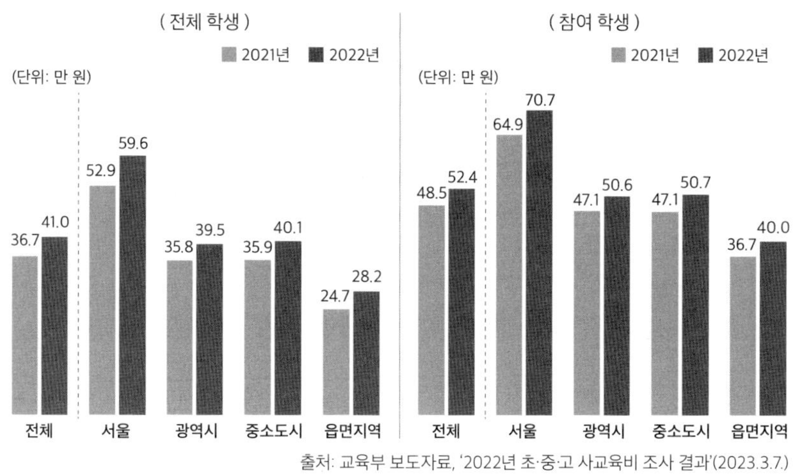

출처: 교육부 보도자료, '2022년 초·중·고 사교육비 조사 결과'(2023.3.7.)

2022년 지역별 학생 1인당 월평균 사교육비

산출(결과) 요인

2021년 한국교육개발원 국가수준학업성취도평가의 지역별 교육격차 결과를 살펴보면, 3수준(보통학력) 이상 중3 국어는 대도시 75.9%, 읍면 67.1%, 수학은 대도시 61.0%, 읍면 42.2%, 영어는 대도시 69.3%, 읍면 50.1%로, 대도시와 읍면지역 간 학업성취도의 성취수준 결과에 유의미한 차이를 보였다.

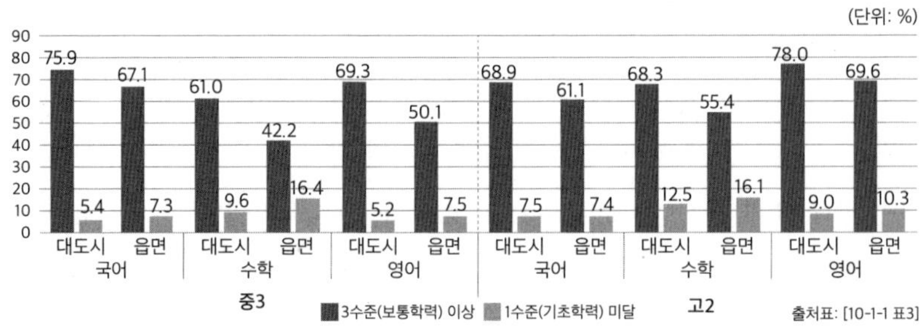

출처: 교육통계서비스, '2021 한국의 교육지표'

지역별 국가수준학업성취도평가 성취수준 비교(중3, 고2, 2021)

부산의 교육격차는?

환경 요인

첫째, 부산시 교육격차를 유발하는 환경 요인 중 2021년 부산의 자치구(군)별 인구 증감 현황은 〈표 2〉와 같다. 지난 10년간 14개 자치구 인구

〈표 2〉 부산시 자치구(군)별 인구 증감 현황

(2021.12. 기준, 단위: 명, %)

지역별	원도심				서부산			
구군별	동구	중구	서구	영도구	강서구	북구	사상구	사하구
2010년	102,859	50,555	127,068	148,431	55,269	313,553	261,673	362,697
2021년	89,712	42,609	107,143	112,451	147,347	285,490	212,771	310,195
증감 (증감률)	-13,147 (Δ12.8)	-7,946 (Δ15.7)	-19,925 (Δ15.7)	-35,980 (Δ24.2)	81,078 -122.3	-28,163 (Δ9.0)	-48,902 (Δ18.7)	-52,502 (Δ14.5)

지역별	중부산					동부산			
구군별	금정구	동래구	부산진구	연제구	남구	해운대구	수영구	기장군	부산시 전체
2010년	257,662	283,636	398,174	213,453	301,904	429,477	179,208	103,762	3,600,381
2021년	231,996	268,004	355,902	208,050	267,422	401,131	176,812	179,174	3,396,109
증감 (증감률)	-25,666 (Δ10.0)	-15,632 (Δ5.5)	-42,272 (Δ10.6)	-5,403 (Δ2.5)	-34,482 (Δ11.4)	-28,346 (Δ6.6)	-2,396 (Δ1.3)	75,412 (72.7)	-204,272 (Δ5.7)

출처: 부산광역시교육청, 부산교육균형발전 4단계 보완·변경 계획(2022.5.)

는 감소하는 반면 강서구·기장군 인구는 증가했다. 2021년 부산 인구는 3,396,109명으로, 2010년 3,600,381명 대비 204,272명(5.7%) 감소했다. 16개 자치구(군) 중 14개 자치구 모두 인구가 감소했으며, 특히 원도심(동·중·서·영도구) 지역 인구감소 현상이 두드러졌다. 두드러진 지역은 영도구 24.2%, 사상구 18.7%, 중구 15.7%, 서구 15.7%, 사하구 14.5% 순이다. 반면 신도시를 포함하는 강서구(명지)와 기장군(정관·일광)의 인구는 강서구가 122.3%, 기장군이 72.7% 증가했다.

둘째, 2021년 부산 자치구(군)별 학령인구가 인구감소 추세 속에 계속 감소했다. 2021년 부산의 학령인구는 316,351명으로, 2010년 464,020명 대

〈표 3〉 부산시 자치구(군)별 초·중·고 학령인구

(2021.12. 기준, 단위: 명, %)

자치구	지역별 학령인구							증감 (2021-2010)	
	2010	2016	2017	2018	2019	2020	2021		
동구	10,467	6,475	6,150	5,801	5,622	5,549	5,447	-5,020	(△10.6)
중구	4,700	3,030	2,764	2,442	2,267	2,102	1,940	-2,760	(△58.7)
서구	14,034	9,223	8,651	8,538	8,174	8,250	8,116	-5,918	(△42.2)
영도구	16,355	10,500	9,864	9,174	8,546	8,071	7.899	-8,456	(△51.7)
강서구	6,511	11,829	13,270	14,709	16,304	18,400	20,045	13,534	(207.9)
북구	46,768	32,544	30,521	28,837	27,530	26,409	26,092	-20,676	(△44.2)
사상구	33,453	20,998	19,946	18,839	17,977	17,125	16,648	-16,805	(△50.2)
사하구	49,284	34,403	33,181	31,603	30,151	28,838	28,057	-21,227	(△43.1)
금정구	32,095	23,071	22,377	21,430	20,512	19,793	19,410	-13,575	(△41.2)
동래구	38,618	30,089	29,397	28,509	28,710	29,097	29,002	-9,516	(△24.7)
부산진구	46,422	33,172	31,797	30,263	29,046	28,562	27,998	-18,424	(△39.7)
연제구	26,816	20,944	20,180	19,675	19,460	19,451	19,342	-7,474	(△27.9)
남구	37,952	29,325	28,166	28,166	27,440	26,772	26,296	-11,656	(△30.7)
해운대구	65,250	49,810	47,535	45,735	44,245	43,628	42,923	-22,327	(△34.2)
수영구	20,518	15,242	14,771	13,966	13,639	13,533	13,380	-7,138	(△34.8)
기장군	13,987	20,287	20,852	21,529	21,954	23,234	23,756	9,769	(69.8)
계	464,020	350,942	339,422	329,416	321,577	318,814	316,351	-147,669	(△31.8)

출처: 부산광역시교육청, 부산교육균형발전 4단계 보완·변경 계획(2022.5.)

비 147,699명(31.8%) 감소했다. 16개 자치구(군) 중 14개 자치구 모두 학령인구가 감소했고, 특히 지역별 인구감소 현상과 같이 원도심(동·중·서·영도구) 지역 학령인구가 2010년 대비 중구 58.7%, 영도구 51.7%, 사상구 50.2%, 동구 48.0%, 서구 42.2%로, 감소가 두드러졌다. 반면 신도시를 포함한 강서구(명지, 207.9%)와 기장군(정관·일광, 69.8%)은 학령인구가 증가했다.

투입 요인

첫째, 투입 요인 중 가정 요인을 살펴보면, 2020년 부산의 가구 자치구(군)별 월평균 소득수준은 원도심 지역이 가장 낮았다. 월평균 가구소득 '300만 원 미만' 가구 비율은 동·중·서구 등 원도심에서 높고, 중부산권(금정·연제구) 및 동부산권(수영구)은 일부 구가 포함되었다. 자치구별로 동구 83.0%, 중구 77.8%, 서구 75.3%, 금정구 73.5%, 수영구 72.7%, 연제구 72.3%, 영도구 71.7% 순으로 나타났다. 월평균 가구소득 '300만 원 이상' 가구 비율은 해운대 46.1%, 강서구 45.9%, 동래구 38.8%, 북구 37.0, 기장군 36.7% 순으로 해운대·강서구가 높다.

〈표 4〉 2020년 부산시 자치구(군)별 월평균 가구소득(가구 수) 비율

(2020.12. 기준, 단위: %)

지역별	원도심				서부산				중부산					동부산		
구군별	동구	중구	서구	영도	강서	북구	사상	사하	금정	동래	부산진구	연제	남구	해운대	수영	기장
300만 원 미만	83.0	77.8	75.3	71.7	54.1	63	70.8	68.3	73.5	61.2	65.5	72.3	68.5	53.9	72.7	63.3
300만 원 이상	17.0	22.2	24.7	28.3	45.9	37	29.2	31.7	26.5	38.8	34.5	27.7	31.5	46.1	27.3	36.7

출처: 부산광역시교육청, 부산교육균형발전 4단계 보완·변경 계획(2022.5.)

둘째, 투입 요인 중 가정 요인에서, 2023년 부산시 가구별 월평균 공교육

비는 20.3만 원, 사교육비는 60.9만 원이다. 2023년 부산시 자치구(군)별 가구당 월평균 교육비는 동래구 85.1만 원, 남구 74.6만 원, 해운대구 73.9만 원 순으로 높고, 동구 38.6만 원, 사하구 36.6만 원 순으로 낮다.

〈표 5〉 2023년 부산시 자치구(군)별 가구당 월평균 교육비

		가구당 월평균 교육비(가구주)		
		평균 자녀 수	월평균 공교육비	월평균 사교육비
자치구(군)	전체 평균	1.6	20.3	60.9
	중구	1.4	18.9	43.0
	서구	1.4	29.6	45.3
	동구	1.6	18.3	38.6
	영도구	1.5	13.1	43.2
	부산진구	1.6	17.6	60.8
	동래구	1.7	25.5	85.1
	남구	1.5	21.9	74.6
	북구	1.6	16.2	50.7
	해운대구	1.6	27.0	73.9
	사하구	1.5	19.1	36.6
	금정구	1.6	20.4	61.4
	강서구	1.7	17.8	71.7
	연제구	1.5	19.4	59.9
	수영구	1.5	22.3	56.3
	사상구	1.5	17.5	46.2
	기장군	1.7	11.6	64.2

출처: 부산광역시, '2023년 부산사회조사 통계표'

셋째, 투입 요인 중 학교 요인을 살펴보면, 2022년 부산 자치구(군)별 초·중·고 학교 현황은 전체 616교로, 초 304교(49.4%), 중 170교(27.6%), 고 142교(23.0%)였다. 그중에서 중부산권이 243교(39.4%)로 가장 높으며, 원도심 지역이 77교(12.5%)로 가장 낮다.

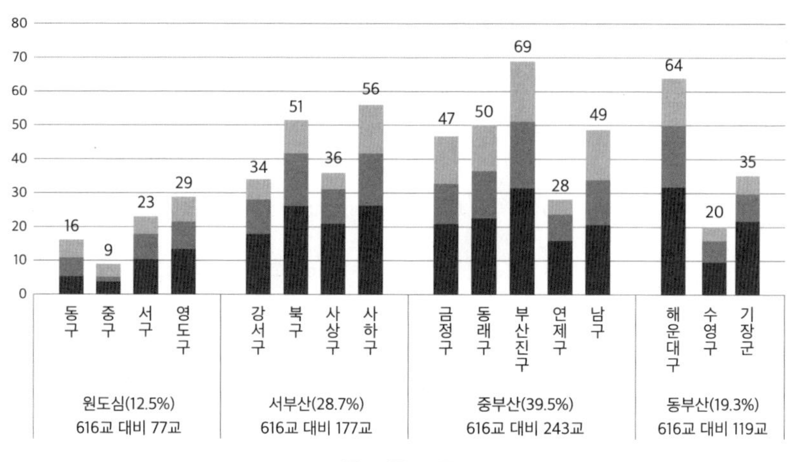

출처: 부산광역시교육청, 부산교육균형발전 4단계 보완·변경 계획(2022.5.)

2022년 부산시 자치구(군)별 초·중·고 학교 현황

〈표 6〉 2022년 부산시 자치구(군)별 학교 현황

(2022.3.1. 기준, 단위: 교)

구분	원도심					서부산					중부산						동부산				계
	동구	중구	서구	영도	소계	강서	북구	사상	사하	소계	금정	동래	부산진구	연제	남구	소계	해운대	수영	기장	소계	
초	6	4	11	14	**35**	18	27	21	26	**92**	21	23	32	16	21	**113**	32	10	22	**64**	**304**
중	5	1	7	8	**21**	10	15	10	16	**51**	12	14	19	8	13	**66**	18	6	8	**32**	**170**
고	5	4	5	7	**21**	6	9	5	14	**34**	14	13	18	4	15	**64**	14	4	5	**23**	**142**
계	16	9	23	29	**77**	34	51	36	56	**177**	47	50	69	28	49	**243**	64	20	35	**119**	**616**

※ 특수학교(15교), 각종학교(2교), 고등기술학교(1교) 제외
출처: 부산광역시교육청, 부산교육균형발전 4단계 보완·변경 계획(2022.5.)

넷째, 투입 요인 중 학교 요인에서 부산의 자치구(군)별 설립별 학교 현황을 살펴보면, 부산의 전체 학교 수 616교 대비 사립학교는 116교(18.8%)다. 학교급별 사립학교 비율은 사립고 75교(52.8%), 사립중 35교(20.6%), 사립초 6교(2.0%) 순으로 고등학교 사립 비율이 가장 높다. 또 지역별 사립학교 비율

은 중부산 22.4%, 원도심 26.0%, 서부산 13.6%, 동부산 11.8% 순이고, 자치구(군)별로 중구 66.7%, 기장 5.7%로 차이를 보인다.

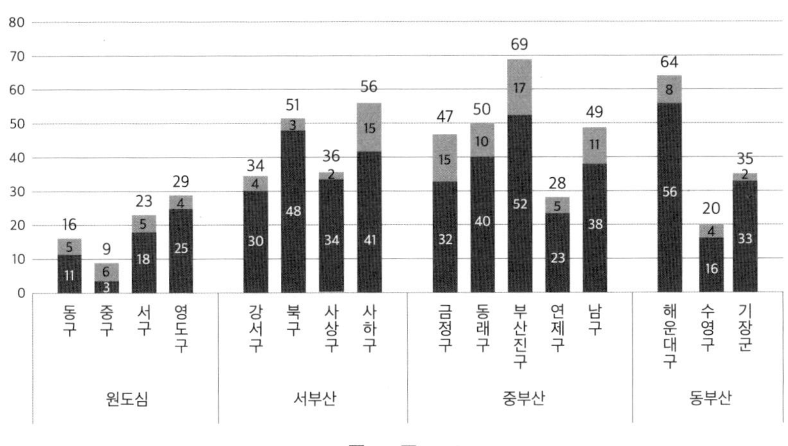

출처: 부산광역시교육청, 부산교육균형발전 4단계 보완·변경 계획(2022.5.)

2022년 부산시 자치구(군)별 설립별 학교 현황

〈표 7〉 2022년 부산시 자치구(군)별 설립별 학교 현황

(2022.3.1. 기준, 단위: 교)

구분	원도심					서부산					중부산						동부산				계
	동구	중구	서구	영도	소계	강서	북구	사상	사하	소계	금정	동래	부산진구	연제	남구	소계	해운대	수영	기장	소계	
국공립	11	3	18	25	**57**	30	48	34	41	**153**	32	40	52	23	38	**185**	56	16	33	**105**	**500**
사립	5	6	5	4	**20**	4	3	2	15	**24**	15	10	17	5	11	**58**	8	4	2	**14**	**116**
계	16	9	23	29	**77**	34	51	36	56	**177**	47	50	69	28	49	**243**	64	20	35	**119**	**616**
사립비율	31.3	**66.7**	21.7	13.8	**26**	11.8	5.9	5.6	26.8	**13.6**	31.9	20	24.6	17.9	23.9	**22.4**	12.5	20	5.7	**11.8**	**18.8**

출처: 부산광역시교육청, 부산교육균형발전 4단계 보완·변경 계획(2022.5.)

다섯째, 투입 요인 중 학교 요인에서 2022년 부산의 자치구(군)별 소규모 학교 현황을 살펴보면, 소규모학교 수는 2017년 103교, 2021년 130개교, 2022년 134개교로 30.1% 증가했다. 지역별로는 서부산권 52교(38.8%), 중부산권 39교(29.1%), 원도심권 29교(21.6%), 동부산권 14교(10.4%) 순이고, 자치구(군)별로는 영도구 16교(11.9%), 강서구·사상구 각각 15교(11.2%), 금정구 13교(9.7%), 북구 11교(8.2%) 순으로 소규모학교가 많다.

〈표 8〉 2021년 부산시 자치구(군)별 소규모학교 기준

(2021.11. 기준, 단위: 교)

구분	소규모학교 기준		비고
도시지역	초등	240명 이하	
	중등	300명 이하	
읍지역	초등	120명 이하	기장·장안·정관읍
	중등	180명 이하	
면지역	60명 이하		철마·일광면

출처: 부산광역시교육청. '소규모학교 교육력 제고를 위한 지원 방안(2021.11.)'

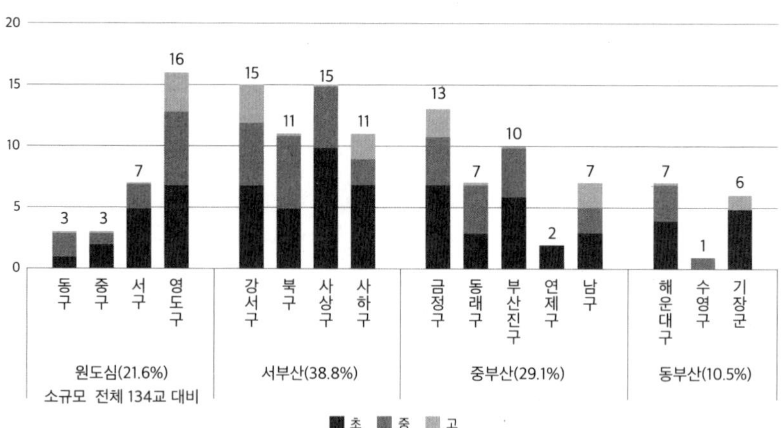

출처: 부산광역시교육청, 부산교육균형발전 4단계 보완·변경 계획(2022.5.)

2022년 부산시 자치구(군)별 소규모학교 현황

〈표 9〉 2022년 부산시 자치구(군)별 소규모학교 현황

(2022.3.5. 기준, 단위: 교)

구분	원도심					서부산					중부산						동부산				계
	동구 16	중구 9	서구 23	영도 29	소계 77	강서 34	북구 51	사상 36	사하 56	소계 177	금정 47	동래 50	부산진 69	연제 28	남구 49	소계 243	해운대 64	수영 20	기장 35	소계 119	616
초	1	2	5	7	**15**	7	5	10	7	**29**	7	3	6	2	3	**21**	4	0	5	**9**	**74**
중	2	1	2	6	**11**	5	6	5	2	**18**	4	4	4	0	2	**14**	3	1	0	**4**	**47**
고	0	0	0	3	**3**	3	0	0	2	**5**	2	0	0	0	2	**4**	0	0	1	**1**	**13**
계	3	3	7	16	**29**	15	11	15	11	**52**	13	7	10	2	7	**39**	7	1	6	**14**	**134**

※ 2022년 영도구 15교→16교(청학초), 강서구 16교→15교(가락중 폐교)
출처: 부산광역시교육청, 부산교육균형발전 4단계 보완·변경 계획(2022.5.)

여섯째, 투입 요인 중 학교 요인에서 2021년 부산의 자치구(군)별 저소득층 학생 비율이 높은 학교[1] 현황을 살펴보면, 전체 초·중학교 474교 중에서 저소득층 학생 비율이 높은 학교 수는 118교(24.9%)였다. 지역별로는 서부산권 43교(30.1%), 동부산권 16교(16.7%), 중부산권 24교(13.4%) 순이고,

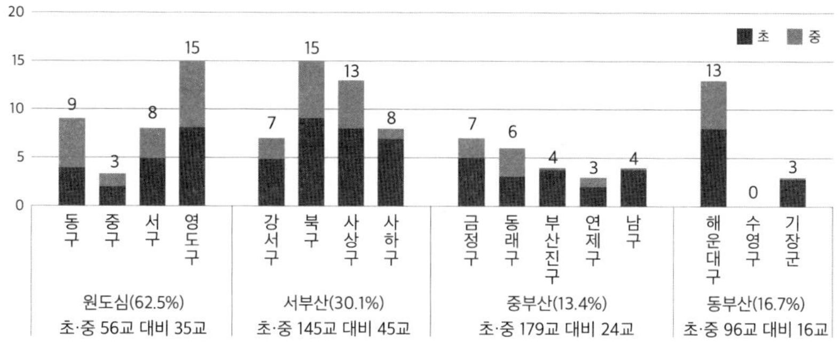

출처: 부산광역시교육청, 부산교육균형발전 4단계 보완·변경 계획(2022.5.)

2021년 부산시 자치구(군)별 저소득층 학생 수 비율이 높은 학교 현황

1 2021년 저소득층 학생 수(법정저소득+중위소득 650% 이하) 비율이 20% 이상인 학교

자치구(군)별로는 영도구 15교(12.7%), 북구 15교(12.7%), 사상구·해운대구 13교(11.0%), 동구 9교(7.6%) 순으로 나타났다.

〈표 10〉 2021년 부산시 자치구(군)별 저소득층 학생 수 비율이 높은 학교 현황

(2021.7. 기준, 교육비 지원 신청 학생 수)

구분	원도심					서부산					중부산						동부산				계
	동구 11	중구 5	서구 18	영도 22	소계 56	강서 28	북구 42	사상 31	사하 42	소계 143	금정 33	동래 37	부산진 51	연제 24	남구 34	소계 179	해운대 50	수영 16	기장 30	소계 96	
초	4	2	5	8	19	5	9	8	7	29	5	3	4	2	4	18	8	0	3	11	77
중	5	1	3	7	16	2	6	5	1	14	2	3	0	1	0	6	5	0	0	5	41
계	9	3	8	15	35	7	15	13	8	43	7	6	4	3	4	24	13	0	3	16	118

※ 일반고는 15% 적용할 경우 20교, 20% 적용할 경우 6교

출처: 부산광역시교육청, 부산교육균형발전 4단계 보완·변경 계획(2022.5.)

일곱째, 투입 요인 중 학교 요인에서 2021년 부산의 자치구(군)별 학교시설 노후화 현황을 살펴보면, 전체 학교 수 대비 건물 노후화 학교(개교 20년 이상)는 386교(62.7%)를 차지했다. 지역별 건물 노후화 진행 학교 비율은 중부

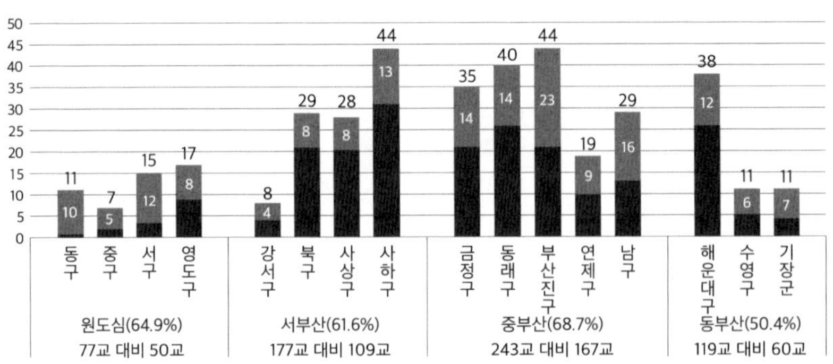

출처: 부산광역시교육청, 부산교육균형발전 4단계 보완·변경 계획(2022.5.)

2021년 부산시 자치구(군)별 학교시설 노후화 학교 현황

산권 167교(68.7%), 원도심권 50교(64.9%), 서부산권 109교(61.6%), 동부산권 60교(50.4%) 순이고, 자치구(군)별로는 사하구 44교(78.6%), 중구 7교(77.8%), ·사상구 28교(77.8%), 금정구 35교(74.5%) 순으로 나타났다.

〈표 11〉 2021년 부산시 자치구(군)별 학교시설 노후화 학교 현황

(2021.12. 기준, 단위: 교, %)

구분	원도심					서부산					중부산						동부산				계 616
	동구 16	중구 9	서구 23	영도 29	소계 77	강서 34	북구 51	사상 36	사하 56	소계 177	금정 47	동래 50	부산진 69	연제 28	남구 49	소계 243	해운대 64	수영 20	기장 35	소계 119	
20~40	1	2	3	9	15	4	21	20	31	76	21	26	21	10	13	91	26	5	4	35	217
그린스마트 대상	10	5	12	8	35	4	8	8	13	33	14	14	23	9	16	76	12	6	7	25	169
계	11	7	15	17	50	8	29	28	44	109	35	40	44	19	29	167	38	11	11	60	386
지역 내 비율	68.8	77.8	65.2	58.6	64.9	23.5	56.9	77.8	78.6	61.6	74.5	80	63.8	67.9	59.2	68.7	59.4	55	31.4	50.4	62.7

출처: 부산광역시교육청, 부산교육균형발전 4단계 보완·변경 계획(2022.5.)

여덟째, 투입 요인 중 학교 요인에서 2022년 부산 자치구(군)별 교육균형발전 해당 학교는 총 92교였다. 학교별로는 초등학교 51교/304교(16.8%), 중학교 28교/170교(16.5%), 고등학교 13교/142교(9.2%)다. 지역별로는 원도심권 28교(36.4%), 서부산권 37교(20.9%), 동부산권 9교(7.6%), 중부산권 18교(7.4%) 순이고, 자치구(군)별로는 영도구 12교(41.4%), 동구 6교(37.5%), 중구 3교(33.3%), 사상구 11교(30.6%), 서구 7교(30.4%) 순으로 높다. 상대적으로 연제구 2교(7.1%), 남구 3교(6.1%), 부산진구 2교(2.9%), 기장군 1교(2.9%), 수영구 0교(0.0%) 순으로 낮게 나타났다.

〈표 12〉 2022년 부산시 자치구(군)별 교육균형발전 해당 학교 현황

(2022.3. 기준, 단위: 교, %)

구분	원도심					서부산					중부산						동부산				계 616
	동구 16	중구 9	서구 23	영도 29	소계 77	강서 34	북구 51	사상 36	사하 56	소계 177	금정 47	동래 50	부산진 69	연제 28	남구 49	소계 243	해운대 64	수영 20	기장 35	소계 119	
초	1	1	5	6	13	5	4	7	6	22	3	2	2	1	3	11	4	0	1	5	51
중	2	1	1	4	8	2	5	4	1	12	2	3	0	0	0	5	3	0	0	3	28
고	3	1	1	2	7	1	1	0	1	3	1	0	0	1	0	2	1	0	0	1	13
계	6	3	7	12	28	8	10	11	8	37	6	5	2	2	3	18	8	0	1	9	92
지역 내 비율	37.5	33.3	30.4	41.4	36.4	23.5	19.6	30.6	14.3	20.9	12.8	10	2.9	7.1	6.1	7.4	12.5	0	2.9	7.6	14.9

출처: 부산광역시교육청, 부산교육균형발전 4난계 보완·번경 계획(2022.5.)

아홉째, 투입 요인 중 학교 요인에서 2023년 친환경급식비 지원금은 동부산권이 서부산권보다 상대적으로 많았다. 먼저 부산의 초·중·고 학생 급식비에서 기본급식비는 부산시교육청이, 친환경 식재료 구입 비용은 기초지자체인 구·군이 부담한다. 2024년 부산 16개 자치구(군)의 중·고생 1명 한 끼당 친환경 식자재 구입 평균 지원금은 159원이고, 기장군 630원, 남구 257원, 부산진구 255원, 해운대구 200원, 강서구 186원, 사상구 138원, 북구 88원, 서구 80원, 사하구 66원을 지원했다. 이런 수치는 2024년 부산 초·중·고 학생 급식에서 친환경 식재료 구입 비용이 자치구(군)별로 격차가 있음을 의미하는데, 기장군이 630원으로 가장 높고 서부산권인 사상구 66원, 원도심 지역인 서구 80원으로 상대적으로 가장 낮았다. 또한 서부산권은 강서구 186원, 사상구 138원, 서구 80원, 사하구 66원으로 서부산권 내에서도 지역별 불균형을 보였다(부산일보, 2023.12.27.).

과정 요인

첫째, 과정 요인 중 2023년 학습방법의 지역 간 격차 추이를 살펴보면, 원도심과 서부산권 초등학생의 사설교육기관(학원) 이용률이 동부산권과 중부산권 학생보다 낮았다. 초등학생의 학기 중 사설 교육기관(학원) 이용률은 중부산권 78%, 동부산권 74%, 서부산권 58%, 원도심권 50%로, 중부산권과 원도심권이 28%의 차이를 보였다. 또 초등학생의 방학 중 사설 교육기관(학원) 이용률은 중부산권 67%, 동부산권 64%, 원도심권 49%, 서부산권 47%로 중부산권과 서부산권이 20% 차이를 보였다.

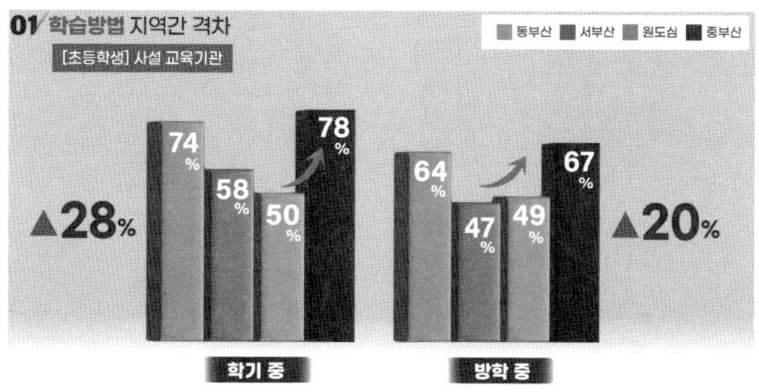

출처: 부산광역시교육청, 지역간 교육격차 해소 방안 기자회견(2023.3.28.)

2023년 부산 초등학생의 지역 간 사설교육기관 이용률

둘째, 과정 요인 중 초등학생의 학기 중(주말 제외) 방과후학교 이용률은 원도심과 서부산 지역이 중부산과 동부산 지역보다 높게 나타났다. 초등학생의 학기 중(방학 제외) 방과후학교 이용률은 원도심 38%, 서부산 33%, 동부산 15%, 중부산 13%로 원도심과 중부산 지역이 25%의 격차를 보였다. 또 초등학생의 방학 중 방과후학교 이용률은 원도심 31%, 서부산 25%, 동부산 8%, 중부산 8%로 원도심과 동부산·중부산 지역이 23%의 격차를 보였다. 그 원인은 원도심과 서부산 지역의 초등학생은 상대적으로 교육비가 저렴한 학교의 방과후학교를 이용하는 반면, 동부산과 중부산 지역의 학생들은 비용이 높지만 상대적으로 교육의 질과 만족도가 높은 사설교육기관(학원)을 많이 이용하기 때문으로 판단되었다. 이런 맥락에서 부산교육은 지역 간 교육격차를 해소를 위해 방과후학교 프로그램의 다양화와 질 개선이 요구된다.

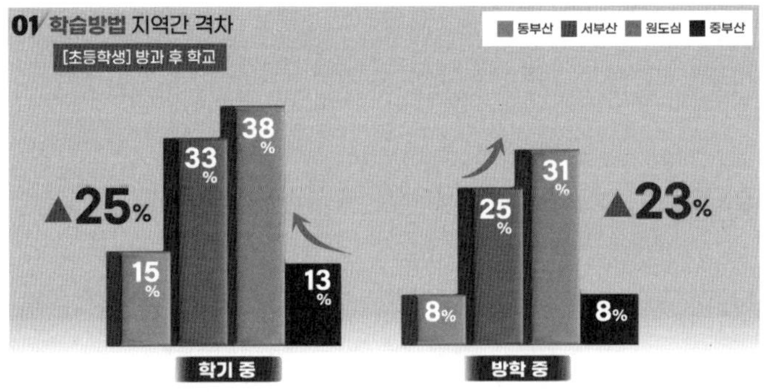

출처: 부산광역시교육청, 지역 간 교육격차 해소 방안 기자회견(2023.3.28.)

2023년 부산 초등학생의 지역 간 방과후학교 이용률

셋째, 과정 요인 중 중학생의 주말 사설교육기관(학원) 이용률은 중부산과 동부산이 서부산과 원도심 지역보다 높았다. 중학생의 주말 사설교육기관(학원) 이용률은 중부산 52%, 동부산 48%, 서부산 31%, 원도심 28%로, 중부산 지역의 중학생이 원도심 지역의 중학생보다 24% 많이 사설교육기관(학원)을 이용하고 있었다. 또 중학생의 방학 중 사설교육기관(학원) 이용률은 중부산 78%, 동부산 71%, 원도심 71%, 서부산 67%로, 중부산과 서부산 지역의 격차가 11%로 상대적으로 적게 나타났다.

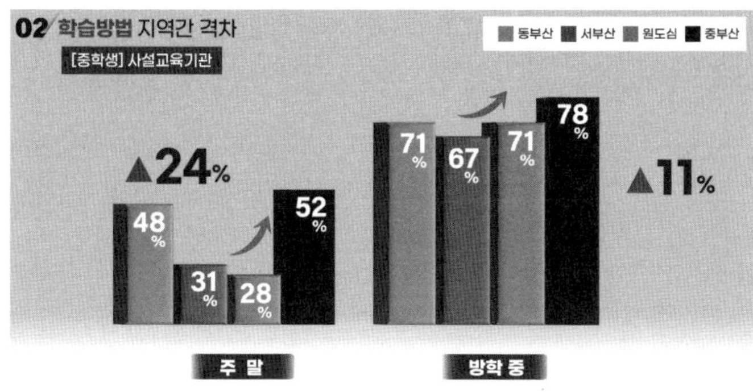

출처: 부산광역시교육청, 지역 간 교육격차 해소 방안 기자회견(2023.3.28.)

2023년 부산 중학생의 지역 간 사설교육기관 이용률

넷째, 과정 요인 중 부산 초·중·고등학생의 스스로 학습 시간은 중부산과 동부산 지역의 학생이 서부산과 원도심 지역의 학생보다 많았다. 2023년 부산 지역 초등학생의 스스로 학습률은 중부산 13%, 동부산 10%, 원도심과 서부산 0%였다. 중학생의 스스로 학습률은 중부산 47%, 동부산 29%, 서부산 10%, 원도심 9%로, 중부산과 원도심 지역이 38% 격차를 보였다. 고등학생의 스스로 학습률은 동부산 50%, 중부산 39%, 원도심 35%, 서부산 15%로, 동부산과 서부산 지역이 35%의 격차를 보였다.

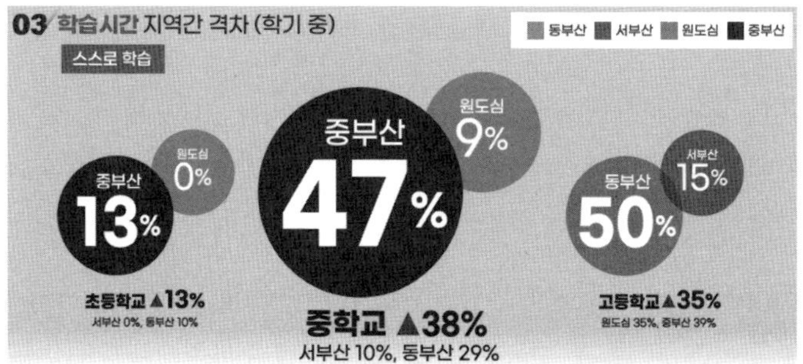

출처: 부산광역시교육청, 지역 간 교육격차 해소 방안 기자회견(2023.3.28.)

2023년 부산의 지역별 학교급별 학기 중 스스로 학습률

2023년 부산 초·중·고등학생의 주말시간 스스로 학습 시간은 동부산과 중부산 지역이 서부산과 원도심 지역보다 높았다. 주말시간 초등학생의 스스로 학습률은 중부산 6%, 동부산 4%, 서부산 2%, 원도심 0%로, 중부산과 동부산 지역이 높았다. 주말시간 중학생의 스스로 학습률은 동부산 28%, 중부산 19%, 원도심 8%, 서부산 7%로, 동부산과 서부산 지역이 21%의 격차를 보였다. 주말시간 고등학생의 스스로 학습률은 동부산 55%, 중부산 43%, 서부산 35%, 원도심 27%로, 동부산과 원도심 지역이 28%의 격차를 보였다.

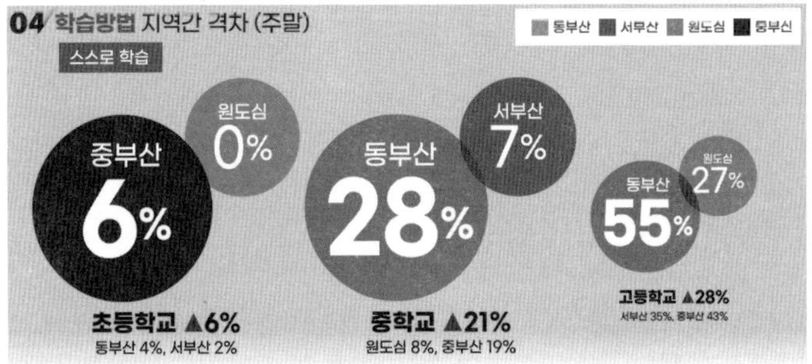

출처: 부산광역시교육청, 지역 간 교육격차 해소 방안 기자회견(2023.3.28.)

2023년 부산의 지역별·학교급별 주말의 스스로 학습률

2023년 부산 초·중·고등학생의 방학 중 스스로 학습 시간도 동부산과 중부산 지역이 서부산과 원도심 지역보다 높았다. 방학 중 초등학생의 스스로 학습률은 중부산 9%, 원도심 8%, 동부산 7%, 서부산 0%로 중부산 지역이 가장 높았다. 방학 중 중학생의 스스로 학습률은 동부산 38%, 중부산 38%, 서부산 12%, 원도심 10%로, 동부산과 원도심 지역이 28%의 격차를 보였다. 방학 중 고등학생의 스스로 학습률은 동부산 65%, 중부산 61%, 원도심 53%, 서부산 19%로, 동부산과 서부산 지역이 46%의 격차를 보였다.

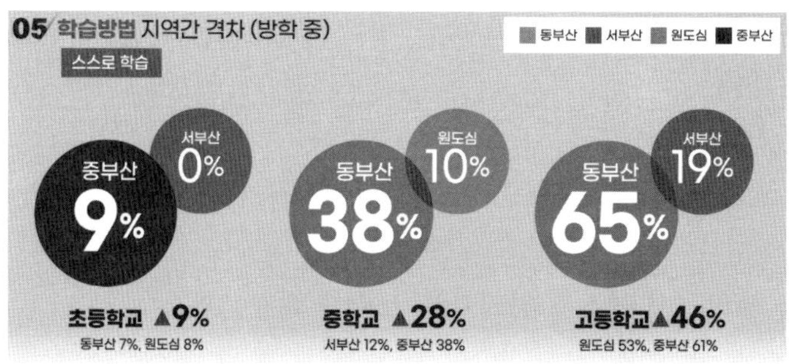

출처: 부산광역시교육청, 지역 간 교육격차 해소 방안 기자회견(2023.3.28.)

2023년 부산의 지역별·학교급별 방학 중 스스로 학습률

산출(결과) 요인

첫째, 부산시교육청이 2020년 진행한 '부산교육패널조사 학업성취도 분석 결과'에 따르면 국어, 영어, 수학 모두에서 부산의 동서 지역 간 학력 격차가 확인되었다.

2016~2020년 부산의 동서 지역 간 초등학교 학업성취도 성적은 국어 성적이 2016년 4.56에서 2020년 3.17로, 영어 성적은 2016년 10.29에서 13.49로, 수학 성적은 5.09에서 2020년 11.58로 나타났다. 국어보다 영어, 수학 교과의 지역 간 성적 격차가 크게 나타났다.

2016~2020년 부산의 동서 지역 간 중학교 학업성취도 성적은 국어 성적

〈표 13〉 2020 부산의 동서 지역 간 학업성취도 분석 결과

초등학교 지역별 성적 격차 추이			
연도	국어	영어	수학
2016	4.56	10.29	5.09
2018	6.67	7.53	9.87
2020	3.17	13.46	11.58

중학교 지역별 성적 격차 추이			
연도	국어	영어	수학
2016	1.26	8.5	11.77
2018	7.6	13.26	18.45
2020	6.88	9.34	12.80

출처: 2020 부산교육패널조사 학업성취도 분석 결과

이 2016년 1.26에서 2020년 6.88로, 영어 성적은 2016년 8.5에서 19.34로, 수학 성적은 11.77에서 2020년 12.80으로 나타났다. 수학 교과의 지역 간 성적 격차가 가장 크게 나타났다.

부산은 교육격차 해소를 위해 어떤 노력을 해왔는가?

부산 지역의 교육격차 문제 해소를 위해 부산교육청에서 시행해 온 지역균형발전계획의 주요 내용은 아래와 같다(부산광역시교육청, 교육균형발전4단계 기본계획, 2022).

부산 교육균형발전 1-2단계 기본 계획(2004~2013)

2004~2013년 시행된 「교육균형발전 1-2단계」 시기에는 첫째, 부산의 동서 지역 간 교육격차 해소를 위해 2010년부터 교육균형 발전을 위한 정책사업을 추진했고, 2010년 전국 최초로 「부산광역시 교육균형발전에 관한 조례」를 제정했다(2010.12.19.).

구체적인 성과를 살펴보면, 서부산권 학생 수용 여건을 개선하기 위해 일반고 2개 교(사상고, 금명여고)를 신설하고, 2개 교(백양고, 부경고)를 전문계고에서 일반고로 전환했다. 서부와 북구에 Wee센터인 '학생생활 종합지원센터'를 열었고, 취약지역 교육력 제고를 위해 '영도-동삼·사상·서동-금사지구 공교육만족프로젝트'를 운영했다. 문화체험활동의 균등한 기회 보장 및 건전한 지역문화 조성을 위해 '부산학생예술문화회관'을 건립 운영했다.

부산 교육균형발전 3단계 기본 계획(2014~2018)

2014~2018년까지 「교육균형발전 3단계」 시기에는 첫째, '교육균형발전위원회'를 구성하여 세부 과제의 지속적 운영성과 점검 및 과제를 재정비했

다. 구체적으로 2015년 25개, 2016년 22개, 2017년 23개, 2018년 23개의 세부 과제를 선정하여 집행했다.

둘째, 취약계층을 대상으로 한 교육균형발전 계획을 세워 추진했다. 구체적으로 취약계층을 대상으로 '교육복지우선지원사업', '다문화·탈북학생 교육활동 지원 사업', '부산특수교육발전 5개년 계획', '기초학력 지원 사업'을 추진했다. 또 저소득·취약계층 학생의 복지 증진 및 교육활동 지원을 위해 매년 교육재정의 약 12% 이상을 교육복지 예산으로 투입했다(전국 평균 10%).

셋째, 민·관·학 거버넌스를 구축하여 교육격차를 해소하려고 노력했다. 부산시교육청과 학교의 노력만으로 교육격차를 해소하는 데는 한계가 있어, 이를 극복하기 위해 부산시, 기초자치단체, 대학 등 지역사회 네트워크를 강화하여 「부산광역시 교육격차 해소를 위한 민관협력 활성화 지원 조례」를 제정했다(2017.8.9.). 또 '부산다행복학교', '다행복교육지구', '마을교육공동체', '통합방과후교육센터' 등 지역사회와 교육협력 사업을 발굴하여 추진했다.

넷째, 교육 관련 법령과 조례를 제정·개정했다. 먼저 「부산광역시 원도심 교육 발전에 관한 조례」를 시행하고(2022.2.16.) 2023년 기존 「부산광역시 교육균형발전에 관한 조례 전부개정조례」를 공포했다(2023.10.11.). 2010년에 제정된 법령과 조례의 구체적인 성과가 미흡했기 때문에 조례의 목적과 용어 정의(제1조, 제2조), 5년마다 부산광역시 교육균형발전 기본계획을 수립하도록 명시(제5조), 교육격차 지표 개발 및 운용 명시(제7조), 집중육성학교 지정 및 운영 명시(제9조), 교육균형발전위원회 관련 사항(제11조) 명시 등으로 구체화하여 개정했다.

부산 교육균형발전 4단계 기본 계획(2019~2023)

2019~2023년 「교육균형발전 4단계」 시기에는 지역 간, 계층 간, 학교 간

교육격차 해소를 목표로 3대 전략, 7대 추진과제, 25개 세부 과제를 설정하여 추진했다.

첫째, 교육여건 취약지역을 위한 교육지원을 강화했다. 교육급여 등 지원 단가를 인상했고, 수학여행비 지원 대상을 중·고교(2020)에서 초·중·고교(2021)로 확대했다. 또 교육여건 취약지역 학생의 교육활동 지원을 위한 멘토 프로그램을 5개 영역으로 확대했고, 운영 학교 수를 2020년 21교에서 2021년 34교로 확대했다.

둘째, 우선배려학생 맞춤형교육을 내실화했다. '기초학력 보장 다깨침 서포트' 지원 프로그램을 2020년 초등 260학급에서 2021년 366학급으로, '두드림학교' 프로그램을 2019년 초·중 71교에서 2020, 2021년 초·중 100개로, '아이세움 학습동행 프로젝트' 프로그램을 2020년 초3학년 361학급에서 2021년 초2~4학년 1,247학급으로 확대 운영했다.

셋째, 건강하고 안전한 돌봄교육을 지원했다. '초등돌봄교실'을 2020년 663실에서 2021년 677실로, '우리동네 자람터'를 2020년 7개소에서 2021년 9개소로, 학생 마음건강 지원을 위한 정서·행동특성 검사를 초1·4학년, 중·고 1학년을 대상으로 운영했다.

넷째, 창의융합교육을 활성화했다. '남부창의마루'(구 연포초)와 '동부창의센터'(구 반송중)를 개관했고(2022년 9월), '창의공작소'에서 학생 실습형 프로젝트 창의수업을 운영했다(2020년 6,873명, 2021년 15,008명).

다섯째, 체험중심 교육인프라를 구축했다. '서부와 동부 글로벌외국어교육센터'를 개관했고(2022년 9월), '학교공간혁신사업' 7개 영역 70교, 구(군)별 '진로교육지원센터'를 2020년 14개에서 2021년 16개를 구축 운영했다.

여섯째, 감성·인성·공동체 역량을 강화했다. '영도놀이마루'(구 동삼중)에서 121교 13,720명을 교육했고, 서·북부산 및 원거리지역 학교에 공연 관람 및 체험학습 기회를 우선 부여했다.

일곱째, 지역사회와 교육협력을 강화했다. '부산다행복학교'를 2020년 59교에서 2021년 63교로 확대했고, '다행복교육지구'를 2020년 7개에서 2021년 9개로 확대 운영했다.

그리고 부산교육정책연구소의 「교육격차 실태 및 완화 정책의 성과와 과제(김혜영, 2021)」와 「교육정책 평가(컨설팅) 보고서(성병창, 2020)」의 연구 결과를 바탕으로, 2023년 「부산교육균형발전 4단계 보완·변경 계획(2022.5.)」을 발표했다. 구체적으로 현행 교육균형발전 4단계 사업을 정비 및 개편하여 체계적 지속 관리가 필요하고, 초·중·고 학급별 맞춤형 정책 추진이 요구되었다. 이를 위한 교육 불균형 발생 지역과 상대적 결핍 현상이 나타나는 취약 학교를 선정하여 집중 지원하는 방안, 투입사업에 대한 성과지표 개발 및 효과성 검증을 위한 외부 연구용역 추진, 지역 간 교육불균형 해소를 위한 지자체와 교육 협력사업을 발굴 추진하는 과제로 제시했다. 2023년 「부산교육균형발전 4단계 보완·변경 계획(2022.5.)」의 재수립 방향은 다음과 같다.

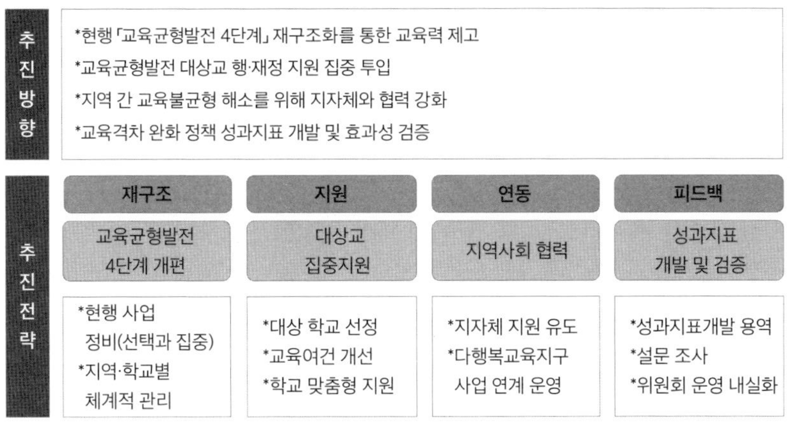

출처: 부산광역시교육청, 부산교육균형발전 4단계 보완·변경 계획(2022.5.)

부산 교육균형발전 4단계 재수립 방향

부산의 교육격차 해소 방안

지금까지 우리나라와 부산의 교육격차 현황을 분석했고, 부산의 지역 간 교육격차인 '동서 격차'를 확인했다. 이를 해소하기 위해 부산광역시교육청은 2004년부터 '부산교육균형발전계획'을 수립하고 추진해 왔지만, 부산의 교육격차는 여전히 존재한다. 특히 원도심·서부산의 교육지표가 동부산에 비해 현저히 낮은 것으로 나타났고, 이는 부산의 교육격차를 해소하기 위한 핵심 과제로 제기되었다. 이런 맥락에서 부산의 교육격차 해소 방안을 선행연구의 논의와 연구자의 의견을 종합하여 결론으로 제시했다(김경수·양진우·박미숙, 2004; 성병창, 2013; 이광현, 2007; 하봉운, 2005; 부산광역시교육청, 2022).

'부산교육통계연구소'를 운영하자

먼저 교육격차의 개념과 분석 모형 논의에서 제시한 바와 같이, 교육격차의 개념은 광범위하고 교육격차의 요인은 매우 다양하다. 구체적으로 환경 요인을 배경으로 투입-과정-산출 과정에서 학생, 가정, 학교, 지역 사회의 다양한 요인이 영향을 미친다. 이런 맥락에서 교육격차 해소를 위해서는 부산의 교육격차 지표와 요인 및 구체적인 데이터를 매년 정리, 분석, 관리하는 조직이 필요하다(김위정, 이정연, 김성식; 2015, 성병창; 2014, 이광현, 2007).

지금까지 부산광역시교육청은 부산의 교육격차 해소를 위해 일회성의 교육격차 연구를 실시했지만(성병창; 2013), 부산의 교육격차를 해소를 위한 지표 개발 연구, 지표 통계 조사, 시계열 및 종단연구는 아직 없었다. 특히 부산의 교육격차가 학생, 학부모, 학교 지역 사회 요인 중 어떤 요인이 강하게 작용하고, 자치구(군)별 영향 요인이 무엇인지 지표를 수집, 분석, 관리하는 조직이 필요하다. 이를 위해 교육지표 수집, 교육 Data 관리, 지표 분석 등을 위한 (가칭) '부산교육통계연구소' 조직의 개설과 운영을 제안한다.

부산교육청 「지역간교육격차해소추진단」 조직을 확대·강화하자

부산의 교육격차 해소를 위한 노력은 '부산교육발전 1-2단계' 계획이 2004년 수립되었고, 2023년 부산교육청에 「지역간교육격차해소추진단」이 조직되었다. 먼저 2004~2022년까지 부산의 교육격차 해소를 위한 '부산교육발전 1~4단계' 계획이 추진되었지만, 핵심 추진 부서 없이 담당 과제별로 시행해 온 한계가 있었다. 또 부산의 교육격차 해소를 위해서는 부산시, 부산시의회, 부산 자치구·군 등과 지속적이고 실제적인 협의 과정이 필요하고, 이를 실행하기 위한 조직 및 인원과 예산 확보, 정책 결정 권한 부여는 필수적으로 요구되었다. 하지만 지금까지 부산교육청에서 운영해 온 교육균형발전위원회, TF협의회 등은 '그들만의 노력'인 한계를 보였다.

2023년 3월 부산광역시교육청은 교육격차 해소를 위한 전담부서로 「지역간교육격차해소추진단」을 설치·운영하고 있다. 하지만 부산의 교육격차 해소를 위해서는 「지역간교육격차해소추진단」의 조직 확대, 권한 강화, 예산 확보가 필요하다. 이를 바탕으로 부산시의회의 예산 확보, 부산시와 자치구·군과 지역교육청의 교육 프로그램 등을 강화할 수 있을 것이다.

원도심과 서부산권에 선택과 집중을 하자

부산의 교육격차 실태를 분석하면서 부산의 자치구별 교육격차를 확인했다. 부산광역시교육청은 부산의 교육격차 문제를 2023년까지 '교육균형발전' 개념으로 접근해 왔고, 2023년부터 '교육균형발전'과 '교육격차해소' 개념으로 구분하여 적용하고 있었다. 구체적으로 부산광역시의 '교육균형발전 4단계'와 '교육격차해소'를 위한 계획에서 원도심 및 서부산의 교육격차를 해소하기 위한 지원 정책은 예산 집행, 프로그램 다양화, 효과성 등에서 한계가 있다. 즉, 지금까지 부산교육청의 교육격차 해소 정책은 핵심 운영 부서 없이 업무 담당자별로 사업을 추진하거나, 지역교육청별에서 예산과 교육 프로그램 선택권을 모든 학교에 일관되게 배분해서 적용한 점에서 정책의 효과성은 낮았다.

이런 관점에서 부산의 원도심 및 서부산의 교육격차 해소를 위해서는 정책 집행 과정에서 선택과 집중이 필요하다. 구체적으로 '교육격차'가 심각한 지역과 학교를 선정하고, 이런 학교에는 운영할 수 있는 예산과 인력을 더 과감히 지원하며, 단위학교의 교육 프로그램 선택권을 확대할 필요가 있다.

부산교육균형발전 4단계 보완·변경 계획(2002.5.)에서 기존 50개 세부 사업을 22개 과제로 축소한 점, 교육균형발전 대상 학교를 저소득층이 높은 학교, 소규모학교, 학업중단율이 높은 학교 등의 선정지표로 개선한 점, 균형발전 대상학교에 교장공모제 및 교원 추가 배치, 공모사업 우선 선정, 운영비 추가 지원, 취약계층 지원 강화, 특색프로그램 운영 등 균형발전 대상학교에 집중 지원하는 점 등은 부산 교육격차 해소에 도움이 되는 정책으로 판단된다.

폐교를 '지역 교육백화점(종합교육센터)'으로 활용하자

부산의 원도심과 서부산권 교육격차 해소를 위해 폐교를 활용한 '지역 교육백화점(거점센터)' 운영을 제안한다. 먼저 원도심과 서부산권을 포함한 부산은 학생 수 감소에 따라 폐교되는 학교가 늘고 있고, 이는 불가피한 현상이다. 하지만 지금까지 부산시교육청은 폐교 활용 방안을 '부산특수교육지원센터', '학생 수상안전체험장', '누리마루' 등 특정 주제 또는 특정 사업 중심의 교육 공간으로 활용하고 있다. 따라서 폐교를 어떤 방향으로 개발할 것인지는 중요한 과제가 되고, 지역 교육격차 해소를 위한 방안이 될 수 있다.

이런 맥락에서 부산 원도심과 서부산권의 교육격차를 해소하는 구체적인 방안으로 지역의 폐교를 (가칭) '지역 교육백화점(종합교육센터, 예: 영도교육마당)'로 활용할 것을 제안한다. 폐교를 활용한 '지역 교육백화점(종합교육센터)'은 학생의 교육 활동에 필요한 모든 교육서비스가 한 장소에 포함되어 있는 종합 교육복지 서비스 공간을 의미한다. 예를 들어 이러한 '지역 교육백화점(종합교육센터)'에는 학생들의 학력 향상을 위한 교육 프로그램인 방과후학교와 돌봄을 위한 늘봄교실이 핵심적으로 운영되고, 그 외 도서관, 스터디카페, 상담실, 체육 시설, 수영장, 스쿨버스 운영 등이 포함될 수 있다.

참고문헌

김경근(2005). 한국사회 교육격차의 실태 및 결정요인. 교육사회학연구, 13(3), 1-27.

김경수, 양진우, 박미숙(2004). 부산시역 내 지역균형발전 방안에 관한 연구. 부산발전연구원.

김민희(2017). 교육격차 개선방안: 연구동향 분석을 중심으로. 예술인문사회 융합 멀티미디어 논문지, 7(11), 377-385.

김위정, 이정연, 김성식(2015). 경기도 교육격차지표 개발 연구. 경기도 교육연구원.

김혜영(2021). 교육격차 실태 및 완화 정책의 성과와 과제. 부산교육정책연구소

류방란, 김성식(2006). 교육격차: 가정 배경과 학교교육의 영향력 분석. 서울: 한국교육개발원.

박경호, 김지수, 김창환, 남궁지영, 백승수, 양희준, 김성식, 김위정, 하봉운(2017). 교육격차 실태 종합분석(연구보고 RR 2017-07). 한국교육개발원.

박주호, 백종면(2019). 교육격차 실증연구의 체계적 분석. 한국교육문제연구, 27(1), 213-238.

박창언, 박응희, 조영석(2012). 부산시 동서교육격차 지역의 초등학교 학부모의 만족도 및 인식 조사. 수산해양교육연구 24(5). 687-698.

백병부, 박미희(2015). 혁신학교가 교육격차 감소에 미치는 효과. 교육비평 35, 204-226.

성병창(2013). 부산 지역의 교육균형실태 분석. 지방교육경영, 17(2), 95-113.

서울대학교 교육연구소(2011). 교육학용어사전. 하우동설.

이광현(2007). 교육격차지수 개발 연구. 교육행정학연구, 25(1), 1-24.

이자형(2015). 부산광역시 교육격차 실태 및 교육균형발전을 위한 제언. 부산광역시교육연구정보원 교육정책연구소.

이자형(2017).「2017 학생 역량조사」를 통한 부산 교육균형발전 지원 프로그램 효과성 연구(부산광역시교육연구정보원 2017-84). 부산광역시교육연구정보원 교육정책연구소.

하봉운(2005). 지방분권시대 지역 간 교육격차 실태 및 개선방안 연구: 서울시를 중심으로. 교육행정학연구, 23(3), 167-193.

한정신(1980). 한국 청소년의 교육격차 연구. 숙명여자대학교 박사학위 논문.

허은정·신철균·정지선(2012). 일반계 고등학교의 교육격차 실태 및 특성 분석. 열린교육연구, 20(1), 141-164.

교육부 보도자료(2023.6.26.). 사교육 경감대책.

교육부 보도자료(2023.3.7.). 2022년 초중고 사교육비 조사 결과.

부산일보(2023.12.27.). [사설] 동서 교육격차 속 급식마저 차별받는 서부산·원도심.

부산광역시교육청 보도자료(2022.5.). 부산교육균형발전 4단계 보완·변경 계획.

부산광역시교육청 보도자료(2023.3.28.). 지역 간 교육격차 해소 방안 기자회견.

부산광역시교육청(20218.12.). 교육균형발전 4단계(2019-2023) 기본계획.

부산광역시(2022). 2022년 기준 부산의 사회통계조사보고서.

교육통계서비스. 2021 한국의 교육지표.

3

부산교육 미래의 창

7장

부산의 학령인구 감소와 학교의 변화

이상철

'노인과 바다'

헤밍웨이의 유명한 소설 제목이다. 출산율은 낮고 청년들은 떠나며 노인들만 남은 부산을 자조적으로 소개하는 말이기도 하다. 국가통계포털(KOSIS)에 따르면, 65세 이상 고령인구 비율은 2001년 6.4%에서 2023년 11월 기준 22.5%로 특별 및 광역시 중에서는 가장 높고, 전국 17개 시도 중 전남, 경북, 전북, 강원 다음으로 높다. 반면, 출생아 수와 출산율은 2001년 35,848명/1.10명에서 2022년에는 14,134명/0.72명으로 큰 폭으로 감소했으며, 2022년 출산율은 서울의 0.59명 다음으로 낮은 실정이다. 부산교육통계연보에 따르면, 2022년 부산지역 초등학교는 304개교이며 학생 수는 154,858명인데, 2022년 출생아 수와 출산율이 지속된다고 했을 때 2022년생들이 초등학교 6학년이 되는 2034년 부산지역 초등학생 수는 84,804명으로, 2022년보다 절반 정도로 줄어들 것으로 예측된다. 참고로 부산지역 초등학생 수는 2000년 294,929명, 2010년 197,397명, 2022년 154,858명, 2034년 84,804명(예측)이다.

이 장에서는 이와 같이 급격한 부산의 학령인구 감소 현상을 살펴보고, 이를 바탕으로 학교가 어떻게 변화해야 하고, 변화할 수 있는지에 대한 다양한 아이디어를 제시하면서 논의를 전개해보고자 한다.

한국의 저출산 및 학령인구 변화 현황

부산의 학령인구 감소 현상을 살펴보기 전에 한국사회의 전체적인 저출산과 학령인구 변화 현상을 조망해볼 필요가 있다. 먼저, 한국사회의 저출산 현황이다.

〈표 1〉은 전국 및 시도별 출생아 수와 출산율 변화를 제시한다. 출생아 수와 출산율은 2001년 559,934명/1.31명에서 2022년 249,186명/0.78명으로 대폭 감소했고, 출생아 수는 2001년의 44.5%에 그쳤다. 부산지역 출생아 수 및 출산율도 마찬가지로, 2001년 35,848명/1.10명에서 2022년 14,134명/0.72명으로 감소했는데, 출생아 수는 2001년의 39.4%에 지나지 않은 것으로 나타나, 20년간 출생아 수가 60% 이상 감소했음을 알 수 있다.

다음으로, 전국 초·중·고 학생 수의 과거와 현재 그리고 미래(예측) 현황이다.

〈표 2〉는 지난 20여 년간 전국 초·중·고 학생 수 변화 현황을 제시한다. 전체적으로 32.65% 감소했는데, 초등학생은 34.85%, 중학생은 26.36%, 고등학생은 39.05% 줄어들었음을 알 수 있다.

〈표 3〉은 향후 6년간 전국 초·중·고 학생 수 추계결과를 제시한다. 전체적으로 18.24% 감소할 것으로 예측하는데, 초등학생은 34.01%, 중학생은 7.68% 감소하고, 고등학생은 오히려 2.50% 증가할 것으로 예상한다.

〈표 1〉 전국 및 시도별 출생아 수와 출산율 변화(2001~2022)

(단위: 명)

시도	2001		2006		2011		2016		2021		2022	
	출생아 수	출산율	출생아 수	출산율	출생아 수	출산율	출생아 수	출산율	출생아 수	출산율	출생아 수	출산율
전국	559,934	1.31	451,759	1.13	471,265	1.24	406,243	1.17	260,562	0.81	249,186	0.78
서울	114,764	1.11	93,922	0.98	91,526	1.01	75,536	0.94	45,531	0.63	42,602	0.59
부산	35,848	1.1	25,881	0.92	27,759	1.08	24,906	1.1	14,446	0.73	14,134	0.72
대구	28,111	1.22	20,360	1.01	20,758	1.15	18,298	1.19	10,661	0.79	10,134	0.76
인천	30,494	1.32	23,711	1.12	26,118	1.23	23,609	1.14	14,947	0.78	14,464	0.75
광주	18,198	1.42	13,679	1.15	13,916	1.23	11,580	1.17	7,956	0.9	7,446	0.84
대전	17,290	1.33	14,489	1.16	14,808	1.26	12,436	1.19	7,414	0.81	7,677	0.84
울산	13,600	1.42	10,740	1.24	11,542	1.39	10,910	1.42	6,127	0.94	5,399	0.85
세종	-	-	-	-	-	-	3,297	1.82	3,570	1.28	3,209	1.12
경기	126,264	1.44	115,111	1.24	122,027	1.31	105,643	1.19	76,139	0.85	75,323	0.84
강원	16,873	1.41	12,455	1.2	12,408	1.34	10,058	1.24	7,357	0.98	7,278	0.97
충북	17,322	1.43	13,366	1.23	14,804	1.43	12,742	1.36	8,190	0.95	7,452	0.87
충남	21,962	1.53	18,625	1.36	20,398	1.5	17,302	1.4	10,984	0.96	10,221	0.91
전북	22,192	1.43	15,571	1.21	16,175	1.41	12,698	1.25	7,475	0.85	7,032	0.82
전남	22,588	1.57	15,905	1.34	16,612	1.57	13,980	1.47	8,430	1.02	7,888	0.97
경북	30,500	1.4	22,567	1.21	24,250	1.43	20,616	1.4	12,045	0.97	11,311	0.93
경남	36,475	1.42	29,524	1.25	32,536	1.45	27,138	1.36	15,562	0.9	14,017	0.84
제주	7,453	1.56	5,853	1.37	5,628	1.49	5,494	1.43	3,728	0.95	3,599	0.92

*출처: 국가통계포털(KOSIS)-주제별 통계(인구-출생)

〈표 2〉 전국 초·중·고 학생 수 변화

(단위: 명)

구분	2001	2006	2011	2016	2021	2022
초	4,089,429	3,925,043	3,132,477	2,672,843	2,672,340	2,664,278
중	1,831,152	2,075,311	1,910,572	1,457,490	1,350,770	1,348,428
고	1,911,173	1,775,857	1,943,798	1,752,457	1,299,965	1,262,348
계	7,831,754	7,776,211	6,986,847	5,882,790	5,323,075	5,275,054

*출처: 교육통계서비스(KESS)-테마통계(시계열 통계)

〈표 3〉 전국 초·중·고 학생 수 추계(2023-2029)

(단위: 명)

학교급	학년	2023	2024	2025	2026	2027	2028	2029
초	1	379,373	341,619	314,205	285,563	266,617	254,047	240,869
	2	421,663	378,050	340,551	313,293	284,836	265,983	253,534
	3	425,772	421,972	378,354	340,958	313,789	285,341	266,553
	4	425,683	426,170	422,475	378,832	341,525	314,390	285,991
	5	471,996	426,105	426,781	423,172	379,510	342,244	315,152
	6	459,245	472,514	426,743	427,587	424,080	380,357	343,112
	소계	2,583,732	2,466,430	2,309,109	2,169,405	2,010,357	1,842,362	1,705,211
중	1	455,106	457,951	471,500	426,120	427,242	423,859	380,206
	2	429,509	453,810	456,768	470,396	425,225	426,481	423,188
	3	446,812	428,380	452,688	455,700	469,403	424,413	425,780
	소계	1,331,427	1,340,141	1,380,956	1,352,216	1,321,870	1,274,753	1,229,174
고	1	470,397	445,683	427,155	451,349	454,545	468,190	423,454
	2	418,410	460,055	435,937	417,840	441,541	444,704	458,083
	3	398,271	411,751	452,738	429,027	411,216	434,556	437,671
	소계	1,287,078	1,317,489	1,315,830	1,298,216	1,307,302	1,347,450	1,319,208
계	총계	5,202,237	5,124,060	5,005,895	4,819,837	4,639,529	4,464,565	4,253,593

*출처: 교육통계서비스(KESS)-알림·서비스(자료실)

끝으로, 전국 폐교 현황이다.

〈표 4〉는 2023년 기준 전국 폐교 현황을 제시한다. 전국적으로 3,922개교가 폐교했으며, 부산지역에서도 48개교가 폐교했다.

지금까지 살펴본 한국의 저출산 및 학령인구 감소 현상으로 예상되는 문제점을 다음과 같이 생각해볼 수 있다.

첫째, 저출산 현상이 부산, 서울을 포함하여 전국적 현상이라는 것이다. 전국 17개 시·도 중에서 세종시만 출산율이 1.12명으로 1명을 넘어설 뿐, 그 외 모든 시·도의 출산율은 1명 이하다.

둘째, 향후 학생 수 감소 현상이 지난 20여 년간보다 더 가팔라진다는

〈표 4〉 전국 폐교 현황(2023년 기준)

시·도교육청	폐교 학교수	매각 폐교	보유폐교				
			활용폐교			미활용폐교(B)	계(A+B)
			대부(임대)	자체활용	계(A)		
서울	4	1	-	-	-	3	3
부산	48	20	2	24	26	2	28
대구	37	20	2	15	17	-	17
인천	59	40	4	8	12	7	19
광주	14	8	3	3	6	-	6
대전	8	5	1	1	2	1	3
울산	27	10	2	11	13	4	17
세종	13	12	-	1	1	-	1
경기	179	58	62	42	104	17	121
강원	479	276	121	27	148	55	203
충북	260	131	80	28	108	21	129
충남	271	216	13	24	37	18	55
전북	327	272	9	39	48	7	55
전남	839	658	37	61	98	83	181
경북	737	496	120	67	187	54	241
경남	585	360	94	56	150	75	225
제주	35	4	16	4	20	11	31
계	3,922	2,587	566	411	977	358	1,335

*출처: 지방교육재정알리미-학교정보(폐교정보)

것이다. 2001년부터 2022년까지 22년간 학생 수는 32.65% 감소한 반면, 2023년부터 2029년까지 7년간 18.24%나 줄어들 것으로 예상된다. 이같이 급격한 학령인구 감소로 도(道) 단위뿐 아니라 특별시 및 광역시 같은 시(市) 단위에서도 폐교가 늘어날 것이다.

부산지역 학령인구 변화 현황 및 분석

부산지역 학령인구 현황

부산지역 학령인구의 학교급별, 자치구군별 변화 현황을 살펴보면 다음과 같다. 먼저, 학교급별 변화 현황이다.

〈표 5〉는 2001~2022년의 현황과, 2023~2046년의 예측 결과를 제시한다. 2001~2022년까지 20여 년간 학생 수는 60만 8천 명에서 30만 4천 명으로 50% 감소했다. 2023~2033년까지 10여 년간 학생 수는 30만 1천 명에서 20만 9천 명으로 30.56% 줄어들 것으로 예측되는데, 초등학생은 36%, 중학생은 37%, 고등학생은 13% 감소할 것으로 보인다.

〈표 5〉 부산지역 학령인구 변화 현황 및 예측 결과

(단위: 천 명)

학교급	2001	2011	2017	2018	2019	2020	2021	2022	2023
초	296	182	154	156	157	155	155	155	150
중	143	121	80	76	74	75	76	76	76
고	169	140	103	93	84	79	76	73	75
계	608	443	337	325	315	309	307	304	301
학교급	2024	2025	2026	2027	2030	2033	2035	2041	2046
초	142	133	124	113	93	96	102	104	94
중	78	80	78	76	65	48	45	53	52
고	76	76	76	78	76	65	52	49	54
계	296	289	278	267	234	209	199	206	200

*출처: 부산시교육청(2021). 2021 소규모 학교 지원 계획. 이상철(2022)에서 재인용.

다음으로, 자치구군별 변화 현황이다.

〈표 6〉은 2000~2023년의 자치구군별 학생 수 변화 현황을 제시한다. 전체적으로 23년간 학생 수는 52.31% 감소했음을 알 수 있다. 부산지역 교

육격차 연구[1]에서 16개 구군을 원도심권, 서부산권, 중부산권, 동부산권 등 4개 권역으로 구분한 것에 기초하여 학생 수 변화 현상을 구체적으로 분석해보면 특히 원도심권 자치구의 학생 수 감소 현상이 심각하다. 영도구(71.79%), 동구(71.68%) 등에서 70% 내외 감소했으며, 서부산권도 북구(69.66%)를 포함하여 다른 자치구들도 50% 이상 감소했다. 중부산권도 연제구를 제외하고 동래구(60.2%) 등에서 50% 이상 감소했으며, 동부산권은 해운대구가 60.22% 감소한 반면 기장군은 부산지역 16개 자치구군 중 유일하게 245.66% 증가했다.

〈표 6〉 부산지역 자치구군별 학생 수 변화

(단위: 명)

권역	구군	학교급	학생 수		
			2000년	2010년	2023년
원도심권	중구	초등학교	3,742	2,466	1,175
		중학교	1,724	631	244
		고등학교	6,198	3,733	1,523
		소계	11,664	6,830	2,942
	서구	초등학교	9,500	5,588	3,757
		중학교	7,080	5,666	2,567
		고등학교	7,668	4,685	2,181
		소계	24,248	15,939	8,505
	동구	초등학교	7,925	4,444	2,482
		중학교	4,390	3,375	1,362
		고등학교	9,096	5,768	2,220
		소계	21,411	13,587	6,064

1 김혜영(2021), p.31.

원도심권	영도구	초등학교	12,632	7,047	3,436
		중학교	6,565	4,453	1,934
		고등학교	8,158	4,801	2,347
		소계	27,355	16,301	7,717
서부산권	북구	초등학교	29,886	19,852	12,130
		중학교	13,660	13,599	6,067
		고등학교	5,739	10,399	4,592
		소계	40,883	26,403	12,404
	사하구	초등학교	32,418	21,186	12,904
		중학교	15,890	13,275	6,398
		고등학교	17,295	13,589	6,808
		소계	58,145	42,258	29,846
	강서구	초등학교	4,527	2,722	12,556
		중학교	2,248	1,419	4,564
		고등학교	3,133	2,896	2,581
		소계	52,426	35,662	20,564
	사상구	초등학교	24,578	13,499	7,086
		중학교	10,887	8,152	3,123
		고등학교	5,418	4,752	2,195
		소계	25,531	17,909	11,120
중부산권	부산진구	초등학교	33,881	21,348	15,128
		중학교	16,490	13,678	7,263
		고등학교	27,348	18,096	8,426
		소계	49,285	43,850	22,789
	동래구	초등학교	21,664	14,890	14,091
		중학교	14,914	11,802	7,588
		고등학교	21,567	15,566	8,167
		소계	65,603	48,050	26,110
	남구	초등학교	18,809	15,897	11,605
		중학교	11,835	11,268	6,419
		고등학교	22,376	13,970	6,573
		소계	53,020	41,135	24,597

중부산권	금정구	초등학교	22,504	13,216	8,930
		중학교	13,410	9,949	5,004
		고등학교	16,512	12,497	6,630
		소계	**53,020**	**41,135**	**24,597**
	연제구	초등학교	17,100	12,046	9,329
		중학교	9,070	6,531	3,672
		고등학교	4,039	4,439	2,352
		소계	**30,209**	**23,016**	**15,353**
동부산권	해운대구	초등학교	36,913	28,551	18,600
		중학교	15,211	18,158	10,094
		고등학교	14,604	14,209	8,183
		소계	**77,719**	**53,122**	**30,817**
	수영구	초등학교	13,268	8,769	6,191
		중학교	5,553	4,368	2,711
		고등학교	6,710	4,772	2,218
		소계	**66,728**	**60,918**	**36,877**
	기장군	초등학교	5,582	5,876	12,819
		중학교	1,856	2,961	5,432
		고등학교	1,394	2,493	3,428
		소계	**8,832**	**11,330**	**21,679**
학교급별 소계		초등학교	294,929	197,397	152,219
		중학교	150,783	129,285	74,442
		고등학교	177,255	136,665	70,424
전체 합계		초·중·고	622,967	463,347	297,085

*출처: 교육통계서비스(KESS). 유초중등통계-행정구역별-행정구역별 학년별 학급 수 학생 수

인천지역 학생 수 변화 현황

타시도 중 부산지역과 규모가 비슷한 인천지역의 학생 수 변화 현황을 살펴보며 시사점을 도출할 필요가 있다.

〈표 7〉은 2000~2023년 자치구군별 학생 수 변화 현황을 제시한다. 전체적으로 23년간 학생 수는 33.23% 감소했음을 알 수 있다. 감소 비율이 높

은 지역은 동구가 59.71%로 가장 높으며, 계양구 57.78%, 부평구 55.23%, 미추홀구 53.71% 순이다. 감소 비율이 낮은 지역은 중구가 0.06%로 가장 낮으며, 연수구 9.35%, 남동구 24.44% 순이다. 유일하게 학생 수가 증가한 지역은 서구로, 114.63% 증가했다.

〈표 7〉 인천지역 자치구군별 학생 수 변화

(단위: 명)

구군	학교급	연도별 학생 수		
		2000년	2010년	2023년
중구	초등학교	5,661	6,127	9,466
	중학교	3,913	4,492	4,864
	고등학교	12,311	9,328	7,542
	소계	21,885	19,947	21,872
동구	초등학교	6,290	5,041	3,295
	중학교	3,105	2,821	1,215
	고등학교	5,692	3,709	1,569
	소계	15,087	11,571	6,079
연수구	초등학교	30,238	20,509	25,849
	중학교	13,083	13,473	13,155
	고등학교	12,185	14,901	11,313
	소계	55,506	48,883	50,317
미추홀구	초등학교	31,310	22,456	16,561
	중학교	13,763	11,840	7,613
	고등학교	25,252	17,590	8,378
	소계	70,325	51,886	32,552
남동구	초등학교	38,211	31,971	26,416
	중학교	16,847	19,756	13,982
	고등학교	13,730	15,421	11,577
	소계	68,788	67,148	51,975

부평구	초등학교	52,133	36,842	21,763
	중학교	25,702	22,998	11,535
	고등학교	19,491	22,276	10,273
	소계	97,326	82,116	43,571
계양구	초등학교	39,957	25,054	11,935
	중학교	12,006	15,931	6,654
	고등학교	6,793	13,735	6,217
	소계	58,756	54,720	24,806
서구	초등학교	36,549	31,427	37,228
	중학교	14,335	18,674	17,496
	고등학교	9,780	14,048	14,813
	소계	60,664	64,149	69,537
강화군	초등학교	4,345	3,098	2,084
	중학교	2,488	1,888	1,342
	고등학교	2,727	2,088	1,657
	소계	9,560	7,074	5,083
옹진군	초등학교	1,022	736	486
	중학교	304	269	229
	고등학교	226	151	264
	소계	1,552	1,156	979
학교급별 소계	초등학교	245,716	183,261	155,083
	중학교	105,546	112,142	78,085
	고등학교	108,187	113,247	73,603
전체 합계	**초·중·고**	**459,449**	**408,650**	**306,771**

*출처: 교육통계서비스(KESS). 유초중등통계-행정구역별-행정구역별 학년별 학급 수 학생 수

부산지역의 학령인구 변화 현황을 살펴본 결과 도출할 수 있는 시사점은 다음과 같다.

첫째, 학생 수 감소 현상이 매우 심각하다. 지난 23년간 전체적으로 52.31% 감소했는데, 비교 지역으로 살펴본 인천(33.23%)보다 20% 정도나 감소 비율이 높다. 이에 따라 부산과 인천의 전체 학생 수도 2000년 부산

622,967명, 인천 459,449명에서 2023년 부산 297,085명, 인천 306,771명으로 역전되었다.

둘째, 부산지역 자치구별 학생 수 감소 편차가 크다. 영도구, 동구, 중구, 서구 등 원도심권을 포함하여 북구 등의 학생 수가 70% 내외 감소했으며, 그 외 자치구들은 50~60% 정도 감소했다. 눈여겨볼 지역 중 강서구는 초·중학생은 증가하고 고등학생은 감소했으며, 기장군은 초·중·고 학생 모두 증가한 유일한 자치군에 해당한다.

학령인구 감소로 학교에서 일어나는 현상

학령인구 감소로 학교에서 일어나는 현상으로는 학교 규모 변화, 소규모 학교 통폐합, 원도심 공동화와 신도심 과밀화로 인한 같은 도시 내 학생 수의 양극화, 원도심 공동화로 인한 폐교 가속화, 학급당 학생 수 감소, 교사 수 감소, 교사 수 감소로 인한 비정상적 교육과정 운영 및 교사의 업무 대폭 증가, 대학 특히 지방 소재 대학 신입생 미충원 현상 등이 문제로 제기되는데[2], 이 중에서 학교 규모의 변화, 학급당 학생 수 감소, 교사 수 감소로 인한 업무의 대폭 증가 등을 중심으로 살펴본다.

학교 규모의 변화

먼저, 작은 학교 즉 소규모 학교의 증가다.

〈표 8〉에서는 부산지역 자치구(군)별 소규모 학교 현황을, 〈표 9〉에서는 소규모 학교 기준을 제시한다. 2022년 기준 부산지역 전체 616개 학교 중 134개 학교가 소규모 학교임을 알 수 있는데, 원도심권은 77개 학교 중 29

2 이보람(2023), pp.70-71.

개 학교로 38%, 서부산권은 177개 학교 중 52개 학교로 29%가 소규모 학교인데 반해, 중부산권은 243개 학교 중 39개 학교로 16%, 동부산권은 119개 학교 중 14개 학교로 12%가 소규모 학교에 해당되어 지역간 편차가 상당함을 알 수 있다. 〈표 5〉에서 살펴본 것처럼 향후 10여 년간 부산지역 학생 수가 30.56% 감소할 것으로 예측되는 점을 고려하면, 소규모 학교는 원도심권과 서부산권을 넘어 부산지역 전체로 확대될 것으로 예상된다.

〈표 8〉 부산지역 자치구(군)별 소규모 학교 현황

(2022.3.5. 기준)

구분	원도심					서부산					중부산						동부산				계
	동구	중구	서구	영도	소계	강서	북구	사상	사하	소계	금정	동래	부산진	연제	남구	소계	해운대	수영	기장	소계	
	16교	9교	23교	29교	77교	34교	51교	36교	56교	117교	47교	50교	69교	28교	49교	243교	64교	20교	35교	119교	616교
초	1	2	5	7	15	7	5	10	7	29	7	3	6	2	3	21	4	0	5	9	74
중	2	1	2	6	11	5	6	5	2	18	4	4	4	0	2	14	3	1	0	4	47
고	0	0	0	3	3	3	0	0	2	5	2	0	0	0	2	4	0	0	1	1	13
계	3	3	7	16	29	15	11	15	11	52	13	7	10	2	7	39	7	1	6	14	134

*출처: 부산시교육청(2022). 중기(2021~2025) 적정규모학교 육성 추진 기본 계획. 이상철(2022)에서 재인용

〈표 9〉 부산광역시교육청 소규모 학교 기준

구분	소규모 학교 기준		비고
도시지역	초등	240명 이하	
	중등	300명 이하	
읍지역	초등	120명 이하	기장·장안·정관읍
	중등	180명 이하	
면지역	60명 이하		철마·일광면

*출처: 김은주(2022), p.15.

다음으로, 통합운영학교의 필요성 증가다.

통합운영학교는 학령인구 감소와 같이 교육환경의 급격한 변화에 효율적으로 대응할 수 있는 학교체제로 관심을 받고 있다. 먼저 개념을 살펴보면, 통합운영학교는 학교급이 다른 초등학교·중학교, 중학교·고등학교, 초등학교·중학교·고등학교 간에 시설·설비 및 교원 등을 합하여 운영하는 유형의 학교를 지칭하는데, 적정규모학교 육성정책에 따라 폐지된 학교의 학생을 받아들인 학교를 의미하는 통합학교, 특수교육대상자가 일반학교에서 함께 교육을 받는 통합교육 등과는 개념상 차이가 있다.[3]

통합운영학교는 〈표 10〉에서 알 수 있듯이 전국 119개 학교에서 운영하는데, 초·중 통합 유형이 58개 학교, 중·고 통합 유형이 55개 학교, 초·중·고 통합 유형이 6개 학교이며, 부산지역에서는 중·고 통합 유형 3개교를 운영한다.[4]

〈표 10〉 통합운영학교 운영 현황

(2021.3.1. 기준)

구분	서울	부산	대구	인천	대전	울산	세종	경기	강원	충북	충남	전북	전남	경북	경남	제주	전국
초·중	2 (2)		1 (1)	2 (2)				8 (2)	2 (1)	8 (2)	6	6	6	9	3 (2)	5	58 (12)
중·고	1	3		1	2 (1)	2 (1)	1 (1)		4 (1)		14	9	7(1)	7	3	1	55 (5)
초·중·고				4				1				1					6
합계	3 (2)	3	1 (1)	7 (2)	2 (1)	2 (1)	1 (1)	9 (2)	6 (2)	8 (2)	20	16	13 (1)	16	6 (2)	6	119 (17)

*사립학교 수: 중·고 유형에서 충남 3교, 경북 4교로 총 7개교

**( ) 안은 학교 신설, 중앙투자심사를 거쳐 통합한 경우로 총 17개교

3 이상철(2022c), p.11.

4 이상철(2022c), p.14.

통합운영학교 사례 및 시사점과 관련하여, 국내 4개 통합운영학교와 미국, 핀란드, 독일, 영국 등 국외 4개국의 4개 통합운영학교 운영 사례를 분석하여 〈표 11〉과 같이 종합 정리했는데,[5] 학교운영, 교직원 인사, 교육과정, 예산 운용, 시설활용 등 학교 운영의 대부분 영역에서 국내 통합운영학교는 '한 지붕 두 가족'이라는 표현과 같이 부분적 또는 형식적 통합운영에 그치는 반면, 해외 통합운영학교는 '하나의 학교'와 같이 실질적 또는 완전한 통합운영에 이른다.

〈표 11〉 국내외 통합운영학교 사례 분석 종합

영역	국내 통합운영학교 사례 특징	국외 통합운영학교 사례 특징
상징적 표현	• 한 지붕 두 학교	• 하나의 학교
학교운영	• 대부분 분리운영(홈페이지, 교무실, 학생회, 학부모회 등) • 일부 통합운영(행정실, 학교운영위원회 등)	• 대부분 통합운영(홈페이지, 교육목표, 교무실, 행정실, 학생회 등)
교직원 인사	• 초·중을 함께 가르칠 수 있는 복수 자격증 소지 교사 없음	• 복수 자격증 소지, 복수학교급 수업 가능(독일 예외)
교육과정	• 대부분 분리운영(하루 일과 및 시종시간, 창의적 체험활동 등) • 일부 통합운영(입학식, 동아리 발표회 등 일부 학교행사)	• 국가별로 다소 차이가 있음 • 대부분 교육활동 통합운영(핀란드, 독일, 영국) • 상황에 따라 통합 또는 분리 운영(미국)
예산 운용	• 학교별로 다소 차이가 있음 • 통합운영 원칙, 부분 분리운영(B학교) • 분리운영 원칙, 부분 통합운영(A, C학교)	• 모두 통합운영
시설활용	• 학교별로 다소 차이가 있음 • 대부분 분리사용, 일부 통합사용(C학교) • 대부분 통합사용, 수업 시 분리사용(A, B학교)	• 모두 통합사용

*출처: 이상철(2022c), p.73.

5 이상철(2022c), pp.72-73.

학급당 학생 수 감소

앞서 전국 및 부산지역 학생 수의 급격한 감소 현상을 살펴보았는데, 이와 연동하여 발생하는 현상이 학급당 학생 수 감소다.

〈표 12〉는 2001~2022년의 전국 초·중·고 학급당 학생 수 변화 현황을 제시한다. 초·중·고 전체 평균이 2001년 37.7명, 2011년 30.6명, 2022년 21.8명으로 22년간 학급당 학생 수가 42.2% 감소했음을 알 수 있다.

〈표 12〉 전국 초·중·고 학급당 학생 수 변화

(단위: 명)

구분		2001	2006	2011	2016	2021	2022
초		35.6	30.9	25.5	22.4	17.5	16.7
중		37.3	35.3	33	27.4	25.5	25
고	일반계고	41.6	33.7	34.7	30.6	24	23.7
	특수목적고			28.4	24	22.1	21.3
	특성화고	36.4	29.9	28.5	25.7	19.2	18.1
	자율고			33.5	30.2	25.9	26
평균		37.7	32.45	30.6	26.7	22.4	21.8

*출처: 교육통계서비스(KESS). 테마통계-주요지표.

그리고 〈표 13〉은 2022년 부산지역 학생 수별 학급 수 현황을 제시한다. 전체적으로는, 학생 수 21~25명인 학급이 43.5%로 가장 많으며, 20명 이하인 학급 29.9%, 26~30명인 학급 24.3% 순으로 나타났다. 학교급별로 살펴보면, 초등학교는 21~25명인 학급이 가장 많으며, 중학교는 26~30명인 학급이, 일반계 고등학교는 20명 이하인 학급이 가장 많음을 알 수 있다. 전반적인 학급당 학생 수가 감소 추세인데도 과밀학급에 해당하는 31명 이상인 학급이 307개 학급(2.2%)에 이르는 점도 생각해볼 여지가 있다.

학급당 학생 수와 관련하여, 〈표 14〉의 학급규모 관련 연구에 따르면 적정 학급규모를 20명 이하로 제시하고 있음을 알 수 있다. 적정 학급규모의

〈표 13〉 2022년 부산지역 학생 수별 학급 수

(단위: 학급)

학교급 \ 학생 수		합계	20명 이하	21~25명	26~30명	31~35명	36명 이상
초		7,105	1,826	3,725	1,480	72	2
중		3,045	297	1,214	1,409	125	0
고	일반계고	2,259	1,021	788	387	63	0
	특수목적고	318	183	73	17	27	18
	특성화고	772	687	85	0	0	0
	자율고	84	53	29	2	0	0
계(%)		13,583 (100%)	4,067 (29.9%)	5,914 (43.5%)	3,295 (24.3%)	287 (2.1%)	20 (0.1%)

*출처: 2022 부산교육 통계연보. 학생 수별 학급 수

〈표 14〉 학급규모 관련 연구 현황

연번	연구자	발표연도	주요 내용	비고
1	민부자· 홍후조	2011	초등학교 강의식 수업은 15~25명, 토론식 수업을 포함한 학생참여 수업은 더 소규모 편성 필요	학술논문
2	김달효	2013	학급규모와 학업성취도, 학습활동 분석 후 적정 학급규모로 약 20명 제시	학술논문
3	신나민 외	2013	학급규모가 작을수록 학교생활 전반(학교생활만족도, 또래상호작용 등)에서 긍정적인 반응을 보임	학술논문
4	김영곤	2015	적정 학급규모를 20명 이하 수준으로 제시	박사논문
5	민세연· 유병길	2017	대규모학급(30명 이상)이 중규모학급(22~24명)과 소규모학급(17명 이하)보다 과학 자기효능감 및 과학 자아개념에서 유의미하게 낮음	학술논문
6	우명숙	2017	학급당 학생 수가 너무 많은 경우 교사들의 사기와 열의가 낮으며, 생활지도 관련 교사 효능감이 낮음	학술논문
7	이아진	2017	많은 종속변수(수업이해도, 비행 등)에서 학급규모가 작을수록 긍정적인 효과가 나타남	박사논문

*출처: 이상철(2021), pp.4-5.

의의로는, △축소된 학급규모(20명 이하)는 학업성취에서 약간의 증가를 가져온다 △소규모 학급은 초기 학년에 가장 도움이 된다 △경제적으로 취약

한 학생집단이 가장 많은 혜택을 받을 수 있다 등이 있고, 적정 학급규모의 한계수준을 넘을 경우 문제점으로는, △학생이 빠져도 표시가 나지 않는 익명성 또는 사각지대가 나타난다 △학생들의 개별적 학습 진행상황을 파악하기 어려워 개별화 수업이 힘들다 △다양한 수업활동을 시도하는 데 교사 자신이 신중해지고 피드백 분량을 조절하게 된다 △교사의 관심이 시간을 제한하는 관리 위주로 바뀌게 되며 관리적 언어를 많이 사용하거나, 윽박지르거나, 벌을 주게 되는 현상이 나타난다 등을 들 수 있다.[6]

교사 수 감소에 역행하는 학교업무의 대폭 증가

학생 수의 급격한 감소와 비례하여 나타나는 현상이 교사 수 감소인데, 교사 수가 감소하면 행정업무도 함께 감소해야 하지만 아이러니하게도 교사 수 감소와 반비례하여 행정업무는 대폭 증가하고 있다.[7]

학교업무 관련 연구[8,9]에 의하면, 〈표 15〉에서 알 수 있듯이 지난 25년간 학급 수는 40~60% 감소했으며 이에 비례하여 교사 수도 40~50% 감소했다. 이 연구에서는 분석 대상 2개 초·중학교 학교업무 분석 결과를 바탕으로 다음과 같은 특징을 도출했다.

첫째, 학교업무가 크게 증가했다. 증가한 대부분의 업무는 정부 즉 교육부의 정책 수립으로 발생했는데, 교원능력개발평가, 학교평가, 협력교사제, 메이커교육, STEAM, 방과후학교, 돌봄 등이다. 그 외에도 혁신학교 및 혁신교육지구사업, 학교자율사업운영제, 교육결손해소사업 등과 같은 주민직선제 선출 교육감 공약 관련 업무도 신설되었으며, 사회·경제·과학·기술

6 김영곤(2015), pp.20-27.

7 김유리(2023), p.10.

8 김유리(2023), pp.10-17.

9 김유리, 이상철 외(2023), pp.34-35.

등 시대 변화로 생겨난 업무들도 있다.

둘째, 보직교사 업무도 크게 증가했다. 단위학교 교사 수가 대폭 감소하는 추세에서 새롭게 만들어지는 학교업무는 크게 증가하기 때문에 교사들이 느끼는 체감 업무는 몇 배 이상이며, 특히 보직교사 도입의 근거가 되는 초중등교육법 제19조 제3항의 '원활한 학교 운영'을 위해 새로운 업무들은 보직교사에게로 집중된다고 밝히고 있다.

〈표 15〉 주요 시점별 분석 대상 초·중학교 교사 및 보직교사 현황

학교	1998년			2013년			2023년			비고
	학급 수	보직 교사	일반 교사	학급 수	보직 교사	일반 교사	학급 수	보직 교사	일반 교사	
A초	62	12	77	46	12	59	39	13	49	1998년 자료가 없어 1999년 자료 활용
B중	45	12	78	33	13	59	18	12	37	

*출처: 김유리(2023), p.3.

학령인구 감소에 따른 부산교육 변화의 방향

부산지역 학령인구 감소 현황과 이로 인해 학교에서 일어나는 현상 등을 바탕으로 부산교육의 변화 방향을 교실 및 학교의 변화, 교육청의 변화, 지역사회의 변화 등에 초점을 두고 살펴보고자 한다.

교실 및 학교의 변화

첫째, 교사와 학생이 수업하는 교실은 학생 맞춤형 교육활동으로 변화할 필요가 있다. 앞서 〈표 13〉에서 살펴보았듯이, 2022년 기준 부산지역의 학급당 학생 수는 학교급에 따라 차이는 있지만 전체적으로는 25명 이하 학급 비중이 73.4%를 차지하며, 향후 학급당 학생 수는 계속 줄어들 것

이다. 따라서 개별 학생의 흥미, 적성, 학습 수준과 속도 등과 같은 다양한 특성을 고려하여 개별 학생에게 가장 적합한 교육활동을 제공할 필요가 있다. 이를 위해서는 교사의 교육과정 재구성 역량 강화, 학생 수준 맞춤형 교육과정 및 수업 활성화, 일반고의 경우 학생의 과목 선택권 확대, 학생의 일상을 교육적 맥락으로 해석하는 마을교육과정과 연계 등과 같은 학교·교육청·지역사회 차원의 노력이 필요하다.[10]

둘째, 학생 수가 급격히 감소한 학교라도 무분별한 폐교보다는 도심형 분교 등과 같은 작은 학교로의 변화를 모색할 필요가 있다. 앞서 〈표 4〉의 전국 폐교 현황에서 살펴보았듯이, 2023년 기준 부산지역에서도 48개교가 폐교했으며, 2024년 부산지역 초등학교 입학생 10명 미만 21개교, 10명 이상~20명 미만 21개교로 나타나 전체적으로 신입생 20명 미만인 초등학교가 42개교에 이른다.[11] 학생 수, 특히 입학생이 적을수록 폐교 가능성을 염두에 둘 수밖에 없는데, 폐교했을 경우 학령기 아동이 있는 가정이 자녀가 안정적으로 다닐 학교를 찾아 다른 지역으로 이주하면서 발생하는 지역의 교육공동화 현상을 초래하고, 이는 지역 황폐화로 연결될 가능성이 높다. 즉 폐교는 하나의 학교가 없어지는 문제를 넘어 직·간접적으로 지역사회의 생존에도 상당한 영향을 미치는 문제다. 서울시교육청에서는 폐교 위기의 학교를 도심형 분교로 개편하는 정책을 발표했는데, 폐교 위기의 학교 용지를 분교 부지와 주거 부지로 분리하여 각각 분교와 공공아파트를 짓는 '주교 복합학교'를 구상하고 있다.[12]

셋째, 유치원부터 고등학교까지 지역의 교육여건에 따라 다양하게 통합할 수 있는 통합운영학교에 대해 적극적으로 궁리해야 한다. 앞서 살펴본

---

10 이상철 외(2020), pp.78-79.

11 "부산 초등 신입생 20명 미만 42곳…입학식, 교무실서 할 판"(부산일보, 2023.12.20.)

12 "서울에 '빌딩형 학교' 생겨…폐교 위기 학교 '분교'로 살린다"(주간조선, 2023.10.15.)

바와 같이 통합운영학교는 학령인구가 급격히 감소한 지역에서 학교를 폐교하는 대신 인근 다른 학교급과 통합하여 운영하는 새로운 학교체제를 말하는데, 유·초, 초·중, 중·고, 유·초·중, 초·중·고, 유·초·중·고 등 다양한 유형으로 통합할 수 있다.

통합운영학교는 학교급마다 독립적 공간 확보가 어려운 경우 지리적 접근 용이성으로 인한 학습권 보장, 시설 및 기자재 공동 이용으로 재정 운영 효율성 제고, 수준 높고 다양한 정규교육과정 및 방과후학교 프로그램 등에 참여 기회 확대, 같은 상급학교에 진학하는 경우가 많아 학교에 대한 소속감 및 애교심 고취, 교육 연한이 길어짐에 따라 학부모 학교 참여 확대 및 지역사회와 장기적 교류 협력 가능 등의 의의가 있는 반면, 학교급간 이질적 문화로 인한 갈등, 교육목표 차이 등과 같은 다른 학교급간 교원 갈등 문제, 공동 시설 사용 시간 중복으로 인한 혼란, 학생 발달 수준 차이로 인한 교수학습 운영에서 통합운영의 어려움 등 한계가 있다.[13]

그리고 해외 통합운영학교가 '하나의 학교'를 지향하는데 반해, 국내에서 운영되는 통합운영학교는 제도적 한계 등으로 인하여 형식적으로 통합되어 있지만 실제로는 독립적으로 운영되는 '한 지붕 두 가족'에 그치는 실정이므로, 통합운영학교를 독립된 학교의 종류로 법제화하고, 두 학교급 이상을 가르칠 수 있는 교원자격증제 도입, 교육활동 통합운영을 위한 교육과정 편성·운영의 자율성 보장, 통합운영학교 회계 도입 등과 같은 제도적 과제가 선결되어야 한다.[14]

넷째, 단위학교 교사 수 감소 추세에 반비례하여 폭증하는 교사 업무 감축을 위한 근본적인 대안을 마련해야 한다. 〈표 15〉의 사례에서 보듯이

---

13 이상철(2022c), pp.2-3.

14 이상철(2022c), pp.79-82.

학생 수가 감소하면 학급 수가 감소하고, 학급 수 감소는 학급 수를 기준으로 배치되는 단위학교 교사 수의 감소를 초래한다. 단위학교 교사 수가 전체적으로 감소하고 있음에도 교사들이 수행해야 하는 학교업무는 폭증하고 있는데, 그중 대부분은 교육부 정책 관련 업무이고, 민선교육감 공약 관련 업무와 시대적 변화를 반영하는 업무도 상당하다. 단위학교에서 교사들이 수행해야 하는 업무들은 교사 수와 상관없이 해당 지역의 모든 학교가 공통적으로 수행해야 하는 업무로, 학교에 따라 업무의 편차는 거의 없으므로 작은 학교일수록 교사 업무 부담은 증가하는 구조다. 참고로, 교육부는 2024년 주요 정책 추진계획에서 2024년 2학기부터 초등학교 방과후와 돌봄을 통합·개선한 늘봄학교를 전국 초등학교로 확산하겠다고 발표했으며, 교원 업무부담이 되지 않도록 전담인력을 배치하여 운영할 것이라고 안내하는데,[15] 과연 교원 업무부담과 무관하게 진행될 수 있을지 지켜볼 일이다.

교육청의 변화

첫째, 교육청을 비롯한 교육지원청, 직속기관들은 전문성에 기반하여 학교지원 중심으로 재편될 필요가 있다. 2010년 전면적인 주민직선제 도입 이전부터 그리고 도입 이후에도 상당 기간 동안 시·도교육청 및 교육지원청은 '교육부 → 시·도교육청 → 교육지원청 → 학교'로 이어지는 상의하달적 구조에서 교육부의 교육정책을 학교로 전달하는 터미널 역할에 충실했다.[16] 하지만 주민직선제 도입 10여 년을 지나면서 시·도교육청의 위상이 지방교육 발전의 주체로 강화하고, 교육자치의 핵심 요소인 조직·인사·재정

15 교육부(2024), p.4.
16 이상철 외(2018), p.4.

자율권이 신장되며, 시·도교육청의 능동적이고 독자적인 교육정책 추진, 지역 주민의 민의를 반영한 교육정책 수립 및 집행, 해당 지역 교육 운영에 대한 주민들의 관심과 참여 증대 등과 같이 시·도교육청 차원의 교육자치 역량은 높아지고 있다.[17] 교육자치 측면에서는 시·도교육청의 자치 역량이 높아지는 것은 바람직한 현상이라 할 수 있지만, 이런 역량이 주민 직선으로 선출된 교육감의 교육공약 추진과 맞물리면서 단위학교의 교육 및 행정업무 증가로 이어지고 있음이 사례 연구[18]를 통해 밝혀지고 있다. 따라서 시·도교육청의 본청은 해당 지역의 교육정책 플랫폼 역할에 충실하되, 교육지원청을 비롯한 산하기관들은 어떻게 해야 단위학교에 업무 부담을 주지 않으면서 학교지원이라는 본연의 기능에 충실할지 궁리해야 한다.

둘째, 교육청은 학교 변화를 지원하기 위한 정책 마련을 위해 역량을 집중해야 한다. 앞서 살펴본 바와 같이 학령인구 감소로 인하여 학교에서 일어나는 대표적인 변화로 학교 규모 변화로 인한 소규모 학교의 증가와 통합운영학교의 필요성 증가, 학급당 학생 수 감소, 교사 수 감소에 역행하는 학교업무의 대폭 증가 등을 꼽을 수 있다.

〈표 9〉 부산광역시교육청 소규모 학교 기준에 따르면 2022년 기준 부산지역 616개 학교 중 134개 학교가 소규모 학교로 21.8%에 해당하며, 향후 10여 년간 부산지역 학생의 30.56%가 감소할 것으로 예상되는 것을 고려하면 학교의 절반 정도가 소규모 학교에 해당할 가능성이 있다. 소규모 학교는 폐교 또는 학교통폐합의 대상이 될 수 있으므로, 학령인구 감소 추세를 고려하여 예를 들어 초등은 '240명 이하에서 200명 이하'로, 중등은 '300명 이하에서 250명 이하' 등과 같이 소규모 학교 기준을 완화할 필요

17 이상철(2022a), p.22.

18 김유리(2023)

가 있다. 그리고 통합운영학교는 부산지역 중에서도 학생 수가 급격하게 감소하는 원도심권이 운영 가능성이 높으며, 통합운영학교가 '한 지붕 두 가족'이라는 형식적 통합이 아닌 '하나의 학교'라는 완전한 통합을 지향할 수 있도록 제도적 과제 해결을 위해 노력해야 한다.

학급당 학생 수 감소 추세에도 불구하고 부산지역에는 2022년 기준 학급당 28명 이상 과밀학급인 학교가 85개 학교에 이르고, 789개 과밀학급이 여전히 있는 것에 주목해야 한다. 과밀학급 해소를 위한 다양한 노력이 필요한데, 이런 노력의 법률적 근거가 될 수 있는 것이 2021년 제정된 '부산광역시교육청 부산형 작은 학교 설립 및 운영에 관한 조례'다. 이는 향후 많은 논의와 제도적 정비가 수반되는 정책이지만 서울시교육청과 경기도교육청이 검토하는 일명 '빌딩형 학교' 운영의 근거가 될 수도 있다.

학생 수 감소와 연동되는 현상이므로 교사 수 감소는 불가피한 현상이지만, 교사 수 감소에 역행하는 학교업무의 대폭 증가 관련 선행연구[19]는 서울지역 초·중학교를 대상으로 한 사례 연구이므로, 부산지역의 실태 파악을 위해 초·중·고 학교급별 분석 대상 학교를 선정하여 교사 업무를 살펴본 다음 시사점과 대안을 도출할 필요가 있다. 이와 아울러 학교업무 지원을 위해 전국 대부분 시·도교육청에 설치된 학교지원센터(조직)가 학교업무 지원에 어느 정도 기여하는 것으로 나타나지만, 학교에서 수행해야 하는 업무가 워낙 방대하고 많기 때문에 학교지원센터(조직)의 지원은 여러 한계가 있다. 따라서 학교지원센터(조직)의 역할과 기능에 대해 더 깊은 논의와 연구가 필요하고, 나아가 1995년 5·31 교육개혁 이후 교육부 정책 추진과 2010년 민선교육감제도 도입 이후 교육감 공약 추진을 위해 관련 학교업무가 폭증하고 있는 현상에 대한 근본적인 대책을 마련해야 한다.

19 김유리(2023), 김유리, 이상철 외(2023).

지역사회의 변화

첫째, 지역사회와 해당 지역 학교는 긴밀하게 소통하고 연결되어야 한다. 앞서 살펴보았듯이 향후 10여 년간 부산지역 학생 수의 급격한 감소 추세와 달리 소규모 학교는 급격하게 증가할 것으로 보인다. 소규모 학교는 폐교 대상이 될 수 있으나, 폐교의 경우 해당 학교를 거점으로 하는 지역사회의 교육공동화 현상을 초래하여 지역 인구 유출로 연결되므로 매우 신중하게 검토해야 한다. '한 아이를 키우기 위해 온 마을이 함께해야 한다'는 말처럼 소규모 학교가 위치한 지역사회는 해당 지역 학교와 적극적으로 연계하고 소통해야 하는데, 대표적으로 학교가 지역사회가 연계한 교육활동을 활성화하는 것이다. 예를 들면, 학생들의 일상을 교육적 맥락으로 해석하는 학생 맞춤형 마을교육과정 일상화, 학교 교육과정 운영을 위해 학교와 지역사회 자원·공간의 경계 허물기, 지역사회의 문화적 인프라(도서관, 지역 서점 등)를 이용한 협력 관계 형성, 학교시설 복합화 등 학교와 지역사회가 함께 사용할 수 있는 공간 확보, 초중등 창의적 체험활동, 학교와 지역사회 기업의 지원 협약 등을 들 수 있다.[20]

둘째, 지역사회는 유·초·중·고, 대학, 기업 간 연계 강화를 통해 지역에서 나거나 지역으로 유입된 인재들이 만족하며 살아갈 수 있는 정주 여건을 조성해야 한다. 2022년 기준, 서울 포함 7대 광역시 청년(20-39세)들의 순이동을 분석한 결과 부산은 6,638명이 유출되어 대구(7,172명) 다음으로 많은 것으로 나타났지만, 부산지역 청년들의 행복감, 전반적인 삶의 만족도, 생활수준 만족도, 일과 삶의 균형 만족도, 거주환경 등은 상대적으로 높은 것으로 밝혀졌다.[21] 즉 지역인재들이 일상생활, 일자리 등에서 만족할 만한

---

20 이상철 외(2020), p.77.

21 민보경(2023), pp.5-18.

정주 여건이 조성되면 전반적인 삶의 만족도가 높아진다는 것이다. 이를 위해서는 지역 내 유·초·중·고와 대학 그리고 기업 간 느슨한 연계를 강화해야 하는데, 이를 통해 지역인재들이 지역에서 유·초·중·고를 다니고, 지역 내 대학에 진학하며, 지역 내 기업에 취직하는 등, 대학과 직장을 찾아 지역을 떠나지 않고 지역에 있더라도 만족하며 살아갈 수 있는 정주 여건을 탄탄하게 만드는 것이다.[22]

---

22 이상철(2022c), p.57.

참고문헌

교육부(2024). 2024년 주요정책 추진계획.

김유리(2023). 초·중 교원업무 분장을 통해 본 보직교사 업무의 변천. 서울특별시교육청교육연구정보원 교육정책연구소. 부산교육 이슈페이퍼 제47호.

김유리, 이상철 외(2023). 초등학교 보직교사 제도 개선방안 연구. 서울특별시교육청교육연구정보원 교육정책연구소. 서교연 2023-83.

김은주(2022). 부산 소규모 학교 운영 실태 및 지원 방안 연구—초등학교를 중심으로—. 부산광역시교육청 교육정책연구소. 부산교육 이슈페이퍼 제59호.

김혜영(2021). 교육격차 실태 및 완화 정책의 성과와 과제. 부산광역시교육청 교육정책연구소. 부산교육 2021-243.

김재훈(2020). 학령인구 감소에 대한 일본의 대응. 지방재정, 2020(2), pp.30-47.

민보경(2023). 대도시 청년들의 삶의 만족도: 7대 광역시를 중심으로. 국회미래연구원, 국가미래전략 Insight 제83호.

부산광역시교육청(2021). 2021 소규모 학교 지원 계획.

부산광역시교육청(2022). 2022 부산교육 통계연보.

부산광역시교육청(2022). 중기(2021~2025) 적정규모학교 육성 추진 기본 계획.

성기선 외(2021). 대한민국 교육트렌드 2022. 에듀니티.

이보람(2023). 학령인구 감소 연구에 관한 국내 연구동향 분석: 2000~2022년 8월 국내 학술논문 대상으로. 학습자중심교과교육연구, 23(16). pp.69-82.

이상철(2021). 학급당 학생 수 감축 관련 정책 사례 분석 및 가능성 탐색. 부산광역시교육청 교육정책연구소. 2021 교육이슈토론회 자료집.

이상철(2022a). 민선교육감 15년의 성과와 과제. 2022년 교육감 선거 이후 지방교육자치의 진로. (사)한국교육정책연구원 창립 기념 세미나 자료집.

이상철(2022b). 부울경 교육협력을 통한 교육공동체 구상. 부산형 K-교육 모델 구축과 세계화를 위한 포럼. 2022 BUSAN EDU FORUM 자료집(2022.10.13.).

이상철(2022c). 부산지역 통합운영학교 운영 방안 연구. 부산광역시교육청 교육정책연구소. 부산교육 2022-176.

이상철 외(2018). 유·초·중등교육 권한 강화에 따른 시·도 교육청 기능 개편 방안. 전국교육정책연구소네트워크. 2018 공동연구 최종보고서.

이상철 외(2020). 부산미래학교 모델 개발 연구. 부산광역시교육청 교육정책연구소. 부산교육 2020-228.

이슬아, 이연우, 한유경(2021). 한국, 미국, 호주의 통합운영학교 관련 정책 국제 비교 연구: 역사적 신제도주의를 중심으로. 비교교육연구, 31(3), pp.59-91.

국가통계포털(KOSIS). https://kosis.kr.

교육통계서비스(KESS). https://kess.kedi.re.kr.

부산광역시공공데이터포털. https://data.busan.go.kr.

부산광역시교육청 교육통계. https://www.pen.go.kr.

지방교육재정알리미. https://eduinfo.go.kr.

8장

학생의 심리·정서적 지원에 관한 접근

윤형식

들어가며

"사람의 삶은 B(Birth)와 D(Death) 사이의 C(Choice)이다."

한 실존주의 철학자가 말한 것으로 알려진 유명한 말이다. 태어나는 것 외에는 모든 것이 자신의 선택임을 강조하는 실존철학 관점을 고려할 때, 어떻게 죽을 것인가에 관한 질문은 어떻게 살아갈 것인가에 대한 고민으로 이어지기에 죽음에 관한 사유는 매우 큰 의미를 지니며, 특히 스스로 죽기를 선택하는 문제는 우리 사회가 심각하게 주목해야 하는 사회적 문제다. 지난 십수 년 동안 우리나라 청소년들이 죽음에 이르는 가장 큰 원인이 자살이라는 사실은 이들이 어떻게 살아가고 있는지를 보여주는 매우 슬프고도 중요한 단면이다. 학생들을 힘들게 하는 경험 과정에서 스스로 목숨을 끊기로 하고 실행하게 하는 것이 결국 심리와 정서의 작용임을 고려할 때, 학생들의 심리·정서적 지원은 그들의 삶에서 매우 중요한 지원이다.

심리란 마음의 움직임이나 의식의 상태를 의미하고, 정서는 개인의 경험에 관한 주관적이고 감정적인 반응을 의미한다. 심리와 정서는 사람의 내면세계를 이해하는 데 매우 중요한 두 축이며, 서로 긴밀한 상호작용을 하는 요소다. 특히 교육 분야에서 심리·정서적 지원은 학생들이 심리·정서적인 어려움을 극복하고 학교생활에 잘 적응할 수 있도록 상담이나 교육 등의 서비스를 제공하는 것을 의미한다.

학생들의 심리·정서적 지원은 건강하고 균형 잡힌 성장과 발달을 위해 중요한 역할을 한다. 사회적 기능 강화, 학습 및 성과, 스트레스 관리 및 대처, 자기 인식과 타인에 대한 이해 증진, 건강한 사회적 행동 강화 등과 밀접관 관련이 있다. 첫째, 청소년은 자아정체성을 형성하고 사회적 관계를 발달시키는 발달단계에 있기 때문에 심리적 안정은 친구, 가족, 교사와의 건강한 상호작용에서 중요한 역할을 한다. 둘째, 정서적 안정은 학습 능력과 성과에 직접 영향을 미친다. 자신의 감정을 이해하고 학습에 집중하고 문제 해결에 능숙해질 수 있으며, 학업적 성취와 자기효능감 증진에 도움이 된다. 셋째, 성장 과정에서 겪는 어려움과 스트레스를 피할 수 없다. 생활의 어려움을 극복하고 스트레스를 효과적으로 관리하는 데 도움이 될 수 있다. 넷째, 심리·정서적 지원은 자신을 이해하고 받아들이는 데 도움이 될 뿐만 아니라 다른 사람의 감정과 경험을 이해하는 능력을 키워줄 수 있으므로 양질의 인간관계를 이어갈 수 있다. 다섯째, 감정을 적절하게 표현하고 관리할 수 있는 학생은 폭력이나 문제행동을 일으킬 가능성이 낮아진다.

심리·정서적 지원은 학생들의 발달, 학업, 사회적 관계 등 다양한 측면에서 기능적으로 적응하고 성장하는 데 긍정적인 영향을 미칠 수 있다. 그럼에도 심리·정서적 지원은 사회적으로 큰 문제가 되는 학교폭력, 자살, 학업중단 등을 비롯한 문제행동에서 일부 학생에 대한 개입에 집중되었다. 최근 코로나 팬데믹을 지나면서 학생들이 겪는 심리·정서적 어려움에 대해 우려가 커지면서 전반적인 학생을 대상으로 하는 지원의 필요성이 부각되었고, 팬데믹 이후 학생들의 정신 건강 및 사회적 관계에 대해 긴밀하게 살펴보고 대응할 필요성이 제기되고 있다. 학생의 심리·정서적 지원 방향에 대해서는 장기적인 관점에서 근본적인 대책을 강구해야 한다. 부산지역 학생을 중심으로 학생들의 자살, 학교폭력, 코로나 팬데믹의 영향과 학생들의 심리·정서적 특성 변화 등을 살펴보자.

자살—우리나라 청소년 사망 원인 1위

우리나라의 자살률은 OECD 회원국 중에서 가장 높은 것으로 알려져 있다. 최근 2022 자살 예방 백서를 통해 발표한 청소년(10~24세)의 자살률은 2020년 기준 인구 10만 명당 10.4명으로, 같은 기준 OECD 평균 6.4명의 두 배 가까운 수치를 보이며, OECD 회원국 중에서 네 번째로 높다. 보건복지부에서 2023년 5월 30일 발표한 2023년 청소년 통계에 의하면, 2021년 청소년(9~24세) 사망자 수는 1,933명이며, 자살로 목숨을 잃은 청소년은 985명으로 나타났다. 사망 원인은 고의적 자해(자살), 안전사고, 악성 신생

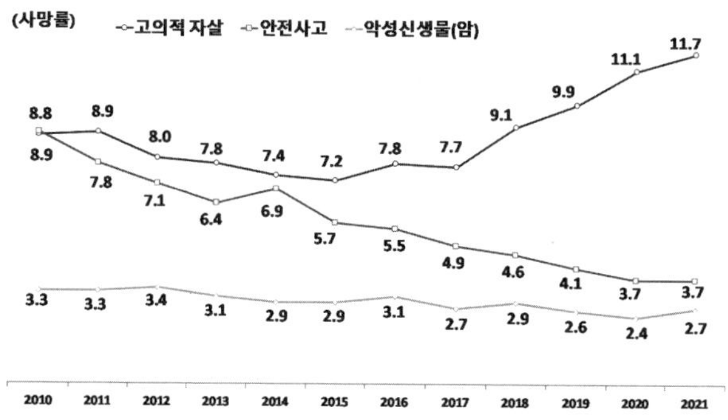

출처: 여성가족부 보도자료(2023.05.30.)

〈그림 1〉 청소년 사망 원인(2010~2021)

물(암) 순으로 나타났다. 2010년 이후 청소년 사망 원인은 〈그림 1〉과 같다.

2011년 이후 2021년까지 고의적 자해(자살)가 청소년 사망 원인 1위를 차지한다. 우리나라 청소년 인구 10만 명당 7.2~11.7명 정도가 해마다 고의적 자해(자살)로 목숨을 잃었다. 자살로 인한 청소년 사망률이 점점 줄어들다가 최근 다시 늘어나는 추세다. 부산광역시교육청에서 파악한 학생 자살 현황은 〈표 1〉과 같다.

〈표 1〉 최근 5년간 부산지역 학생 자살 현황

(단위: 명)

연도	2019			2020		2021		2022		2023		
학교급	초	중	고	중	고	중	고	중	고	초	중	고
인원	1	1	6	5	6	5	6	3	7	3	3	6
계	8			11		11		10		12		

출처: 부산광역시교육청 학생 생활교육 기본계획(2020~2024) 내용 취합

최근 5년간 부산지역 학생의 자살 현황을 보면, 한해 8~12명의 학생이 자살했고, 고등학교 학생의 빈도가 가장 높은 것으로 나타났다. 학생들의 자살 원인을 파악한 결과는 〈표 2〉와 같다.

〈표 2〉 최근 5년간 부산지역 학생의 자살 원인

(단위: 명)

자살 원인 \ 연도	2019	2020	2021	2022	2023	계
실직/부도/경제궁핍	0	0	0	0	0	0
가정불화/가정문제	1	2	1	1	5	10
우울증/염세 비관	3	4	1	6	3	17
신체결함/질병	0	1	0	0	0	1
이성관계	0	0	0	0	0	0
성적불량/성적비관	0	0	0	1	1	2

폭력/집단 괴롭힘	0	0	0	0	1	1
기타	1	0	1	0	0	2
원인 미상	3	4	8	2	2	19
계	8	11	11	10	12	52

출처: 부산광역시교육청 학생 생활교육 기본계획(2020~2024)에서 취합 및 재구성

가장 높은 빈도를 보이는 항목이 '원인 미상'으로 나타났고, '우울증/염세 비관', '가정문제' 등의 순으로 보고되었다. 원인 미상이 가장 높은 빈도를 보이는 이유는 자살 원인을 적극적으로 파악하지 않기 때문이다. 자살 예방을 위해 학생들이 자살에 이르게 된 원인과 위험 요인을 파악하는 것은 중요하다. 학생들의 자살을 적극적으로 예방하고 대처하기 위해 심리부검 같은 절차를 활용할 수 있는데, 심리부검은 자살 원인을 추정하기 위해 주변인들의 진술과 기록을 통해 사망 전 일정 기간 동안 자살자의 심리 행동 양상이나 변화 상태를 검토하는 절차다. 자살과 관련된 특정 위험 요인을 파악할 수 있는 가장 직접적이고 타당한 방법으로, 유가족의 고통과 죄책감을 치유하고 유가족의 연쇄 자살을 예방할 수 있다.[1]

2022 자살예방백서에서 최근 6년간 심리부검 면담 결과를 분석·요약한 내용을 살펴보면, 먼저 49.3%가 사망 전 도움을 청하기 위해 기관에 방문했고, 94.3%가 사망 3개월 내 경고 신호를 보였으며, 21.3%는 경고 신호를 인지한 것으로 분석되었다. 경고 신호는 감정변화(65.7%), 수면변화(56.4%), 무기력·대인기피·흥미 상실(51.4%), 자살 언급(48.9%) 순이었으며, 특별히 대처할 만한 경우가 46.4%로 분석되었다. 정신건강에 문제가 있었을 것으로 추정되는 비율이 88.7%이며, 우울(81.7%), 물질 관련 및 정동장애(33.0%), 불안장애(22.3%) 순이었으며, 자살 위험 요인으로는 성장기 외상 경험(38.8%), 자살시

1 보건복지부(2022). 2022 자살예방백서.

도력(3.8%), 가족 자살사망(31.3%) 등으로 보고되었다.

학교폭력—끝나지 않는 싸움

학교폭력은 전 세계적으로 심각한 문제다. 유니세프에 따르면 세계적으로 30%가 넘는 학생이 학교에서 괴롭힘을 당하고 있으며, 그 양상은 신체적 폭력, 언어적 괴롭힘, 사이버 폭력, 성적 괴롭힘 등 다양한 유형으로 나타난다.[2] 학교폭력은 학업, 정서적 건강, 사회적 관계에 부정적 영향을 미친다. 정신 건강 문제나 자살로 이어지기도 한다. 학교폭력에 관해 다양한 접근과 노력을 하지만 여전히 심각한 수준이다. 학교와 학생의 문제로 치부할 수 없는 상황이며, 학교·가정·사회 전체의 문제로 인식될 필요가 있다.

우리나라도 교육부에서 매년 학교폭력 실태를 조사한다. 초4~고3 학생 전체를 대상으로 한 2023년 1차 학교폭력 실태조사 결과에 따르면, 학교폭력 피해를 당했다고 응답한 학생의 비율은 1.9%로 나타났다. 교육부에서 발표한 최근 10여 년간 학교폭력 피해 응답률은 〈그림 2〉와 같다.

2013년부터 약 10년간 피해 응답 인원이 2만 7천여 명에서 9만 4천여 명에 이르며, 전체 학생 수 대비 피해 응답률은 0.9~2.2% 수준을 보인다. 세계적인 피해 응답률에 비해 낮지만, 여전히 많은 학생이 학교폭력으로 인한 피해를 경험하는 것으로 나타났고, 코로나 이후 다시 늘어나는 경향에 주목해야 한다.

2 unesco(2023.11.6.). Prevention of violence and bullying in school. Global Eeucation Monitoring Report[Website]. (검색일: 2024.1.30.). https://www.unesco.org/gem-report/en /articles/prevention-violence-and-bullying-school

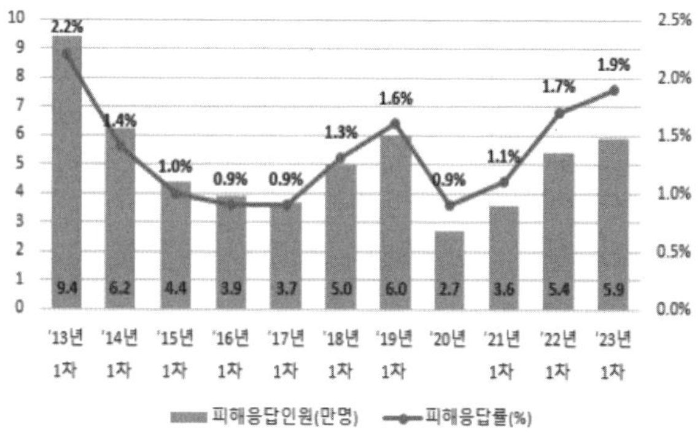

출처: 교육부 보도자료(2023.12.13.)

〈그림 2〉 학교폭력 피해 응답 인원 및 응답률(2013~2023년)

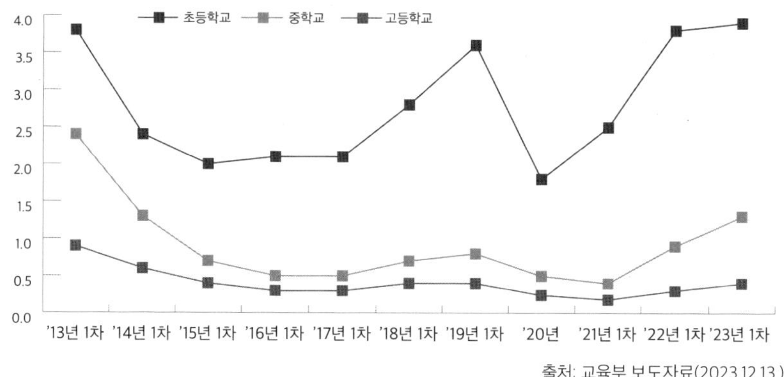

출처: 교육부 보도자료(2023.12.13.)

〈그림 3〉 학교급별 피해 응답률

학교급별로 구분한 피해 응답률은 초등학생의 비율이 상대적으로 매우 높은 편이며, 중·고등학생의 피해 응답률은 상대적으로 낮다. 학교폭력 가해 경험이 있다고 응답한 인원(비율)은 3만여 명(1.0%)이고, 학교폭력을 목격한 경험이 있는 학생은 14만 5천여 명(4.6%)으로 나타났다. 가해 경험과 목격 경험의 비율 차이는 크지만, 지난 10여 년간 추이는 피해 응답률의 추이와 유사한 경향을 보인다. 이와 관련하여 부산지역의 최근 5년간 학교폭력 피해와 관련된 실태조사 피해 응답률은 〈표 3〉과 같다.

〈표 3〉 최근 5년간 학교폭력 실태조사 피해 응답률 현황

(단위: %)

구분		2019년 1차	2020년	2021년 1차	2022년 1차	2023년 1차
전국		1.6	0.9	1.1	1.7	1.9
부산		1.2	0.8	0.9	1.7	1.9
학교급	초등학교	2.9	1.5	2.2	3.7	4
	중학교	0.6	0.4	0.4	0.9	1.2
	고등학교	0.2	0.2	0.1	0.2	0.3

출처: 부산광역시교육청(2024), p.134.

부산지역의 학교폭력 피해 응답 현황은 전국의 피해 응답률과 비슷한 경향을 보이며, 학교급별로는 낮은 학교급에서의 피해 응답률이 상대적으로 높다. COVID-19로 개학이 연기되거나 온라인 수업으로 진행된 2020~2021년의 피해 응답률이 다른 해에 비해 조금 낮지만, 이후 다시 증가하는 경향을 보인다. 부산지역 학생들의 학교폭력 피해 유형은 〈표 4〉와 같다.

〈표 4〉 최근 5년간 연도별 피해 유형

(단위: %)

구분	2019년 1차	2020년	2021년 1차	2022년 1차	2023년 1차
신체폭력	9.2	8.6	13.1	14.8	17.1
금품갈취	6.8	5.9	6.5	6.1	5.4
강제 심부름/강요	5.3	4	5.3	5.6	8.4
언어폭력	35.5	35.3	41	40.8	36.8
성폭력	3.5	3.3	4.4	4.2	5.1
따돌림	23.1	25	13.8	13.2	15.4
사이버	7.8	11.5	9.9	9.4	6.5
스토킹	8.8	6.5	6	5.9	5.3

출처: 부산광역시교육청(2024), p.134.

최근 경향을 살펴보면, 해마다 언어폭력이 가장 높은 비율을 보이며, 과거 따돌림의 비율이 상대적으로 높았던 반면 2022년부터는 신체폭력의 비율이 상대적으로 다시 높아지는 경향을 보인다. 2022년부터 피해 응답률이 다시 높아지며 신체폭력의 비율이 높아지는 특징이 있다. 코로나 팬데믹이 학생의 심리·정서적 특성에 미친 영향과 관련 있음을 추측하게 한다.

가해 학생과 피해 학생 모두 학교폭력 경험이 개인적 특성에 영향을 미치기도 하고, 개인적 특성과 함께 환경적 특성들이 학교폭력을 일으키도록 영향을 미치기도 한다. 여러 선행연구에 의하면 학교폭력 가해자의 특성 요인으로는 자아존중감, 자아탄력성, 자기통제, 분노조절, 정서조절, 자기개념, 의사소통능력, 자기효능감, 공격성, 자기애, 충동성, 스트레스, 불안, 우울, 감각추구, 수치심 등이 있고, 학교폭력 피해자의 특성 요인으로 자아존중감, 우울, 불안, 위축, 외로움, 죄책감, 수치심, 자기개념 등이 있는 것으로 밝혀졌다.[3](김동민, 이미경, 심용출, 이창호, 2014; HUANG XINa, 신태섭, 최윤정, 추지윤, 신민경, 김예원, 2023). 학생들의 심리·정서적 특성들이 팬데믹 이후 어떤 변화를 보이는지 관심 있게 살펴볼 필요가 있다.

코로나 팬데믹 이후 학생들의 변화

2020년을 지나면서 학교폭력 피해 응답률이 높아지고, 청소년 인구 10만 명당 자살 인원도 늘었다. 코로나 팬데믹이 학생들에게 미친 영향과 관계가 있으리라 추측할 수 있다. 스페인 독감이나 메르스 등 과거 경험으로 볼 때, 팬데믹 이후 자살, 정신건강 악화, 심리적 소진, 폭력과 중독의 증가

3 김동민, 이미경, 심용출, 이창호(2014). 학교폭력 영향요인 메타분석. 청소년상담연구, 22(2), 441-458.
HUANG XINa, 신태섭, 최윤정, 추지윤, 신민경, 김예원(2023). 학교폭력 가해경험에 대한 메타분석. 청소년학연구, 30(7), 233-271.

등의 사회적 현상들이 뒤따를 수 있으며, 학생들에게 일어나는 일들이 팬데믹 후폭풍과 무관하다고 할 수 없다.[4]

코로나 이후 학생들의 심리·정서적 특성을 조사한 여러 연구 결과에 의하면, 청소년들이 코로나를 겪으면서 불안과 걱정(53.2%), 짜증(39.3%), 우울(30.3%), 두려움(18.6%) 등을 느꼈고, 나이가 많은 청소년과 여자 청소년이 우울, 긍정적 정서 저하, 무기력, 자살 사고 등의 심리적 어려움을 더 크게 경험했다.[5] 학생들의 걱정, 불안, 우울, 고립감, 자살 생각 등이 코로나 이전보다 늘어났다는 것을 밝힌 이근영 등(2021)[6]의 연구에서도 여학생, 상급학교 학생, 낮에 부모님이 함께 있지 않은 가정, 경제 상황이 좋지 않은 가정의 청소년들에게 코로나가 정신건강에 미치는 부정적인 영향이 더 큰 것으로 나타났다. 그리고 중학생들은 친구들을 만나지 못하는 스트레스, 외출 제한의 불편함, 온라인 수업에 대한 스트레스 등을 경험하는 것으로 나타났다. 이런 스트레스는 자아존중감, 학업성적, 학교 적응, 진로 성숙 등의 특성과 부적인 상관이 있고, 우울, 공격성, 스마트폰 의존성과는 정적인 상관이 있는 것으로 밝혀졌다.[7]

부산 학생의 심리·정서적 지원 실태를 연구한 윤형식(2022)의 연구[8]에서 코로나로 인한 부산지역 학생들의 심리·정서적 어려움을 확인할 수 있다. 2022년 11월경 초·중·고등학교 학생, 학부모, 교사를 대상으로 한 설문조사에 따르면, 약 67.7%의 학생이 코로나 이후 심리·정서적 어려움을 겪었

---

4 김현수(2022). 코로나가 아이들에게 남긴 상처들. 해냄출판사: 서울.

5 청소년상담복지개발원(2021). 코로나19 이후 1년, 청소년 정신건강 변화 기록. 청소년상담 이슈페이퍼 2021-2호.

6 이근영, 김미남, 김성희, 김유리, 서명희, 양경화, 주문희, 최지현(2021). 코로나19 전후 학생들의 심리와 정서변화 연구. 경기도교육연구원.

7 최혜정, 김형관(2021). COVID-19 스트레스가 아동의 정서와 학업발달에 미치는 영향, 복지상담교육연구, 10(1), 83-105.

8 윤형식(2022). 부산 학생의 심리·정서적 지원 실태 및 개선방안. 부산광역시교육청 교육정책연구소.

다고 했고, 어려움을 겪었다고 한 학생 중에서 약 28.1%가 그 어려움이 해소되지 않았다고 했다. 학생들이 겪은 심리적 어려움의 유형은 스트레스(18.8%), 불안(16.5%), 우울(15.9%), 대인관계(12.9%), 고립감(11.8%), 분노(9.4%), 자아존중감 저하(9.4%), 자살 생각(5.3%) 순으로 나타났으며, 심리·정서적 어려움의 정도는 고등학생이 중학생보다 큰 것으로 나타났다. 조사 시점에 심리적 어려움이 해소되지 않았다고 답한 학생이 호소한 심리적 어려움은 스트레스(19.9%), 우울(15.4%), 불안(14.1%), 대인관계(12.8%), 자아존중감 저하(12.2%), 고립감(10.3%), 분노(9.0%), 자살 생각(6.4%) 순이었다. 자아존중감 저하, 자살 생각, 스트레스 등은 쉽게 해소되지 않는 유형의 심리·정서적 어려움이다. 특히 초등학생과 중학생의 경우 아직 어려움이 해소되지 않았다고 응답한 비율이 높았다.

코로나 팬데믹 상황은 끝났지만, 그 후로도 학생들이 경험한 심리·정서적 어려움이 여전히 해소되지 않고 남아있으며, 학교급 혹은 어떤 유형의 심리·정서적 어려움을 경험했는가에 따라 해소 정도에도 차이가 있다. 고등학생이 심리·정서적 어려움을 경험하는 정도가 크지만, 심리·정서적 어려움의 해소 측면에서는 초등학생과 중학생이 상대적으로 더디다. 이후로도 학생들의 심리·정서적 어려움을 비롯한 다양한 특성들이 어떻게 변화하는지 확인하고 어려움을 극복할 수 있도록 지원해야 한다.

부산지역 학생들의 심리·정서적 특성의 변화

부산지역 학생들의 심리·정서적 특성의 변화를 실증적으로 살펴보기 위해 부산교육종단연구 데이터를 활용하여, 정신건강, 자아존중감, 학교적응, 학교행복감 등의 변화에 대해 분석한 윤형식(2022)의 연구 결과를 살펴보았다. 부산교육종단연구는 부산교육정책연구소에서 2016년부터 10년 계획으로 초등학교 4학년, 중학교 1학년, 고등학교 1학년 학생 각 3천여 명씩의 패널을 구축하고 추적 조사한 연구 사업으로, 2022년까지 데이터가 축적되었다. 부산교육종단연구 데이터를 분석하여 제시하고자 부산광역시교육청에 데이터 제공을 요청했지만, 2022년 교육감이 바뀌고 부산교육종단연구 사업이 폐지되었다는 이유로 교육정책연구소에서는 데이터 제공을 거부했다. 차선책으로 선행연구에서 일반고에 진학한 학생들의 정신건강, 자아존중감, 학교적응, 학교행복감 등에 대해 시간의 흐름과 성별에 따른 변화를 분석한 결과를 인용했다.

[정신건강] 부산교육종단연구의 정신건강 척도는 '모든 일에 관심과 흥미가 없는 편이다', '모든 일에 걱정이 많은 편이다', '때때로 아무런 이유 없이 무척 불안할 때가 있다', '때때로 아무런 이유 없이 무척 외로울 때가 있다', '때때로 아무런 이유 없이 무척 슬프고 울적할 때가 있다', '때때로 아무런 이유 없이 죽고 싶은 생각이 들 때가 있다'의 6문항으로 구성된 5점 리커트 척도로, 점수가 높을수록 우울이나 불안 정도가 높은 것을 의미한다. 2016년부터 2022년까지 학생들의 정신건강의 변화 확인을 위한 반복측정 분산분석 결과는 〈표 5〉와 같다.

초등학교 4학년부터 고등학교 1학년까지 7년간 정신건강 평균의 범위는 1.56~2.10, 표준편차는 0.66~0.94를 보인다. 학년이 올라감에 따른 변화는 통계적으로 유의미한 차이를 보였다. 초4보다 초5, 초5에 비해 초6과 중1의 평균이 높고, 이후로도 학년이 올라갈수록 정신건강 평균이 높은 것으로 나타났다. 성별과 시간의 흐름에 따른 변화도 통계적으로 유의미한 차이가 있는 것으로 나타났고, 남학생에 비해 여학생의 정신건강 평균의 변화가 더 큰 것으로 나타났다. 전반적으로 학년이 올라갈수록 평균이 높아져서 우울과 불안의 정도가 점점 커지는데, 특히 2020년(코로나 이후)에 평균

〈표 5〉 부산지역 학생의 정신건강(우울 및 불안)의 Two-way RM ANOVA

구분	2019년 1차			2020년			2021년 1차			*F*	사후분석 (Scheffe)
	N	M	SD	N	M	SD	N	M	SD		
1) 초4(2016)	848	1.6	0.67	857	1.53	0.65	1705	1.56	0.66	학년: 222.26*** 성*학년: 36.06***	1 < 2 < 3, 4 < 5 < 6, 7
2) 초5(2017)	848	1.6	0.7	857	1.64	0.73	1705	1.62	0.71		
3) 초6(2018)	848	1.66	0.71	857	1.87	0.86	1705	1.77	0.8		
4) 중1(2019)	848	1.61	0.7	857	1.99	0.85	1705	1.8	0.8		
5) 중2(2020)	848	1.8	0.8	857	2.21	0.9	1705	2.01	0.88		
6) 중3(2021)	848	1.98	0.92	857	2.28	0.93	1705	2.13	0.94		
7) 고1(2022)	848	1.94	0.87	857	2.26	0.91	1705	2.1	0.9		

$^{*}p<.05$, $^{**}p<.01$, $^{***}p<.001$

이 급격하게 높아졌고 계속 높아지는 양상을 보였다. 여학생의 정신건강 평균은 남학생보다 많이 높아지는 경향이 있다. 초등학교 4학년 시기 여학생의 정신건강 평균은 남학생보다 낮은 것으로 나타났지만, 초등학교 5학년부터는 남학생의 정신건강 평균을 넘어서기 시작해서 더 커지는 것으로 나타났다. 학생들의 정신건강 변화를 그래프로 옮기면 〈그림 4〉와 같다.

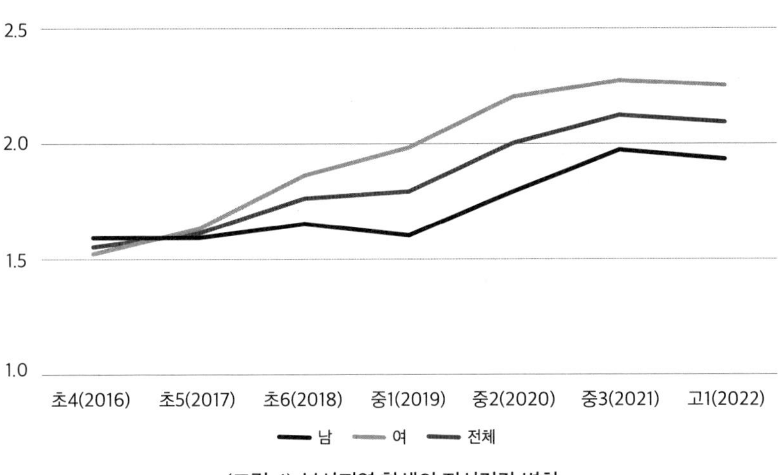

〈그림 4〉 부산지역 학생의 정신건강 변화

초등학교 5학년 이후 전체적인 평균이 높아지지만, 특히, 여학생이 초등학교 5학년 이후 급격하게 높아지는 경향이 확인되며, 남학생은 중1까지 비교적 안정적인 변화를 보이다가 중학교 2학년 시기인 2020년경부터 평균이 높아지는 경향을 보인다. 이 시기에 여학생의 평균도 함께 높아지면서 전체적인 평균이 비교적 크게 상승하는 양상을 보인다. 학생들의 발달적 관점에서는 여학생의 초등학교 5학년 시기와 남학생의 중학교 2학년 시기, 코로나 팬데믹 시기(2020년 이후)에 남녀 학생 모두의 정신건강에 부정적인 영향을 미친 것으로 이해할 수 있다.

[자아존중감] 부산교육종단연구의 자아존중감 척도는 '나는 가치 있는 사람이라고 생각한다', '나는 좋은 성품을 가졌다고 생각한다', '나는 대부분의 사람들처럼 일을 잘할 수 있다' 등 세 문항으로 구성된 5점 리커트 척도로, 점수가 높을수록 자아존중감이 높다는 것을 의미하며, 7년간 학생들의 자아존중감의 변화를 분석한 결과는 〈표 6〉과 같다.

〈표 6〉 부산지역 학생의 자아존중감의 Two-way RM ANOVA

구분	남학생			여학생			전체			*F*	사후분석 (Scheffe)
	N	M	SD	N	M	SD	N	M	SD		
1) 초4(2016)	850	4.13	0.84	860	4.18	0.79	1710	4.16	0.82	학년: 38.29*** 성*학년: 8.63***	1, 7 〈 6 〈 2, 3, 4, 5
2) 초5(2017)	850	4.35	0.75	860	4.36	0.72	1710	4.36	0.73		
3) 초6(2018)	850	4.39	0.72	860	4.28	0.75	1710	4.33	0.74		
4) 중1(2019)	850	4.49	0.65	860	4.29	0.73	1710	4.39	0.7		
5) 중2(2020)	850	4.35	0.82	860	4.24	0.8	1710	4.3	0.81		
6) 중3(2021)	850	4.26	0.9	860	4.22	0.81	1710	4.24	0.86		
7) 고1(2022)	850	4.21	0.82	860	4.16	0.78	1710	4.19	0.8		

* p〈.05, ** p〈.01, *** p〈.001

초등학교 4학년부터 고등학교 1학년까지 부산지역 학생들의 자아존중감 평균은 4.16~4.39이고, 표준편차는 0.70~086으로 나타났다. 학년이 올라감에 따른 변화와 성별에 따른 변화 모두 통계적으로 유의미한 차이가 있는 것으로 나타났으며, 2019년까지 학년이 올라갈수록 자아존중감 평균이 높아지다가 2020년 이후 다시 낮아지는 경향을 보인다. 여학생의 자아존중감 평균은 남학생에 비해 크게 높아지지 않는 것으로 나타났다. 자아존중감 변화 그래프는 〈그림 5〉와 같다.

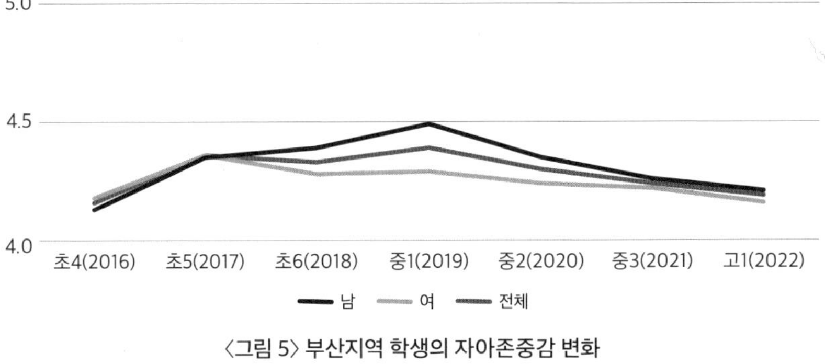

〈그림 5〉 부산지역 학생의 자아존중감 변화

성별에 따라 변화에 차이가 있는데, 남학생은 초등학교 4학년 이후 지속적으로 상승하다가 중학교 2학년 시기(2020년)부터 다시 감소해서 이전 수준으로 내려갔고, 여학생의 경우는 초등학교 5학년까지 다소 상승하다가 초등학교 6학년 이후 조금씩 낮아졌으며, 남녀 모두 코로나 팬데믹 시기인 2020년 이후 평균이 점점 낮아지는 양상을 보였다.

[학교적응] 부산교육종단연구의 학교적응 척도는 '학교 친구들과 있을 때 마음이 편하다', '나와 함께 놀아줄 학교 친구가 있다', '학교에서 친구들로부터 많은 것을 배운다', '학교 친구들에게 내가 원하는 것을 솔직히 말

한다', '반 친구가 이야기할 때 귀담아 듣는다' 등 5개 문항으로 구성된 5점 리커트 척도이며, 점수가 높을수록 학교에 잘 적응하는 것을 의미한다. 부산지역 학생의 학교적응의 변화를 분석한 결과는 〈표 7〉과 같다.

〈표 7〉 부산지역 학생의 학교적응의 Two-way RM ANOVA

구분	남학생			여학생			전체			F	사후분석 (Scheffe)
	N	M	SD	N	M	SD	N	M	SD		
1) 초4(2016)	835	4.28	0.7	854	4.4	0.61	1689	4.34	0.66	학년: 13.62*** 성*학년: 5.55***	7 < 5, 6 < 1, 2, 3, 4
2) 초5(2017)	835	4.29	0.65	854	4.42	0.57	1689	4.36	0.61		
3) 초6(2018)	835	4.32	0.64	854	4.36	0.59	1689	4.34	0.62		
4) 중1(2019)	835	4.34	0.66	854	4.3	0.6	1689	4.32	0.63		
5) 중2(2020)	835	4.28	0.72	854	4.3	0.64	1689	4.29	0.68		
6) 중3(2021)	835	4.25	0.77	854	4.31	0.67	1689	4.28	0.72		
7) 고1(2022)	835	4.18	0.76	854	4.19	0.69	1689	4.18	0.72		

* $p<.05$, ** $p<.01$, *** $p<.001$

부산지역 학생들의 학교적응 평균은 4.18~4.36이고, 표준편차는 0.61~0.68로 나타났다. 학년이 올라감에 따라 학교적응의 변화에 통계적으로 유의미한 차이가 있는 것으로 나타났다. 전체 학생의 학교적응 평균이 가장 높은 시기는 초등학교 5학년 시기이나 초4~중1(2016~2019년)까지는 통계적으로 유의미한 차이가 없고, 중학교 2학년(2020년) 이후부터는 통계적으로 유의미하게 낮아져서 학년이 올라갈수록 낮은 평균을 보였다. 이런 변화도 성별에 따라 다른 양상을 보이는데, 여학생의 학교적응 평균이 대부분 시기에 높은 반면 중학교 1학년 시기에만 남학생의 학교적응 평균이 다소 높아지는 것으로 나타났다. 부산지역 학생의 학교적응 변화 그래프는 〈그림 6〉과 같다.

여학생은 초등학교 5학년의 학교적응 평균이 가장 높다가 조금씩 낮아졌고, 남학생은 중학교 1학년까지 조금씩 상승하다가 중 2(2020년) 이후 급격하게 낮아지는 양상을 보였다.

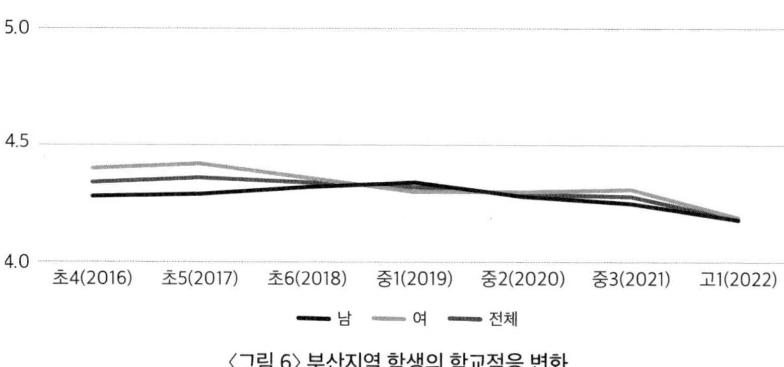

〈그림 6〉 부산지역 학생의 학교적응 변화

[학교행복감] 부산교육종단연구의 학교행복감 척도는 '학교에는 내가 좋아하는 친구가 있어 기쁘다', '학교에는 나를 잘 알고 따뜻하게 대해 주시는 선생님이 있어서 좋다', '학교공부를 통해 내가 아는 것이 많아지는 것 같아 기분이 좋다', '친구들과 친밀한 대화를 나눌 수 있어서 학교생활이 즐겁다', '수업시간에 여러 과목에서 새로운 사실을 발견하는 것이 흥미롭다' 등 5개 문항으로 구성된 5점 리커트 척도이며, 점수가 높을수록 학교행복감이 높다는 것을 의미한다. 부산지역 학생의 학교행복감의 변화를 분석한 결과는 〈표 8〉과 같다.

부산지역 학생들의 학교행복감 평균은 4.07~4.45이며, 표준편차는 0.70~0.83으로 나타났다. 학년이 올라감에 따른 변화는 통계적으로 유의미한 것으로, 그 변화는 성별에 따라 통계적으로 유의미한 차이가 있는 것으로 나타났다. 초등학교 4, 5학년의 학교행복감 평균이 가장 높으며, 학년이 올라갈수록 낮아지는 경향이 있다. 성별에 따른 변화는 학교적응과 마찬가지로 대부분 여학생의 학교행복감 평균이 높은 편인데, 중학교 1학년(2019년) 시기에만 여학생보다 남학생이 높은 것으로 나타났다. 부산지역

<표 8> 부산지역 학생의 학교행복감의 Two-way RM ANOVA

구분	남학생			여학생			전체			F	사후분석 (Scheffe)
	N	M	SD	N	M	SD	N	M	SD		
1) 초4(2016)	825	4.36	0.78	847	4.55	0.63	1672	4.45	0.71	학년: 54.09*** 성*학년: 8.80***	7 < 5, 6 < 4 < 3 < 1, 2
2) 초5(2017)	825	4.34	0.76	847	4.54	0.63	1672	4.44	0.7		
3) 초6(2018)	825	4.33	0.73	847	4.38	0.68	1672	4.35	0.71		
4) 중1(2019)	825	4.31	0.75	847	4.26	0.72	1672	4.29	0.74		
5) 중2(2020)	825	4.2	0.81	847	4.2	0.75	1672	4.2	0.78		
6) 중3(2021)	825	4.18	0.87	847	4.25	0.77	1672	4.21	0.82		
7) 고1(2022)	825	4.05	0.87	847	4.09	0.79	1672	4.07	0.83		

* $p<.05$, ** $p<.01$, *** $p<.001$

학생의 학교행복감 변화 그래프는 <그림 7>과 같다.

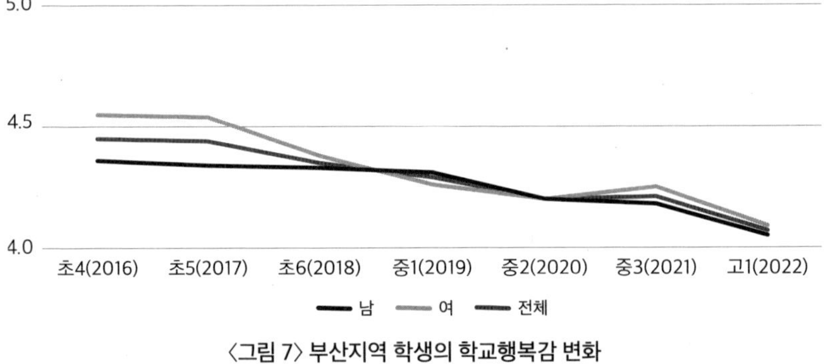

<그림 7> 부산지역 학생의 학교행복감 변화

여학생은 초등학교 4, 5학년의 학교행복감 평균이 가장 높지만 이후 계속 낮아지는 양상을 보였다. 남학생은 초등학교 4학년의 학교행복감이 가장 높고, 초5부터 중1 시기까지는 비슷한 수준을 보이다가 중2(2020년) 이후 급격하게 낮아지는 양상을 보였다. 코로나 시기의 온라인 등교 및 수업 상황이 남학생의 학교행복감에 부정적인 영향을 많이 미쳤을 것으로 볼

수 있다.

부산지역 학생들의 심리·정서적 특성들의 변화에는 두 가지 측면에서 고려할 부분이 있다. 먼저, 발달적으로는 여학생의 초등학교 고학년 시기 이후의 부정적인 변화를 주목할 필요가 있다. 우울과 불안 정도를 측정하는 정신건강의 경우, 초등학교 5학년 이후 계속 평균이 높아지고 표준편차가 커지는 것을 볼 때, 이 시기부터 우울과 불안을 느끼는 여학생이 늘고 그 정도가 점점 심해지고 있음을 추측하게 하는 결과다. 여학생의 자아존중감, 학교적응, 학교행복감의 평균은 초등학교 6학년 이후 계속 낮아지는데, 초등학교 고학년 시기 여학생의 정신건강이 부정적인 변화를 나타내는 것은 여학생의 심리·사회적 발달과 관계가 있으며, 이에 영향을 미치는 요인들을 탐색하고 지원할 필요가 있음을 시사한다.

다음으로 코로나 팬데믹 이후의 영향과 관련해서 학생들의 정신건강, 자아존중감, 학교적응, 학교행복감 등 모든 심리·정서적 특성이 코로나 팬데믹 시기인 2020년 이후 부정적으로 변화하여 2022년까지 계속된 것에 주목할 필요가 있다. 코로나 팬데믹이 미친 부정적인 영향이 회복되지 않은 학생들의 심리·정서적 특성 변화에 지속적인 관심을 갖고 살펴보아야 하며, 잘 회복할 수 있도록 적극적으로 지원해야 한다. 더불어 부산교육종단연구 사업 폐지 이후 학생들의 심리·정서적 특성의 변화를 확인할 수 있는 대안을 마련해야 한다.

나가며

국가 차원의 시계열적 통계자료로 볼 때, 자살이 청소년 사망 원인 1위인 우리나라의 상황은 계속될 가능성이 높다. 부산지역 학생의 자살 빈도도 줄지 않고 있다. 자살이 사회적으로 심각한 문제인 이유는 우리 사회의 소중한 구성원이자 성장 과정에 있는 학생의 삶이 스스로의 선택에 의해 끝나버리는 참혹한 일이기 때문일 것이다. 학생들이 죽음을 선택하지 않고 행복한 삶을 영위할 수 있도록 사회 전체가 적극적으로 도와야 한다. 팬데믹 이후 부산지역 학생들의 불안, 우울, 자아존중감, 학교적응, 학교행복감 등의 심리·정서적 특성이 계속 부정적으로 변화하고 있다. 학생들이 여러 종류의 약물에 쉽게 접근할 수 있고, 노출된 학생이 늘고 있다. 심리부검 결과를 통해 자살자의 상당 비율이 우울, 불안, 약물 등 정신건강 문제가 있었다는 사실을 고려할 때, 학생들의 자살 문제는 점점 심각해질 가능성이 높다.

학교폭력 발생 비율도 좀처럼 줄어들지 않는 가운데, 의무교육을 위해 학교에 모인 학생들이 폭력에 노출되어 살아가며, 학교폭력 피해 학생들은 심리·정서적으로 다양한 어려움을 경험하고 있다. 자아존중감, 불안, 우울 등이 학교폭력 가해자와 피해자의 공통적인 심리·정서적 특성인 것과 학 최근 교폭력 피해 응답률이 높아지는 것을 볼 때, 학교폭력 문제도 다르지 않은 상황이다. 2020년 갑자기 닥친 코로나 팬데믹 상황은 학생들의 심리·정서적 어려움을 가중시키고 있다.

부산지역 학생들의 심리·정서적 특성을 분석한 결과, 여학생의 경우 초등학교 고학년 시기를 기점으로 심리·정서적 특성이 부정적으로 변화하는 양상을 보이는데, 이 시기 여학생의 다양한 경험과 어려움을 이해할 수 있도록 면밀하게 살펴보고, 이런 부정적인 변화를 야기하는 원인을 분석하여 집중적인 지원을 해야 한다. 반면, 남학생의 경우는 학년이 올라갈수록 비교적 긍정적인 변화를 보이다가 중학교 2학년 시기를 기점으로 부정적인 변화를 보이는데, 공교롭게도 이 시기가 코로나 팬데믹 시기와 겹친다. 발달적으로 중요한 시기여서인지 코로나 팬데믹의 영향인지 확인이 필요하다. 학생의 발달적 특성 및 사회·환경적 영향과 관련한 심리·정서적 특성의 변화를 면밀히 분석하고 적절한 지원방안을 모색해야 한다.

먼저, 학생들이 겪는 사회·정서적인 어려움을 지원하기에 앞서 지나치게 경쟁적이고 실패를 허용하지 않는 우리 사회가 전반적으로 변화해야 한다. 자살이나 학교폭력의 대상이 학생이기 때문에 교육적 문제라고만 여길 수는 없다. 학생들의 자살과 학교폭력 문제는 우리 사회의 구조적인 문제에 기반하는 사회적 문제다. 교육 제도를 통해 개선하려는 노력에 앞서, 자살률이 계속 높아질 수밖에 없는 근본 원인을 제공하는 우리 사회의 구조적인 문제 해결을 위한 노력이 우선해야 한다.

다음으로 교육 분야에서는 교과 내용 중심 교육에서 좀 더 나아가 학생들이 사회적 관계 안에서 다양한 역량을 발휘할 수 있는 사람으로 성장할 수 있도록 돕는 교육으로 바뀌어야 한다. 이를 위해 우선, 교과 중심 교육과정과 교원양성체제를 넘어서서 예비 교사들의 사회정서역량을 강화하고 사회정서학습의 전문성을 신장시킬 수 있는 양성교육이 필요하다. 더불어 현직 교사를 대상으로 하는 체계적인 심리·정서적 지원이 필요하다. 다음으로 비경쟁적 학교 풍토를 조성해야 한다. 사회의 축소판인 학교는 사회구조가 반영될 수 있는데, 무한 경쟁의 사회적 상황이 그대로 반영되기보다는 경쟁을 최소화하며 서로 존중하고 배려할 수 있도록 배우고 실천하여 내면화함으로써 사회정서역량을 키울 수 있도록 지원해야 한다.

참고문헌

김동민, 이미경, 심용출, 이창호(2014). 학교폭력 영향요인 메타분석. 청소년상담연구, 22(2). 441-458.

김현수(2022). 코로나가 아이들에게 남긴 상처들. 해냄출판사.

부산광역시교육청(2024). 2024학년도 학생 생활교육 기본 계획.

보건복지부(2022). 2022 자살예방백서. 한국생명존중희망재단.

교육부 보도자료(2023.12.13.). 2023년 1차 학교폭력 실태조사 결과 발표.

여성가족부 보도자료(2023.05.30.). 2023 청소년 통계.

윤형식(2022). 부산 학생의 심리·정서적 지원 실태 및 개선방안. 부산광역시교육청 교육정책연구소.

이근영, 김미남, 김성희, 김유리, 서명희, 양경화, 주문희, 최지현(2021). 코로나19 전후 학생들의 심리와 정서변화 연구. 경기도교육연구원.

HUANG XINa, 신태섭, 최윤정, 추지윤, 신민경, 김예원(2023). 학교폭력 가해 경험에 대한 메타분석. 칭소년학연구, 30(7). 233-271.

unesco(2023.11.6.). Prevention of violence and bullying in school. Global Eeucation Monitoring Report[Website]. (검색일: 2024.1.30.). https://www.unesco.org/gem-report/en/articles/prevention-violence-and-bullying-school

9장

정의롭고 지속가능한 부산교육 2030을 향하여

- 기후위기와 사회불평등 시대의 교육 변혁을 꿈꾸며

홍동희

들어가며

우리 시대의 역설[1]

제프 딕슨

건물은 높아졌지만 인격은 더 작아졌다.
고속도로는 넓어졌지만 시야는 더 좁아졌다.
소비는 많아졌지만 더 가난해지고
더 많은 물건을 사지만 기쁨은 줄었다.

집은 커졌지만 가족은 더 적어졌다.

1 류시화(2005), 『사랑하라, 한 번도 상처받지 않은 것처럼』, 116~118쪽. 여기 인용된 시는 전체 시의 일부분이다. 제프 딕슨이 처음 인터넷에 이 시를 올린 뒤, 많은 사람이 한 줄씩 덧보태 지금도 이어지고 있다고 한다.

더 편리해졌지만 시간은 더 없다.
학력은 높아졌지만 상식은 부족하고
지식은 많아졌지만 판단력은 모자라다.
전문가들은 늘어났지만 문제는 더 많아졌고
약은 많아졌지만 건강은 더 나빠졌다.

너무 분별없이 소비하고
너무 적게 웃고
너무 빨리 운전하고
너무 성급히 화를 낸다.

너무 많이 마시고 너무 많이 피우며
너무 늦게까지 깨어 있고 너무 지쳐서 일어나며
너무 적게 책을 읽고, 텔레비전은 너무 많이 본다.
그리고 너무 드물게 기도한다.

코로나 19 팬데믹은 우리 삶에 적지 않은 영향을 미쳤다. 마스크를 써야 했고, 사람들과의 접촉을 피해야 했으며, 학교 문도 닫았다. 코로나 19로 많은 사람이 죽어갔고, 어떤 이들은 직장을 잃어야 했다. 코로나 19 팬데믹은 우리 사회에 깊은 상처를 남겼다.

코로나 19가 거의 끝난 지금, 우리 삶은 편안해졌는가? 그렇지 않다고 본다. 오히려 코로나보다 더 큰 위기가 다가오고 있는지도 모르겠다. 여러 곳에서 위기의 징후들이 나타나며, 그 위기들이 점차 우리 삶의 한가운데로 다가오고 있음을 직감하게 된다. 과연 우리는 안전한가? 위의 시에서 이야기한 것처럼 "건물은 높아졌고 소비는 많아졌고 더 편리해졌지만, 문제는 더 많아졌다." 그것도 해결하기에 너무도 어려운 문제가. 우리의 삶과 지구는 지속 가능한가? 우리가 실존적 위기에 놓인 것은 아닐까?

이 글은 다음과 같은 내용으로 구성되어 있다. 첫째, 과연 우리가 위기를 맞고 있는지, 만약 그렇다면 우리가 맞고 있는 위기란 무엇인지를 밝힌다. 둘째, 그 위기에 대처하기 위해 세계적인 차원에서 어떻게 대응하고 있는지를 서술한다. 여기서는 이 위기에 대응하기 위해 유엔(UN) 총회에서 채택한 지속가능발전목표(SDGs, Sustainable Development Goals)를 살펴볼 것이다. 셋째, 교육적인 차원에서 지속불가능성에 대한 대응을 살펴본다. 이 부분에서는 유네스코가 주도하는 지속가능발전교육 2030(ESD 2030, Education for Sustainable Development)을 중심으로 살펴볼 것이다. 넷째, 지속가능발전교육 2030(ESD 2030)을 바탕으로 보다 정의롭고 공평하며 지속가능한 부산교육 혁신 2030 방안을 모색하고자 한다.

우리 시대의 실존적 위기

인류와 지구는 심각한 위기에 처해 있다. 우리는 '지속불가능한 길을 계속 갈 것인가, 아니면 급격하게 경로를 바꿀 것인가'[2] 하는 실존적 선택에 직면해 있다. 지금까지 살아온 방식대로 살아가다가는 이 세계가 지속불가능해진다는 말이 여기저기서 나오고 있다. 생활방식뿐만 아니라 사회 체제를 전반적으로 혁신하지 않으면, 우리는 헤어나올 수 없는 큰 위기에 빠질 수밖에 없다. 그렇다면 인류와 지구의 지속가능성을 위협하는 위기에는 어떤 것들이 있는가?

---

2 유네스코한국위원회(2022), 『함께 그려보는 우리의 미래-교육을 위한 새로운 사회계약』, 7쪽.

첫째, 기후위기는 우리가 직면한 가장 대표적인 위기다.

파리 기후협정 이후 넘어서면 안 된다고 합의했던 지구 평균온도 1.5°C 상승이 바로 눈앞에 다가와 있다. 지구 평균온도 1.5°C는 지구의 회복탄력성이 깨질 수 있는 임계점이며, 1.5°C를 넘어서면 지구는 지금과 같은 상태로 돌아오기 힘들다. IPCC 6차 보고서(2022)에 따르면, 이산화탄소가 지금처럼 배출되면 2030년 상반기에 1.5°C를 넘어설 가능성이 높다. 독일의 연구기관인 MCC의 탄소시계에 의하면, 2024년 2월 22일 현재 시점에서 1.5°C에 도달하기까지 5년 4개월 30일 정도 남았다.[3] 기후위기에 보수적인 입장을 견지하는 세계 주요 경제인들이 모이는 다보스포럼마저 2024년 최대의 리스크는 '극한기후'라고 말할 정도다.[4]

나날이 심해지는 기후위기는 인류와 지구에 큰 피해를 입히고 있다. 기후위기는 폭염, 가뭄, 산불, 장마, 대홍수, 극단적인 날씨 변화, 강력한 태풍, 빙하 감소, 해수면 상승, 해양 산성화와 산호초 떼죽음, 해안지역과 섬나라의 침수, 식량안보의 위협, 난민, 전염병 발병, 동식물 멸종 등 광범위한 영역에서 막대한 영향을 미치며, 사람들의 생존권, 생계권, 건강권, 주거권, 교육권 등 인권에도 악영향을 미치고 있다.[5] 동시에 인구의 폭발적 증가, 자원의 약탈적 이용은 지구의 생태 용량을 소진시키는 위협 요소로 작용하고 있다. 그러므로 기후위기와 환경 파괴에 시급하게 대처하지 않으면 인류와 지구는 지속불가능한 상태에 놓일 것은 분명하다.[6]

둘째, 후퇴하는 민주주의, 경제적 불평등, 평화를 위협하는 전쟁은 또

---

3 https://www.mcc-berlin.net/typo3conf/ext/mcc_provider/Resources/Public/CarbonClock/carbon_clock/carbon_clock.htm

4 다보스포럼이 꼽은 올해 최대의 리스크는 '극한기후'(뉴스트리, 2024.01.18.)

5 조효제(2020), 『탄소 사회의 종말』 3부.

6 마크 라이너스(2022), 『최종 경고: 6도의 멸종』

다른 위기다.

전 세계적으로 민주적인 거버넌스가 심각하게 후퇴하고 있는 것으로 나타난다. 스웨덴 민주주의다양성연구소(V-Dem)의 2023년 보고서에 따르면,[7] 현재 글로벌 민주주의는 1986년 수준으로 후퇴한 상태다. 2012년과 2022년을 비교했을 때 민주주의로 전환한 나라는 43개국에서 14개국으로 급감했으며, 독재로 전환한 국가는 13개국에서 42개국으로 급증했고, 독재정권의 지배를 받는 인구 비중이 46%에서 72%인 57억 명으로 늘었다.

경제적 불평등도 심화하고 있다. 옥스팜(Oxfam)이 발간한 『2023 불평등 보고서: 슈퍼리치의 생존』[8]에 따르면, 2012~2021년과 2020~2021년의 소득 비중을 비교한 결과, 하위 90%와 99%의 소득 비중은 줄고, 상위 1%의 소득 비중은 더욱 늘었다. 2020~2021년의 소득 비중을 살펴보면, 하위 90%는 약 10%를, 하위 99%는 약 37%를 획득한 반면, 상위 1%는 새롭게 창출된 부의 63%를 획득한 것으로 나타났다.

한편, 전쟁과 갈등으로 지구촌이 조용할 날이 없다. 러시아-우크라이나 전쟁, 이스라엘-하마스 전쟁 등으로 많은 사람이 죽고 다치고 건물이 파괴되고 있다는 소식이 하루가 멀다하고 전해져 온다. 미국-중국, 대만을 둘러싼 갈등, 후티 반군에 대한 미국과 영국의 급습 등, 지구촌은 평화와는 다른 길로 치닫는 듯하다.

셋째, 기술 발달은 그 속도나 내용 면으로 볼 때 인간의 통제를 벗어나 인간을 위협하는 수준까지 이르고 있다.

인간이 따라갈 수 없는 속도의 폭발적인 지식 증가, 편견과 편향성을 강

7 세계 민주주의 80년대 수준…권위주의는 선거를 먹고 자란다.(서울경제, 2024.01.17.)

8 [2023 불평등 보고서] 매일 27억씩 증가하는 슈퍼리치의 부(옥스팜, 2023.01.16.)

화하는 알고리즘과 이로 인한 사회적 양극화와 갈등, AI에 의해 수행되는 전쟁·테러와 윤리 문제, 디지털 격차(Digital Divide), 플랫폼 제국주의, AI와 자동화로 인한 대량실업의 공포 등, 인류는 한 번도 경험하지 못했던 새로운 위기를 맞고 있다. 전 세계가 이런 새로운 도전에 대한 대응책을 시급하게 모색하지 않으면, 인류는 전혀 예측하지 못한 새로운 위기에 빠질지도 모른다.

위에서 언급한 위기들은 전 세계적 현상이지만, 우리나라에도 그대로 나타나고 있다. 기후위기는 우리나라에도 심각한 영향을 미치고 있으며, 국민의 60%가 민주주의가 퇴행했다고 응답했다.[9] 사회적 불평등 노한 매우 심각하며,[10] 한반도 리스크로 평화와 경제가 심각하게 위협받고 있다.[11] 기술 진보에 따른 새로운 도전 과제들 또한 우리 사회에서도 시급하게 대응해야 할 문제들이다.

인류와 지구에 닥친 문제들은 막연하고 추상적인 것들이 아니라, 일상생활에 큰 영향을 미치는 실존적인 것들이다. 그러한 위기는 시급하게 대응하지 않으면 안 되며, 방치할 경우 인류와 지구의 생존과 번영에 돌이킬 수 없는 큰 위협이 될 가능성이 크다.

그런데 이런 위기들은 하나의 전환점이자 새로운 기회이기도 하다. 이런 위기의 실체를 잘 파악하고, 대화와 소통을 통해 위기 극복을 위한 합의점에 도달하고, 우리 자신과 사회 그리고 교육을 혁신할 수 있다면, 우리는 지금보다 더 정의롭고 지속가능한 사회에서 웰빙을 누리며 살아갈 수 있을 것이다. 우리는 과연 어떤 길로 갈 것인가?

---

9 국민 60% "대한민국 민주주의, 1년간 역주행"(한겨레신문, 2023.05.04.)

10 통계로 본 대한민국 불평등…'건강하고 행복한 나라로'(연합뉴스, 2020.01.10.)

11 "맞다, 우리 전쟁 안 끝났지"…위험 커지는 '코리아 리스크'(데일리안, 2024.01.17.)

유엔의 담대한 대응: 지속가능발전목표(SDGs, Sustainable Development Goals)

UN은 인류와 지구 앞에 놓인 엄중한 도전 과제들을 인식하고 이에 대응하기 위해 많은 과학자, 정치가, 시민과 함께 2년에 걸쳐 협의와 토론을 했다. 그 결과, 2015년 9월에 이런 도전 과제들에 긴급하게 대응하기 위해 [**세상의 변혁: 2030 지속가능발전 의제**(Transforming our world: the 2030 Agenda for Sustainable Development)][12]를 채택했다. 이 의제의 서문에는 작성 취지를 다음과 같이 밝히고 있다.

> 모든 국가와 이해당사자들은 협력적 파트너십 정신으로 행동하며 이 계획을 이행할 것이다. 우리는 빈곤과 결핍의 횡포로부터 인류를 해방시키고, 지구를 치유하며 보호할 것을 결의한다. 우리는 세상이 지속가능하고 회복력 있는 길로 옮겨가는 데 시급히 필요하고 담대한 변혁적인 조치를 취할 것이다. 이런 공동의 여정을 시작하면서, 누구도 뒤처져 소외되지 않을 것을 서약한다.[13]

위 내용을 보면, 빈곤과 결핍이 인류를 위협하고 있고, 지구는 인간으로 인해 병들고 있음을 인식하면서, **지속가능한 세상을 만들기 위해 시급히 담대하고 변혁적인 조치**를 취할 것임을 결의하고 있다.

그런 의미에서 이 의제는 단순한 선언문이 아니라, 인류와 지구의 위기를 해결하기 위한 서약문이며, 전 인류와 국가가 함께 구현해야 할 행동 계획이다. 이 의제는 세상을 보다 정의롭고 지속가능하며 포용적인 곳으로

---

12 지속가능발전이란 용어는 1987년 세계환경개발위원회(WCED)가 발표한 보고서인 「우리 공동의 미래(Our Common Future)」에 나오는 말인데, 이 보고서에서는 지속가능발전을 '미래 세대의 요구를 충족시킬 수 있는 능력을 훼손하지 않으면서 현 세대의 요구를 충족시키는 발전'이라고 정의한다.

13 『유엔 지속가능발전목표』(환경부)

변화시키기 위해 향후 15년 동안(2016~2030년) 행동할 보편적이고 포괄적인 아젠다(Agenda)이기도 하다.

이 의제는 인류와 지구 앞에 놓인 기후위기와 사회적 불평등이라는 도전 과제를 해결하기 위해 지속가능발전목표(Sustainable Development Goals, SDGs)를 채택했다. 이 목표는 17개 목표(Goals)와 169개 세부목표(targets)로 이루어져 있는데, 이 목표들 하나하나가 인류와 지구가 처한 위기에서 벗어나기 위한 절박한 요구를 담고 있다. 그러므로 이 목표들을 잘 이해하고, 국가와 지역사회에서 이 목표 실현을 위해 노력하는 것은 매우 중요한 일이다.

〈그림 1〉 17개 지속가능발전목표(17 SDGs, Sustainable Development Goals)[14]

〈그림 1〉에 나타난 17개 목표는 인류와 지구의 지속가능성을 위한 도전 과제들이며, 우리의 생존과 생활에 가장 큰 위협이 되는 요소들이다. 이런 도전 과제들에 대한 주요 현황을 살펴보면 다음과 같다.

14 지속가능발전포털(https://ncsd.go.kr/)

〈표 1〉 지속가능발전목표와 주요 현황[15]

목표(Goals)	주요 현황
1. No Poverty 빈곤 종식	• 전 세계 인구의 10%(7억 명) 이상이 하루 1.9달러 미만으로 생존. • 사하라 이남 아프리카 인구의 42%는 여전히 극심한 빈곤. • 2018년 기준, 전 세계 인구의 55%가 사회보장을 전혀 못 받고 있음. • 5명 중 1명의 아이들은 극심한 가난(발달 불균형) 상태.
2. Zero Hunger 기아 종식, 식량안보, 지속가능한 농업 강화	〈기아〉 • 2017년 기준, 전 세계적으로 8억 2,100만 명이 영양부족 상태. • 개발도상국 인구의 12.9%가 영양부족 상태. • 영양부족으로 인한 5세 이하 어린이 사망률 45%(매년 310만 명). 〈식량안보〉 • 전 세계적으로 5억 개 정도의 소농이 개발도상국의 많은 지역에서 소비되는 음식의 최대 80%를 제공. • 1900년대 이후 작물 품종의 75%가 사라졌음.
3. Good Health and Well-Being 건강한 삶 보장과 복지 증진	〈어린이 건강〉 • 매년 5백만 명 이상의 5세 이하 아이들이 사망하며, 이 중 4/5가 사하라 이남 아프리카와 남부 아시아 지역에서 발생. • 최빈곤층 자녀의 5세 이전 사망률이 부유층 자녀의 약 2배 〈임산부 건강, 질병〉 • 개발도상국의 출산 후 임산부 사망률은 선진국보다 14배 이상. • 2017년 기준, HIV 감염자는 전 세계적으로 3,690만 명. • 2000~2015년, 620만 명이 넘는 말라리아 사망자 발생.
4. Quality Education 양질의 교육 보장 및 평생학습 기회 증진	• 2억 6,500만 명 이상의 아동이 학교를 중퇴했고 그들 중 22%는 초등학생밖에 안 되는 나이임. • 개발도상국의 5,700만 명은 여전히 미취학 아동임. • 미취학 아동의 절반 이상이 사하라 이남 아프리카에서 살고 있음. • 초등학교 나이의 미취학 아동 중 약 50%가 분쟁의 영향을 받는 지역에 살고 있음. • 전 세계적으로 6억 1,700만 명의 청소년이 기본적인 계산과 읽고 쓰는 능력 결여.
5. Gender Equality 성평등 달성	• 세계적으로 7억 5천만 명의 여성과 소녀들이 18세 이전에 조혼. • 49개국에, 가정 폭력으로부터 여성들을 보호하는 법이 없음. • 23.7% 국가의 의회에서 여성 대표는 여전히 평등과 거리가 멂. • 기혼 여성 또는 노동조합에 가입한 여성 중 52%만이 성관계, 피임약 사용, 건강관리에 대한 자기결정권이 있음.

15 이 표는 [지속가능발전목표와 현황]을 정리한 것이다. https://www.ncsd.go.kr/unsdgs?content=2 참고.

6. Clean Water and Sanitation **깨끗한 물과 위생**	• 10명 중 3명은 안전한 식수 장치를 이용하지 못함. • 24억 명의 인구가 화장실과 변소 같은 기본적인 위생시설이 부족하고, 최소 8억 9,900만 명이 야외에서 배변함. • 물 부족 현상이 전 세계 인구의 40% 이상에 영향을 미치고 있음. • 인간의 활동으로 인한 폐수의 80% 이상이 정화장치 없이 배출됨. • 자연재해와 관련된 사망자의 70%는 홍수 및 기타 수질 관련 재해로 인한 것임.
7. Affordable and Clean Energy **적정가격의 깨끗한 에너지**	• 약 30억 명이 요리와 난방을 위해 목재·석탄·숯·동물성 폐기물에 의존. • 에너지는 기후변화의 주범으로, 전 세계 온실가스 배출량의 약 60% 차지. • 가연성 연료로 인한 실내 공기 오염으로 2012년 430만 명이 사망. • 최종 에너지 소비단계에서 신재생에너지의 비중은 2015년 17.5%에 달함.
8. Decent Work and Economic Growth **포용적이고 지속가능한 경제성장, 양질의 일자리 증진**	• 2016년 전 세계 근로자의 61%가 비공식 분야에 종사. • 40개국에서 남성은 여성보다 12.5% 많은 소득을 올림. • 성별에 따른 임금 격차는 전 세계적으로 23%에 이름. • 남성의 노동 참여율 94%, 여성의 노동 참여율은 63%에 그침. • 여성은 남성보다 2.6배 많은 가사 노동을 하고 있음.
9. Industry, Innovation and Infrastructure **사회기반시설, 포용적이고 지속가능한 산업화 증진과 혁신 도모**	• 많은 개발도상국에서 도로·정보통신기술·위생·전력·수자원 등과 같은 기반시설이 부족한 상태. • 전 세계 인구의 16%는 광대역 이동통신망에 접속하지 못함. • 중소기업이 전 세계의 90% 이상의 사업을 구성하며 50~60%의 고용을 차지.
10. Reduced Inequalities **국내 및 국가 간 불평등 감소**	• 개발도상국의 경우, 가장 가난한 20%의 어린이들이 가장 부유한 5%의 어린이보다 5세 이전에 사망할 확률이 3배 이상 높음. • 장애인의 평균 의료비 지출은 최대 5배 이상 많음. • 개발도상국 농촌 지역 여성들은 도시 여성보다 출산 중 사망할 확률이 최대 3배 이상 높음. • 여성은 남성보다 중간 소득의 50% 이하로 살 가능성이 더 높음.
11. Sustainable Cities and Communities **지속가능한 도시와 주거지 조성**	• 35억 명이 도시에 살고, 2030년까지 50억 명으로 늘 것으로 예상. • 세계 도시들은 지구의 3%에 불과하지만, 에너지 소비량의 60~80%, 탄소 배출량은 75%를 차지. • 급속한 도시화는 신선한 물·하수·생활환경 및 공중보건에 영향. • 2016년 도시 거주자의 90%가 안전 기준에 미달하는 공기를 마시며, 대기오염으로 420만 명이 사망.
12. Responsible Consumption and Production **지속가능한 소비와 생산**	• 인구가 2050년까지 96억에 이를 경우 현재의 생활양식을 유지하는 데 필요한 천연자원을 공급하기 위해 거의 3개의 지구가 필요. • 개발도상국의 1인당 물질발자국(material footprint)은 2000년 5톤에서 2017년 9톤으로 증가. • 세계 250대 대기업의 93%가 지속가능성에 대해 경고하고 있음.

13. Climate Action 기후변화와 대응	• 2018년 4월 175개국이 파리협약을 비준했으며, 168개 당사국은 유엔에 자발적 기여 보고서(NDC)를 제출. • 지구 평균온도가 1°C 상승할 때마다 곡물 생산량 약 5% 감소. • 옥수수, 밀 그리고 다른 주요 농작물들은 1981~2002년 사이 기후 온난화로 매년 40메가톤에 이르는 수확량 감소. • 1901~2010년 사이 전 세계 평균 해수면은 19cm 상승. • 북극의 해빙 범위는 10년마다 107만km²의 얼음 손실이 있었음. • 21세기 중반 무렵 지구 평균 온도가 1.5°C이상 상승할 것으로 예상. • 대부분의 배출이 중단되더라도 기후변화는 수 세기 동안 계속될 것. • 전 세계 이산화탄소(CO_2) 배출량은 1990년 이후 50% 가까이 증가. • 2000~2010년 사이의 배출량은 과거 30년간 배출량보다 더 빠르게 증가.
14. Life Below Water 해양생태계	• 어업 보조금은 많은 어종의 급속한 감소에 영향을 미침. • 산업혁명 이후 해양 산성도가 26% 이상 증가. • 해안 수역은 오염과 부영양화로 악화됨. 2050년대까지 해양 생태계의 20%에서 해안 침식 현상이 증가할 것으로 예상.
15. Life on Land 육상생태계	• 2010~2015년 전 세계적으로 330만 헥타르에 달하는 산림 소실. • 가뭄과 사막화로 매년 1200만 헥타르(1분당 23헥타르) 손실. • 알려진 8,300종의 동물 종 중 8%가 멸종되었으며, 22%는 멸종 위기에 처해 있음.
16. Peace, Justice and Strong Institutions 평화, 정의와 강력한 제도	• 부패·뇌물수수·절도·탈세 금액은 개발도상국의 경우 매년 1조 2,600억 달러에 이름. • 5세 미만 아동의 73%가 출생신고를 했지만 사하라 이남 아프리카에서는 46%만이 출생신고를 함. • 약 2,850만 명의 초등학생이 분쟁지역에 살고 있음. • 선고 없이 구금된 수감자의 비율이 지난 10년간 31%임.
17. Partnerships for the Goals 이행 수단 강화와 글로벌 파트너십	• 공적개발 원조는 2014년 1,352억 달러로, 지금까지 기록 중 역대 최고 수준. • 개발도상국의 부채 부담은 수출 수입의 약 3%로 안정적. • 40억 이상 인구가 인터넷을 사용하지 않으며, 그중 90%는 개발도상국 사람들.

인류와 지구가 처한 위기 상황과 도전 과제들을 〈표 1〉을 통해 간략하게 살펴보았다. 여기서 우리는 지속가능발전목표(SDGs)를 좀 더 깊이 이해하기 위해 몇 가지 사항을 살펴볼 필요가 있다.

첫째, 위의 17개 목표들(Goals)은 독립된 항목으로 분리된 것 같지만, 현실에서는 목표들끼리 상호 연결되어 있다. 예를 들면, 13번 목표인 기후변화는 1번 목표인 빈곤의 문제와 관계가 깊은데, 큰 홍수가 일어나는 지역에 사는 빈곤층은 일반인보다 더 큰 타격을 입게 되고, 이는 빈곤층을 더욱 빈곤하게 만들어 빈곤의 악순환 구조를 고착시키게 된다. 또한 기후변화는 5번 목표인 젠더 문제와도 깊은 관련이 있다. 기후변화가 초래하는 위험에 남성보다 여성이 더욱 많이 노출되어 있다는 사실은 이를 말해 준다. 이처럼 목표들 간의 복잡한 상호 관계성을 이해하는 것은 지속가능발전목표를 이해하고 해결방안을 찾아가는 데 매우 중요하다.

둘째, 이 목표들은 통합적인 성격을 지니므로 전체 목표들을 구현하려고 노력해야 하지만, 구체적인 상황에 따라 지속가능발전목표들 간에 우선순위가 있을 수 있다. 예를 들면, 1번 목표인 빈곤층 감소와 4번 목표인 양질의 교육 중 어느 것을 먼저 하고 어느 것을 나중에 할 것인지, 어느 것에 더 비중을 둘 것인지 하는 것은 국가나 지역사회의 구체적인 맥락에서 민주적인 의사결정과정을 거쳐 합의해야 할 부분이다.

셋째, 이 목표들은 서로 충돌하거나 다른 가치관과 갈등을 일으키는 등, 긴장 관계에 놓이기도 한다. 예를 들면 3번 목표인 복지를 강조하면 8번 목표인 경제성장과 긴장 관계에 놓일 수 있고, 이해관계자들 간 갈등 요소가 될 수도 있다. 현재의 경제성장 패러다임과 지속가능 성장이 지니는 가치관의 차이로 갈등이 빚어질 수도 있다. 이런 상황을 감안해서 소통과 대화를 통해 이 긴장 관계를 잘 풀어가야 한다.

넷째, 지속가능발전목표들에는 경제, 사회, 환경의 세 차원이 균형을 이룬다. 이전에는 환경 문제에 대해 언급하긴 했지만, 사회·경제 차원의 도전과제들이 중심을 이루었다. 하지만 지속가능발전목표에서는 환경 차원의 영역을 비중 있게 다룬다. 이는 기후위기를 비롯하여 환경 파괴 문제가 그만큼 심각한 현실을 반영한 것으로 보인다.

참고로 우리나라 정부도 UN 합의를 기초로 「지속가능발전법」을 제정하여 지속가능발전을 지향해가고 있다. 20년을 계획 기간으로 5년마다 지속가능발전 기본계획을 수립하고 시행하는데, 지금은 제4차 지속가능발전 기본계획(2021~2040)이 추진되고 있다. 그리고 국가이행계획 추진상황을 점검하는 국가지속가능성 보고서를 2년마다 발간한다. 제4차 지속가능발전 기본계획의 비전과 추진전략을 살펴보면 아래와 같다.

비전	포용과 혁신을 통한 지속가능 국가 실현			
전략	**사람** 사람이 사람답게 살 수 있는 포용사회	**번영** 혁신적 성장을 통한 국민의 삶의 질 향상	**환경** 미래 세대가 함께 누리는 깨끗한 환경	**평화·협력** 지구촌 평화와 협력 강화
K-SDGs 17개 목표	[목표1] 빈곤층 감소와 사회안전망 강화 [목표2] 식량안보 및 지속가능한 농업 강화 [목표3] 건강하고 행복한 삶 보장 [목표4] 모두를 위한 양질의 교육 [목표5] 성평등 보장 [목표11] 지속가능한 도시와 주거지	[목표8] 좋은 일자리 확대와 경제성장 [목표9] 산업의 성장과 혁신 활성화 및 사회 기반시설 구축 [목표10] 모든 종류의 불평등 해소 [목표12] 지속가능한 생산과 소비	[목표6] 건강하고 안전한 물 관리 [목표7] 에너지의 친환경적 생산과 소비 [목표13] 기후변화와 대응 [목표14] 해양생태계 보전 [목표15] 육상생태계 보전	[목표161 평화·정의·포용 [목표17] 지구촌 협력 강화

〈그림 2〉 K-SDGs 비전과 전략[16]

16 관계부처 합동(2021), 『제4차 지속가능발전 기본계획 2021-2040』 21쪽.

교육의 담대한 대응:
지속가능발전교육(ESD, Education for Sustainable Development) 2030[17]

'ESD 2030'의 등장 배경

전 지구적 위기에 대한 대응

앞에서 살펴보았듯이, 인류와 지구가 처한 위기에 시급하게 대응하기 위해 UN에서는 지속가능발전목표를 채택했다. 이 연장선상에서 유엔 산하 교육 전문기구인 유네스코도 교육 영역에서의 담대한 대응책을 모색했다. 유네스코는 우리의 사고방식과 생활 습관, 이를 뒷받침하는 사회구조가 모두 지속가능성을 지녀야 하며, 교육은 이런 변화에 이바지해야 한다고 밝히고 있다. 유네스코 교육 사무총장보 스테파니아 지아니니는 이렇게 말한다.[18]

> **우리 자신의 생존을 위해,** 우리는 **지구에서 지속가능하게 상생하는 법을 배워야 합니다.** 우리는 한 개인이자 사회로서 **생각하고 행동하는 방식을 바꿔야 합니다.** 따라서 교육은 현 세대와 미래 세대의 생존과 번영을 위해 평화롭고 지속가능한 세상을 만들기 위해 변화해야 합니다. … 우리 공동의 미래는 우리의 행동에 달려 있기에, **이제는 모든 교육시스템이 세상을 보다 공정하고 지속가능하게 만드는 변화를 이끌어가야 할 때**입니다.

이런 취지에서 유네스코가 제안하고 주도해가는 것이 바로 지속가능발전교육 2030(Education for Sustainable Development 2030, 이하 'ESD 2030')이다. ESD

---

17 이 내용은 유네스코에서 발행한 「지속가능발전교육(ESD) 로드맵」(유네스코한국위원회, 2021)을 바탕으로 쓰여진 것이다.

18 유네스코한국위원회(2021), 『지속가능발전교육(ESD) 로드맵』 iii쪽.

2030은 제40차 유네스코 총회에서 채택되었고, 2019년 제74차 유엔 총회에서 승인되었다. 유엔 총회에서는 ESD를 "질 높은 교육에 관한 지속가능발전목표의 핵심 요소일 뿐만 아니라, 다른 지속가능발전목표를 가능하게 하는 핵심 원동력"[19]이라고 정의한다. 그러므로 ESD 2030은 지속가능발전목표 달성을 위해 2020~2030년까지 진행되는 교육 분야의 국제 운영 체계라 할 수 있다.

교육 내적 모순 해결

그동안 교육은 학습자로 하여금 성적과 경쟁에 집착하게 만들고 개인주의를 강화시켜 왔으며, 무엇보다도 지속불가능한 사고방식과 생활습관을 확대해왔다는 비판을 받아왔다.

> 현재의 교육적 성취와 완수는 지속불가능한 실천 관행과 연관되어 있다. 세계에서 가장 많이 교육받은 국가들과 시민들이 기후변화를 가장 많이 가속화하고 있다. 그간 교육이 평화, 정의, 인권에 이르는 길을 제공할 것으로 기대해 왔지만, 실제로는 이제야 겨우 교육에 대해 지속가능성을 위한 길을 열어주고 이를 위한 역량을 키워줄 것을 기대하며 요구하기 시작했다. … 교육받는 것이 지속불가능한 방식으로 살아가는 것을 뜻한다면, 교육의 역할이 무엇이며 교육받는 것이 무엇을 의미하는지에 대한 교육 개념을 재조정해야 한다.[20]

교육적 성취가 지속불가능한 사회를 만드는 것으로 귀결된다면, 그 교육은 왜 필요한가? 교육적 완수가 평화, 정의, 인권에 이르는 길을 제공하

---

19 ESD is an integral element of the Sustainable Development Goal on quality education and a key enabler of all other Sustainable Development Goals. -유엔 총회 결의문 72/222.

20 유네스코한국위원회(2022), 『함께 그려보는 우리의 미래-교육을 위한 새로운 사회계약』 36쪽.

지 못하고 개인적 성취에 머문다면, 그 완수는 무슨 의미인가? ESD 2030은 현 시대 교육의 목적과 의미에 대해 근본적인 문제를 제기한다.

> ESD은 국제 교육 의제가 주로 접근성과 학습 성과 측면에서 측정된 질에만 절대적으로 초점을 맞추는 것에서 벗어나, 인간과 지구의 지속가능성에 대한 학습 내용 및 기여를 점차 강조할 수 있도록 도울 것이다.[21]

그동안 교육은 접근성(초·중등교육과 의무교육의 확대)과 학습 성과 측정(평가)에 절대적으로 초점을 맞춰 왔다. 특히 학습 성과 측정(평가)의 절대적 강조는 성적에 대한 집착, 과도한 경쟁, 상급학교 진학 중심, 개인주의 등 교육을 왜곡시키는 강력한 힘이었다. 이에 반해 ESD는 인간과 지구의 지속가능성, 자연과의 친화, 협동과 연대, 평생교육의 확장을 강조한다. 그런 의미에서 ESD는 교육의 내적 본질에 충실할 뿐만 아니라 교육이 나아갈 올바른 방향을 제시한다고 볼 수 있다.

ESD 2030의 목적

ESD 2030의 목적은 두 가지다. 하나는 유엔의 지속가능발전목표 달성에 기여하는 것이고, 다른 하나는 양질의 교육과 평생교육 보장이라고 할 수 있다.

지속가능발전목표 달성에 기여

ESD 2030의 첫 번째 목적은 유엔에서 채택한 17개 지속가능발전목표 달성에 기여함으로써 보다 정의롭고 지속가능한 세계를 만드는 데 이바지

21 유네스코한국위원회(2021), 『지속가능발전교육(ESD) 로드맵』 14쪽.

하는 것이다. 인류와 지구가 처한 엄중한 위기를 극복함과 동시에 보다 정의롭고 지속가능한 사회를 지향하려면 시급하고도 담대하게 지속가능발전목표(SDGs)를 달성해야 하며, ESD 2030은 교육을 통해 이런 목표 달성에 기여함을 목적으로 한다.

지속가능발전교육(ESD) 강화

ESD 2030은 지속가능발전 4번 목표(Goal 4)에 명시된 '양질의 교육과 평생학습 보장'과 깊이 관련되어 있다. ESD 2030은 양질의 교육과 평생학습을 위한 핵심 요소다. 4번 목표는 7개의 세부목표와 3개의 이행수단으로 구성되어 있는데, 이를 서술하면 다음과 같다.

〈표 2〉 지속가능발전 4번 목표(SDG 4)와 세부목표 내용

4. 포용적이고 공평한 양질의 교육 보장과 모두를 위한 평생학습 기회 증진
4.1 2030년까지 모든 여아와 남아가 적절하고 효과적인 학습 성과를 거둘 수 있도록 공평한 양질의 무상 초등교육과 중등교육의 이수를 보장한다.
4.2 2030년까지 모든 여아와 남아에게 양질의 영유아 발달교육, 보육 및 취학 전 교육에 대한 접근을 보장하며 이들의 초등교육을 준비할 수 있도록 한다.
4.3 2030년까지 모든 여성과 남성에게 적정 비용의 양질의 기술교육, 직업교육 및 대학을 포함한 고등교육에 대한 평등한 접근을 보장한다.
4.4 2030년까지 취업, 양질의 일자리, 창업 활동에 필요한 전문·직업 기술 등 적합한 기술을 지닌 청소년과 성인의 수를 실질적으로 늘린다.
4.5 2030년까지 교육에서의 성불평등을 해소하고 장애인, 토착민, 취약한 상황에 처한 아동을 포함한 취약계층이 모든 수준의 교육과 직업훈련에 평등하게 접근하도록 보장한다.
4.6 2030년까지 모든 청소년과 상당수 성인 남녀의 문해력과 수리력 성취를 보장한다.
4.7 2030년까지 모든 학습자들이 지속가능발전 및 지속가능 생활방식, 인권, 성평등, 평화와 비폭력 문화 증진, 세계시민의식, 문화다양성 및 지속가능발전을 위한 문화의 기여에 대한 교육을 통해 지속가능발전 증진에 필요한 지식 및 기술 습득을 보장한다.
4.a 아동, 장애, 성 인지적인 교육시설을 건립하고 개선하며, 모두를 위한 안전하고 비폭력적이며, 포용적이고 효과적인 학습환경을 제공한다.
4.b 2020년까지 전 세계적으로 개발도상국, 특히 최빈국, 군소도서개발국, 아프리카 국가 등이나 선진국이나 기타 개발도상국의 직업훈련, 정보통신기술(ICT), 과학기술 및 공학 분야를 포함한 고등교육에 등록하도록 지원하는 장학금을 실질적으로 확대한다.
4.c 2030년까지 개발도상국, 특히 최빈국 및 군소도서개발국에서 교사훈련을 위한 국제협력 등을 통해 자격을 갖춘 교사 공급을 실질적으로 늘린다.

위의 세부목표 중 4.1은 초·중등교육, 4.2는 영·유아교육, 4.3은 기술직업교육 및 고등교육, 4.4는 청소년과 성인교육, 4.5는 성평등과 취약계층의 교육 접근권, 4.6은 문해력과 수리력 향상, 4.7은 지속가능발전교육과 세계시민교육에 관한 것이다. 이처럼 ESD 2030은 영·유아교육부터 성인교육·평생교육에 이르기까지 교육의 모든 영역과 관련이 있다. ESD 2030은 양질의 교육 보장, 돌봄, 성평등, 지속가능 생활방식, 인권, 평화, 세계시민의식, 문화 다양성 등 교육과 관련된 매우 포괄적인 내용을 담고 있다.

ESD 2030의 운영 체제

ESD 2030은 다음과 같은 운영 체제를 지닌다.

〈표 3〉 ESD 2030 운영 체제

	사회 변혁 • 보다 정의롭고 지속가능한 세계를 구축하고자 SDGs 달성 지원	
교수학습접근과 학습 환경 • 프로젝트 기반(Project-Based) 학습 • ESD에 대한 '기관 전체적 접근'(whole-institution approach)		**학습 결과** • 변혁적 역량, 변혁적 행동 강화
	학습 내용 • 17개 지속가능발전목표를 모든 종류의 학습에 통합	

① 사회 변혁: 지속가능발전목표 달성을 통해 정의롭고 지속가능한 세계 구축에 이바지

ESD 2030은 개인행동의 변화에서 사회구조 재조직에 이르기까지 보다 정의롭고 지속가능한 방향으로의 변혁을 지향한다. 이와 관련된 핵심적인 사항은 다음과 같다.

* **변혁적 실행(transformative action):** 지속가능한 미래를 위해 요구되는 근본적인 변화는 개인으로부터 시작된다. ESD 2030은 개별 학습자가 현실에서 지속가능성을 위한 변혁적인 행동을 어떻게 실천하는지, 그리고 이들 학습자가 지속가능한 미래를 향한 사회 변혁에 어떻게 영향을 미치는지를 강조한다.

* **구조적 변화(structural changes):** ESD 2030은 지속불가능한 발전의 깊은 구조적 원인에 주의를 기울인다. 경제 성장과 지속가능발전 사이에서 균형 있는 행동을 요구하며, 학습자가 소비 사회의 대안 가치를 탐색하도록 장려하고, 극심한 빈곤과 취약한 상황에서 ESD 2030을 다루는 방법에 대한 구조적 견해를 갖게 한다.

* **기술적 미래(technological future):** ESD 2030은 첨단 정보기술의 발전에 따라 새롭게 생겨나는 기회 및 도전에 대응한다. ESD 2030은 첨단 기술이 지속가능성 관련 문제의 대부분을 해결할 수 있다는 기술만능주의를 비판적으로 살펴보고 기술의 미래에 지속가능성의 가치를 부여하도록 한다.

② 학습 내용: 지속가능발전목표를 모든 학습에 통합

ESD 2030에서는 17개 지속가능발전목표를 모든 종류의 학습에 통합하는 데 중점을 둔다. 이와 관련하여 ESD 2030의 특징을 살펴보면 다음과 같다.

* ESD 2030은 17개 목표에 대한 학습자의 인식을 제고한다. 즉, 17개 지속가능발전목표가 무엇이고, 이들 목표가 개인 및 집단 생활과 어떻게 연

결되는지에 대해 학습자와 대중의 이해를 높인다.

* ESD 2030은 지속가능발전목표에 대한 비판적이고 맥락화된 이해를 촉진한다. 지속가능발전목표를 둘러싸고 생길 수 있는 다양한 관점을 제시하고, 특정한 상황에서 지속가능발전목표 간의 상호 연결·긴장 관계·우선 순위 등에 대해 질문하며,[22] 학습자들이 균형 있는 행동을 탐색할 기회를 제공한다.

* ESD 2030은 지속가능발전목표 달성을 위한 행동을 지향한다. 지속가능발전목표 이슈를 다룸에 기관 전체적 접근(whole-institution approach)을 통해 교육 환경, 특히 지역사회에서 지속가능발전을 위한 행동을 지속적으로 모색하고 지향한다.

* ESD 2030은 지속가능발전목표 달성을 위해 지식, 사회-정서, 행동을 증진하는 것을 목적으로 하며, 다음과 같은 세 가지 측면의 학습을 강조한다.

〈표 4〉 지속가능발전목표와 세 가지 학습 측면

인지 학습	• 지속가능성과 관련된 다양한 도전 과제와 이들의 복잡한 연관 관계를 이해하고, 문제를 제기하고, 대안적 해결을 탐색함.
사회-정서 학습[23]	• 지속가능성을 위한 핵심 가치 및 태도를 갖추고, 타인과 지구에 대한 공감 및 연민을 함양하며, 변화를 주도할 동기를 부여함.
행동 학습	• 개인, 사회 및 정치 영역 내 지속가능한 변화를 위해 실천함.

22 이 글의 "3. 유엔의 담대한 대응: 지속가능발전목표" 참고.

23 "신경과학은 배우는 것과 느끼는 것이 동일한 인지과정의 일부로, 고립된 개인의 내면에서가 아니라 타인과의 직접적이고 확대된 관계 속에서 일어나는 일임을 보여준다. 이 부분에서는 특히 지난 10년 동안 엄청난 교육 연구가 있었고, 세계 일부 지역에서는 사회정서학습(social and emotional learning)이 주류 교육 방안으로 자리 잡았다. 교육과정에서 사회정서학습에 접근하는 최고의 방식은 학생의 정체성 중 사회적·정서적·인지적·윤리적 영역을 교육과정에 포괄하는 것이다. 그런 교육과정은 개인의 발달적 진행 흐름이 더 넓은 사회의 결속력에 의미를 갖도록 연결한다. 공감하고 협력하고 편견과 편협성을 지적하고 갈등 해결을 탐색하는 학습은 모든 사회에서 가치가 있으며, 오래된 분열과 씨름하는 사회에서 특히 그렇다." - 유네스코한국위원회(2022), 『함께 그려보는 우리의 미래-교육을 위한 새로운 사회계약』, 76~77쪽.

교수학습접근과 학습 환경: 프로젝트 기반 학습과 기관 전체적 접근

① 문제와 프로젝트 기반 학습(Problem-Based and Project-Based Learning) 실행

인류와 지구가 맞이하는 위기와 미래사회에서 끊임없이 생기게 될 새로운 기회와 도전에 대응하기 위해 학습자들은 학습을 통해 필요한 지식, 역량, 경험을 갖춰야 한다. 이를 위해 ESD 2030에서 제시하는 학습 모형이 문제-프로젝트 기반 학습(PBL, Problem-Based and Project-Based Learning)이다.

문제-프로젝트 기반 학습은 학습자가 주체가 되어 문제 상황을 인식하고 이를 극복하기 위해 기획-실행-평가-환류(feedback)하는 학습 모형이다. 학습자는 프로젝트 학습 과정에서 17개 지속가능발전목표와 169개 세부목표라는 지금 시대의 도전 과제에 집중함으로써 지속가능발전목표 달성에 필요한 문제 제기 능력, 문제 해결 능력, 비판 능력, 상상력, 문해력 등의 역량을 발전시킬 수 있게 된다.

문제-프로젝트 기반 학습과 관련된 특징은 다음과 같다.

〈표 5〉 문제-프로젝트 기반 학습의 특징

- 문제제기식 학습(problem-posing Learning)과 밀접한 관련이 있다.
- 간학문적 학습(Interdisciplinary Learning)과 관련이 있다. 교과목의 경계를 넘어 교과 간 협업을 통해 도전 과제와 프로젝트에 집중함으로써 실현가능하고 다양한 해결책을 찾을 수 있다.
- 참여와 협력적인 학습을 바탕으로 문제-프로젝트 기반 학습을 실행한다.
- 지역사회의 지속가능성 이슈를 프로젝트 기반 학습과 결합한다. 지역사회는 프로젝트 기반 학습을 실행하기 좋은 환경이다. 지역사회가 연계되면 학교는 지역사회의 다양한 자원과 사람을 활용할 수 있게 되고, 프로젝트 기반 학습과 지역사회의 지속가능발전목표 해결 과정을 일치시킬 수도 있으며, 학생들이 실제 생활 속에서 도전 과제를 분석하고 대안을 탐색하고 실천하고 피드백하는 일련의 살아있는 과정을 경험할 기회를 가질 수 있다.

- 지식에 대한 새로운 인식: 프로젝트 기반 학습을 진행하는 동안 학습자는 학습, 탐구 및 공동 작업을 통해 자신의 지식과 능력이 다른 사람과 공유되고, 네트워크화된 차원에 연결됨으로써 더욱 확장되는 경험을 하게 된다. 그러므로 문제 및 프로젝트 기반 학습은 지식의 필요성을 약화시키지 않으면서 지식을 살아있는 역동성과 적용의 공간으로 불러올 수 있다.[24]

② 기관 전체적 접근(whole-institution approach)

ESD 2030을 구현하려면 기관의 부분적인 접근이 아니라 전체적인 접근이 진행되어야 한다. 즉, 해당 기관은 기관 내외 전 영역에 걸쳐 기관이 동원할 수 있는 전체적인 힘을 기울여 지속가능발전교육에 접근해야 한다는 의미다. 여기서 기관이라 함은 교육기관(학교-교육청-교육부), 마을과 지역사회, 국가, 국제적인 차원을 포괄하며, 형식·비형식·무형식 교육[25]과 평생교육을 모두 포함한다.

예를 들어 학교 차원의 기관 전체적 접근(학교 전체적 접근, whole-school approach)을 구현하기 위해서는 수업이나 교육과정, 학생평가, 교수학습방법뿐만 아니라 교육계획서, 인사, 연수, 학습 환경(시설 등), 행정, 재정, 의사결정과정, 조직문화 등 학교 내 모든 영역, 나아가 지역사회까지 포함하여 학교의 모든 자원을 동원하여 ESD 2030을 구현해야 한다. 그리고 지역 교육청 차원에서는 각종 평가(기관 성과 평가, 기관장 성과 평가, 학교장 평가, 학교 자체 평가), 장학, 인사, 선발, 승진, 연수, 연구, 재정, 정책 등 교육청의 모든 업무가 ESD 2030 구현이라는 한 방향으로 모아져야 한다.

기관 전체적 접근과 관련된 사항들은 다음과 같다.

---

24 유네스코한국위원회(2022), 『함께 그려보는 우리의 미래-교육을 위한 새로운 사회계약』 58-59쪽.

25 "형식교육은 가르치는 사람과 배우는 사람이 일정한 장소에서 잘 조직된 교육내용을 매개로 의도적, 계획적, 체계적으로 이루어지는 교육이다."(Naver 지식백과) "무형식교육은 매우 개방적이고 비경쟁적인 특징이 있어서 전적으로 개인의 선택에 의해 이루어지며, 공식적으로 인정되는 자격보다는 자기 만족이 주된 학습 동기가 되는 교육으로, 텔레비전, 신문, 잡지, 도서관, 정보센터, 청소년단체, 봉사단체 등에 의한 교육이 대표적인 예다. 그리고 비형식교육은 형식교육과 무형식교육의 중간 정도의 형식을 갖춘 것으로, 소비자교육, 새마을교육, 방송통신교육 등이 이에 속한다."(이종각, 2004)

〈표 6〉 기관 전체적 접근 관련 사항

• 학습자가 생활 속에서 배우고, 배운 대로 살아가는 학습환경을 조성하려면 기관 전체적 접근이 필요하다. • 민주적인 문화 조성과 밀접한 관련 - 모든 구성원 및 이해관계자가 특정 도전과제에 대해 의견을 말할 수 있도록 민주적인 상향식 의사 결정 과정을 보장해야 한다. - 성별이 다르거나 배경이 다양한 사람들을 위한 협력, 연대, 포용의 문화를 조성한다. - 교육기관의 거버넌스와 문화가 지속가능발전 원칙과 일치하는지 확인한다.

〈그림 3〉 Whole School Approach[26]

학습 결과: 변혁적 역량과 변혁적 행동

개인의 변화는 지속가능한 미래를 위해 요구되는 근본적인 변화의 시작점이다. ESD 2030은 현재와 미래의 세계시민성 및 지역적 맥락에서 나타나는 도전과제에 대처하는 데 필요한 지식, 기술, 태도, 역량, 가치를 개발

26 https://world-education-blog.org/2016/11/15/what-is-the-whole-school-approach-to-environmental-education/

함으로써 학습자가 자신과 자신이 살고 있는 사회를 변화시킬 수 있도록 지원하며, 행동하는 시민의식을 중요하게 여긴다.

개별 학습자가 변혁적인 행동을 하려면 변혁적인 역량을 갖추어야 하는데, ESD 2030은 학습자가 이런 변혁적 역량을 갖추도록 지원한다. ESD 2030에서 강조하는 변혁적인 역량에는 다음과 같은 것들이 있다.

〈표 7〉 ESD 2030 내 변혁적 역량[27]

• 지구 공동체 전체의 집단적 생존과 번영, 지속가능한 미래를 위해 사회적 변화를 촉진하는 역량 • 비판적·체계적 사고, 분석적 문제 해결, 창의성, 협업 및 불확실성에서의 의사 결정, 도전과제 및 책임의 상호 연결성에 대한 이해[28] • 문제제기 능력, 비판 능력, 상상력, 문해력 • 공감, 연대 및 실천과 관련된 역량 등

ESD 2030은 인류와 지구가 처한 위기를 극복하고 지속가능성을 회복하기 위해 학습자가 어떻게 변혁적인 행동을 실천하는지에 주안점을 둔다. ESD 2030에 따르면, 변혁적 행동은 일반적으로 다음과 같은 단계에 따라 발전한다.

27 OECD 학습 나침반의 7가지 구성요소 중에도 변혁적 역량이 포함된다. OECD에서는 변혁적 역량을 다음과 같이 정의한다. "Building on the 'OECD Key Competencies' identified through the DeSeCo project, the OECD Learning Compass 2030 defines 'transformative competencies' as the types of knowledge, skills, attitudes and values students need to transform society and shape the future for better lives. These have been identified as creating new value, reconciling tensions and dilemmas, and taking responsibility."(DeSeCo 프로젝트를 통해 확인된 'OECD 핵심역량'을 토대로, OECD 학습 나침반 2030은 '변혁적 역량'을 학생들이 사회를 변혁하고 보다 나은 삶을 위한 미래를 만드는 데 필요한 일련의 지식, 기능, 태도와 가치로 정의한다. 이런 변혁적 역량에는 새로운 가치 창조, 긴장과 딜레마 조절하기, 책임감 등이 있다.)
https://www.oecd.org/education/2030-project/teaching-and-learning/learning/transformative-competencies/Transformative_Competencies_for_2030_concept_note.pdf

28 유네스코한국위원회(2021), 아이치-나고야 ESD 선언문, 『지속가능개발교육(ESD) 로드맵』 55쪽에서 재인용.

〈표 8〉 변혁적 행동 발전 단계

• 지식과 정보 습득 → 특정 현실에 대한 인지 → 비판적 분석을 통해 현실의 복잡성 이해 → 현실적인 문제 상황 경험 → 현실의 영향을 받는 사람들과 공감으로 연결 → 공감이 학습자 자신의 삶이나 정체성에 관련되면 연민으로 연결 → 연민의 마음이 권한 강화로 이어질 때가 변혁의 전환점

그리고 비판적 탐구 기회, 다양한 현실에 대한 노출, 자신의 삶과 관계 맺기, 영향력 있는 동료·멘토·역할모델 등은 개인이 변혁적인 행동을 취하는 데 중요한 역할을 한다.

변혁적 행동은 선형적 방식으로 변혁 단계(인식, 복잡성에 대한 이해, 공감, 연민, 권한 강화)를 거치는 것이 아니다. 단계를 건너뛰어 처음부터 권한 강화의 마지막 단계로 옮겨갈 수 있고, 공감이나 연민으로 시작할 수도 있다. 변혁적 행동의 발달 단계를 거치는 과정 및 속도는 각자 다를 수 있다.

변혁적 행동을 위해서는 지역사회가 절대적으로 중요하다. 학습자는 지역사회의 물리적·사회적·정치적·문화적 측면에서 개인 혹은 집단과 관련된 도전 과제를 찾을 수 있다. 또한 학습자는 지역사회 내에서 동료들을 찾아 연대를 형성하고, 변혁과 지속가능성의 문화를 위한 공동 행동을 할 수 있게 된다.

형식교육만으로는 충분하지 않다. 지역사회에서 세대 간 평생학습을 비롯해 형식·비형식·무형식 교육은 학습자에게 좋은 기회를 제공할 수 있는데, 이 기회를 통해 학습자들은 자신과 관련된 현실을 연결시키고, 필요한 행동을 취하는 데 영향을 받을 수 있다.

5가지 우선 실천 영역

ESD 2030은 ESD를 정착시키고 지속가능발전목표를 달성하기 위해 다음과 같은 5가지 우선 실천 영역의 실천을 강조한다.

〈표 9〉 5가지 우선 실천 영역

우선 실천 영역	활동 내용
1. 정책 개선 (Advancing policy)	• 의의: 교육정책 및 체계에서 ESD를 주류화한다. • 지속가능발전목표 실현에 입각해 교육 목적과 학습 목표를 정의한다. • ESD를 학습환경, 교육과정, 교사 교육, 학생평가 등의 교육정책에 통합한다. • 교육기관이 학습자의 변혁적 역량을 얼마나 잘 발전시켰는지를 모니터링·평가한다. • 형식·비형식·무형식 교육 및 학습 간 시너지 관계를 강화하는 정책을 개발한다. • 지역사회의 지속가능성 이슈에 대한 프로젝트 기반 학습(Project-based learning)을 장려하는 정책 방안을 발전시킨다. • ESD를 지속가능발전목표 달성을 명시적으로 다루는 모든 정책에 통합한다. 특히 ESD는 기후변화(13번 목표)를 다루는 모든 정책에 반드시 포함되어야 한다. • 지속가능발전 및 교육 부문 정책 입안자들 간, 다양한 이해관계자 간 협력을 추진 혹은 지원한다.
2. 학습환경 변혁 (Transforming learning environments)	• 의의: 학습자가 삶에서 배우고 배운 대로 살아가기 위해, 그리고 지속가능발전목표를 달성하는 데 필요한 지식, 기술, 가치, 태도를 습득하려면 학습환경 변혁이 필요하다. • ESD와 관련하여 기관 전체적 접근(whole-institution approach) 방안에 대한 구체적인 일정과 계획을 세운다. • 모든 구성원 및 이해관계자가 특정 도전과제에 대해 의견을 말할 수 있도록 민주적인 상향식 의사 결정 과정을 보장한다. • 다양한 성별 및 배경을 가진 사람들을 위한 협력, 연대, 포용의 문화를 조성한다. • 지속가능성을 위한 도전과제를 중심으로 간학문적 프로젝트 기반 학습을 실행한다. 이를 위해 가치 있는 환경으로서 지역사회를 참여시킨다. • 교육기관의 성과 평가에서 ESD에 대한 기관 전체적 접근 방식을 반영한다.
3. 교육자의 역량 구축하기 (Building capacities of educators)	• 의의: 교육자는 지속가능한 미래를 위한 지식의 전문가 및 전달자일 뿐만 아니라 변혁을 통해 학습자들을 지도하는 촉진자가 되어야 한다. • 교사연수 및 평가에 체계적이고 포괄적인 ESD 역량 개발 내용을 포함시킨다. 여기에는 지속가능발전목표 달성을 위한 지식, 기술, 가치, 태도뿐만 아니라 이를 실천하게 하는 변혁적 교수학습접근도 포함시킨다. • 동료 학습의 기회를 체계적으로 제공한다. 동료 학습을 통해 선도적인 교육자들이 자신의 성공 사례와 도전과제를 공유할 수 있으며, ESD가 일상에서의 교육 실천에 통합될 수 있다. • 자신의 교수학습 방식에 ESD를 성공적으로 통합시킨 교육자들을 격려하고 동기를 부여한다. • 교육기관 내 ESD 2030 시행을 질적 평가에 반영한다.

4. 청(소)년의 권한 부여와 참여 (Empowering and mobilizing youth)	• 의의: 오늘날의 청(소)년은 지속불가능한 발전의 결과에 직면하게 될 것이며, 그들의 현재와 미래는 위험에 처해 있다. 이에 따라 청(소)년들은 점점 더 적극적으로 목소리를 내고, 긴급하고 결정적인 변화를 요구하며, 특히 기후위기 해결에서 전 세계 지도자들의 책임을 묻고 있다. • 청(소)년들이 자신들이 속한 교육 환경에 ESD가 포함되도록 요구하고, 스스로 역량을 강화하면서 사회 변혁을 위해 행동하는 것을 지원한다. • 청(소)년들이 온라인 커뮤니티와 기타 소통 채널을 활용해 지속가능성 관련 도전과제의 시급성에 대한 메시지를 공유하도록 지원한다. • 교육기관은 청(소)년들이 교육 및 지속가능발전에 관한 정책 및 프로그램의 설계·전달·모니터링 과정에 전적으로 참여하도록 보장한다. 또한 청(소)년이 변화의 주체가 될 수 있도록 권한을 부여하고 의사결정과정에 참여시키며, 각 기관의 의사결정기구에서 청(소)년의 대표성을 확보한다. • 청(소)년 조직은 청(소)년 및 청(소)년 대상 교육자들에게 ESD에 대한 체계적인 훈련을 제공하여 그들이 변혁적 지식, 기능, 가치, 태도를 갖추도록 지원한다. • 청(소)년 조직은 지속가능발전 실천에 참여하도록 청(소)년들을 연결하고, 움직이게 하며, 참여시키기 위해 노력한다. 또한 지속가능발전목표와 지역사회 청(소)년 문제의 연계 방안에 대해 청(소)년 주도의 캠페인을 전개하는 등, 지속가능발전목표와 관련된 인식을 제고하는 방안을 실행한다.
5. 지역사회 수준의 실천 가속화 (Accelerating local level actions)	• 의의: ESD는 지역 차원의 지속가능성 달성과 평생학습 실현을 위한 핵심도구다. 지속가능발전을 위한 유의미한 변화와 변혁적 행동은 지역사회에서 일어날 가능성이 가장 높다. 사람들이 지속가능성을 위한 노력을 함께할 파트너를 찾는 곳도 지역사회다. 학습자와 지역 사람들은 지역의 일상생활에서 지속가능발전목표에 따른 도전과제를 선택하고, 그 선택에 따른 행동을 한다. • 지역 차원의 ESD 2030 이행 계획을 세운다. • 지역의 평생학습을 비롯하여 모든 학습 시스템에 ESD를 포함시킨다. • 지역사회 내 지속가능발전목표를 분석한다. • 모든 지속가능발전목표 및 관련 도전과제들을 다루도록 지역사회 내 각종 프로그램을 조정한다. • 지속가능발전을 위한 최신 지식 및 실천 사례의 활용이 보장되도록, 교육기관(학습기관)과 지역사회 간 적극적인 협력을 촉진한다. • 지역민, 지역 정책 입안자, 여론 주도자들의 지속가능성 역량 개발을 지원하고, 이들이 지역의 지속가능발전목표 실현을 위해 공적 의사결정과정에 참여하도록 지원한다. • 지역신문 등 무형식 학습을 활용하여 정기적으로 지속가능성 관련 정보를 제공한다. • 교육과정에 지역화된 ESD가 들어갈 수 있도록 지역 당국에 인센티브를 제공한다. • ESD 관련 파트너십 및 협력 강화를 위해 지역사회를 위한 플랫폼을 지원한다.

6가지 이행 활동

ESD 2030에서는 5가지 우선 실천 영역을 이행하기 위해 아래와 같이 국가 차원에서 해야 할 6가지 활동을 제시한다. 이를 간략히 정리하면 다음과 같다.

〈표 10〉 6가지 이행 활동

이행 항목	국가 차원의 활동
1. 국가 차원의 ESD 2030 이행	• ESD 주류화를 위해 ESD 2030 국가 활동 계획 수립 및 이행 • ESD 2030과 5가지 우선 실천 영역 이행 • ESD 2030을 지속가능발전목표 및 교육, 기타 관련 활동 계획에 통합 • 5가지 우선 실천 영역의 주요 이해관계자와 협력 장려 • 국가 차원의 실무그룹은 계획, 실행, 네트워킹, 모니터링, 보고 및 유네스코와의 커뮤니케이션에 대한 전반적인 조정 담당 • 지속가능발전목표를 위한 국가 운영 기구, 유네스코 국가위원회 또는 관련 부처나 기관이 실무 그룹 관리 • ESD 2030 국가 활동 계획 진전 상황에 대한 모니터링·보고
2. 연대와 협력	• 지역사회 내 세대 간 평생학습을 포함하여 형식·비형식·무형식 학습 부문 간 파트너십 및 협력 강화 • SDG 4번 목표 이해관계자를 포함하여 교육·지속가능발전·지속가능발전목표 간 파트너십 및 협력 발전 • 지속가능한 미래를 위해 요구되는 구조 변화의 과정을 지원하도록 자원 동원 • 공공-민간 부문 간 파트너십 및 협력 강화 • ESD 이해관계자들에 대한 국가 차원의 네트워크 발전 • 국제 • 지역 • 국가 • 지역사회 수준의 조정과 협력 구축 및 강화
3. 실천을 위한 소통	• 교육 이해관계자 및 미디어를 동원해 모든 지속가능발전목표 달성의 촉진자로서 교육의 역할 홍보 • 공공 캠페인 진행 • 디지털 포럼 같은 혁신적인 방식 활동 진행 • 청(소)년들의 참여를 최우선 보장
4. 쟁점과 동향 연구	• 지속가능발전목표와 관련하여 논의가 더 필요한 이슈·동향·질문 확인 및 검토 • 5대 우선 실천 영역과 관련한 주요 이슈·동향·질문을 토대로 ESD 및 지속가능발전목표에 대한 주제별 연구 • 지속가능발전목표들 간 상호연계성 및 긴장 관계와 관련된 연구 결과 공유 • 다른 국가들과 협력하여 지속가능발전 및 ESD와 관련해 발생한 특정 맥락 내 신규 쟁점과 동향 검토

5. 자원 확보	•ESD 2030 재정 지원에서 기존 교육 관련 자금 탐색 •지속가능발전 및 지속가능발전목표의 국가 이행에 할당된 기존 자원 활용 •ESD 2030에 전면 투입하는 신규 예산 고려 •지역 수준의 관련 활동 계획 및 자원 활용 •직업훈련기관 및 민간 기업 연수기관에서 환경 분야 역량 개발 지원 •민간부문 내 자원 확보 •교육기관 성과 평가를 위한 교육의 질 평가 기준에 ESD 원칙 반영 등
6. 진전 상황 모니터링	•국가 활동 계획 진전 상황 모니터링 •ESD의 결과를 모니터링하기 위한 국가 지표 개발 •ESD 진전 상황, 특히 5대 우선 실천 영역의 진전 상황을 평가하는 설문조사를 통해 정기적으로 모니터링·평가 •지속가능발전목표 세부목표 4.7을 비롯하여 SDG 관련 국제·지역 모니터링의 일부로서 ESD 보고

부산교육의 담대한 혁신: 정의롭고 지속가능한 부산교육 혁신 2030

인류와 지구가 맞이하는 엄중한 위기를 극복하기 위해 전 지구적으로 합의한 지속가능발전목표(SDGs)와 지속가능발전교육(ESD) 2030의 주요 내용을 간략히 정리해 보았다.

지금 세계는 기후위기, 민주주의의 후퇴와 극심한 사회적 불평등, 기술 발달로 인한 새로운 문제 대두 등, 인류와 지구의 생존과 번영을 위협하는 위기들에 직면해 있다. 특히 그중에서도 기후위기는 더 이상 늦출 수 없는 긴급한 도전과제다. IPCC는 '기후탄력적 개발을 가능하게 하는 기회의 창이 빠르게 좁아지고 있다.'[29]고 지적한다. 그러므로 지구와 인류 앞에 놓인 위기를 극복하려면 '사회의 모든 측면에서 긴급하고 광범위하며 전례 없는 변화'가 필요하다. 더 늦기 전에 시급하게 위기에 대응해야 하며, 교육 또한 마찬가지다. 그런 의미에서 교육과 관련한 유네스코의 다음과 같은 호소는 의미심장하다.

---

29 IPCC 6차 종합보고서(2023) 97쪽.

우리가 어떻게 하면, 너무 늦기 전에, 학습자들이 지속가능성을 위한 변혁적인 행동을 취하여 다른 미래를 만들어가도록 독려할 수 있을까? 개인이 지속가능성 관련 도전과제를 이해하고, 주변 환경과의 연관성을 인식하며, 변화를 위해 행동을 취하는 것을 보장하기 위해, 대안적 가치 및 맥락을 고려한 방안을 촉진함으로써 경제·사회 시스템 내 구조적 변혁을 일으키기 위해, 신기술이 야기한, 지속가능발전에 대한 새로운 기회와 위험을 다루기 위해, 교육은 그 자체를 변혁할(transform) 필요가 있다.[30]

유네스코의 이 호소는 부산교육에도 적용될 수 있을 것 같다. '우리가 어떻게 하면, 너무 늦기 전에, 학습자들이 지속가능성을 위한 변혁적인 행동을 취하여 다른 미래를 만들어갈 수 있을까?' 이 글은 그런 미래를 만들어나가기 위해 2030년까지 부산교육을 변혁하기 위한 과제를 모색하려는 시도다. 여기서는 ESD 2030에서 제시하는 내용을 바탕으로 부산지역의 상황을 고려하여 정의롭고 지속가능한 부산교육 혁신 2030(이하 '부산교육 혁신 2030')의 내용을 정리하고자 한다.

부산교육 혁신 2030의 전체 모습은 〈표 11〉 정리할 수 있다. 부산교육 혁신 2030은 '2030년까지 보다 정의롭고 지속가능한 부산교육 실현'을 비전으로 삼는다. 그리고 부산교육 혁신 2030의 목표는 'ESD 2030의 주류화를 실현하고, 유엔에서 합의한 지속가능발전목표 달성에 기여함'이다.

이를 실현하기 위한 4가지 이행 체제는 1) 교육과정 혁신, 2) 교수학습방법 혁신, 3) 변혁적 행동과 변혁적 역량 강조, 4) 기관 전체적 접근이다. 그리고 7가지 지원 체제는 1) ESD 2030 이행 계획 수립, 2) 교육자의 역량 강화, 3) 청(소)년의 권한 부여와 참여, 4) 지속가능한 지역사회 구현, 5) 연대

30 유네스코한국위원회(2021), 『지속가능발전교육(ESD) 로드맵』 9쪽.

와 협력, 6) 쟁점과 동향 연구, 7) 모니터링과 평가다.

부산교육 혁신 2030의 목표, 4가지 이행 체제와 7가지 지원 체제를 하나씩 살펴보자.

〈표 11〉 부산교육 혁신 2030 운영 체제

〈비전〉 보다 정의롭고 지속가능한 부산교육 실현

⇧

〈목표〉

- ESD 2030의 주류화
- 지속가능발전목표 달성에 기여

⇧

4대 이행 체제	
교육과정 혁신	교수학습방법 혁신
기관 전체적 접근 (whole-institution approach)	변혁적 행동 변혁적 역량

⇧

7대 지원 체제						
ESD 2030 이행 계획	교육자 역량 강화	청(소)년의 권한 부여와 참여	지속 가능한 지역사회 구현	연대와 협력	쟁점과 동향 연구	모니터링과 평가

부산교육 혁신 2030의 목표

〈표 12〉 부산교육 혁신 2030의 목표

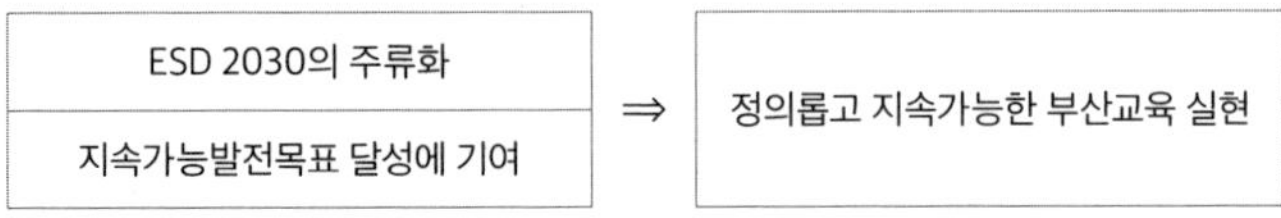

ESD 2030의 주류화	⇒	정의롭고 지속가능한 부산교육 실현
지속가능발전목표 달성에 기여		

ESD 2030의 주류화

가) 부산교육정책에 ESD 2030을 전면적으로 통합한다.

① 지속가능성이라는 원리에 따라 기존 부산교육정책 전면 재검토

② ESD 2030을 학습환경, 교육과정, 교사 교육, 학생평가 등을 포함한 모든 교육정책에 통합

나) 5가지 우선 실천 영역 실천

① 교육청-학교-지역사회 차원의 이행 계획 세우기

② 진전 상황 모니터링 강화 및 기관 성과 평가 반영

다) ESD 2030과 관련된 다양한 이해관계자와 소통, 참여, 협력, 지원 강화

라) ESD 2030과의 전면적 통합을 위해 담당 조직, 예산, 행정력 등 가용 자원의 재구조화

17개 지속가능발전목표 달성에 기여

가) 부산 교육기관 내 지속가능발전목표 도전과제 선정, 이행 계획 수립

나) 지속가능발전목표와 관련된 시·군·구 내 부서나 이해관계자와 협력

다) 청(소)년 관련 지속가능발전목표를 선정하고, 청(소)년의 자발적·주도적 활동 지원

라) 지역사회 내 교육기관 간, 교육기관과 이해관계자 간 협업을 통해 17개 지속가능발전목표 구현

4대 이행 체제

교육과정 혁신

가) 지속가능발전목표를 모든 종류의 학습에 통합

① 지속가능발전목표 중에서 부산지역과 관련된 목표와 세부목표 추출하기

② 지속가능발전목표와 성취기준(혹은 교과 내용)을 비교하고 교육과정 재구성하기

③ 2022 개정 교육과정 분석을 통해 ESD 구현 방안 모색

④ 교육과정 내 ESD 통합을 촉진하는 안내서 및 자료 제공

나) 학습자들이 지속가능발전목표를 달성하는 데 필요한 지식, 기술, 가치, 태도 습득

(1) 지속가능발전목표 및 세부목표에 대한 인식 제고

(2) 특정 맥락에서 지속가능발전목표에 대한 비판적인 이해 촉진

① 지속불가능성의 원인과 현황, 대안 이해

② 지속가능성을 위한 지속가능발전목표와 세부목표 이해

③ 특정 상황에서 지속가능발전목표를 둘러싸고 생길 수 있는 다양한 관점과 이해관계 이해

④ 특정 상황에서 지속가능발전목표 간 상호 연결·긴장 관계·우선 순위 등에 대한 질문 제시

⑤ 자신이 속한 환경(교육기관, 지역사회)의 특수성에 비춰 지속가능발전목표 도전과제 이해

(3) 학습자들이 균형 있는 행동을 탐색할 기회 제공

(4) ESD 원리 구현과 지속가능발전목표 달성에 기여하는 학생평가 방안 고안

다) 교육과정 우선 과제

(1) 손상된 지구를 위한 교육과정

① 모든 영역에서 환경적 지속가능성의 시급성 반영

② SDG 13번 목표인 기후변화에 특별한 주의[31]

(2) 젠더 대응적(gender-responsive) 교육 모색

(3) 구조적 변화(Structural Changes)에 주목[32]

① 지속불가능한 발전의 깊은 구조적 원인에 주의

② 경제 성장과 지속가능발전 사이에서 균형 있는 행동, 소비 사회의 대안 가치 탐색, 극심한 빈곤과 취약한 상황에서 ESD를 다루는 방법 등에 대한 구조적 견해를 갖도록 장려

(4) 새로운 도전에 주의: 기술적 미래(technological future)

① 첨단 정보기술의 발전에 따라 새롭게 생겨나는 기회 및 도전에 대응

② 기술만능주의에 대한 비판적 사고

교수학습방법 혁신

① '아는 것(인지학습), 느끼는 것(사회정서학습), 행동하는 것(행동학습)'의 실행 및 통합

② 문제-프로젝트 기반 학습(Problem-Based and Project-Based Learning) 방법 모색 및 실행

---

31 "생태위기는 세계 속에서 인간의 위치를 근본적으로 재정립하는 교육과정을 필요로 한다. 효과적이고 관련성 있는 기후변화 교육이 우선 과제가 되어야 한다. 교육과정 전반에서 우리는 인간 활동으로 손상된 지구를 존중하고 책임감 있게 살아가는 삶의 기술을 가르쳐야 한다." - 유네스코한국위원회(2022), 『함께 그려보는 우리의 미래-교육을 위한 새로운 사회계약』 87쪽.

32 사회경제구조의 문제에 대해 자세히 이해하려면, 제이슨 히켈(2021), 『적을수록 풍요롭다(Less Is More)』 참고

변혁적 행동과 변혁적 역량 강조

① 변혁적 역량에 대한 연구

② 변혁적 행동 발전 단계에 대한 고찰

③ 변혁적 교수학습방법 개발

③ 환경 조성 및 지원책 강구

ESD에 대한 기관 전체적 접근(whole-institution approach)

① 기관 전체적 접근 방안 개발(학교-교육청-교육부/마을-지역사회-국가-국제/형식·비형식·무형식교육)

② 민주적인 문화 조성

③ 지역사회와 평생학습 차원에서 기관 전체적 접근 구현

④ 교육기관의 성과 평가에서 ESD에 대한 기관 전체적 접근 방식 반영

7대 지원 체제

교육청 차원의 ESD 2030 이행 수립 및 추진

① ESD 2030 활동 계획 수립 및 이행을 통한 ESD 2030 주류화

② 5가지 우선 실천 영역 이행

③ 활동 계획 진전 상황에 대한 모니터링·평가

④ 재정, 추진 조직·실무그룹 구성, 미디어·공공캠페인을 통한 홍보, 컨퍼런스나 포럼 개최 등 자원 동원

⑤ 주요 이해관계자 간 협력 추진

교육자의 역량 강화

① 지속가능발전목표 달성을 위한 지식, 기술, 가치, 태도, 행동에 대

한 교육자의 역량 개발

② 교사 연수 및 평가에 체계적이고 포괄적인 ESD 역량 개발 내용 포함

③ 학습자의 변혁적 역량과 변혁적 행동을 이끌어낼 수 있는 교수학습방법에 대한 이해를 높임

④ 동료 학습의 기회 제공

⑤ 우수 사례 공유 및 교육자와 교육기관을 연결하는 플랫폼 제공

⑥ 자신의 교수학습 방식에 ESD를 성공적으로 통합시킨 교육자들에 대한 격려와 동기 부여

⑦ 교육기관 내 교육을 질적 평가하는 데 ESD 시행 여부 반영

청(소)년의 권한 부여와 참여

① 지속가능발전목표 중 청(소)년들과 관련되는 내용 선별

② 청(소)년을 대상으로 ESD에 대한 체계적인 훈련 기회 제공

③ 지역의 지속가능발전목표 해결을 위한 청(소)년들의 네트워크, 활동과 참여 지원

④ 청(소)년에게 권한 부여, 의사 결정 과정 참여, 청(소)년의 대표성 확보 등 지원

지속가능한 지역사회 구현

① ESD 2030 실현을 위한 지역사회 이행 계획 수립 및 컨트롤타워 구성

② 지속가능발전목표에 대한 지역민, 지역 정책 입안자, 여론 주도자의 이해와 대응 역량 강화 지원

③ 지속가능발전목표를 분석하여 지역사회 도전과제 도출, 지역민

이 참여하는 공적 의사결정과정 지원

④ ESD를 지역 내 평생학습 시스템에 포함, 지역 언론 등 무형식 학습 활용

⑤ 교육기관과 지역사회 간 적극적인 협력 촉진, 지역사회 내 소통

⑥ 지역화된 ESD를 운영하는 지역 당국에 인센티브 제공

연대와 협력

① 지속가능발전목표와 관련된 다양한 이해관계자가 정보 교환·소통·교류할 수 있는 플랫폼 구축

② 타 정부 부처, 시민사회 조직, 민간 기업, 학계와 파트너십 및 협력 강화

③ 지역사회 내 세대 간 평생학습을 포함해 형식·비형식·무형식 학습 부문 간 파트너십 및 협력 강화

쟁점과 동향 연구

① 교육기관·지역사회 내 지속가능발전목표 달성과 관련하여 논의가 좀 더 필요한 이슈·동향·질문의 확인 및 검토

② 5대 우선 실천 영역과 관련한 주요 이슈·동향 연구

③ ESD 및 지속가능발전목표에 대한 주제별 연구[33]

---

33 유네스코에서 실시하는 주제별 중점 연구 주제는 다음과 같다.[『지속가능발전교육(ESD) 로드맵』(유네스코한국위원회, 2021) 45쪽 참고]

* 지속가능발전목표와 ESD: ① 17개 지속가능발전목표 달성에서 성공적인 교수학습접근은 무엇인가? ② ESD는 여러 지속가능발전목표 간 상호연계성과 긴장 관계를 어떻게 다룰 것인가?
* 변혁적 행동과 ESD: ① 개인의 변혁은 어떻게 일어나며, 학습자가 지속가능성을 위한 변혁적 행동을 취하게 하는 데 교육은 어떻게 전환점으로 작용할 수 있는가? ② 지속가능한 미래를 위한 변혁적 행동 증진에서 지역사회의 역할은?
* 구조적 이슈와 ESD: ① ESD는 경제 발전과 지속가능발전 간 균형을 위한 행동을 어떻게 지원할 수 있는가? ② ESD는 학습자들이 어떻게 소비자 사회에서 대안적 가치를 탐색하도록 해줄 수 있는가? ③ 극단적 빈곤

④ 지속가능발전목표들 간의 상호연계성 및 긴장 관계와 관련된 학습 기회 창출 연구

⑤ 지속가능발전 및 ESD와 관련하여 발생한 특정 맥락 내 신규 쟁점과 동향 연구

진전 상황 모니터링 및 평가

① ESD 2030 활동 계획과 진전 상황에 대한 지표 개발 및 모니터링

② 5대 우선 실천 영역의 진전 상황을 평가하는 설문 조사, 분석, 피드백

나가며

필자는 '인류와 지구가 위기 상황에 놓여 있다.'는 유엔과 유네스코의 진단에 동의한다. 필자가 파악한 우리 시대의 실존적 위기는 기후위기, 민주주의·평화의 위기와 사회적 불평등 심화, 인간의 통제를 벗어나 예측하기 힘든 도전 과제를 제기할 기술의 발달 등이다.

이런 위기에 맞서 유엔은 "세상의 변혁: 2030 지속가능발전 의제(Transforming our world: the 2030 Agenda for Sustainable Development)"라는 담대한 계획을 발표했다. 17개 목표와 169개 세부목표로 구성된 이 의제에서 유엔은 '인류와 지구는 심각한 위기에 빠져 있으며, 지속가능한 세계를 위해 시급히 필요하고 담대한 변혁적인 조치를 취할 것'을 서약하고 회원국에게도 이

상황에서 어떤 종류의 ESD가 학습자들의 일상적 도전과제들과 연계되고 이를 지원하는가?

* 기술적 진보와 ESD: ① 인공지능과 4차 산업혁명은 ESD에서 어떠한 의미를 지니는가? ② ESD는 녹색 기술의 위험과 이득을 어떻게 다룰 수 있는가? ③ 새로운 기술은 지속가능성을 위한 교육에서 어떻게 활용될 수 있는가?

를 촉구했다.

그리고 유엔 산하 교육전문기구인 유네스코에서는 유엔 총회의 승인을 받아 "지속가능발전교육 2030(ESD 2030, Education for Sustainable Development 2030)"을 발표했다. ESD 2030은 유엔이 주창한 지속가능발전목표 달성에 이바지하고, 모두를 위한 양질의 교육과 평생교육 실현을 목적으로 한다. ESD 2030은 2030년까지 이런 목적을 실현하고 교육을 변혁하기 위해 세부적인 국제 이행 체계를 확립했다.

필자는 이 글에서 유엔의 지속가능발전목표(SDGs)와 유네스코의 지속가능발전교육 2030(ESD 2030)을 소개했고, 이를 바탕으로 부산지역에서 2030년까지 이행할 '정의롭고 지속가능한 부산교육 혁신 2030'을 구체화했다. 아무쪼록 이 글이 우리 자신의 행복과 지구의 안녕을 위한 조그만 발걸음이 되면 좋겠다. 이 글에 대해 동의나 비판 등 여러 교육자와 시민들의 반응을 기대한다.

참고문헌

IPCC(2023). IPCC 6차 종합보고서.

OECD 학습나침반.

관계부처 합동. 제4차 지속가능발전 기본계획 2021-2040.

류시화(2005). 사랑하라, 한 번도 상처받지 않은 것처럼. 오래된미래.

조효제(2020). 탄소 사회의 종말. 21세기북스.

유네스코한국위원회(2021). 지속가능발전교육(ESD) 로드맵.

유네스코한국위원회(2022). 함께 그려보는 우리의 미래-교육을 위한 새로운 사회계약.

지속가능발전포털 https://ncsd.go.kr/

환경부. 유엔 지속가능발전목표.

마크 라이너스(2022). 최종 경고: 6도의 멸종. 세종.

제이슨 히켈(2021). 적을수록 풍요롭다. 창비.

10장

지방자치단체장의 교육공약 분석과 교육 현안 공약화 방안

- 2022년 지방선거 부산, 인천, 서울 광역·기초자치단체장 공약을 중심으로

이일권

분석 배경과 의의

부산은 위기의 도시다. 인구, 경제, 일자리, 의료, 고령화 등등. 2023년 12월 통계청에서 발표한 2022년도 지역내총생산(GRDP)에서 인천(104조 5천억 원)이 부산(104조 3천억 원)을 앞섰다. 주민등록인구도 인천은 300만 명을 넘어섰고 부산은 332만 명으로 줄고 있다. 부산교육도 위기에 직면해 있다. 부산의 교육정책과 교육여건은 개인의 성장과 발달에서 나아가 미래의 훌륭한 부산시민, 세계시민으로서의 품성과 능력에 큰 영향을 미친다. 지역 인구 유지와 경제 성장의 바탕이 된다.

이 글에서는 2022년 6월 1일 실시된 제8회 동시 지방선거에서 당선된 3개 광역자치단체장(이하 광역단체장)과 3개 광역자치단체에 속한 51개 기초자치단체장(이하 기초단체장)들의 선거공약 중에서 교육지원 공약을 살펴보고, 지역 내 교육 발전을 앞당길 수 있는 교육 현안 공약화 방안을 모색해 본다.

교육하기 좋은 도시를 향한 경쟁

"교육은 지역의 미래다"라고 말한다. "한 아이를 키우기 위해 온 마을이 필요하다"라는 아프리카 속담도 있다. 널리 알려진 이 속담은 지역사회가 함께 교육 문제에 관심을 가지고 힘을 모아야 한다는 것을 강조할 때 많이 인용된다. 필자는 온 마을을 교육청 + 시·군·구 자치단체 + 지역사회로 본다.

부산도 '아이 키우기 좋은 부산', '아이 교육하기 좋은 부산'을 위해 지역사회 전체가 힘을 모으고 있다. 그러나 '아이 키우고 교육하기 좋은 도시'는 부산만의 구호가 아니다. 다른 지역도 교육도시를 지향하며 지역에서 태어난 아이는 그 지역에서 책임지고 잘 키우겠다는 의지를 경쟁적으로 드러내고 있다. 부산에서 시야를 넓혀 전국 자치단체의 교육에 대한 관심과 지원에 대해 알아봐야 할 이유의 하나다.

매니페스토와 공약 평가

자치단체장의 선거공약을 비교·분석할 수 있는 근저에는 '매니페스토 운동'이 있다. 매니페스토 운동은 단순한 공약 분석으로서가 아니라 공약 이행 검증이나 공약 이행 우수사례 시상 등으로 이어지면서 상당 부분 정착되고 있다고 할 수 있다. 유권자들이 공약만 보고 후보를 선택하지는 않겠지만, 민선 4기 지방선거 이후로는 후보자들의 공약이 분석적 의의가 있을 만큼 공약의 형식적 틀을 '갖춘 공약'이 되었기 때문이다.[1]

한국매니페스토실천본부는 누리집에서 "선거매니페스토(elect manifesto)는 표를 얻기 위한 거짓말을 응징하는 운동입니다. 선거에서 국민의 의사가 정책공약에 전혀 반영되지 않는다면 그들만을 위한 시끄러운 이벤트에 불과

1 오수길·염일열(2015). p.278.

합니다"라며 광역·기초단체장 공약 실천 계획서 및 공약 이행 평가와 결과 발표, 매니페스토 실천 협약, 매니페스토 약속 대상 시상 등을 하고 있다.[2]

또한 자치단체 홈페이지는 단체장의 선거공약 사항을 소개하며 사업 진행 상황을 보여주기도 하고, 공약로드맵, 공약가계부, 공약지도를 만들어 제시하기도 한다. 공약사항 관리 지침을 만들어 두고 공약사항을 실행가능한 정책으로 구체화하고 추진 상황을 관리하기도 한다.[3]

전체 선거공보를 보면 자치단체장 권한 밖의 정책사업을 공약으로 제시하거나 실현 여부가 불투명해 보이는 공약도 있으나, 앞서 언급한 바와 같이 현재는 과거와 달리 공약(公約)을 '공약(空約)'으로 끝내기 어려운 실정이다. 그리고 자치단체장은 특별한 사정이 없는 한 선거 시 제시한 공약을 실현시키기 위해 노력하기 때문에 책임성과 실현성이 높아졌다.

분석의 의의

지역 자치사무를 실질적으로 집행하고 행정서비스를 제공하는 지방자치단체장 선거에서 후보들의 공약은 중요하다. 대의민주주의의 하부수준에서 이루어지는 일상생활형 정책의 실질적 운영 당사자가 각급 지방자치단체장들이며 이들의 대의행위가 지역민과 지방정부 간 연계를 긴밀히 조절하기 때문이다. 지방자치단체장 후보들의 선거공약 분석이 유용한 점은 후보들의 공약사항이 지역민들의 요구와 선호를 대의과정에서 정책으로 변환하여 민주적 반응성을 제고시킬 수 있는 기제로서 작용하기 때문이다.[4]

지방선거에서 교육지원 공약이 투표에 얼마나 영향을 미치는지에 대해

2 한국매니페스토실천본부 누리집. 2024.1.

3 「부산광역시 동래구 구청장 공약사항 관리 지침」(2018. 11. 26 시행), 「서울특별시 종로구 공약 등 정책사업 관리 규칙」(2018. 12. 21) 등.

4 박영환 외, 2018

서는 알려진 바가 없지만, 공약 분석 작업은 교육에 대한 자치단체장의 관심을 높이는 데 도움이 될 것이다. 또한 교육 관계자라 할지라도 교육감의 선거공약이나 거주지역 자치단체장의 선거공약 중 교육지원 공약은 자세히 살펴보겠지만 타 지역 자치단체장의 교육지원 공약을 살펴볼 기회를 갖기는 쉽지 않다. 그래서 타 지역 자치단체장의 교육지원 공약을 살펴보는 것도 의미 있는 일이라 생각한다.

이 글에서는 광역단체장과 기초단체장들이 제시한 교육지원 관련 공약의 유형, 일반적인 경향, 지역적 특성을 비교·분석하고 향후 지역 내 교육현안의 정책 의제화, 공약 반영 방안과 방향을 제시하여 부산 교육발전의 밑거름이 되었으면 한다.

분석 방법

분석 대상

분석 대상은 2022년 6월 1일 실시된 제8회 동시 지방선거에서 당선된 광역단체장과 기초단체장들이 제시한 공약이다. 이 공약은 신상정보를 제외한 11면의 선고공보물에 제시되어 있으며, 중앙선거관리위원회 누리집 '자료공간' → '역대후보자 선전물' → '지방선거'에 탑재되어 있다.

교육지원 공약에는 유치원, 초등학교, 중학교, 고등학교 교육에 직접 관련된 공약뿐만 아니라 어린이집은 물론 청소년·도서관 관련 공약도 포함했다. 그동안 유치원 업무는 교육부 소관이고 어린이집은 보건복지부가 맡고 있어 이원화되어 있었지만 영·유아 교육과 보육의 관리체계를 교육부로 일원화하는 방향으로 가고 있고, 청소년·도서관 관련 공약은 교육과 큰 관련이 있다고 판단했기 때문이다.

공약 분석을 위해 선택한 그룹은 광역자치단체와 기초지방자치단체 2

그룹이다. 광역자치단체는 3개(부산광역시, 인천광역시, 서울특별시), 기초자치단체는 부산 16개, 인천 10개, 서울 25개로 모두 51개가 대상이다.

이렇게 선정한 이유는, 인천은 수도권에 있는 광역시이고 서울은 수도권의 중심이면서 한국 교육에 영향력을 크게 미치므로 부산과 비교해 볼 가치가 있기 때문이다.

분류 방법

광역 및 기초단체장 선거공보물에서 제시한 당선자들의 교육지원 공약을 주제별로 분류하고 비교한다. 먼저 선거공보에 제시된 교육지원 관련 공약의 주제를 확인하고 그 내용의 주제가 무엇을 목적으로 하는가에 초점을 맞추어 단어와 주제 중심으로 7개 유형으로 분류했다. 7개 유형은 선거공보물에 담긴 교육지원 관련 공약을 전체적으로 파악한 후 교육청의 업무분장 등을 참고하여 범주화했다. 그리고 범주화된 내용에 포함시킬 수 있는 단어들을 〈표 1〉과 같이 작성하여 분류기준을 정함으로써 신뢰성을 높이도록 했다.

〈표 1〉 교육지원 공약의 분야별 분류 범주

분야	관련 용어
학력 신장	교육경비 보조, 교육특화도시, 교육도시, 국제학교, 학교유치, 원어민 학습, 학습지원센터, 교육특구, 학생 수급, 사교육비, 인재양성, 창의융합형, 느린 학습자, 교육혁신, 학습, 인성, 진로, 외국어 교육, 온라인 강의, 인터넷 강의, 교육격차
시설·환경	학교 신설, 신축, 건립, 조성, 과밀학급 해소, 학급환경, 스터디카페, 체육관, 강당
교육 복지	돌봄, 방과후 학교, 입학준비금, 교습비 지원, 마을학교, 셔틀버스, 저소득층 지원, 장학금, 문화예술, 문화공간, 관람, 아동센터, 통학버스, 키움센터, 저소득층, 바우처, 물품지원
안전·건강	통학로 개선, 교통안전, 학교폭력, 놀이터, 아동학대 예방, 스포츠
어린이·유아	어린이집, 아동친화도시, 보육교사, 어린이 도서관, 키즈카페, 유아체험
청소년	청소년 교육, 청소년 수련관, 청소년 센터, 청소년 문화공간, 청소년 진로 지원
도서관	도서관 건립, 과학관 건립

이런 방법으로 교육지원 관련 공약을 내용별로 분류하고 이 분류를 기초로 광역과 기초자치단체별·내용별 공약의 특성과 차이, 소속 정당별 경향성을 살펴보았다.

유의점

(1) 선거공보를 보면 하나의 문장 또는 공약에 교육 외의 공약이 포함되어 있거나, 유사한 내용이 다른 지면에 중복하여 나타나는 경우가 있다. 이런 경우 각각 하나의 공약으로 보았다.

(2) 공약을 나타낸 글자의 철자, 띄어쓰기 등은 공약에 있는 그대로 표시하는 것을 원칙으로 했으나 명백한 오탈자는 수정하여 표시했다.

(3) 광역단체에 기초단체인 구와 군이 혼재할 경우 군의 공약은 나타내되 평균과 비교·분석에서는 제외했다. 부산은 군이 1개, 인천은 군이 2개인 반면 서울은 군이 없을 뿐만 아니라 구와 군은 교육환경에서 차이가 있기 때문이다.

(4) 자치단체 표시 순서는 가, 나, 다, 라 순으로 했다.

(5) 선거 공보에 전임 시기의 업적으로 교육지원 관련 내용을 제시했을 경우 교육에 대한 관심과 의지로 간주하고 공약 수에 포함했다.

연구의 제한점

(1) 제시한 공약 자료만을 대상으로 하는 연구이므로 학부모, 학생, 교직원 등의 공약 이행 체감 정도와 만족도는 알 수 없다.

(2) 공약 비교·분석에서 공약 우선순위, 실현 가능성, 예산 반영, 공약 추진 정도 등은 분석에서 고려하지 않았다.

(3) 공약을 비교·분석하는 과정에서 필자의 주관적인 관점과 판단이 반영될 수 있다.

공약 내용 분석

공약 전체를 아울러보면 광역단체장의 경우 파급효과가 지역 전체에 미칠 수 있는 공약을 중시하고 기초단체장은 지역의 생활밀착형 공약을 중시한다. 공통점은 지역 유권자들의 요구나 선호를 반영할 뿐만 아니라 선거 당시의 사회적 긴급성이나 여론에 부응할 수 있는 현안 해결 방안을 공약으로 의제화한다는 것이다.

광역단체장의 교육지원 공약 비교·분석

2022년 지방선거에서 제시된 교육지원 관련 '공약' 수를 비교한 결과 〈표 2〉에 정리된 바와 같이 차이가 큰 것으로 나타났다. 가장 많은 공약을 제시한 광역단체장은 서울시장으로, 19개 공약을 제시했다. 이어 부산시장 5개, 인천시장 2개 순으로 공약을 제시했다.

공약을 분야로 나누어 살펴보면 부산의 경우 시설·환경 분야 3개, 안전·건강 분야 1개, 어린이·유아 분야 1개였다. 인천의 경우는 교육 복지 분야 1개, 시설·환경 분야 1개였고, 서울의 경우는 학력 신장 분야 7개, 교육 복

〈표 2〉 광역단체장의 분야별 공약 수

분야	부산	인천	서울
학력 신장			7
시설·환경 개선	3	1	9
교육 복지		1	1
안전·건강	1		
어린이·유아	1		2
청소년			
도서관			
합계	5	2	19

지 분야 1개 시설·환경 분야 9개, 어린이·유아 분야 2개였다.

이 자료를 토대로 비교해 보면 서울시장의 교육지원 공약이 부산, 인천시보다 월등히 많아서 교육에 대한 관심도가 높고 특히 학력 신장과 시설·환경 분야에 많은 관심이 있다는 것을 알 수 있다. 부산시장의 경우 학력 신장 관련 공약이 전무하고, 인천시장의 경우 교육 전반에 대한 관심이 상대적으로 적은 것으로 나타났다.

기초단체장의 교육지원 공약 비교·분석

기초단체장의 경우 공약 평균 개수(군 제외)는 부산 6.4개, 인천 12.3개, 서울 9.5개로 나타나 부산 기초단체장들의 교육지원 공약이 가장 적었다. 이 결과로 유추해 보면, 인천이 지역 내 교육 발전에 가장 많은 노력을 하고 있고 부산이 하위 수준에 있음을 알 수 있다.

지역과 분야를 동시에 비교해 보면, 서울은 학력 신장 분야 교육지원 공약이 월등히 많은 반면 부산과 인천은 시설·환경 분야 지원 공약이 많으며 부산의 경우 어린이·유아 분야가 4번째 순위에 해당하지만 인천과 서울의 경우 2번째에 해당하여 차이가 있음을 알 수 있다. 청소년 관련 공약이 서울에서 타지역보다 상대적으로 많이 제시된 점도 주목할 만하다.

기초단체장 전체를 두고 교육지원 공약 수를 비교해 보면 인천 중구청장이 25개로 가장 많고, 서울 성동구청장이 24개이며, 20개 이상 구청장은 서울 강서구, 양천구, 용산구가 해당한다. 부산에서 교육지원 공약이 제일 많은 기초단체장은 동구청장으로 19개다.

선거공보 12면 중 1면 전체를 교육지원 관련 공약으로 배분한 기초단체장은 부산의 경우 강서구청장, 기장군수, 동구청장, 동래구청장 4명이다. 인천의 경우 계양구청장, 서구청장 2명이며 서울의 경우 강북구청장, 강서구청장, 구로구청장, 중구청장 4명이다.

부산 기초단체장 공약 분석

〈표 3〉에 나타난 바와 같이 부산 기초단체장의 교육지원 공약 수를 비교해 보면 동구청장이 19개로 가장 많고 강서구청장(10개)과 서구청장(10개), 해운대구청장(9개)도 많은 편이다. 반면 중구청장은 1개로 가장 적고 남구(2개)와 북구(3개)도 하위에 속한다. 교육지원 공약을 분야별로 보면 시설·환경 분야가 가장 많고 이어서 교육 복지, 학력 신장 순이다.

〈표 3〉 부산 기초단체장의 분야별 공약 수

분야 / 지자체	공약 수	학력 신장	시설·환경	교육 복지	안전·건강	어린이·유아	청소년	도서관
강서구	10	2	6		2			
금정구	5	5		3		1		
기장군	7		3	3	1			
남구	2	1		1				
동구	19	7	7	3	2			
동래구	7	2	2	1	1			1
부산진구	6		4	2				
북구	3		2					1
사상구	4			1		1		2
사하구	6			2			1	3
서구	10	2	1			6	1	
수영구	5			3	1	1		
연제구	4					3		1
영도구	5	3		1		1		
중구	1						1	
해운대구	9		1	2	2	2	2	
합계	103	18	26	22	9	15	5	8
합계(군 제외)	96	18	23	19	8	15	5	8
구 평균(개)	6.4	③	①	②				

* ①, ②, ③은 빈도 순위를 나타냄

선거공보 한 면 전체를 교육지원 공약으로 할애한 기초단체장 4명의 슬로건을 보면 강서구청장은 「아이와 청소년이 행복한 강서 교육/보육」, 기장군수는 「교육·문화·교육복지·안전 어느 하나 빠지지 않는 명품 기장군을 만들겠습니다」, 동구청장은 「꿈과 희망 만들기(아이들의 꿈을 키워드립니다)」, 동래구청장은 「명품교육도시 동래, 아이들과 함께 나아가는 미래 동래」이다.

인천 기초단체장 공약 분석

〈표 4〉에 나타난 바와 같이 인천 기초단체장의 교육지원 공약 수를 비교해 보면 중구청장이 25개로 가장 많고 연수구청장(18개)과 미추홀구청장(12개), 부평구청장(12개)도 많은 편이다. 반면 옹진군수는 2개로 가장 적고 동구

〈표 4〉 인천 기초단체장의 분야별 공약 수

지자체 \ 분야	공약 수	학력 신장	시설·환경	교육 복지	안전·건강	어린이·유아	청소년	도서관
강화군	5			4			1	
계양구	10	1	2	5		1		1
남동구	7	1	3	1		2		
동구	3		1	1				1
미추홀구	12	1	4	3	2	2		
부평구	12	1		2	1	8		
서구	11		1	2		6	1	1
연수구	18	3	3	2	2	4	2	2
옹진군	2	1	1					
중구	15	4	13	2	2	4		
합계	105	12	28	22	7	27	4	5
합계(군 제외)	98	11	27	18	7	27	3	5
구 평균(개)	12.3		①	③		①		

* ①, ②, ③은 빈도 순위를 나타냄

청장(3개)도 하위에 속한다. 교육지원 공약을 분야별로 보면 시설·환경 분야와 어린이·유아 분야가 가장 많고 이어서 교육 복지, 학력 신장 순이다.

서울 기초단체장 공약 분석

〈표 5〉에 나타난 바와 같이 서울 기초단체장의 교육지원 공약 수를 비교해 보면 성동구청장이 24개로 가장 많고 강서구청장(20개)과 양천구청장(20개), 용산구청장(20개)도 많은 편이다. 반면 마포구청장은 0개로 가장 적고 도봉구청장(1개), 성북구청장(1개)도 하위에 속한다. 교육지원 공약을 분야별로 보면 학력 신장 관련 공약이 가장 많고, 이어서 어린이·유아, 시설·환경, 교육 복지 순이다.

〈표 5〉 서울 기초단체장의 분야별 공약 수

지자체 \ 분야	공약 수	학력 신장	시설·환경	교육 복지	안전·건강	어린이·유아	청소년	도서관
강남구	3		1	2				
강동구	5	1	1	1	1	1		
강북구	15	2	2	4		3	2	2
강서구	20			3		17		
관악구	5	2	1			2		
광진구	9	5	2	1				1
구로구	16	5	3	3	1	2	2	
금천구	8	6	1				1	
노원구	6	2	1	1	1			1
도봉구	1						1	
동대문구	2			1				1
동작구	16	5		3	1	7		
마포구청장	-	-	-	-	-	-	-	-
서대문구	8	2	5					1

서초구	7		1	1		2	1	2
성동구	24	8	7		7	2		
성북구	1	1						
송파구	5	1	2			1	1	
양천구	20	2	1	4	7	3	3	
영등포	16	5	1	2	1	4	2	1
용산구	20	6		6	3	3	1	1
은평구	8	1	1	1	1	2	1	1
종로구	7	3	1	1	1		1	
중구	5	1	1	1	1	1		
중랑구	11	4	3			1	1	2
합계	238	62	35	35	25	51	17	13
구 평균	9.5	①	③	③		②		

* ①, ②, ③은 빈도 순위를 나타냄

기초단체장의 정당별 교육지원 공약 비교·분석

이번 분석 대상이 된 부산, 인천, 서울의 광역단체장은 모두 국민의힘 소속이고, 부산 기초단체장 16명도 모두 국민의힘 소속이다. 인천 기초단체장의 경우 전체 10명 중 8명이 국민의힘 소속이고 2명이 더불어민주당 소속이다. 서울 기초단체장의 경우 전체 25명 중 17명이 국민의힘, 8명이 더불어민주당 소속이다. 정당이 나뉜 기초자치단체장의 소속 정당별 공약 평균 개수를 보면, 인천의 경우 국민의힘 소속 기초단체장 12.7개, 더불어민주당 11개였고, 서울의 경우 국민의힘 소속 기초단체장 9.4개, 더불어민주당 소속 기초단체장 9.8개였다.

따라서 실제 정당별 기초단체장의 공약 수와 공약 내용 비교에서도 차이나 특성을 찾기 어려웠다. 이것은 지역 내 교육지원과 관련된 공약은 정당의 정강이나 보수·진보 이념에 덜 구속되기 때문으로 보인다.

부산의 교육력 향상을 위한 교육 현안 공약화

교육지원 공약의 양적 증가와 교육전문가 조언

부산 기초단체장의 교육지원 공약수는 6.4개로, 인천 기초단체장 12.3개, 서울 기초단체장 9.5개보다 매우 적은 편이다. 그러므로 우선 공약의 양적 증가가 필요하다. 학력 신장, 시설·환경, 교육복지에서 나아가 안전·건강, 어린이·유아, 청소년, 도서관 등의 다양한 분야로 관심을 넓히고 타 지역 기초단체의 지원 방식 실태와 변화를 참고할 필요가 있다.

교육지원 공약 하나하나를 살펴보면 실현 가능한 공약이라기보다는 유권자의 환심을 사기 위한 구호에 가까운 공약도 있고, 교육청 권한에 속하는 것을 자신이 추진할 것처럼 공약으로 제시한 경우도 있다. 이행 가능한 교육 문제 공약 발굴을 위해 교육전문가의 조언을 들어볼 필요가 있는 것이다.

지역 내 교육환경 차이를 반영한 공약 발굴

부산 기초단체장의 공약을 비교·분석해 본 결과 지역의 교육현안 문제에 대한 실태 파악이 부족한 경향이 있었고, 어떤 가치와 목적을 실현하고자 하는지에 대한 고민이 부족한 것으로 보이기도 했다. 따라서 기초단체장 선거 후보자가 되려는 사람은 지역의 교육환경에 대한 객관적 데이터와 바른 인식을 바탕으로 어떤 방식이 더 효과적이고 효율적인지 심층 탐색할 필요가 있다. 다음 두 자료, 즉 '부산사회조사'와 최신 '교육에 관한 각종 연구' 결과를 교육지원 공약을 만드는 기초자료로 활용하면 좋을 것이다.

공교육 환경 만족도와 사교육비 실태 반영

부산시에서 조사한 「2023 부산사회조사」 결과를 보면 '공교육 환경 만족도'는 37.6%로 나타났다. 중요한 사실은 지역별 차이가 크다는 것이다. 수영구(60.7%), 동래구(51.0%), 남구(48.7%)에서는 만족도가 상대적으로 높고, 사상구(25.8%), 사하구(26.7%), 부산진구(28.0%)는 낮다.

학생의 '학교생활 만족도'는 57.4%로 나타났는데, '교우관계' 부문에서 '만족한다'가 71.6%로 가장 높은 반면 '학교주변 환경' 부문에서는 '만족한다'가 40.0%에 그쳤다.

「2023 부산사회조사」를 국제신문이 분석한 결과를 보면 남구의 고등학생 월평균 사교육비가 113.1만 원으로 부산에서 가장 많았다. 반면 동구는 46.4만 원으로 가장 낮았는데, 차이가 무려 66.7만 원이었다. 중학생 월평균 사교육비는 동래구(89.1만 원)가 가장 높고 동구(35.5만 원)가 가장 낮다. 초등학생 월평균 사교육비는 중구(71.4만 원)가 가장 높고 영도구(36.6만 원)가 가장 낮은 것으로 조사됐다. 가구당 전체 월평균 사교육비는 동래구가 85.1만 원으로 1위이고, 사하구가 36.6만 원으로 최하위였다. 부산지역 평균 사교육비는 60.9만 원으로, 2021년에 비해 8.7만 원이 올랐다.[5]

지역 특성과 교육격차 반영

국토연구원의 '고가주택 군집지역과 저가주택 군집지역 간 거주환경 격차에 관한 연구'에 따르면 서울의 경우 큰 격차를 나타낸 지표는 중학교 졸업생의 특목고 및 자사고 진학률이었다. 고가주택 군집지역 내 특목고 및 자사고 진학률은 18.2%로, 저가주택 군집지(6.0%)에 비해 3배 높았다. 고가·저가주택이 섞여 있는 비군집지 진학률은 9.2%였다. 연구진은 "중학교에서 성적 향상에 대한 열망이 있거나 성적이 우수한 학생들에게 적합한 프로그램과 학급을 제공해 중학교 졸업생의 자사고 및 특목고 진학률 격

---

5 국제신문 2024.1.2.

차가 일어나지 않도록 할 필요가 있다"고 밝혔다.[6]

교육환경과 사교육비가 학력 신장과 입시에 큰 영향을 미치고 있음은 주지의 사실이고, 자립형 사립고로 진학할 경우 학생의 향후 진로에 더 긍정적이라는 것도 기정 사실이다. 초·중·고교는 물론 대학의 선호도와 서열도 학생 1인당 교육비 투자액과 비례한다고 알려져 있는 것으로 볼 때, 자치단체의 유, 초, 중, 고에 대한 교육비 투자는 지역 거주 학생들의 미래에 긍정적 영향을 미치고 있다고 볼 수 있다. 그러므로 공교육 환경 만족도나 사교육비가 낮은 지역의 자치단체장이 되려는 사람은 이런 실상을 파악하고 지역적 특성에 적합한 교육지원을 위한 공약을 발굴하는 것이 바람직하다.

지역 교육 현안 공약화 방안 모색

자녀 또는 지역의 교육 문제가 주민들의 이동과 정주는 물론 지역발전과 긴밀한 연관이 있고 지역주민 전체의 삶과 직결되어 있음에도 그동안 자치단체가 그 중요성을 제대로 인식하지 못한 면이 있다. 이것은 교육 문제는 교육청에서 전적으로 담당한다는 일반적 인식과 함께 선거 후보자들의 지역 내 교육 문제에 대한 관심이 수도권 지역에 비해 부족했던 것에서도 원인을 찾을 수 있다.

지역의 교육현안 문제 해결은 교육청뿐만 아니라 자치단체도 함께할 때 효과적이다. 그리고 자치단체의 참여는 단체장의 의지가 중요하고, 선거시 공약으로 제시될 때 가장 잘 추진될 수 있다. 상대 후보보다 잘 만들어진 교육지원 공약이 득표에 큰 도움이 될 수 있음은 물론이다.

다음은 자치단체장 교육지원 공약 분석 결과를 바탕으로 자치단체장

---

6 부산일보 2024.1.9.

후보자, 교육 관련 단체, 시민단체, 학부모, 교육청의 입장에서 취할 수 있는 지역 교육 현안 공약화 방안을 모색해 본 것이다.

○ 자치단체장이 되려는 사람이나 선거공약팀이 지역 내 교육현안 문제를 파악하기 위해 나서는 경우다. 기초자료 조사와 함께 타 지역 사례를 확인하고 전문가의 조언을 받아 지원방안을 모색하는 것이 바람직하다. 당선 후 공약을 제대로 이행할 수 있다.

○ 지방선거 시기에는 교육을 포함한 지역 문제 해결을 위해 지역주민들이 더욱 주체적이고 능동적으로 나서야 한다. 여론형성, 여론전달 등을 위한 토론회 개최, 캠페인 활동, 적절한 SNS 활용 등을 할 수 있다. 이때 중요한 것은 타이밍이다. 때가 늦으면 소용이 없으므로 미리미리 준비해야 한다.

○ 학부모회, 학교운영위원회, 학부모회연합회, 운영위원장협의회, 교육시민단체, 사회단체 등은 각 정당이나 후보 관계자에게 지역이나 단위 학교에 필요한 교육지원 사업을 전달하여 선거 공약화하도록 요청할 수 있다.

○ 정당 또는 선거 후보자 측에 제시할 교육지원 공약 관련 행정·예산 등의 정보는 신뢰할 만한 것이어야 하고, 실행에 제약요인이 있다면 이 사실도 포함되어야 한다.

○ 공약 채택 요구를 뒷받침할 수 있는 근거나 자료, 즉 설문 조사 결과, 진정서, 서명 용지 등을 전달할 수 있고 후보자에게 긍정적 영향력을 미칠 수 있는 사람을 찾아 공약화에 도움을 요청할 수도 있다.

○ 정당 또는 후보자가 될 사람이 교육지원 공약을 만들고자 할 때는 먼저 해당 지역 교육 관련 기관이나 교육연구 기관·단체에 자료를 요청하여 실태를 파악하는 것이 바람직하다. 필요할 경우 정보공개 제도를 활용할 수 있다.

○ 정당이나 후보자가 될 사람이 지역의 교원단체, 교장·교감 등 관리자 단체의 의견 청취를 통해 교육 현안의 원인과 개선 효과를 잘 이해하면 더욱 실제적

인 공약이 나올 수 있다.

○ 「2023 부산사회조사」 결과의 교육부문 데이터를 활용할 수 있다. 예를 들면 문화예술행사를 관람한 경험이 동구, 서구, 영도구, 중구 등에서 다른 지역보다 낮게 나타나므로 학생들의 문화예술 향유 경험도 다른 지역보다 낮을 가능성이 크다. 이런 경우 학생 문화행사 관람 지원을 공약으로 내세울 수 있을 것이다.

○ 지역의 실정과 특성에 맞는 공약을 벤치마킹할 수도 있다. 학습환경이 열악한 곳이라면 지역의 고등학교에 '스터디카페형 학습실'과 쉼터 조성을 지원해 줄 수도 있다.

○ 교육청(교육지원청)은 평소 자치단체장의 지원과 협력이 필요한 사업을 홍보하고 교육행정협의회 등 공식 경로를 통해 현안 문제를 제안하고 공감을 얻기 위해 노력해야 한다. 자치단체의 지원이 필요한 현안 사업을 발굴해 두고 외부에서 요청 시 누구에게나 즉시 제공하면 좋을 것이다.

○ 교육 현안 공약 채택 요구는 유력한 소수 후보자에게만 하지 말고 모든 후보자에게 요구하여 다수 후보자들이 공약으로 채택하는 것이 바람직하다. 향후 반대가 적고 공약 이행 가능성도 높다.

○ 부산 오피니언 리더들의 교육에 대한 인식이 부산교육에 많은 영향을 미칠 수 있다. 그러므로 교육청은 교육에 대한 인식의 지평을 넓힐 수 있도록 조찬 강연, 교육기관 견학 등 다양한 방법으로 미래 교육과 부산교육에 대해 이해할 기회를 제공해야 한다.

○ 가장 중요한 것은, 단체장 후보자들의 교육지원 공약을 비교·평가하고 실현 가능한 좋은 공약을 많이 제시한 후보에게 투표하는 유권자의 적극적인 의식이다.

요약 및 시사점

자치단체장들은 선거 시 지역의 교육 문제에 관심을 갖고 나름의 지원 방안을 선거공약으로 제시했으며 지역별로 차이가 컸다.

〈표 6〉에 나타난 바와 같이 부산시장의 교육지원 공약(5개)은 인천시장(2개)보다는 많지만 서울시장(9개)보다는 적었다. 특히 학력 관련 공약에서 부산시장은 0개인 반면 서울시장은 7개로 큰 차이를 보였다. 기초단체장의 경우 공약 평균 개수(군 제외)는 부산 6.4개, 인천 12.3개, 서울 9.5개로 나타났다.

〈표 6〉 자치단체장 교육지원 공약 수

분야	부산시	인천시	서울시	부산기초	인천기초	서울기초
학력 신장			7	18	11	62
시설·환경개선	3	1	9	23	27	35
교육 복지		1	1	19	18	35
안전·건당	1			8	7	25
어린이·유아	1		2	15	27	51
청소년				5	3	17
도서관				8	5	13
합계	5	2	19	96	98	238
공약 평균 개수				6.4	12.3	9.5

〈기초자치단체 수(군 제외): 부산 15개, 인천 8개, 서울 25개〉

이 자료에 의하면 광역단체 중에서는 서울시장의 교육에 대한 관심도가 가장 높고 특히 학력과 시설·환경 분야에 관심이 높다는 것을 알 수 있다. 기초단체장의 경우에는 인천이 지역 내 교육 발전을 위한 공약이 가장 많고, 부산이 가장 적다.

지역과 공약 분야를 동시에 비교해 보면 서울은 학력 신장 분야 교육지원 공약이 월등히 많은 반면 부산과 인천은 시설·환경 분야 지원 공약이 많았으며, 부산의 경우 어린이·유아 분야가 4번째지만 인천과 서울의 경우 2번째에 해당하여 지향점에 차이가 있음을 알 수 있다. 청소년 관련 공약이 서울에서 타 지역보다 상대적으로 많이 제시된 점도 주목할 만하다. 종합해 보면 부산 자치단체장들의 지역 내 교육 발전에 대한 관심이 인천, 서울 수도권 자치단체장보다 낮다고 할 수 있다.

이런 현상이 누적될 경우 부산교육은 교육청의 노력에도 불구하고 교육환경, 학력 등에서 인천, 서울에 점점 뒤처질 것이다. 이것은 부산의 교육력 약화와 함께 지역인재 유출로도 이어질 것이다.

부산의 교육 발전은 교육청의 노력만으로는 부족하고 광역·기초자치단체장의 협력과 지원이 필요하다. 이것은 지역의 교육여건 개선, 교육활동 지원 등의 선거공약으로 제시되고 이행할 때 효과적이다.

교육공동체는 교육 현안 해결과 요구사항을 공약으로 구체화해내거나 투표에 영향력을 행사하여 지역의 교육력을 높일 수 있다. 공약 채택을 위해서는 전략적 접근이 필요하고, 현안 공유, 설득·압력·여론화 작업, 신뢰성 있는 자료 제공 등의 방법을 행할 수 있다.

현 시점 부산에서의 선거는 소속 정당이 우선이고 공약이나 정책은 후순위에 머물고 있다. 그렇지만 시민들의 의식과 선거 공약에 대한 관심이 높아지고 있기에 교육 이슈를 반영할 공약도 갈수록 중요해질 것이다. 그러므로 교육공동체는 교육 문제를 이슈화시킬 필요가 있고, 후보자들은 어떤 교육지원 공약을 발굴하고 채택해야 할지 눈과 귀를 열어두고 발로 확인할 필요가 있다. 부산 자치단체장 후보들이 발전적 교육지원 공약을 타 지역 이상으로 제시하고 당선 후 확실히 이행한다면 아이들과 지역민은 그만큼 더 행복해질 것이다. 교육력이 부산의 위기를 극복하는 한 방안임을 확인할 수 있게 될 것이다.

마치며

거주지를 옮길 때 학부모들은 이사 갈 곳의 교육환경을 알아보고 어떤 학군인지도 파악한다. 아파트 분양신청을 할 때는 이른바 '유*초품아 아파트'를 선호한다. 이때만큼은 교육, 의료, 주거, 일자리 중에서 교육이 우선한다. 그만큼 생활 인프라뿐만 아니라 지역의 교육문화, 교육여건을 중요시한다. 이런 측면에서 보면 혁신도시에 공공기관이 이전해 오더라도 기관 근무자만 옮겨오고 가족들은 이주를 꺼리는 사정을 이해할 수 있게 된다. 이런 현상은 더욱 심화될 것이다. 그만큼 좋은 교육환경은 중요한 과제다.

'교육 희망도시 부산'은 K팝 고교, 항만물류고 등 특성화 고교 설립·개편, 교육발전 특구 지정으로 완성되지는 않을 것이다. 이런 정책 변화는 타 시도에서도 이루어지는 것이고 부산교육의 한 부분일 뿐이다. 더 중요한 것은 절대다수의 학생이 공부하는 유·초·중·고등학교의 교육여건 개선과 교육의 질적 수준 향상이다. 교육이 시민 모두의 것이 되고 시민의 교육열이 뒷받침되는 부산교육이다.

전국 각 자치단체는 아이들을 잘 키우기 위해 다양한 방안을 경쟁적으로 강구하고 있다. 이런 현상은 바람직하지만 '교육의 본질'을 벗어나지 않아야 하고 '교육의 자율과 자치'를 침해하지 않도록 유의해야 할 것이다. 물론 교육청도 아이들의 미래역량 즉 창의력, 융·복합적 사고, 공감과 협업 능력 등 교과를 넘어서는 새로운 학력과 대학입시, 진로·진학지도 등에 대한 지역사회의 이해와 공감대를 넓히기 위해 더 능동적으로 나서야 할 것이다.

아래 글 상자의 내용은 부산과 서울의 인터넷 강의에 대한 설명이다. 부산은 부산시교육청이 '부산형 인터넷 강의'을 2023년 시작했고, 서울은 서울시에서 인터넷 강의 지원 '서울런'을 2021년부터 운영하고 있다. 부산과 서울의 교육격차에 어떤 영향을 미칠까? 교육청과 지자체의 협력 방안은? 여러분은 어떻게 생각하십니까?

〈부산- 부산시교육청〉

부산시교육청이 지난해 9월 첫선을 보인 '부산형 인터넷 강의'는 전국 최초로 공교육에서 인터넷 강의를 직접 제작한 사례다. 지난해 부산지역 고교 1학년을 대상으로 국어, 수학, 영어, 전국연합학력평가 해설(국어·수학·영어 영역) 등의 강의를 개설했다. 심사를 거쳐 선발된 부산지역 교사가 강사로 참여했으며, 교재를 무료로 배포한다. 문제풀이 기술 전수에 집중된 사교육 인터넷 강의와 달리 학생 스스로 공부할 수 있도록 교육과정과 교과서에서 제시하는 기본 개념원리를 상세하게 알려주는 것이 특징이다.[7] 지역 간 교육격차 해소와 사교육비 경감, 자기주도적학습 활성화을 통한 학력신장을 목적으로 한 '부산형 인터넷 강의'는 수강 대상을 매년 확대해 2026년 중1·2·3 및 고1 과정까지 개설할 예정이다. 2024년 시교육청 예산은 29억 원이다.

〈서울 - 서울시〉

서울시는 교육 격차 해소를 위해 학교 밖 청소년 및 저소득층 학생들 대상으로 2021년부터 인터넷 강의 교육 지원 플랫폼 '서울런'을 운영 중이다. 대상은 기초생활수급자 또는 중위소득 50%(법정 한부모 법정소득 60% 이하·청소년 한부모 가정 중위소득 72% 이하) 이하 차상위계층 가구의 6~24세이다. 이들은 서울런을 통해 유명 사설 인터넷 강의는 물론 EBSi를 무료로 들을 수 있다. 유료 사이트인 EBS 초등 ON도 올해 상반기 중 서울런을 통해 서비스될 예정이다.[8] 취약계층의 교육 사다리 복원이 주목적인 '서울런'의 2024년 서울시 예산은 159억 원이다.

---

7 한겨레 2024.1.23.

8 한겨레 2024.1.23.

참고문헌

최일섭·이현주(2007). 지역사회 복지론. 서울대학교출판부.

강용기(2006). 5·31 지방선거 후보자 공약평가. 한국자치행정학보 제20권 제2호 63-76.

김병식(2002). 지방자치단체장의 선거공약과 공약이행평가에서 나타난 사회복지정책정향에 관한 연구. 한국지방자치확회보 제14권 제2호 201-216.

박영환 외(2018). 한국의 지방자치단체장 선거공약 분석: 지방선거 공약의 유형, 경향, 특징. 동서연구 제30권 3호 101-125.

오수길, 염일열(2015). 지방자치단체장 공약으로 본 생활정치의 가능성: 민선4기와 5기 지방자치단체장 당선자 공약의 비교. 한국비교정부학보 제19권 제4호 275-293.

정종원(2014). 기초자치단체장의 선거공약 평가에 관한 시론적 연구. 한국공공관리학보 제28권 제4호 117-155.

황경수(2015). 제주도 지방선거 교통 분야 공약의 지역별 차이 및 당선과의 관계분석. 한국지방자치학회보 제19권 제4호 275-293.

국제신문(2024.1.2.). 부산 고교생 사교육비 양극화…남구 113만 원, 동구 46만 원.

부산일보(2024.1.9.). 저가주택 군집지역, 고가주택보다 특목고 진학률 낮고 의사 수도 적다.

한겨레(2024.1.23.). 맞춤형 공부, 가성비 좋은 '인강'으로 해볼까요.

중앙선거관리위원회. https://www.nec.go.kr.

한국메니페스토실천본부. http://manifesto.or.kr.

【자치단체장 교육지원 공약 모음】

〈부호의 의미〉

단체장 공약표의 공약 앞에 표시한 부호의 의미는 다음과 같다.

■: 선거공보 한쪽 전부를 교육지원 공약으로 할애했을 경우

○: 선거공보 내용 중 한쪽 내에서 중요한 제목의 지위인 경우

-: ○공약의 하위 내용이거나 선거공보에서 제일 작은 지위일 때

△: 선거공약에 대한 상세 설명, 만화 풍선 글, 사례 등의 경우

〈표 1-1〉 부산시장 교육지원 공약

분야	선거공보에 제시한 공약 내용
시설·환경 안전·건강 어린이·유아	○ 시민행복 15분 도시 - 어린이복합문화공간 '들락날락' 300개 조성 - 16대 성과: 어린이복합문화공간 '들락날락' 조성(17개소 선정, 시청1호점 착공) ○ 촘촘한 복지도시 - 아동 응급 병원 및 시립 아동병원 설립 ○ 강서구 - 명지 글로벌 캠퍼스(로열 러셀스쿨, 글로벌 전문직업학교 등) 조성 ○ 사상구·사하구·북구 - 사상 유아체험교육관 건립

〈표 1-2〉 인천시장 교육지원 공약

분야	선거공보에 제시한 공약 내용
교육 복지 시설·환경	○ 엄마가 즐거운 도시 - 어린이집부터 고등학교까지 무상교육 ○ 동구: 여중·고등학교 신설 추진

〈표 1-3〉 서울시장 교육지원 공약

분야	선거공보에 제시한 공약 내용
학력 신장 교육 복지 시설·환경 어린이·유아	○ '서울런'으로 교육격차 해소, 교육사다리 실현 - 공부하고 싶은 학생은 누구나 고품질의 교육을 받을 수 있도록 노력 - '공유형 교육 플랫폼' 구축 - 저소득층 청소년에게 유명 강사의 온라인 강의 등 교육 콘텐츠 제공 - 학습목표 선정, 학습관리, 진로상담 등 개인의 특성에 맞는 맞춤 멘토링 지원 ○ 초·중·고등학생 문화공연 관람 지원 ○ 오세훈을 경험한 시민 이야기 - '서울런'으로 2022학년도 서울대에 합격한 박○○ 학생 △"'서울런'은 인강 패스를 무료로 제공받을 수 있으니 정말로 좋아요." 학원을 다녀보지 못한 제가 거기에 대항할 수 있는 유일한 수단이 인터넷 강의가 아닌가 싶어요. 특히 '서울런'은 인강 패스를 무료로 제공받을 수 있어 정말 좋고요. 이런 혜택을 받아서 정말 감사합니다. - '서울형 어린이집 전담 보조교사 지원'을 받은 어린이집 원장님 △ "서울형 전담 보조교사의 소식은 단비와 같았습니다." 현장에는 아이들을 위한 많은 손이 필요합니다. 더욱이 예전에 비해 발달 지연 아동도 늘어가고 저희 어린이집처럼 외국인 아동이 많은 경우 더더욱 그렇습니다. 그러던 중 서울형 전담 보조교사의 소식은 단비와 같았습니다. ○ 꿈을 향해 도전하는 누구라도! 세대 불문 교육도시 서울! - 서울런 2.0(지원대상 확대 및 콘텐츠 업그레이드) - 노후 학교 시설개선 지속 지원 및 도심 학교 복합화 추진 ○ 서울 도심 특화전략으로 - 은평구: 아동·청소년을 위한 예술문화교육센터 건립 - 양천구: 신정동 서울 대표 청소년 음악 창작센터 건립, 양천 키움센터(방과후 돌봄) 건립 - 종로구: 신영동 시립청소년센터 다기능 복합화 건립 추진 - 중구: 중림동 서울형 키즈카페 건립 - 영등포구: 당산동 어린이 놀이체험공간 '서울 상상나라' 조성 - 강북구: 강북구 아동·청소년 예술문화교육센터 건립 - 송파구: 송파구 한국예술종합학교 유치 추진 - 서초구: 반포동 '동남권 아동청소년 예술문화교육센터' 건립

〈기초단체장〉

〈표 2-1〉 부산 동구청장 교육지원 공약

분야	선거공보에 제시한 공약 내용
학력 신장 시설·환경 교육 복지 안전·건강	■ 꿈과 희망 만들기(아이들의 꿈을 키워드립니다) ○ 안전하고 즐거운 놀이를 응원합니다. ○ 학습과 다양한 재능을 지원합니다. - 교육문화특화도시 지정 - 교육환경 조성(브랜드 학원 유치, 인강 수업 비용 지원, 스터디 카페 등) - 그린 스마트 미래학교 추진(초량초, 부산여중, 선화여중 신축 및 리모델링) - 방과후 돌봄 지원 및 공공 돌봄센터 확대 운영 - 청소년 수련회관 추진(문화, 예술, 체육, 놀이 등) - 통학버스 확대 - 동네 놀이터 확충 및 리빌딩(실내, 실외) ○ 교육환경 수준을 높이고 ○ 수정권역 - 부산서중학교 그린스마트 미래학교 신축 - 수정초등학교 앞 학생 보행안전통학로 조성 추진 - 동구 청소년 수련회관 신축 ○ 초량권역 - 초량초등학교 그린스마트미래학교로 신축 추진 - 선화여중 그린스마트미래학교로 추진

〈표 2-2〉 인천 계양구청장 교육지원 공약

분야	선거공보에 제시한 공약 내용
학력 신장 시설·환경 교육 복지 도서관 어린이·유아	■혁신 미래교육 실현 문화예술 도시 구현 ○ 교육혁신·미래 교육지구 운영 - 학교와 마을을 연계, 계양형 마을학교 운영 - 1학교 1강당 지원사업 지속적 지원 - 장학기금 100억 원 이상 조성, 어려운 가정 학생 지원 - 교육환경 개선사업 및 교육경비 보조금 확대 지원 ○ 평생학습 구현·학습문화 교육도시 활성화 - 어린이 도서관 건립 - 미래가치를 창조하는 교육·문화도시로 ○ 아이 돌봄센터 및 출산지원센터 구축 - 보건의료·교육·폭력피해 저소득층 아동 돌봄서비스 - 방과 후 찾아가는 아동 돌봄서비스 - 육아 지원 정보, 출산장려, 양육수당 지원

〈표 2-3〉 서울 구로구청장 교육지원 공약

분야	선거공보에 제시한 공약 내용
학력 신장 시설·환경 교육 복지 안전·건강 어린이·유아 청소년	■ 공부하기 좋은 구로 ○ 꿈이 실현되는 교육 구로를 만들겠습니다. - 구로 교육의 질적 개선—교육예산 300억 지원 - 구로학습지원센터 추가 설립해 다양한 교육 프로그램 운영 - 교육 시설 인프라 확충 추진 (IoT 전문 과학관, 일반계 고등학교 신설 또는 이전 등) - 교육국제화특구 지정·운영 추진 - 해외 위탁교육 및 특기·적성 개발 연수 추진 - 청소년과 구민 재취업을 위한 4차 산업 분야 교육프로그램 개발 운영(빅데이터, 코딩, IoT, 드론 등) - 느린 학습자 지원센터 건립 추진 - 구로형 혁신교육지구 사업 확대 추진 - 마을교육센터 운영, 청소년축제 및 다양한 학생동아리 지원 - 어린이, 청소년 등의 안전한 등·하교 및 학교생활을 위한 safety 사업 추진 - 6대 안전역량 강화 (교육활동, 생활안전, 시설안전, 교통안전, 보건안전, 급식안전 등) ○ 여성친화적 출산, 보육도시를 만들겠습니다. - 아이 돌봄공간 확대, 마을 돌봄 공동체 구축으로 종일 돌봄서비스 확대 - 서울형 모아 어린이집 대폭 제도 개선(공보육 강화) ○ 구로구민의 살림을 세밀히 살피고 - 중학교(남녀공학) 신설, 동 주민센터 신축 - 복합문화타운 건립(도서관, 거점형 마을 활력소, 평생학습관, 다함께돌봄센터 등으로 운영)

* 기초단체장 교육지원 공약은 지역별로 대표적인(우수한) 기초단체 3곳만 소개했다. 부산 16개, 인천 10개, 서울 25개 기초단체장의 교육지원 공약 내용은 (사)부산교육연구소 홈페이지 → '자료실' → '발간도서' 참고.

삶의 행복을 꿈꾸는 교육은 어디에서 오는가?

미래 100년을 향한 새로운 교육

혁신교육을 실천하는 교사들의 **필독서**

● 교육혁명을 앞당기는 배움책 이야기 혁신교육의 철학과 잉걸진 미래를 만나다!

한국교육연구네트워크 총서

01 핀란드 교육혁명 한국교육연구네트워크 엮음 | 320쪽 | 값 15,000원

02 일제고사를 넘어서 한국교육연구네트워크 엮음 | 284쪽 | 값 13,000원

03 새로운 사회를 여는 교육혁명 한국교육연구네트워크 엮음 | 380쪽 | 값 17,000원

04 교장제도 혁명 한국교육연구네트워크 엮음 | 268쪽 | 값 14,000원

05 새로운 사회를 여는 교육자치 혁명 한국교육연구네트워크 엮음 | 312쪽 | 값 15,000원

06 혁신학교에 대한 교육학적 성찰 한국교육연구네트워크 엮음 | 308쪽 | 값 15,000원

07 진보주의 교육의 세계적 동향 한국교육연구네트워크 엮음 | 324쪽 | 값 17,000원

08 더 나은 세상을 위한 학교혁명 한국교육연구네트워크 엮음 | 404쪽 | 값 21,000원

09 비판적 실천을 위한 교육학 이윤미 외 지음 | 448쪽 | 값 23,000원

10 마을교육공동체운동: 세계적 동향과 전망 심성보 외 지음 | 376쪽 | 값 18,000원

11 학교 민주시민교육의 세계적 동향과 과제 심성보 외 지음 | 308쪽 | 값 16,000원

12 학교를 민주주의의 정원으로 가꿀 수 있을까? 성열관 외 지음 | 272쪽 | 값 16,000원

13 교육사상가의 삶과 사상 심성보 외 지음 | 420쪽 | 값 23,000원

14 교육사상가의 삶과 사상 2 김누리 외 지음 | 432쪽 | 값 25,000원

한국교육연구네트워크 번역 총서

01 프레이리와 교육 존 엘리아스 지음 | 한국교육연구네트워크 옮김 | 276쪽 | 값 14,000원

02 교육은 사회를 바꿀 수 있을까? 마이클 애플 지음 | 강희룡·김선우·박원순·이형빈 옮김 | 356쪽 | 값 16,000원

03 비판적 페다고지는 세상을 변화시킬 수 있는가? Seewha Cho 지음 | 심성보·조시화 옮김 | 280쪽 | 값 14,000원

04 마이클 애플의 민주학교 마이클 애플·제임스 빈 엮음 | 강희룡 옮김 | 276쪽 | 값 14,000원

05 21세기 교육과 민주주의 넬 나딩스 지음 | 심성보 옮김 | 392쪽 | 값 18,000원

06 세계교육개혁 민영화 우선인가 공적 투자 강화인가? 린다 달링-해먼드 외 지음 | 심성보 외 옮김 | 408쪽 | 값 21,000원

07 콩도르세, 공교육에 관한 다섯 논문 니콜라 드 콩도르세 지음 | 이주환 옮김 | 300쪽 | 값 16,000원

08 학교를 변론하다 얀 마스켈라인·마틴 시몬스 지음 | 윤선인 옮김 | 252쪽 | 값 15,000원

09 존 듀이와 교육 짐 개리슨 외 지음 | 심성보 외 옮김 | 376쪽 | 값 19,000원

10 진보주의 교육운동사 윌리엄 헤이스 지음 | 심성보 외 옮김 | 324쪽 | 값 18,000원

11 사랑의 교육학 안토니아 다더 지음 | 심성보 외 옮김 | 412쪽 | 값 22,000원

12 다시 읽는 민주주의와 교육 존 듀이 지음 | 심성보역 | 620쪽 | 값 32,000원

● 비고츠키 선집 시리즈 발달과 협력의 교육학 어떻게 읽을 것인가?

01 생각과 말	L.S. 비고츠키 지음 | 배희철·김용호·D. 켈로그 옮김 | 690쪽 | 값 33,000원
02 도구와 기호	비고츠키·루리야 지음 | 비고츠키 연구회 옮김 | 336쪽 | 값 16,000원
03 어린이 자기행동숙달의 역사와 발달 I	L.S. 비고츠키 지음 | 비고츠키 연구회 옮김 | 564쪽 | 값 28,000원
04 어린이 자기행동숙달의 역사와 발달 II	L.S. 비고츠키 지음 | 비고츠키 연구회 옮김 | 552쪽 | 값 28,000원
05 어린이의 상상과 창조	L.S. 비고츠키 지음 | 비고츠키 연구회 옮김 | 280쪽 | 값 15,000원
06 성장과 분화	L.S. 비고츠키 지음 | 비고츠키 연구회 옮김 | 308쪽 | 값 15,000원
07 연령과 위기	L.S. 비고츠키 지음 | 비고츠키 연구회 옮김 | 336쪽 | 값 17,000원
08 의식과 숙달	L.S 비고츠키 | 비고츠키 연구회 옮김 | 348쪽 | 값 17,000원
09 분열과 사랑	L.S. 비고츠키 지음 | 비고츠키 연구회 옮김 | 260쪽 | 값 16,000원
10 성애와 갈등	L.S. 비고츠키 지음 | 비고츠키 연구회 옮김 | 268쪽 | 값 17,000원
11 흥미와 개념	L.S. 비고츠키 지음 | 비고츠키 연구회 옮김 | 408쪽 | 값 21,000원
12 인격과 세계관	L.S. 비고츠키 지음 | 비고츠키 연구회 옮김 | 372쪽 | 값 22,000원
13 정서 학설 I	L.S. 비고츠키 지음 | 비고츠키 연구회 옮김 | 584쪽 | 값 35,000원
14 정서 학설 II	L.S. 비고츠키 지음 | 비고츠키 연구회 옮김 | 480쪽 | 값 35,000원
비고츠키와 인지 발달의 비밀	A.R. 루리야 지음 | 배희철 옮김 | 280쪽 | 값 15,000원
비고츠키의 발달교육이란 무엇인가?	비고츠키교육학실천연구모임 지음 | 412쪽 | 값 21,000원
비고츠키 철학으로 본 핀란드 교육과정	배희철 지음 | 456쪽 | 값 23,000원
비고츠키와 마르크스	앤디 블런던 외 지음 | 이성우 옮김 | 388쪽 | 값 19,000원
수업과 수업 사이	비고츠키 연구회 지음 | 196쪽 | 값 12,000원
관계의 교육학, 비고츠키	진보교육연구소 비고츠키교육학실천연구모임 지음 | 300쪽 | 값 15,000원
교사와 부모를 위한 발달교육이란 무엇인가?	현광일 지음 | 380쪽 | 값 18,000원
비고츠키 생각과 말 쉽게 읽기	진보교육연구소 비고츠키교육학실천연구모임 지음 | 316쪽 | 값 15,000원
교사와 부모를 위한 비고츠키 교육학	카르포프 지음 | 실천교사번역팀 옮김 | 308쪽 | 값 15,000원
레프 비고츠키	르네 반 데 비어 지음 | 배희철 옮김 | 296쪽 | 값 21,000원

혁신학교	성열관·이순철 지음 | 224쪽 | 값 12,000원
행복한 혁신학교 만들기	초등교육과정연구모임 지음 | 264쪽 | 값 13,000원
서울형 혁신학교 이야기	이부영 지음 | 320쪽 | 값 15,000원
혁신교육, 철학을 만나다	브렌트 데이비스·데니스 수마라 지음 | 현인철·서용선 옮김 | 304쪽 | 값 15,000원
대한민국 교사, 어떻게 가르칠 것인가?	윤성관 지음 | 320쪽 | 값 15,000원
아이들을 어떻게 가르칠 것인가	사토 마나부 지음 | 박찬영 옮김 | 232쪽 | 값 13,000원
모두를 위한 국제이해교육	한국국제이해교육학회 지음 | 364쪽 | 값 16,000원

경쟁을 넘어 발달 교육으로	현광일 지음 I 288쪽 I 값 14,000원
혁신교육 존 듀이에게 묻다	서용선 지음 I 292쪽 I 값 16,000원
다시 읽는 조선 교육사	이만규 지음 I 750쪽 I 값 37,000원
교실 속으로 간 이해중심 교육과정	온정덕 외 지음 I 224쪽 I 값 13,000원
대한민국 교육혁명	교육혁명공동행동 연구위원회 지음 I 224쪽 I 값 12,000원
포스트 코로나 시대의 교육	성열관 외 지음 I 224쪽 I 값 15,000원
내일 수업 어떻게 하지?	아이함께 지음 I 300쪽 I 값 15,000원
핀란드 교육의 기적	한넬레 니에미 외 엮음 I 장수명 외 옮김 I 456쪽 I 값 23,000원
한국 교육의 현실과 전망	심성보 지음 I 724쪽 I 값 35,000원
독일의 학교교육	정기섭 지음 I 536쪽 I 값 29,000원
교실 속으로 간 이해중심 통합교육과정	온정덕 외 지음 I 224쪽 I 값 15,000원
초등 백워드 교육과정 설계와 실천 이야기	김병일 외 지음 I 352쪽 I 값 19,000원
학습격차 해소를 위한 새로운 도전 보편적 학습설계 수업	조윤정 외 지음 I 240쪽 I 값 15,000원

● 경쟁과 차별을 넘어 평등과 협력으로 미래를 열어가는 교육 대전환! 혁신교육 현장 필독서

학교의 미래, 전문적 학습공동체로 열다	새로운학교네트워크·오윤주 외 지음 I 276쪽 I 값 16,000원
마을교육공동체 생태적 의미와 실천	김용련 지음 I 256쪽 I 값 15,000원
학교폭력, 멈춰!	문재현 외 지음 I 348쪽 I 값 15,000원
학교를 살리는 회복적 생활교육	김민자·이순영·정선영 지음 I 256쪽 I 값 15,000원
삶의 시간을 잇는 문화예술교육	고영직 지음 I 292쪽 I 값 16,000원
미래교육을 디자인하는 학교교육과정	박승열 외 지음 I 348쪽 I 값 18,000원
코로나 시대, 마을교육공동체운동과 생태적 교육학	심성보 지음 I 280쪽 I 값 17,000원
혐오, 교실에 들어오다	이혜정 외 지음 I 232쪽 I 값 15.000원
수업, 슬로리딩과 함께	박경숙 외 지음 I 268쪽 I 값 15,000원
물질과의 새로운 만남	베로니카 파치니-케처바우 외 지음 I 이연선 외 옮김 I 240쪽 I 값 15,000원
그림책으로 만나는 인권교육	강진미 외 지음 I 272쪽 I 값 18,000원
수업 고수들 수업·교육과정·평가를 말하다	박현숙 외 지음 I 368쪽 I 값 17,000원
아이들의 배움은 어떻게 깊어지는가	이시이 쥰지 지음 I 방지현·이창희 옮김 I 200쪽 값 11,000원
미래, 공생교육	김환희 지음 I 244쪽 I 값 15,000원
들뢰즈와 가타리를 통해 유아교육 읽기	리세롯 마리엣 올슨 지음 I 이연선 외 옮김 I 328쪽 I 값 17,000원

혁신고등학교, 무엇이 다른가?	김현자 외 지음 | 344쪽 | 값 18,000원
시민이 만드는 교육 대전환	심성보·김태정 지음 | 248쪽 | 값 15,000원
평화교육 과거, 현재 그리고 미래를 그리다	모니샤 바자즈 외 지음 | 권순정 외 옮김 | 268쪽 | 값 18,000원
마을교육공동체란 무엇인가?	서용선 외 지음 | 360쪽 | 값 17,000원
강화도의 기억을 걷다	최보길 지음 | 276쪽 | 값 14,000원
체육 교사, 수업을 말하다	전용진 지음 | 304쪽 | 값 15,000원
평화의 교육과정 섬김의 리더십	이준원·이형빈 지음 | 292쪽 | 값 16,000원
마을로 걸어간 교사들, 마을교육과정을 그리다	백윤애 외 지음 | 336쪽 | 값 16,000원
혁신교육지구와 마을교육공동체는 어떻게 만들어지는가?	김태정 지음 | 376쪽 | 값 18,000원
서울대 10개 만들기	김종영 지음 | 348쪽 | 값 18,000원
선생님, 통일이 뭐예요?	정경호 지음 | 252쪽 | 값 13,000원
함께 배움 학생 주도 배움 중심 수업 이렇게 한다	니시카와 준 지음 | 백경석 옮김 | 280쪽 | 값 15,000원
다정한 교실에서 20,000시간	강정희 지음 | 296쪽 | 값 16,000원
즐거운 세계사 수업	김은석 지음 | 328쪽 | 값 13,000원
학교를 개선하는 교장 지속가능한 학교 혁신을 위한 실천 전략	마이클 풀란 지음 | 서동연·정효준 옮김 | 216쪽 | 값 13,000원
선생님, 민주시민교육이 뭐예요?	염경미 지음 | 244쪽 | 값 15,000원
교육혁신의 시대 배움의 공간을 상상하다	함영기 외 지음 | 264쪽 | 값 17,000원
도덕 수업, 책으로 묻고 윤리로 답하다	울산도덕교사모임 지음 | 320쪽 | 값 15,000원
교육과 민주주의	필라르 오카디즈 외 지음 | 유성상 옮김 | 420쪽 | 값 25,000원
교육회복과 적극적 시민교육	강순원 지음 | 228쪽 | 값 15,000원
비판적 미디어 리터러시 가이드	더글러스 켈너·제프 셰어 지음 | 여은호·원숙경 옮김 | 252쪽 | 값 18,000원
지속가능한 마을, 교육, 공동체를 위하여	강영택 지음 | 328쪽 | 값 18,000원
대전환 시대 변혁의 교육학	진보교육연구소 교육과정연구모임 지음 | 400쪽 | 값 23,000원
교육의 미래와 학교혁신	마크 터커 지음 | 전국교원양성대학교 총장협의회 옮김 | 336쪽 | 값 18,000원
남도 임진의병의 기억을 걷다	김남철 지음 | 288쪽 | 값 18,000원
프레이리에게 변혁의 길을 묻다	심성보 지음 | 672쪽 | 값 33,000원
다시, 혁신학교!	성기신 외 지음 | 300쪽 | 값 18,000원
백워드로 설계하고 피드백으로 완성하는 성장중심평가	이형빈·김성수 지음 | 356쪽 | 값 19,000원
우리 교육, 거장에게 묻다	표혜빈 외 지음 | 272쪽 | 값 17,000원
교사에게 강요된 침묵	설진성 지음 | 296쪽 | 값 18,000원
왜 체 게바라인가	송필경 지음 | 320쪽 | 값 19,000원
풀무의 삶과 배움	김현자 지음 | 352쪽 | 값 20,000원

비고츠키 아동학과 글쓰기 교육	한희정 지음 | 300쪽 | 값 18,000원
교실을 위한 프레이리	아이러 쇼어 엮음 | 사람대사람 옮김 | 410쪽 | 값 23,000원
마을, 그 깊은 이야기 샘	문재현 외 지음 | 404쪽 | 값 23,000원
비난받는 교사	다이애나 폴레비치 지음 | 유성상 외 옮김 | 404쪽 | 값 23,000원
한국교육운동의 역사와 전망	하성환 지음 | 308쪽 | 값 18,000원
철학이 있는 교실살이	이성우 지음 | 272쪽 | 값 17,000원
왜 지속가능한 디지털 공동체인가	현광일 지음 | 280쪽 | 값 17,000원
선생님, 우리 영화로 세계시민 만나요!	변지윤 외 지음 | 328쪽 | 값 19,000원
아이를 함께 키울 온 마을은 어떻게 만들어야 할까?	차상진 지음 | 288쪽 | 값 17,000원
선생님, 제주 4·3이 뭐예요?	한강범 지음 | 308쪽 | 값 18,000원
마을배움길 학교 이야기	김명신 외 지음 | 300쪽 | 값 18,000원
다시, 남도의 기억을 걷다	노성태 지음 | 332쪽 | 값 19,000원
세계의 혁신 대학을 찾아서	안문석 지음 | 284쪽 | 값 17,000원
소박한 자율의 사상가, 이반 일리치	박홍규 지음 | 328쪽 | 값 19,000원
선생님, 평가 어떻게 하세요	성열관 외 지음 | 220쪽 | 값 15,000원
남도 한말의병의 기억을 걷다	김남철 지음 | 316쪽 | 값 19,000원
생태전환교육, 학교에서 어떻게 할까?	심지영 지음 | 236쪽 | 값 15,000원
어떻게 어린이를 사랑해야 하는가	야누쉬 코르착 지음 | 396쪽 | 값 23000원
북유럽의 교사와 교직	예스터 에크하트 라르센 외 묶음 | 유성상·김민조 옮김 | 432쪽 | 값 25,000원
산마을 너머 지금 뭐해?	최보길 외 지음 | 260쪽 | 값 17,000원
전문적 학습네트워크	크리스 브라운·신디 L. 푸트먼 엮음 | 성기선·문은경 옮김 | 424쪽 | 값 24,000원
선생님이 왜 노조 해요?	윤미숙 외 지음 | 326쪽 | 값 18,000원
자율성과 전문성을 지닌 교사되기	린다 달링 해몬드·디온 번즈 지음 | 전국교원양성대학교총장협의회 옮김 | 412쪽 | 값 25,000원
초등 개념 기반 탐구학습의 설계와 실천 이야기	김병일 외 지음 | 380쪽 | 값 27,000원
교실을 광장으로 만들기	윤철기 외 지음 | 220쪽 | 값 17,000원
남도 명량의 기억을 걷다	이돈삼 지음 | 284쪽 | 값 17,000원
교사가 아프다	송원재 지음 | 300쪽 | 값 18,000원
존 듀이의 생명과 경험의 문화적 전환	현광일 지음 | 272쪽 | 17,000원
왜 먹고 쓰고 걸어야 하는가?	김태철 지음 | 300쪽 | 18,000원
미래 교직 디자인	캐럴 G. 베이즐 외 지음 | 정바울 외 옮김 | 192쪽 | 값 17,000원
타일러 교육과정과 수업 설계의 기본 원리	랄프 타일러 지음 | 이형빈 옮김 | 176쪽 | 값 15,000원
시로 읽는 교육의 풍경	김영택 지음 | 212쪽 | 17,000원

참된 삶과 교육에 관한 생각 줍기